工业互联网

王兴伟　易秀双　李福亮
贾　杰　黄　敏　毕远国　等　编著

科学出版社

北京

内 容 简 介

本书是一部将学术研究和教学实践结合在一起、深入讨论工业互联网领域知识的学术著作，介绍了工业互联网的发展历程，详细阐述了工业互联网的技术体系及应用。本书分别从工业互联网技术体系，即网络技术、操作系统、标识解析、安全技术，以及标准、产品、应用等方面，对工业互联网技术体系以及一系列单元技术进行了详细论述，最后介绍了以协同创新为切入点的未来工业互联网的发展机制。

本书适合高等院校计算机专业的研究生和高年级本科生使用，也可供计算机科学与技术、软件工程等专业研究人员学习。此外，本书也适合高校教师和相关领域的工程技术人员参考。

图书在版编目（CIP）数据

工业互联网 / 王兴伟等编著. —北京：科学出版社，2024.3

ISBN 978-7-03-076852-0

Ⅰ．①工⋯　Ⅱ．①王⋯　Ⅲ．①互联网络–应用–工业发展–研究　Ⅳ．①F403-39

中国国家版本馆CIP数据核字（2023）第211273号

责任编辑：张海娜　赵微微 / 责任校对：任苗苗
责任印制：肖　兴 / 封面设计：无极书装

科学出版社 出版
北京东黄城根北街 16 号
邮政编码：100717
http://www.sciencep.com

北京中石油彩色印刷有限责任公司印刷
科学出版社发行　各地新华书店经销
*
2024 年 3 月第 一 版　　开本：720×1000 1/16
2024 年 3 月第一次印刷　　印张：19
字数：381 000
定价：98.00 元
（如有印装质量问题，我社负责调换）

本书撰写人员

王兴伟	易秀双	李福亮	贾　杰
黄　敏	毕远国	信俊昌	马连博
李　婕	曾荣飞	张　爽	易　波
何　强	王学毅	王文翠	

前　　言

随着信息时代的发展，工业互联网已成为深度融合新一代信息技术与制造业的产物和应用生态，是实现智能制造的核心技术支持，同时也是智能社会发展的必然趋势。工业互联网通过将工业生产过程中的各个环节进行数字化、自动化、智能化和网络化，实现工业生产流程的互联，提高了生产效率，降低了生产成本，使数据流通变得更加便捷。同时，工业互联网也是建设现代化经济体系、实现高质量发展和塑造全球产业竞争力的重要载体，是第四次工业革命的关键支撑。

本书基于作者在工业互联网领域多年的研究成果，同时结合国内外相关研究，围绕工业互联网的技术体系、标准、产品与应用展开详细的论述。全书共9章。第1章介绍工业互联网的基本概念，分别从工业互联网的发展历程、分类、技术体系，以及工业互联网的建设与发展途径等方面探讨工业互联网的发展前景与重要意义；第2章介绍工业互联网的网络技术，从工业无源光网络、5G网络以及软件定义网络等技术方面阐述适用于工业互联网的网络技术；第3章介绍工业互联网操作系统的体系架构、核心技术及应用主体，阐述企业、集团企业、跨企业三类工业互联网的核心功能以及面临的关键技术问题；第4章介绍工业互联网标识解析，阐述其基本概念、定义及其体系架构，分析三类工业互联网面临的挑战并提出相关建议措施；第5章介绍工业互联网安全，阐述工业互联网的安全概念和安全技术；第6章介绍工业互联网标准，阐述标准发展的现状、标准发展的特点、标准的评估指标以及发展面临的问题与挑战；第7章从网络技术、安全技术、平台技术和标识解析技术四个方面介绍遵循现有标准的工业互联网产品，并阐述关键技术标准的工业互联网产品的应用情况；第8章介绍工业互联网在国内外的典型应用案例，并从组网技术、国内外应用、行业应用三个方面进行对比；第9章根据当前工业互联网建设和发展的问题，介绍以协同创新机制和政策为切入点完善模式特征并制定标准体系，构建并实现统筹体系。

全书由王兴伟统筹并由王兴伟、易秀双统稿。第1章由王兴伟、毕远国、易秀双撰写，第2章由贾杰、易秀双、王文翠撰写，第3章由信俊昌撰写，第4章由易波撰写，第5章由张爽、曾荣飞、王学毅撰写，第6、7章由李婕、何强撰写，第8章由李福亮、黄敏撰写，第9章由马连博、黄敏撰写。所有作者均在工业互联网技术体系与应用等方面开展了多年研究，书中主要内容均来自相关文献及作者的研究成果。本书得到国家重点研发计划项目(2021YFB3300900)、国家自然科学基金项目(92267206、62032013)的资助。

作者力图使本书反映工业互联网关键技术的前沿性和新颖性,追求知识框架的合理性、系统性和完备性。但由于工业互联网的相关技术发展迅速,许多问题尚未得出定论。同时,限于作者的知识水平,书中难免存在不足之处,诚挚希望读者能够提出批评和建议。

目　　录

前言

第1章　绪论 ……………………………………………………………………… 1

　1.1　工业互联网的发展历程 ………………………………………………… 1

　　1.1.1　工业互联网的提出 ………………………………………………… 1

　　1.1.2　工业互联网的定义与内涵 ………………………………………… 2

　　1.1.3　工业互联网的发展演进 …………………………………………… 3

　1.2　工业互联网的分类 ……………………………………………………… 7

　　1.2.1　基于网络作用范围的分类 ………………………………………… 7

　　1.2.2　基于行业的分类 …………………………………………………… 7

　　1.2.3　基于主攻方向的分类 ……………………………………………… 10

　1.3　工业互联网的技术体系 ………………………………………………… 11

　　1.3.1　工业互联网网络体系 ……………………………………………… 11

　　1.3.2　工业互联网平台体系 ……………………………………………… 13

　　1.3.3　工业互联网安全体系 ……………………………………………… 14

　1.4　工业互联网的建设与发展途径 ………………………………………… 15

　　1.4.1　工业互联网基础设施建设 ………………………………………… 15

　　1.4.2　工业互联网平台搭建 ……………………………………………… 16

　　1.4.3　工业互联网安全建设提升 ………………………………………… 19

　　1.4.4　工业互联网产业培育 ……………………………………………… 21

　　1.4.5　网络化与工业化深度融合推进 …………………………………… 22

　参考文献 ……………………………………………………………………… 23

第2章　工业互联网网络技术 ………………………………………………… 25

　2.1　工业无源光网络 ………………………………………………………… 25

　　2.1.1　工业PON架构 …………………………………………………… 25

　　2.1.2　工业PON的关键技术 …………………………………………… 29

　　2.1.3　发展趋势 …………………………………………………………… 31

　2.2　工业以太网技术 ………………………………………………………… 33

　　2.2.1　主流工业以太网技术 ……………………………………………… 33

　　2.2.2　EtherCAT工作原理 ……………………………………………… 35

　　2.2.3　发展趋势 …………………………………………………………… 37

2.3　时间敏感网络···38
　　2.3.1　TSN 与工业互联网···38
　　2.3.2　TSN 的关键技术···42
　　2.3.3　发展趋势···45
2.4　5G 网络技术··46
　　2.4.1　5G 与工业互联网··46
　　2.4.2　5G 网络的关键技术··49
　　2.4.3　发展趋势···52
2.5　工业物联网技术···53
　　2.5.1　工业物联网的内涵···54
　　2.5.2　工业物联网的典型特征·······································55
　　2.5.3　工业物联网的关键技术·······································55
　　2.5.4　发展趋势···58
2.6　边缘计算技术···59
　　2.6.1　边缘计算与工业互联网·······································59
　　2.6.2　边缘计算的关键技术···60
　　2.6.3　发展趋势···65
2.7　IPv6 技术··66
　　2.7.1　IPv6 技术在工业互联网中的应用·······························67
　　2.7.2　IPv6 的新特性···68
　　2.7.3　发展趋势···70
2.8　软件定义网络技术···72
　　2.8.1　软件定义网络与工业互联网···································73
　　2.8.2　软件定义网络的关键技术·····································74
　　2.8.3　发展趋势···76
参考文献···80

第3章　工业互联网操作系统··85
3.1　工业互联网操作系统的体系架构·····································85
　　3.1.1　企业工业互联网操作系统·····································86
　　3.1.2　集团企业工业互联网操作系统·································89
　　3.1.3　跨企业工业互联网操作系统···································92
3.2　工业互联网操作系统的核心技术·····································95
　　3.2.1　数据集成与边缘处理技术·····································96
　　3.2.2　IaaS 技术··100
　　3.2.3　平台使能技术··102
　　3.2.4　数据管理技术··104

　　　3.2.5　应用开发与微服务技术 ······· — ···················· 109
　　　3.2.6　工业数据建模与分析技术 ······························ 111
　　　3.2.7　工业互联网操作系统安全技术 ·························· 114
　3.3　工业互联网操作系统的应用主体 ······························ 116
　　　3.3.1　产业链上游的核心技术企业 ························· 116
　　　3.3.2　产业链中游的操作系统企业 ························· 126
　　　3.3.3　产业链下游的操作系统用户 ························· 135
　参考文献 ·········· 140

第4章　工业互联网标识解析 ··· 143
　4.1　工业互联网标识解析概述 ································· 143
　　　4.1.1　主要术语 ··· 144
　　　4.1.2　标准活动 ··· 146
　　　4.1.3　解析体系范例 ····································· 147
　4.2　工业互联网标识解析体系架构 ····························· 150
　　　4.2.1　标识基建层 ······································· 150
　　　4.2.2　标识编码层 ······································· 152
　　　4.2.3　标识解析层 ······································· 154
　　　4.2.4　标识数据层 ······································· 156
　　　4.2.5　标识应用层 ······································· 158
　4.3　工业互联网标识解析体系发展与挑战 ······················· 160
　　　4.3.1　异构性 ··· 161
　　　4.3.2　兼容性 ··· 163
　　　4.3.3　联通性 ··· 164
　　　4.3.4　安全性 ··· 166
　参考文献 ··· 168

第5章　工业互联网安全 ··· 172
　5.1　工业互联网安全概述 ····································· 172
　　　5.1.1　工业互联网面临的安全问题 ························· 172
　　　5.1.2　工业互联网安全的相关概念 ························· 173
　　　5.1.3　企业工业互联网安全 ····························· 173
　　　5.1.4　集团企业工业互联网安全 ························· 174
　　　5.1.5　跨企业工业互联网安全 ··························· 175
　5.2　工业互联网安全技术 ····································· 176
　　　5.2.1　工业互联网安全体系架构 ························· 176
　　　5.2.2　设备与控制安全 ································· 185
　　　5.2.3　网络安全 ····································· 190

    5.2.4　应用安全 ··· 196

    5.2.5　数据安全 ··· 200

    5.2.6　通信安全 ··· 203

    5.2.7　云安全 ··· 211

    5.2.8　人工智能安全 ··· 212

  5.3　展望 ··· 213

  参考文献 ··· 214

第6章　工业互联网标准 ··· 216

  6.1　工业互联网标准化发展现状 ··· 216

    6.1.1　国际标准化发展现状 ·· 216

    6.1.2　国内标准化发展现状 ·· 218

  6.2　我国工业互联网标准发展的特点 ·· 219

  6.3　工业互联网标准的评估指标 ··· 220

  6.4　工业互联网标准的发展总结与建议 ·· 228

  参考文献 ··· 229

第7章　工业互联网产品 ··· 233

  7.1　工业互联网相关产品 ··· 233

    7.1.1　网络产品 ··· 233

    7.1.2　安全产品 ··· 239

    7.1.3　平台产品 ··· 242

    7.1.4　标识解析产品 ··· 243

  7.2　工业互联网产品应用情况 ··· 244

    7.2.1　网络产品应用 ··· 244

    7.2.2　安全产品应用 ··· 249

    7.2.3　平台产品应用 ··· 250

    7.2.4　标识解析产品应用 ··· 252

  参考文献 ··· 253

第8章　工业互联网应用 ··· 256

  8.1　国内工业互联网应用案例 ··· 256

    8.1.1　智慧工厂应用案例 ··· 256

    8.1.2　智慧仓储应用案例 ··· 257

    8.1.3　智慧料场应用案例 ··· 258

    8.1.4　"5G+工业互联网"应用案例 ··· 259

    8.1.5　智慧供应链应用案例 ··· 261

  8.2　国外工业互联网应用案例 ··· 262

    8.2.1　工业企业应用案例 ··· 262

8.2.2　平台企业应用案例 ···································· 263
8.3　工业互联网应用对比 ·· 264
8.3.1　组网技术对比 ·· 264
8.3.2　国内外应用对比 ··· 266
8.3.3　行业应用对比 ·· 267
参考文献 ··· 269
第9章　工业互联网协同创新与发展机制 ····················· 271
9.1　工业互联网运行机制 ·· 271
9.2　工业互联网建设机制 ·· 273
9.3　工业互联网协同创新组织规划模式 ························ 278
9.4　工业互联网各类资源统筹推进机制 ························ 285
参考文献 ··· 290

第1章 绪 论

1.1 工业互联网的发展历程

工业互联网(industrial internet)作为当前炙手可热的技术,已经成为世界各国政府、产业界和研究团体关注的焦点,是第四次工业革命的重要基石和关键支撑。通过万物互联、人机互联,工业互联网将推动制造业的深刻变革和飞速发展,实现网络化制造、数字化制造、智能化制造,在全球工业系统的智能化转型过程中发挥核心作用。随着社会的发展和技术的创新,工业互联网经历了漫长的发展与演变过程。

1.1.1 工业互联网的提出

当今社会,现代制造业作为人们生活和工作必不可少的一项关键技术,在推动社会发展和进步方面起着不可忽视的重要作用。随着工业互联网的出现,制造业发生了巨大的变化,从传统的手工制造转向机械制造、大规模流水线生产和自动化生产,这一变革与全球工业的发展密不可分。如表 1.1 所示,自工业革命前至今,工业发展经历了从工业 1.0 到工业 4.0 的历史转变。

表 1.1 全球工业发展趋势

	工业革命前	工业 1.0	工业 2.0	工业 3.0	工业 4.0
时间	18 世纪中期以前	18 世纪中期	19 世纪口后期	20 世纪中期	当前
所处时代	手工生产时代	机械时代	电气时代	自动化/信息化时代	智能化时代
特点	手工制造	机器代替手工,工作机诞生,蒸汽机作为动力机被广泛使用	电力驱动产品大规模生产,大规模流水线生产	电子与信息技术广泛应用,自动化制造过程,信息控制,产能过剩	智能化生产,人、机、物互联,信息物理融合系统,数字化、网络化、大规模定制

工业革命促进了生产力的发展和生产关系的变化,使用机器生产代替手工生产,推动了各国的商品输出,形成了新的势力范围。此外,互联网革命改变了人们的生活和工作方式,促进了发展中国家工业模式的转变,刺激了企业的创新意识,提高了产业革命的速度。结合工业革命与互联网革命的优势,工业互联网应运而生[1]。

那么，工业互联网是什么？在 2019 年中国工业互联网研究院发布的《工业互联网创新发展 20 问》中，对工业互联网做出了如下阐述：工业互联网是新一代网络信息技术与制造业深度融合的产物，是实现产业数字化、网络化、智能化发展的重要基础设施，通过人、机、物的全面互联，全要素、全产业链、全价值链的全面链接，推动形成全新的工业生产制造和服务体系，成为工业经济转型升级的关键依托、重要途径、全新生态[2]。

工业互联网的概念在 2012 年首次被提出。2012 年 11 月，美国通用电气公司（General Electric Company，GE 公司）发布《工业互联网：打破智慧与机器的边界》白皮书（以下简称白皮书），提出工业设备与信息技术相融合的概念，指出工业互联网的目标是通过大数据收集和分析，为工业设备赋予智能，降低能耗，提高产业效率和服务质量，给世界带来较大的经济效益。白皮书为了体现工业互联网带来的好处，采用"1%的力量"进行了保守估计。具体来说，即使工业互联网只能提高 1%的效率，其带来的收益也非常高。例如，在医疗保健领域，通过降低流程效率，全球效率提高 1%，这将产生超过 630 亿美元的医疗保健储蓄。这仅仅是其中一个例子，就足以证明工业互联网的巨大潜力。

GE 公司认为，工业互联网将会成为继 18 世纪中期～20 世纪初的工业革命和 20 世纪末的互联网革命之后的一场新的产业革命，通过将互联网、大数据、云计算、物联网（internet of things，IoT）、5G 等技术应用到工业发展过程，来建设具备自我改善功能、能够满足个性化需求的智能工业网络。

工业互联网作为新一代信息技术与制造业深度融合的产物，日益成为新工业革命的关键支撑和深化"互联网+先进制造业"的重要基石，对未来工业发展产生全方位、深层次、革命性影响[3]，是现代工业智能化发展和数字化转型的关键路径和强大助力。

1.1.2　工业互联网的定义与内涵

1. 工业互联网的定义

工业互联网不仅仅是互联网，更是多种技术相融合的综合性应用。在新一轮的技术革命和产业变革的大环境下，高新技术如大数据、人工智能、云计算、物联网等正逐步渗透到传统的工业领域，从而催生出工业互联网，成为推动产业升级和发展的必然趋势。然而不同国家的经济发展各异、工业和信息领域基础各异、发展需求各异等，导致不同国家在互联网与工业深度融合的认识上存在差异，因此在世界范围内，工业互联网仍旧没有一个被广泛认同的定义，下面将列举几个国内外较为经典的定义。

工业互联网的概念和模式是 GE 公司从生产效率的角度提出的。GE 公司将其定义为：通过互联网体系，连接工业制造系统，利用工业传感器、工业控制器、工业网络和工业数据平台，实现工业信息中的数据采集、传送、集成、处理与反馈，使工业生产中的装备在工业制造中得到更好的管理与优化，从而生产出品质、效率和利润率更高的产品[4]。

美国工业互联网联盟(IIC)提出的工业互联网的定义是：为了商业收入转型，通过先进的数据分析使能智能工业操作的，连接物、机器、计算机与人的互联网[5]。我国工业互联网产业联盟(Alliance of Industrial Internet，AII)发布的《工业互联网体系架构(版本 2.0)》中将工业互联网定义为：工业互联网作为全新工业生态、关键基础设施和新型应用模式，通过人、机、物的全面互联，实现全要素、全产业链、全价值链的全面连接，正在全球范围内不断颠覆传统制造模式、生产组织方式和产业形态，推动传统产业加快转型升级、新兴产业加速发展壮大[6]。

虽然现如今国际上对工业互联网没有统一的定义，但是随着近年来对工业互联网认识的加深，在其基本要素和发展目标上逐渐达成了统一[7]。

2. 工业互联网的内涵

工业互联网是传统互联网和新时代高新网络信息技术与传统的工业系统进行深度智能融合所构建的全新的产业和应用生态，是工业数字化、网络化、智慧化发展的重要综合信息基础设施，其本质可以理解为，以人、工业系统、机器互联的网络为基础，采用感知技术获取海量工业数据，实现数据的实时分析、全面感知、动态流动，构建全局科学智能的工业模式。可以重点从网络、数据和安全三个方面来理解工业互联网[8]。

首先，"网络"是其基础，工业互联网中的一切数据互联流动都是由网络实现的，工业全系统各个部分通过网络形成互相连接，跨域的数据通过网络实现转发和无缝互操作，高标准的网络的实时响应能力也使得高业务需求得以实现。

其次，"数据"是其核心，工业互联网作为综合技术应用，实现了数据的价值，数据的流动贯穿了工业互联网的始终，毫无价值的海量数据经采集、分析处理、计算等步骤形成了基于数据的智能化。

最后，"安全"是其保障，通过构建强健的工业互联网安全保障体系来保障工业智能化的实现，其主要涉及保证工业互联网应用过程中采集、使用、存储的数据的安全；保证接入工业互联网的终端设备、工业控制系统的安全；保证应用平台的安全；保证工业内部网络及互联的公共网络的安全。

1.1.3　工业互联网的发展演进

目前，在全球大多数国家完成了工业互联网概念的普及推广，各国在工业互联网的核心理念、最终目标、发展方向、技术基础和路线等方面达成了广泛共识[9]，并且已经产生了许多工业互联网平台。本节介绍德国、美国、日本和中国工业互联网的发展和演进。各国工业互联网的发展和演进过程可以大致总结为概念的提出与推广、战略与标准制定、实际部署实施三个阶段。

1. 德国：凭借工业 4.0 战略，助力工业互联网稳健发展

"工业 4.0"概念被正式提出之前，德国政府就已经将其纳入《德国 2020 高技术战略》的十大未来项目之一。"工业 4.0"概念最早由德国政府于 2013 年 4 月在汉诺威国际工业博览会上正式提出。

2013 年 9 月，德国联邦教育和研究部发布了《保障德国制造业的未来：关于实施"工业 4.0"战略的建议》，该报告对全球政产学研各界都产生了重大冲击，成为展望未来生产制造模式的重要窗口，同时也宣告德国工业 4.0 战略实施框架的搭建完成[10]。此后，德国电子电气和信息技术协会发布了"工业 4.0"标准化路线图。德国工业 4.0 战略的本质就是构建智能化的新型生产模式和产业结构[11]，使传统制造业获得新的智能化发展机遇。通过高效的顶层设计和技术实现，德国工业 4.0 战略能够促进工业由加工制造转型升级为智能制造[12]，助力工业互联网发展。

德国将工业 4.0 平台作为工业 4.0 战略实施主体。在工业 4.0 平台中，政府负责政策制定与统筹合作，研究部门负责把握工业 4.0 的理论和发展方向，企业部门负责具体实践。该平台已经同美国、中国、日本等国家开展了国际合作，以助力企业拓展其国际市场。目前，随着工业 4.0 的发展，德国制造业逐渐成为行业发展的核心力量，已经产生了如西门子股份公司(简称西门子)、宝马汽车公司、ABB 公司(Asea Brown Boveri Ltd.，阿西布朗勃法瑞公司)、SAP 公司(System Applications and Products，思爱普公司)等先进的企业。

2. 美国：依靠领先的信息技术，抢占工业互联网发展优势

2012 年，面对制造成本、运营压力的不断提高和经济效率的走低趋势，世界领先的制造业巨头，即 GE 公司首次在全球范围内提出发展工业互联网，期望通过将大数据、云计算、物联网等新一代信息技术融入工业应用领域中，提高生产效率，形成工业互联网平台，提供个性化、智能化服务需求，抢占工业发展先机。同年，美国启动了"先进制造业国家战略"计划，旨在加强工业制造的研发和创新，以推动美国制造业的转型和升级，其中也包括利用信息技术重塑工业格局。

2014 年 3 月 27 日，国际商业机器公司(International Business Machines Corporation，IBM)、思科系统公司(简称思科)、GE 公司、英特尔公司和美国电话电报公司

(American Telephone and Telegraph Corporation,AT&T)等五家全球领先的高科技公司共同发起成立了 IIC。IIC 为工业互联网设定了基准,加速了工业互联网的全球普及和发展。IIC 的目标是打破技术壁垒,推动数字和物理一体化。2015 年 6 月,IIC 发布了《工业互联网参考架构》并在此后进行了数次修改,多年来为企业数字化转型提供了重要指导资源,还通过各种活动和项目帮助技术人员、供应商和研究人员等在企业数字化转型过程中取得切实成果。

随着世界市场的变化,IIC 的重心渐渐从技术本身转向技术部署,只有进行实际部署和使用,才能发挥出真正价值。IIC 的试验台项目首个成果发布于 2017 年 11 月 2 日,该试验台可以测试产品的可行性,以便将产品顺利地推向市场。该试验台项目包含追踪与追溯试验台、时间敏感网络试验台、制造质量管理试验台、Microgrid 应用的通信和控制试验台、INFINITE 试验台、状态检测和预测维护试验台以及智能工厂 Web 试验台。近年来,IIC 与 50 多家不同国家的企业共同推动了试验台的工作,并与多个国家的政府和行业组织开展了合作,包括德国、日本、俄罗斯、巴西、法国、印度等。此外,IIC 还与世界上 20 多个标准化机构建立了联系,包括电气电子工程师学会(Institute cf Electrical and Electronics Engineers,IEEE)、国际标准化组织(International Organization for Standardization,ISO)和国际电工委员会(International Electrotechnical Commission,IEC),以便在技术、要求和标准等方面展开合作。目前,IIC 已成为推动全球工业互联网发展的重要国际组织[13]。

3. 日本:作为机器人传统强国,紧跟工业互联网发展热潮

日本工业互联网发展的代表性名词为"互联工业",其关键思想为:建设人与设备和系统交互的新型数字社会,通过合作与协调解决工业新挑战,积极推动培养适应数字技术的高级人才[14]。日本存在一些社会问题,包括老龄化、劳动力人口不足、自然灾害频繁等,这些社会问题促使日本不断推进互联工业的发展,加快制造产业与互联网的融合。

2013 年 6 月,日本制定了《日本再兴战略》,将产业再兴作为未来的发展重点之一。2014 年,日本再次强调这一战略并高度关注具体产业的变革,如大力扶持 3D 打印技术[15]。2015 年 1 月,日本发布了《机器人新战略》,意图在未来 5 年内重点提升机器人产业水平,6 月,日本工业价值链促进会(Industrial Value Chain Initiative,IVI)成立。2016 年 1 月,日本政府在《第五期科学技术基本计划》中将人类社会划分成 5 个阶段,提出了"社会 5.0"(即超智能社会)概念。此后,日本制定了《工业价值链参考架构》,发布了《日本互联工业价值链的战略实施框架》和《日本制造业白皮书(2018)》,为日本互联工业的发展提供了指导并确定

了方向。

当前日本与许多欧美国家一样，也正在紧跟世界工业互联网的发展热潮，加快战略布局，努力朝着智能社会发展。在发展互联工业的过程中，日本形成了一种新型的"产官学"一体化合作机制，包括科研人员、企业技术人员、政府和市场行销人员之间的合作，能够更好地实现研究成果向产品和市场的转变。日本制造业的优势领域为高端制造业和精密制造，包括汽车及零部件、机床、机器人和电子电气等制造产业。其中，具有代表性的企业为发那科（FANUC）、安川电机（Yaskawa）、川崎重工业、不二越（NACHI）和松下电器等[14]。作为世界领先的机器人制造大国，日本将工业机器人与传感器、人工智能等技术相结合，使机器人产业向自主化、网络化和终端数据化方向发展[16]。

4. 中国：提供相关政策和指导，紧抓工业互联网创新机遇

我国制造业在改革开放以来取得了长足的进步，成为全球最大的制造业国家之一。但是与美国、德国、日本等国的先进水平相比还存在一定差距，转型升级和跨越发展已成为我国制造业发展的当务之急。

为推进工业互联网产学研用协同发展，我国工业、信息通信业、互联网等领域百余家单位，包括政府机构、行业协会、高校研究机构、领军企业等在 2016 年共同成立了工业互联网产业联盟，通过加强相关主体之间的交流和知识共享，为工业互联网产业发展提供智力支持，助力企业的转型升级。2017 年 11 月，国务院印发《关于深化"互联网+先进制造业"发展工业互联网的指导意见》（以下简称《意见》），用于指导我国工业互联网的发展。《意见》强调互联网与先进制造业相融合的重要性，利用互联网技术促进产业升级。此外，我国政府不断强调发展工业互联网的重要性并出台了一系列政策，实施《工业互联网发展行动计划（2018—2020 年）》，不断深化工业互联网发展共识。针对架构和标准的制定，我国于 2015 年发布了《国家智能制造标准体系建设指南（2015 年版）》，并在 2016 年和 2020 年分别发布了《工业互联网体系架构（版本 1.0）》和《工业互联网体系架构（版本 2.0）》，以指导和促进我国智能制造的发展。

针对工业互联网的实际部署，在 2018 年 12 月，包含工业互联网等新型基础设施建设的"新基建"系统工程被提出，我国工业互联网开始在各个工业领域落地实施，2020 年 4 月，随着官方"新基建"范围的明确，工业互联网热潮在我国再次兴起。2020 年底，工业和信息化部发布《工业互联网创新发展行动计划（2021—2023 年）》，进行了工程部署、政策出台、资金支持，实施工业互联网创新发展工程。经过政产学研各界的努力，我国工业互联网目前已经形成了以网络为基础、平台为中枢、数据为要素、安全为保障的功能体系[17]。

1.2 工业互联网的分类

1.2.1 基于网络作用范围的分类

基于不同规模的网络作用范围,工业互联网可分为企业工业互联网、集团企业工业互联网和跨企业工业互联网三类,其作用范围依次增大。企业工业互联网提高了单一企业内部的生产效率与管理效率,从而加强了企业的竞争力;集团企业工业互联网促进了集团内部各企业间的协同运作和合作生产,全局高效地实现集团内部企业的统一管理;跨企业工业互联网着眼于通过集团间协调、行业间协同和国家宏观调控等手段促进行业整体发展。

1. 企业工业互联网

企业工业互联网实现了企业内部制造体系的纵向集成。企业工业互联网将该企业的生产工具、生产资料与生产现场数据入网,进一步由数据处理组件实现数据的采集与交换、预处理与存储、数据建模、数据分析和决策控制等功能。基于数据的收集与处理过程,在人工智能技术的支持下,生成数据驱动的控制指令并直接作用于生产现场,构成从数据采集到企业管理的持续优化闭环。

2. 集团企业工业互联网

集团企业工业互联网实现了集团内部多企业间制造体系的横向集成。集团企业工业互联网将该集团下属的各个企业工业互联网彼此相连,通过集团内部的数据互通与信息交换,优化集团内部生产资料的物流与调度,提高集团整体的生产效率与生产资料利用率,从而更好地实现集团发展战略,促进行业整体发展。

3. 跨企业工业互联网

跨企业工业互联网实现了产品全生命周期的端到端数字化集成。跨企业工业互联网不再以生产流程为主导,而是从生产过程与商业过程两个角度出发,真正实现了工业互联网从工业和互联网两个维度的业务分解。从工业的角度出发,工业互联网需要打通上游生产系统与下游商业系统,实现全产业链的智能化;从互联网的角度出发,工业互联网需要承担起商业系统与生产系统间的纽带作用,以商业系统的变革牵引生产系统的变革。

1.2.2 基于行业的分类

近年来,我国工业互联网相关基础研究取得了极大的发展与进步,社会上涌现了一大批以工业互联网技术为核心的新型技术和产品。同时,工业互联网积极与传统行业结合，发展出了若干带有鲜明行业特征的行业工业互联网。其中，工业互联网主要在轻工家电行业、工程机械行业、电子信息行业、钢铁行业、高端装备行业、建筑行业、船舶行业与电力行业八个行业取得了实践结果。

1. 轻工家电行业工业互联网

近年来，我国家电行业的运行特点集中体现在五个方面：①产品档次不断提高，产品结构也更加多元化；②企业研发投入不断增加，自主创新能力大幅提高；③运营模式不断创新，线上销售渠道增长迅速；④制造技术快速升级；⑤智能化成为行业的明显趋势。

基于以上五大产业特点，家电行业工业互联网表现出三种模式：①产品的广泛连接与智能化，通过软硬件的技术升级和互联互通，构建一体化智慧家庭，在与消费者的持续交互中更新产品需求，进一步实现产品功能的迭代，为消费者提供个性化的管家服务。②通过数据挖掘技术推动数字经济的发展，将消费者的需求可视化和量化，使其从被动接受服务转变为主动提出需求。③消费者参与全流程交互和体验，将消费者的使用体验和对产品的评价直接作用于生产场景与消费场景，进一步对全产业链中的工业活动和商业活动产生影响。

2. 工程机械行业工业互联网

工程机械企业采用"离散为主、流程为辅、装配为重点"的离散制造模式，导致其普遍面临生产物流效率低下和企业管理混乱的问题。同时，作为国家经济发展的支柱产业之一，工程机械行业正在历经由传统制造业向新型制造业转变的过程，因此智能化生产成为工程机械行业的迫切需求。

基于以上问题与需求，工程机械行业工业互联网具备三个特点：①生产过程高水平智能化，在实现生产过程智能化的同时，提高零部件的质量，降低次品率，提高生产资料利用率。②人、材、机与管理系统的广泛互联。通过生产流程与管理流程的交互优化原材料购买渠道、物流模式与企业自身生产资料的组织管理。③满足离散制造模式下的定制化需求。即使对于专业性强的大宗工程机械产品，也能精准把握设计需求、高效交付定制产品。

3. 电子信息行业工业互联网

电子信息行业是我国经济发展中的朝阳产业，同时也是知识密集型、技术密集型行业，拉动大量经济增长的同时也对企业科技水平有着更高的要求。电子信息行业工业互联网着力于自动化生产、单元生产与手工生产等多种生产方式的整合，重点关注自动化生产中的设备健康管理、单元生产中的人机一体化与产品的质量管理及追溯三个方面。

4. 钢铁行业工业互联网

我国钢铁工业的生产工艺较为先进，自动化和信息化建设较为完善，基本实现了数据驱动的自动化产业链。在此背景下，钢铁行业工业互联网从商业角度为钢铁行业的进一步发展带来了新的契机。钢铁行业工业互联网赋予生产企业新型生产模式下工业企业需要具备的个性化需求与快速响应服务两个基本功能，在生产企业与客户企业间的交互中完成产品的迭代，通过提高生产制造的柔性来适应快速变化的客户需求。

5. 高端装备行业工业互联网

高端装备制造业与传统制造业最大的区别在于产品的生产制造过程极为复杂。尽管高端装备制造仍属于离散制造，但是高端装备的生产往往需要数千种零部件，无论是原材料、生产工序还是装配 要求都比传统制造业更高。高端装备行业工业互联网聚焦于高端装备的研发设计阶段、生产制造阶段与售后阶段，通过跨企业、跨专业、跨地域协同研发，基于智能指针的生产工艺与全生命周期的智能维护，从设计—生产—销售全流程来保障产品质量。

6. 建筑行业工业互联网

建筑行业是国民经济的支柱产业，更是民生产业和基础产业，在国家发展的战略层面上具有举足轻重的地位。建筑行业具有建设周期长、资金投入大、关系方多、流动性强等特点，因此工业化和数字化的难度相较于其他行业来说更大。建筑行业工业互联网围绕深化改革发展，加快转型升级，加速科技跨越，通过实现个性化定制需求、全产业链协同网络、建筑全生命周期监测三大功能，与传统建筑行业的发展情况相结合，大力推动以装配式建筑为主导的建筑模式，同时加大海外投资，实现建筑产业全球化。

7. 船舶行业工业互联网

船舶产品具有独特的特点。相较于设计和生产流程，产品从服役到退役间的维护过程更为重要。因此，船舶行业的工业互联网需要实现跨业务模块的流程优化和多信息化平台的高效继承，不仅在设计和生产上，更为重要的是实现船企与船东、供应商、第三方物流公司之间的横向端对端集成。

8. 电力行业工业互联网

电力行业是国民经济的重要基础行业之一，其对于社会生活的支撑和促进具有关键作用。电力生产过程中往往伴随着诸多复杂的物理化学反应，伴随着物质和能量的转化和传递，因此企业内外存在复杂的原材料供需关系。并且，电力产品往往具有生产、销售和使用一体化的特征，且具有不可追溯性。因此，电力行业对管理信息集成具有很高的要求。

我国电力行业已经初步实现了数字化与智能化，但发展程度和发展范围与预期相比还存在一定差距，工业互联网与电力行业的结合将会促进其数字化与智能化的发展。电力行业工业互联网将围绕电力行业的发展现状，结合云计算、大数据、人工智能等前沿技术，着力于解决电力产品生产过程中设备运行的安全预警与故障诊断问题，同时提升企业能源利用效率，更好地实现智能化生产与管理。

1.2.3 基于主攻方向的分类

除了在不同的网络作用范围和不同的行业中有着不同的应用方式外，工业互联网也可以根据不同的主攻方向进行分类，如对特定场景的工业数据进行深度分析和优化、对全局系统的资源进行协调、对不同系统间的信息通过网络协同以达到优化目的以及具有通用应用的工业互联网。基于主攻方向的分类方式，可以将其分为面向资产优化的工业互联网、面向资源配置的工业互联网和面向通用使能的工业互联网。

1. 面向资产优化的工业互联网

面向资产优化的工业互联网的目标是实现设备资产的高效管理和运营。通过利用传感器、移动通信、卫星传输等网络技术，智能装备和智能产品可以实现远程连接，并在云端汇聚大量的设备、环境和历史数据。利用大数据和人工智能等技术，结合行业经验知识，可以对设备的运行状态和性能状况进行实时智能分析。通过开发工业应用程序（App），可以为生产和决策提供智能化的服务。

2. 面向资源配置的工业互联网

面向资源配置的工业互联网主攻资源的组织与调度，通过云接入分散、海量的资源，工业互联网可优化制造企业的资源管理、业务流程、生产过程、供应链管理等方面，提高信息资源、人力资源、设计资源、生产资源等各类资源的匹配效率，促进供需双方和企业之间的协同合作。根据不同使用者所处的行业、业务类型和市场特点，定制工业互联网应用，以实现资源的精准配置和流程的灵活重组。

3. 面向通用使能的工业互联网

面向通用使能的工业互联网主要提供基础性、通用性服务，其中包括云计算、物联网和大数据等。其中有的侧重云服务的数据计算存储，其实现平台如微软的 Azure、SAP 的 HANA(high-performance analytic appliance)、亚马逊的 AWS (Amazon web services,亚马逊云计算服务)和我国的阿里云、腾讯云等,有的侧重物联网设备连接管理,其实现平台如思科的 Jasper、华为技术有限公司(简称华为)的 OceanConnect 等。除了提供技术支持之外,该类工业互联网还为各种产业提供广泛的服务。

1.3 工业互联网的技术体系

工业互联网技术体系的核心是将物理系统和数字空间全面互联并进行深度协作,利用数据驱动的智能分析和决策优化来提升生产效率和优化业务流程。通过利用大数据技术可以实现企业内部的智能化生产、企业之间的网络化协同、企业与用户之间的个性化定制和企业对用户的售后服务延伸。在工业互联网技术的框架下,企业的全面数字化是前提,但是当前企业在这方面的发展仍然不平衡。集成度高、规模大的行业如汽车制造业,以及相关的大企业,数字化程度相对较高;集成度低和规模较小的行业,以及大量的中小企业,数字化程度相对较低。

工业互联网的推进是为了解决企业数字化转型中的瓶颈。基于工业互联网技术构建了网络、平台和安全三大体系,深度连接设备资产体系、管理体系、供应链和生产体系,并利用数据集成和分析,实现了信息技术(information technology,IT)与运营技术(operational technology,OT)的融合和三大体系的贯通。

1.3.1 工业互联网网络体系

工业互联网网络体系由三部分组成:数据互通、网络互联和标识解析。

1. 工业互联网数据互通

数据互通是工业互联网网络体系的核心功能之一,能够实现不同系统间数据和信息的无缝传输,使异构系统在数据层面相互理解并实现数据互操作和信息集成。具体而言,数据互操作包括应用层通信、信息模型和语义互通等功能,以确保系统各要素之间的高效协同和协作。应用层通信的作用有两个:①建立数据信息传输的安全通道,并保持和关闭这些通道,为数据的安全传输提供保障;②管理工业模型、传感器、远程终端单元和服务器等设备节点。应用层通信所采用的主要协议有开放式平台通信统一架构(open platform communications unified architecture,OPC UA)、消息队列遥测传输(message queuing telemetry transport,MQTT)和超文本传输协议(hypertext transfer protocol,HTTP)等。信息模型的作用是提供完整的、统一数据对象表达式、描述和操作模型。信息模型所采用的主要协议有 OPC UA、制造技术连通性(manufacturing technology connect,MTConnect)协议和 YANG(yet another next generation)等。语义互通的作用有两个：①实现工业数据信息的发现、采集、查询、存储和交互等；②对工业数据信息的请求、响应、发布和订阅等。语义互通所采用的主要协议有 OPC UA、开放性可编程逻辑控制器(PLCopen)和自动化机器学习(automated machine learning，AutoML)等。

2. 工业互联网网络互联

网络互联，即通过有线和无线方式连接企业上下游、智能产品和用户等与工业互联网系统相关的所有要素，支持业务发展的多需求数据转发，实现端到端的数据传输。网络互联按照协议层次可以分为多模接入、网络层转发和传输层传输。

多模接入包括有线接入和无线接入，现场总线、工业以太网、工业无源光网络(passive optical network，PON)和时间敏感网络(time sensitive network，TSN)为有线接入，4G/5G、WiFi/WiFi6、智能无线网络(wireless network for industrial automation，WIA)、无线 HART(wireless highway addressable remote transducer，WirelessHART)和 ISA100.11a 工业自动化无线系统为无线接入。多模接入有两个作用：一个作用是将工厂内的各种元件连接到工厂内网，包括人员(如生产人员、设计人员和外部人员)、机器(如装备和办公设备)、材料(如原材料、在制品和制成品)和环境(如仪表和监测设备)等；另一个作用是将厂外的所有元素连接到工厂的外网，包括用户、合作企业、智能产品、智能工厂和公共基础设施支持的工业互联网平台、安全系统和识别系统等[7]。

网络层转发实现工业非实时数据转发、工业实时数据转发、网络控制和网络管理的功能。工业非实时数据转发功能主要在保证数据同步的前提下，实现信息数据和管理数据的无延迟传输。工业实时数据转发功能主要传输在生产控制过程中需要实时处理的采集信息和控制信息。网络控制主要完成路由表/流表生成、路径选择、路由协议互通、访问控制列表(access control list，ACL)配置和服务质量(quality of service，QoS)配置等功能。网络管理包括分级 QoS、拓扑管理、接入管理和资源管理等功能。

传输层传输指传输层在网络中不同设备之间提供端到端的数据传输服务。它通过传输控制协议(transmission control protocol，TCP)和用户数据报协议(user datagram protocol，UDP)等来实现设备到系统的数据传输。除了数据传输功能之外，传输层还包括端口管理、端到端连接管理和传输层安全管理等管理功能。

3. 工业互联网标识解析

标识解析模块提供标识数据采集、标签管理、标识注册、标识解析、标识数据处理和标识数据建模等功能。标识数据采集主要定义标识数据采集和处理的手段，包括标识读写和数据传输两大功能，负责标识读取和数据预处理。标签管理主要定义标识的载体形式和标识码的存储形式,负责完成对载体数据信息的存储、管理和控制,根据不同行业和企业的需求提供符合要求的标识码形式。标识注册是指在信息系统中创建对象的标识注册数据,包括标识责任主体信息、解析服务寻址信息和对象应用数据信息等,并且存储、管理和维护注册数据。标识解析能够根据标识码查询目标对象网络位置或相关信息的系统设备,实现机器和物品的唯一定位和信息查询,是实现全球供应链系统与企业生产系统、产品全生命周期管理和智能服务精准对接的前提和基础。标识数据处理定义了对收集的数据进行清洗、存储、检索、处理、转换和传输的过程。根据不同的业务场景,通过数据模型实现不同的数据处理流程。标识数据建模构建特定领域应用的标识数据服务模型,建立标识应用数据字典和知识图谱等,基于统一标识建立不同信息系统中对象之间的关系,并提供对象信息服务[7]。

1.3.2　工业互联网平台体系

工业互联网平台是一个工业云平台,针对制造业数字化、网络化和智能化的需求,构建基于海量数据采集、汇聚和分析的服务体系,支持制造资源泛在连接、柔性供应和高效配置,包括边缘层、平台层和应用层三个核心层面。

1. 边缘层

边缘层通过大规模的、深层次的数据采集、协议转换和异构数据的边缘处理,构建工业互联网平台的数据库,包括工业数据接入、协议解析与数据预处理和边缘分析应用。工业数据接入通过各种通信手段接入不同设备的系统和产品,采集海量数据;协议解析与数据预处理依托协议转换技术,实现多源异构数据的归一化和边缘融合;边缘分析应用利用边缘计算设备,实现底层数据的汇聚处理,将数据整合到云平台。

2. 平台层

平台层基于通用平台即服务(platform as a service,PaaS)层叠加大数据处理、工业数据分析和工业微服务等创新功能,来构建一个可扩展的开放云操作系统,平台层包括 IT 资源管理、工业数据与模型管理和工业建模分析等功能。IT 资源管理提供工业数据管理能力,将数据科学与工业机制相结合,帮助制造企业构建工业数据分析能力,实现数据价值挖掘。工业数据与模型管理将技术、知识和经验等资源固化成可移植的和可复用的工业微服务构件库,供开发者调用;工业建模分析构建应用开发环境,借助微服务组件和工业应用开发工具,帮助用户快速构建定制的工业应用。

3. 应用层

应用层形成满足不同行业、不同场景的工业软件，即服务层（软件即服务（software as a service，SaaS）层）和工业App，形成工业互联网平台的最终价值，包括工业创新应用和开发者社区。工业创新应用提供了设计、生产、管理和服务等一系列创新的商业应用。开发者社区构建良好的工业App创新环境，使开发者基于平台数据和微服务功能实现应用创新。

此外，工业互联网平台还包括覆盖整个工业系统的基础设施，即服务层（基础设施即服务（infrastructure as a service，IaaS）层）基础设施和安全管理体系，构成了工业互联网平台的基础支撑和重要保障。

1.3.3 工业互联网安全体系

工业互联网的安全需求可以从工业和互联网的角度进行分析。从工业角度来看，安全的重点是确保智能生产的连续性和可靠性，关注智能设备、工控设备和系统的安全。从互联网的角度来看，安全主要保障工业互联网应用的安全运行，以确保个性化、网络协作、服务扩展等功能能够持续运行。工业互联网平台需要提供完善的安全管理体系，包括防止重要数据泄露，保障工业应用安全、网络安全、工业数据安全和智能产品服务安全。因此，从构建工业互联网安全体系的角度来看，工业互联网安全体系框架主要包括三个关键点，即物理安全、功能安全和信息安全。其中，物理安全是指工业智能设备和产品的安全，包括对物理设备的保护和控制、防止未授权的访问以及监测和控制工业物理环境。功能安全又分为网络安全和控制安全。网络安全是指工业互联网中涉及的各种网络、通信协议、数据传输等方面的安全，包括工厂内有线网络和无线网络的安全，保障用户与工厂网络设备不遭受网络攻击；控制安全指在工业生产过程中保障生产控制的安全，包括控制协议安全、控制平台安全、控制软件安全等。信息安全分为应用安全和数据安全。应用安全是指保障工业应用的安全，包括应用程序的安全性、应用程序的开发和部署过程的安全性、应用程序的访问控制和审计的安全性等方面；数据安全是指保障工业数据的安全，包括工业数据的采集、存储、传输和处理等各个环节的安全。

随着互联网与产业融合创新的不断推进，越来越多的关键信息基础设施（如电力、交通、水利、金融等）已经实现了网络化，并逐步与公共互联网互联。工业互联网一旦受到网络攻击，不仅会带来经济损失，还可能引发环境灾难和人员伤亡等严重后果，进而威胁公共生活和国家安全，安全能力已成为影响工业互联网创新和发展的关键因素。由于信息化和自动化程度的不同，工业各个行业的安全保障体系建设也有所不同，工厂信息化、自动化程度越高，则安全风险越大，因此对安全保障体系的建设也更加重要。

随着人工智能、大数据分析和边缘计算技术的发展，工业领域的安全防护已经取得了重大进展。通过协议深度分析和事件关联分析，可以准确地分析当前工业互联网的运行状况，并预测未来的安全趋势，从而实现对工业互联网的全面管控，并利用网络中各设备的协同联动机制，有效地抑制安全威胁的发展，以阻止其不断扩散。在设备层面，可以通过设备芯片和操作系统的安全加固和设备配置的优化来实现应用程序的漏洞分析。通过引入漏洞挖掘技术，工业互联网应用和控制系统可以实现对自身隐患的常态化排查。各种通信协议安全机制可以在新版协议中加入数据加密、认证和访问控制等机制来提高其安全性[7]。

1.4　工业互联网的建设与发展途径

1.4.1　工业互联网基础设施建设

工业互联网的发展需要基础设施的有力支撑。我国正在快速推进工业互联网基础设施建设，网络建设和改造已经取得了显著的成效，支持能力也在不断加强。企业外网建设持续推进，网络服务质量明显提升，2020 年高质量外网已覆盖全国 374 个地级行政区(或直辖市的下辖区)，覆盖率达 89.7%。企业内网改造加快部署，部分制造企业积极探索，"5G+工业互联网"成为改造新路径，已建、在建项目超过 800 个，在标识解析体系、平台发展、产业支撑和 IaaS 层发展等方面取得了长足发展。

标识解析体系是工业互联网中的一个重要组成部分，它可以实现对设备、物料、产品等物理实体的精准识别和定位，为工业互联网的运作提供了重要的技术支撑。我国工业互联网标识解析体系建设取得了显著成效。以国家顶级节点为核心的标识解析体系已初显成效，形成了"东西南北中"一体化格局。截止到 2023 年，我国已上线了 312 个标识解析二级节点，这些节点覆盖了全国 31 个省区市和 42 个行业，累计注册量突破 3300 亿，服务企业近 27 万家。在东部地区，标识解析二级节点和企业节点建设领先全国。标识应用方面也得到全面发展，探索出了多种特色应用模式，如产品追溯、供应链管理、产品全生命周期管理等。

在平台发展方面，我国工业互联网平台体系快速壮大，赋能能力不断增强。据统计，截止到 2024 年初，我国已建成具有一定影响力的工业互联网平台超过 340 个，服务企业超过 40 万家，工业互联网"双跨平台"平均连接工业设备超过 218 万台，工业设备连接数超过 9600 万台，平均承载工业机理模型超过 2.45 万个，承载工业 App 数量超过 43 万个。平台接入工业设备空间广阔，连接工业设备数量占比不到 20%，价值占比高达 93%。

在产业支撑方面，产业支撑能力显著增强，工业互联网的核心技术和产业发展实现了稳中有进、逐级突破的进展。同时，解决方案供给能力不断提升，针对不同行业和特定场景的解决方案产品和服务不断涌现，并逐渐成熟。工业互联网的核心产业规模增速也不断加大，为电子设备生产、装备制造、钢铁、采矿和电力五大细分产业的快速发展带来了有力支撑。此外，工业互联网生态系统不断完善，新兴领域得到了快速发展，短板领域也在逐步追赶。这种差异化的发展态势，展现了工业互联网的优势壮大。

在 IaaS 层发展方面，用户群体正在向大中型企业转变，这使 IaaS 的发展受到越来越多的关注。大中型企业对于挖掘和应用海量数据的需求越来越迫切，这需要采用人工智能等新技术手段和大量算力。在这个过程中，服务器供应商的技术和服务的可靠性将成为企业选择供应商的重要因素。随着企业对云服务商要求的提高，云服务器呈现出高密度、高稳定性和易管理等特性，技术与服务的可靠性是影响服务器供应商竞争力的重要因素。随着云计算技术的发展和应用，行业云逐渐成为 IaaS 发展进程中的重要组成部分，为企业提供更加个性化、精细化的解决方案。传统的企业正在将重心转向更为重要的传统行业，IaaS 也不例外。IaaS 正着重于为传统行业提供针对性的行业解决方案，特别是政务、金融、医疗和工业等领域的行业云解决方案已经陆续推出。

虽然工业互联网的基础设施有了长足的发展，但是仍然面临着工业数据采集发展方面的挑战，尽管目前有多种网络通信连接技术可用于解决工业互联网互联互通问题，但尚无一种被广泛认可的一体化解决方案。当前工业数据采集面临的突出问题可以总结为"三不"问题：不敢传(数据安全问题)、不能传(协议标准不统一)、不需传(本地化和实时性问题)，无法支撑实时数据采集和实时分析、智能优化和科学决策，因此构建一个安全可靠、互联互通的工业互联网任重而道远。

1.4.2　工业互联网平台搭建

搭建工业互联网平台的总体目标是打造制造业数字化、网络化、智能化发展的载体和中枢。通过实现工业数据采集、开展边缘智能分析、构建企业平台和打造产业平台，形成交互协同的多层次、体系化建设方案，其实施架构贯穿设备、边缘、企业和产业四个层级。

1. 设备层部署

设备层部署实施的核心目标是为工业互联网平台提供底层的数据基础支撑。设备层部署实施主要聚焦平台功能架构中的工业数据连接、转换和数据预处理功能。

首先，设备层提供针对性工业数据接入解决方案，兼容智能机器、专用设备、计算机数控（computer numerical control，CNC）系统和监控与数据采集系统（supervisory control and data acquisition，SCADA）等生产现场不同软硬件系统，实现实时状态、控制参数、运营管理等各类数据的全面采集。其次，为了解决工业生产现场设备种类繁多、通信协议不统一的问题，设备层部署实施的关键是提供协议解析和数据预处理服务，将来自不同系统、采用不同通信方式的多源异构数据转化成统一格式，并进行基本处理后上传至工业互联网平台。

在部署方式上呈现出两种形式：一种是对存量设备进行叠加改造，通过开放设备已有控制系统或者额外添加传感器的方式，对工业设备进行数字化改造，完成工业数据采集集成；另一种是采用新型数字化装备，主要是在新的产线、车间建设过程中，直接规划和选用具备数据开放能力的数字化设备，快速便捷地实现工业数据采集集成。华为等公司在实时获取设备层数据、消除自动化孤岛现象以实现智能制造方面做出了巨大努力，技术实力处于全球先进水平。

2. 边缘层部署

边缘层部署实施的核心目标是为生产现场提供实时优化和反馈控制应用支持，同时提供边缘智能分析能力，以满足工业互联网平台的功能需求。在部署实施上，一是部署标识解析中间件，内嵌通用的标识解析数据服务模型，与工业软件和工业采集设备高度集成，将多源异构的采集数据转化为可读可理解的标准数据。二是为标识资源池提供统一可识别的数据对象，将经过标识解析中间件处理后的分类工业数据存储到标识资源池，作为企业层和产业层数据应用的有效支撑。

在部署方式上，在边缘层开展的智能分析应用主要以两种方式实现：一种是嵌入式软件，通过软件代码方式直接集成到智能设备或是信息系统之中，依托被嵌入对象的硬件资源支持来完成智能分析应用。另一种是智能网关，边缘智能分析应用部署和运行在独立的智能网关之中，基于网关提供的硬件资源和操作系统来进行工业数据的深度挖掘分析。由于智能网关部署方式相对便捷，且支持资源和功能的扩展，目前智能网关正在成为主流部署方式。

由于美国和德国垄断了全球的工控设备和通信的有关协议，我国在边缘层上的发展步履维艰，而且我国缺乏工控领域的领军企业，95%中高端可编程逻辑控制器（programmable logic controller，PLC）市场、50%以上的分布式控制系统（distributed control system，DCS）市场被跨国公司垄断，国产化的工控自动化核心部件产品仅占35%的市场份额，需投入大量资源来发展边缘层。

3. 企业层部署

企业层部署实施的核心目标是打造具备工业互联网能力的企业平台，实现各类工业数据的收集、处理、分析和应用,推动企业实现数字化转型和智能化升级。企业层建设更加关注业务场景应用,因此部署实施过程中需要重点考虑标识解析在企业节点中的应用模式。①建设标识注册和标识解析系统,在企业内部提供产品标识注册、标识管理和标识数据查询等基本功能;②结合企业实际需求,规范业务数据服务模型,面向供应链管理、产品追溯、设备运维等典型应用场景,打造可视化的数据应用模板,驱动标识解析系统在企业节点的集成应用;③聚焦数据管理和共享,制定不同颗粒度的接口标准和访问控制协议,进而实现数据的有效交互共享和信息的深层次价值发现。

在部署方式上,企业层平台的部署方式可以采用不同的形式,如服务器、私有云和混合云。首先是服务器部署,适用于功能简单、资源需求不高的应用。平台可以像普通软件一样安装在特定服务器上,以降低部署成本。但是由于服务器资源有限,未来平台的能力扩展会受到一定限制。其次是私有云部署,企业可以借助虚拟化、资源池化等技术支持,提供可灵活调度、弹性伸缩的存储和计算资源,支持工业数据的管理和使用,并确保所有核心数据都停留在企业内部,避免敏感信息的泄露。最后是混合云部署,企业在使用私有云进行关键核心数据存储管理的同时,还可以利用公有云的海量 IT 资源进行更为高效的业务处理,从而有效降低综合部署成本。

在企业层,我国呈现了繁荣发展的景象,不同的企业凭借自身优势参与其中。信息通信技术(information and communication technology,ICT)企业和工业软件企业通过本身的信息技术、软件能力开始向制造行业延伸,传统的装备自动化企业和生产制造企业也凭借其对工业的理解开始发展相关平台。

4. 产业层部署

产业层部署实施的主要目标是打造工业互联网平台,全面汇聚产业资源,助力资源优化配置,构建创新生态。最大的部署和实施挑战是跨行业和跨域覆盖带来的业务复杂性。

产业层部署覆盖面极其广阔,而且业务模式也极其复杂,因此在构建和运行这一产业平台时,必须充分考虑到其所有的核心功能。①提供基础 IT 资源支撑,实现平台资源调度管理和应用部署运维,同时集成基础技术框架,为上层业务构建提供技术使能。②提供数据管理和建模分析能力及良好的工业应用创新能力,除了提供各类算法模型支撑进行智能分析之外,产业平台还需要及时响应不同用户的差异化应用需求,打造低门槛的工业应用开发环境,支持实现高效灵活的应用创新。③聚焦行业共性问题和资源优化配置,为其提供解决方案,如设计协同、供应链协同和产业金融等,在带动产业整体发展水平提升的同时,加速推动产业形态和商业模式的创新。④开展创新生态建设,通过构建开发者社区、应用商店或者提供二次应用开发等方式来吸引外部开发者，形成应用开发和交付的双向循环，打造充满活力和竞争力的生态化发展模式。

产业工业互联网平台主要采用公有云架构，无论是自主开发还是与其他公有云平台合作，都能够为各行各业的用户提供低成本、高可靠的数据存储和计算服务，而且具备灵活的调度功能。依托公有云的基础资源支持，运用 Cloud Foundry、OpenShift 和 K8s（kubernetes）等技术手段构建通用 PaaS 平台，基于大数据、人工智能和数字孪生等技术提供工业数据、模型的管理分析服务，借助 DevOps、微服务和低代码等技术打造工业应用开发服务。最终，综合运用各类技术手段和系统工具，实现各类智能化解决方案应用落地，并驱动以产业平台为枢纽的创新生态构建[9]。

由于产业层综合性强、需求复杂，而我国工业技术知识比较薄弱，工业机理、工艺流程、模型方法等积累不足；在行业高端工业软件等领域起步比较晚，开发人员比较少。所以我国在产业层发展上与欧美国家还有较大差距。

1.4.3　工业互联网安全建设提升

1. 工业互联网的安全形势

工业互联网平台连接了工业网络与互联网，在促使工业生产系统走向广泛互联、高度集成和智能融合的同时，暴露在外的攻击面比纯粹的互联网和工业网络更大，由此面临的外部威胁也更加多元。当前，工业信息安全事件频繁发生，高危漏洞层出不穷，网络威胁加速渗透，工业数据泄露风险高，工业互联网平台面临更为复杂多变的整体安全环境。

近年来，全球发生了越来越多的工业信息安全事件，导致的后果也十分严重。2015 年 12 月 23 日，乌克兰电网遭受黑客攻击，攻击者利用携带恶意代码的邮件附件，入侵了一个电网工作站，并将"Black Energy"恶意软件植入其中，从而获取了对发电系统的远程接入和控制能力，导致数小时的大规模停电，140 万户家庭的供电被迫中断，这是乌克兰历史上首次发生的网络攻击，引发了乌克兰国内外的强烈关注。

2016 年 1 月 25 日，以色列遭受了一场前所未有的网络攻击，导致电力系统停止运行，大量正常运行的计算机也受到了严重影响。2017 年 8 月，沙特阿拉伯一家炼油厂遭恶意软件入侵，攻击者对 Triconex 安全控制器进行攻击，通过对该控制器中的一个合法文件进行远程配置，实施网络攻击，意图引发爆炸，从而摧毁整个工厂。2018 年 8 月 3 日，台积电遭受勒索病毒 WannaCry 的攻击，导致其全面瘫痪，造成 17.4 亿元的巨额经济损失。

工业互联网平台通过大范围、深层次的数据采集，利月边缘计算设备实现底层数据的汇聚处理,在云端平台集成大量数据。这些工业数据涵盖现场设备运行、工艺参数、质量检测、物料配送、进度管理等生产现场数据、企业管理数据和供应链数据等,是企业、行业乃至国家的重要资产,由此也成为黑客攻击窃密的目标之一。2018年7月,在全球百余家车企中,克莱斯勒、特斯拉等公司超过47000个机密文件被泄露,其中包括产品设计原理图、装配线原理图、工厂平面图、采购合同等重要信息,这些信息极具敏感性,可能会对公司的发展产生重大影响。起因是这些车企共同的服务器提供商 Level One 公司在进行数据备份时,未限制备份服务器使用者的 IP 地址,且未设置用户访问权限。鉴于工业互联网平台汇聚的工业数据,特别是海量级工业数据的重要价值,其面临的数据失窃、篡改等诸多安全威胁不容小视。

2. 工业互联网的安全建设

安全形势越来越严峻,传统的安全防御技术已无法抗衡新的对于工业互联网的安全威胁,防护理念也将从被动防护转向主动防御,以提升工业互联网的安全建设水平。以下是在这一新背景下,工业互联网安全领域的几个关键发展趋势。

(1)态势感知将成为重要的技术手段。借助人工智能、大数据分析以及边缘计算等技术,基于协议深度解析及事件关联分析机制,分析工业互联网当前运行状态并预判未来安全走势,实现对工业互联网安全的全局掌控,并在出现安全威胁时通过网络中各类设备的协同联动机制及时进行抑制,阻止安全威胁的继续蔓延。

(2)内生安全防御成为未来防护的大势所趋。在设备层面可通过对设备芯片与操作系统进行安全加固,并通过对设备配置进行优化的方式实现应用程序脆弱性分析;通过对工业互联网应用及控制系统采取静态挖掘、动态挖掘的方式实现对自身隐患的常态化排查;各类通信协议安全保障机制通过数据加密、身份验证、访问控制等机制提升工业互联网的安全性。

(3)工业互联网安全防护智能化将不断发展。未来对于工业互联网安全防护的思维模式将从传统的事件响应式向持续智能响应式转变,旨在构建全面的预测、防护、响应和恢复能力,抵御不断演变的高级威胁。工业互联网安全架构的重心也将从被动防护向持续普遍性的监测响应及自动化、智能化的安全防护转移。

(4)平台在防护中的地位将日益凸显。平台作为工业互联网的核心,汇聚了各类工业资源,因而在未来的防护中,对于平台的安全防护将备受重视。平台使用者与提供商之间的安全认证、设备和行为的识别、敏感数据共享等安全技术将成为刚需。

(5)对大数据的保护将成为防护热点。工业大数据的不断发展对于数据的分类、分级、审计、流动追踪、大数据分析的价值和用户隐私的保护都有着更加严格的要求。未来对于数据的分类分级保护以及审计和流动追溯将成为防护热点。

在上述几方面因素的驱动下，面对不断变化的网络安全威胁，企业仅仅依靠自身力量远远不够，未来构建具备可靠性、保密性、完整性、可用性和隐私与数据保护的工业互联网安全功能框架，需要政府和企业、产业界统一认识、密切配合，安全将成为未来保障工业互联网健康有序发展的重要基石。

通过建立健全运转灵活、反应灵敏的信息共享与联动处置机制，打造多方联动的防御体系，充分处理好信息安全与物理安全，保障生产管理等环节的可靠性、保密性、完整性、可用性、隐私性，进而确保工业互联网的健康有序发展。

1.4.4 工业互联网产业培育

为了更好地培育工业互联网产业，我国采取了成立工业互联网产业联盟、建设创新中心和启动示范基地建设等多项举措，有力推动了工业互联网产业的发展。

为促进工业界和信息通信产业界跨界融合，在工业和信息化部的指导下，中国信息通信研究院联合来自制造业、信息通信业等领域的百余家单位，共同发起并成立了工业互联网产业联盟。工业互联网产业联盟自成立以来，会员数快速增长，从成立初期的 143 家，发展到超过 2000 家(截止到 2024 年 2 月)，涵盖了一大批具有国内外影响力的知名企业。工业互联网产业联盟根据产业最新发展情况，不断完善自身组织建设，逐步形成 15+15+X 的组织架构。其中，特设组和垂直领域组将根据发展趋势和产业发展需要进行动态调整(新设或撤销)。此外，为更好地服务地方发展需要，在上海、广东、重庆和江苏设立了分联盟。工业互联网产业联盟以发挥协同联动效应为目标，工业互联网产业联盟在推动上下游企业对接、产、学、研协同和跨领域合作方面的作用日益彰显，主要体现在以下四个方面。

(1)协同各方开展相关研究，共发布白皮书/研究报告 45 份，尚有十多项研究正在推进中，持续夯实工业互联网发展的理论基础，有效指导和规范工业互联网的创新与发展。

(2)组织联合开展试验验证，遴选出 48 个测试床、65 个优秀应用案例、30 个网络优秀解决方案，并开展了 17 个工业互联网平台可信服务认证，为工业互联实现从 0 到 1 的突破和加速平台的商业转化和规模化应用提供基础支持。

(3)设立工业互联网产业联盟实训基地，已在江门、青岛和武汉成立第一批基地，助力工业互联网专业人才培训技术和应用在地方落地及推广。

(4)携手推进国际化发展，工业互联网产业联盟通过加强与美国 IIC、德国工业 4.0 平台、日本 IVI 等多个国际工业互联网产业组织开展对接合作，推动在工业互联网的标准、技术等方面与主要国家之间的合作和交流。

除了创立工业互联网产业联盟，创新中心的建设也在有序推进。为全面推动工业互联网创新发展，全力打造区域工业互联网发展生态，各地方主管部门结合本地产业发展特点，引导支持区域内制造业企业、ICT 企业、高校和科研机构等联合建设工业互联网创新中心。创新中心专注于整合各方优势资源，促进"产、学、研、用"项目的实施，重点关注工业互联网技术和产业的发展障碍，进行技术研究、标准设计、产品开发、测试验证和示范应用，以促进工业互联网创新链和产业链的整合，加快技术进步、成果转换和产业化，同时为"双创"项目的实施提供支持，包括推广应用、人才培养和孵化等一系列公共服务。目前，上海、广东等地正在积极推进工业互联网创新中心的建设，以此为基础，构建一个由平台、技术、资金、人才、政策等多方面组成的完整的区域工业互联网产业生态系统。

在工业和信息化部的组织下，示范基地建设逐步启动，示范作用逐步发挥。工业和信息化部于 2017 年启动示范基地创建工作，将上海松江区作为全国首个工业互联网产业示范基地进行培育，旨在打造推动区域工业互联网创新发展的重要引擎，助力长三角地区世界级制造业集群的建设。根据《国务院关于深化"互联网+先进制造业"发展工业互联网的指导意见》要求，到 2025 年，我国要建成 10个左右具有较强示范带动作用的工业互联网示范基地。示范基地将按照"聚焦重点、结合优势、科学布局、联动发展"的导向和原则进行建设，重点开展基础设施建设与升级改造、公共服务能力强化、关键产业化等工作，并在技术创新、产业支撑、节能集约、安全发展和工作保障等方面形成全国示范效应[18]。

1.4.5　网络化与工业化深度融合推进

网络化是一种将不同地点的计算机和电子终端设备连接起来，通过特定的网络协议实现互联互通的技术，使得所有用户都能够共享软件、硬件和数据资源，从而提高网络的效率和可靠性。随着科技的发展，计算机网络已经被广泛地应用于金融、企业管理、教育、交通、商务等多个领域。当前，我国工业面临创新能力不足、行业标准不统一，以及人、机器、数据不互通等诸多挑战，但互联网作为一种先进的生产力，正在推动经济形态的变革，为传统工业注入新的活力，将人、机器、数据连接起来，为改革、创新和发展提供了可能性，因此，加快网络化与工业化的深度融合显得尤为迫切。

为了加强网络化与工业化深度融合，工业和信息化部等八部门联合印发《"十四五"智能制造发展规划》，其中提出，到 2025 年，规模以上制造业企业大部分实现数字化网络化，重点行业骨干企业初步应用智能化；到 2035 年，规模以上制造业企业全面普及数字化网络化，重点行业骨干企业基本实现智能化。

目前，国内越来越多的通用型工业互联网平台已经能够提供接入云服务，但是这些服务仍然无法满足企业在实际生产经营中的深层次需求。中小企业在"上云上平台"过程中面临的挑战包括缺乏可靠的数据支持以及对销售、库存、税收优惠等方面的依赖，这些因素大大降低了它们的积极性，从而阻碍了工业化与网络化的深度融合。

为此，工业和信息化部印发《"十四五"信息化和工业化深度融合发展规划》，其中提出"推动工业互联网创新发展"，"加快重点行业领域数字化转型"。加快工业互联网创新发展对于打造数字经济新优势，推动工业化与信息化在更广范围、更深程度和更高水平上实现融合发展具有重要意义。

工业互联网是推动网络化和工业化深度融合的关键技术，工业互联网是基础性技术。作为重要的新型数字基础设施，实现要素资源更大范围、更高效率、更加精准的优化配置，为我国各市场主体进行数字化转型升级提供必备的基础条件。

工业互联网是聚合性技术。工业互联网利用 5G、云计算、车联网、物联网和新一代互联网等先进网络技术与传统工业深度集成，打通工业化与网络化的聚合，带动相关技术全面突破和迭代创新。利用工业互联网技术，可以在不同的领域、不同的地区、不同的时间段内，有效整合和分配各种创新资源，极大地提高了企业的创新能力和效率，并且推出一系列具有前瞻性的新兴工业、新兴产业以及新兴产品，为经济增长注入了强劲的活力。

工业互联网是融合性技术。它将互联网和工业界特有的知识、经验和需求相结合。通过加速工业机理模型之间的交流和沉淀，提高生产经营各环节的互联水平，工业互联网推动了新模式的发展，如平台化设计、智能制造、网络协同、个性化定制、服务化延伸和数字化管理。随着工业互联网的应用推广，产业链将进一步延伸和拓展，从而促进智能化升级、产业融合和企业发展，推动产业向高端迈进。

参 考 文 献

[1] 延建林, 孔德婧. 解析"工业互联网"与"工业 4.0"及其对我国制造业发展的启示[J]. 中国工程科学, 2015, 17(7): 141-144.

[2] 工业互联网创新发展 20 问[J]. 中国计量, 2019, (8): 13-19.

[3] 工业和信息化部, 国家标准化管理委员会. 工业互联网综合标准化体系建设指南[EB/OL]. http://www.gov.cn/zhengce/zhengceku/2019-10/21/content_5442979.htm. [2022-05-19].

[4] 张长青. 基于 5G 环境下的工业互联网应用探讨[J]. 电信网技术, 2017, (1): 29-34.

[5] 张恒升. 工业互联网：重构网络架构的起点[J]. 中兴通讯技术, 2017, 23(2): 45-46.

[6] 工业互联网产业联盟. 工业互联网体系架构(版本 2.0)[EB/OL]. http://www.aii-alliance.org/upload/202004/0430_162140_875.pdf. [2022-05-19].

[7] 尹超. 工业互联网的内涵及其发展[J]. 电信工程技术与标准化, 2017, 30(6): 1-6.

[8] 工业互联网产业联盟. 工业互联网体系架构(版本 1.0)[EB/OL]. http://www.aii-alliance.org/
upload/202003/0302_143638_771.pdf. [2022-05-19].

[9] 刘佳乐. 5G+工业互联网综述[J]. 物联网技术, 2021, 11(12): 53-58.

[10] 杨帅. 工业 4.0 与工业互联网: 比较、启示与应对策略[J]. 当代财经, 2015, (8): 99-107.

[11] 乌尔里希·森德勒. 工业 4.0: 即将来袭的第四次工业革命[M]. 邓敏, 李现民, 译. 北京:
机械工业出版社, 2014.

[12] 贺正楚, 潘红玉. 德国"工业 4.0"与"中国制造 2025"[J]. 长沙理工大学学报(社会科学
版), 2015, 30(3): 103-110.

[13] 李海花, 王欣怡. 美国工业互联网联盟(IIC)最新动态[J]. 电信网技术, 2016, (8): 34-36.

[14] 徐静波. 日本智能制造走向"互联工业"[J]. 纺织科学研究, 2019, 30(9): 16-17.

[15] 丁纯, 李君扬. 德国"工业 4.0": 内容、动因与前景及其启示[J]. 德国研究, 2014, 29(4):
49-66, 126.

[16] 吴文君, 姚海鹏, 黄韬, 等. 未来网络与工业互联网发展综述[J]. 北京工业大学学报, 2017,
43(2): 163-172.

[17] 中国工业互联网研究院. 2018-2021 年工业互联网创新发展成效报告[EB/OL]. http://www.
199it.com/archives/1332162.html. [2022-05-19].

[18] 工业互联网产业联盟, 中国信息通信研究院. 工业互联网综合知识读本[M]. 北京: 电子工
业出版社, 2019.

第2章 工业互联网网络技术

随着信息通信技术的发展，为了更好地满足制造业发展需求，工业互联网作为新时代的新兴产业，在与经济进行深度融合的同时，形成了全新的应用体系和生态。通过工业互联网实现了对人、机、物的全连接，以实现智能工业愿景。工业互联网网络体系中的许多关键技术需要遵循通用的网络技术规范，但是，鉴于该领域的特殊性，又必须研究适合工业互联网的网络技术标准及产品[1,2]。为此，本章将从工业无源光网络、工业以太网技术、时间敏感网络、5G网络技术、工业物联网技术、边缘计算技术、IPv6技术和软件定义网络(software defined network, SDN)技术等方面分别对适用于工业互联网的网络技术进行阐述。

2.1 工业无源光网络

在当今信息时代，光通信技术在国际信息网中的地位至关重要，利用光纤所提供的高带宽比、低传输损耗等特点，能够进行更远距离、高效率的信息传送。无源光网络(PON)作为一种光纤接入技术，能够降低能源的消耗，提供更高的带宽，与其他接入方案相比，更具有发展潜力[3]。PON摒弃了传统通信网络中的有源设备，在整个网络中始终传输以光形式存在的信号，提高了网络的灵活性和可靠性，并降低了系统的运维成本和复杂度[4]。工业PON全光、扁平化的网络特点，使其具有更高的网络性能，并提升了数据的安全性，在工业级网络连接中具有无可比拟的优势。

2.1.1 工业PON架构

PON打破了传统的点对点应用方法，采用了光纤传输技术和接入网[5]。在传输方式上，根据传输方向的不同，分别采用广播方式和时分多址方式进行数据传输。此外，还可以通过布置光分支器较为方便地实现总线型、树形、混合型等拓扑结构，具有降低建网成本、组网灵活、带宽资源利用率高等优点[6]。图2.1描述了PON的核心构成。

然而，制造业的快速发展使传统工厂在网络传输效率、网络可靠性、成本维护等方面面临着巨大挑战。除此之外，不同的设备类别和通信协议带来的成本庞大的问题使现代化工业产业迫切需要寻找一种更加智能化的分析方案去解决这些问题。在工厂网络中，PON 作为一种主要的发展方向，实现了生产流程数据采集和流动以及智能化生产。

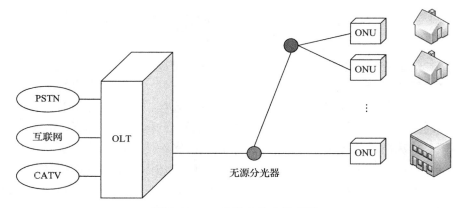

图 2.1　PON 的核心构成示意图

OLT（optical line terminal）表示光纤线路终端；PSTN（public switched telephone network）表示公共交换电话网；

CATV（community antenna television）表示有线天线电视；ONU（optical network unit）表示光网络单元

PON 系统采用了全光纤网络，并采用了无源光纤通信技术和工业智能全程自动集成技术，能够高效地实现工业智能车间与数字车间之间的信息交换，高效完成了制造流程中机械、物流、人力等各方面的全流程的信息收集，有效避免了生产企业间因工业网络各异的异构网互联难题，为生产企业上云提供了强大的技术支持，并成为建设未来工业智能企业的重要基石[7]。

传统的以太网交换技术存在诸多不足之处，远远不能满足新一代智能化工厂的需求。而工业 PON 是一种面向智能化工厂的全新网络模式，提供了基于智能化工厂的网络解决方案。然而非工业通信技术的限制，使其在工业通信领域内并不能得到很好的实施，在多协议转换、倒换保护、数据保护等功能与实际需求方面存在较大的差距。

在工业场景下，工业 PON1.0 设计方案在 PON 终端设备的侧接口方面实现了针对一些工业场景中接口的支持[8]；为了满足 PON 设备对环境参数的较高要求，PON1.0 方案在工业系统的温度、湿度和防尘管控方面进行了相应的完善和提高；此外，针对工业组网特点，提供了类环形手拉手保护等组网方式[8]。工业 PON1.0 系统架构如图 2.2 所示。

工业 PON1.0 技术方案设计基本遵循运营商的工业 PON 设计，关键技术目标与服务功能均完全一致[8]。但在工业 PON1.0 技术方案中，虽然添加了一些常用的协议接口，通过优化环境参数和保护方式确保了网络稳定性，但是在该方法中却有明显的弊端，协议交换与数据采集之间还是彼此独立，需要不同的系统进行

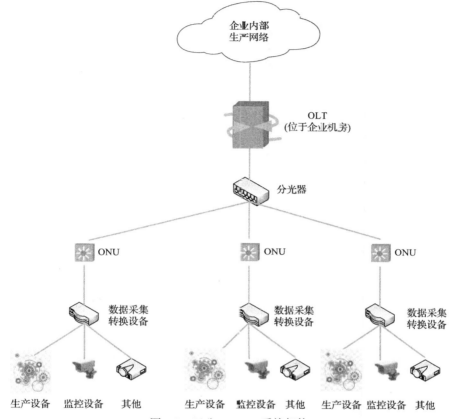

图 2.2　工业 PON1.0 系统架构

支持，这将增加工业网络的建网成本[9]。

除此之外，现有的工业 PON1.0 系统不能满足工业企业网络在不断发展中产生的更高需求。因此，工业 PON2.0 解决方案应运而生。它主要由中国电信集团有限公司(简称中国电信)联合国内的 PON 产品制造商提供。工业 PON2.0 的核心就是创造一个适应企业场景数据应用、提供工业协议转换开放平台的企业内联网集成解决方案，以适应不同领域、各种企业公司的应用需要。工业 PON2.0 系统架构如图 2.3 所示。

在工业 PON 局端设备 OLT 侧，提供完备的保护倒换功能，提供高可靠性的业务能力[8]。在工业 PON 终端侧，增加在工业场合下保护倒换、环境指标、工业协议的灵活转换等特殊性能。旧的协议交换平台存在网络层级复杂、复杂度高和转换成本高的问题。为了解决这个问题，可以将现有协议转换技术、处理技术和数据采集网关技术融入平台中，以提高平台的性能。

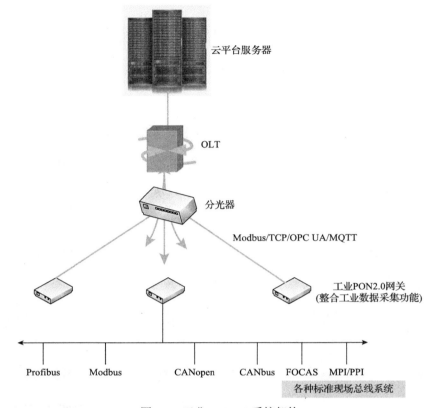

图 2.3　工业 PON2.0 系统架构

FOCAS（flexible open-CNC API specification）表示灵活开放式数控设备 API 规范；

MPI（multi-point interface）表示多点接口；PPI（point-to-point interface）表示点对点接口

在云平台侧，不同的工业场景将会配置不同的工业云平台。每个云平台和
PON 终端实现了高效集成。每个 PON 终端将数据传输到云平台应用层上，在传
输的过程中通过 OLT 设备对数据进行整合，最终在云平台上进行数据分析和协议
转换等。

工业 PON2.0 系统通过配置、脚本、非标协同三种方法，降低了网络的复杂
性，减少了技术切换的时间，能够有效匹配各领域信息收集和生产需要。

相比工业 PON1.0，工业 PON2.0 更能满足新一代工业互联网的需求，在网络
稳定性和网络功能性上有了很大的提升。

然而，工业 PON2.0 并不能完全取代工业 PON1.0。面对不同的工业企业与使
用场合，在企业规模、功能实现需求以及生产力和信息化水平要求都不同的情形
下，单纯依靠一个简单的工业 PON 解决方案并不能适应不同工业企业的实际需
要。所以，两个工业网络综合解决方案将长期共存。

2.1.2　工业 PON 的关键技术

1. 工业现场协议转换和兼容

工业现场设备数量很多，但接口与总线协议内容并不一致。大部分工业系统都采用了非标总线接口或者非标总线协议。常见的标准总线协议还有过程现场网络(process field net，PROFINET)、远程现场总线(process field bus，Profibus)、控制与通信连线(control and communication link，CClink)、以太网工业协议 Ethernet/IP、工业通信协议 Modbus、开放式数控规范 FOCAS 等。而要进行设备的互联互通，或者进行设备的信息采集，就必须研发相应的协议兼容技术，如协议转换、数据转换、地址的重映射等协议兼容技术，来解决设备之间数据传输存在的不兼容问题，满足工业场景的复杂需求。

工业 PON2.0 数据采集网关端口，通过解析现场总线接口与实时的以太网协议进行数据采集；通过完成从异构通信协议到完全统一协议的映射过程，以减少工业生产设备组网复杂度，从而达到访问一致性。

为了解决 PON 中异构设备存在的协议不兼容问题，将异构网络的异构协议通过统一映射实现协议间的一致性，从而实现不同设备和 PON 系统的高效通信。

在工业互联网中，可以通过现场设备工具(field device tool，FDT)/设备类型管理器(device type manager，DTM)技术进行设备访问，使主机系统在访问时不受通信协议异构和不同端口的限制[10]。其核心特点是不依赖任何通信协议以及主机系统或现场设备的软件环境。

2. 开放软件平台技术

在互联网时代，开放软件平台为企业实现各自的应用需求提供了软件和硬件资源。不同企业根据自己的工业场景需求通过容器和应用分离技术，实现从异构到统一通信协议的映射。

开放性软件平台向外公开统一的 API(application programming interface，应用程序编程接口)，使第三方使用者通过接口调用和扩展实现自身的需求。此外，第三方使用者通过平台提供的系统资源，克服了跨系统存在的问题。

开放软件平台的重要体现技术是容器技术，可创造一种尽量类似于标准的 Linux 配置环境并且不要求独立核心。与单个虚拟化机比较，容器具有费用更低、隔离性能更高的优势。此外，容器技术还能够加强对容器内部以及主机资源的约束，有效地控制第三方在容器技术中各种资源的利用情况。通过监测特定资源，容器技术也进一步提升了平台的安全性。

3. 保护倒换

在 PON 解决方案中，为了满足在不同工业场景高可靠性下的工作需求，需要不同等级的保护倒换方案。当 PON 设备出现故障时，可能会导致 PON 出现中断的现象，而不同的保护倒换方案可以在网络出现不同故障等级时，迅速进行主备链路转换和服务恢复[11]。

在保护倒换过程中，OLT 将当前 PON 接口的所有业务数据与当前后备 PON 接口一同备份，从而使后备 PON 接口可以保证业务的继续正常执行。

针对光配线网络(optical distribution network，ODN)中的所有光分路器，必须使用 2 个 1:N 光分路器，才能达到 TYPE D 保护的部署条件。针对 PON 的终端型 ONU 装置，若需要实现 TYPE D 保护的功能，则 ONU 装置必须安装两个单独的 PON 接口(另外包括 PON 媒体访问控制器(media access controller，MAC)晶片和光模块等)且各自注册到 OLT 的两个 PON 接口上。ONU 的两个 PON 接口工作于一主一备工作状况(热备份)[12]。

在工业应用中，对于某些特殊的使用环境，要求采用更强和先进的抗单点故障技术，如双波长组/四纤树技术，这样即使有三点故障，工作仍能够顺利进行，增强了业务的抗故障能力。

4. 流氓 ONU 检测与隔离

流氓 ONU 是指光发射机上出现故障的 ONU。如果 ONU 发生故障，则会出现数据在上行传播过程中中断的情况，由于 ONU 是通过时隙划分进行传输的，一个 ONU 出现故障会影响同一个系统的其他设备，最终造成整个系统的数据传输出现故障[13]。

为提高 PON 的稳定性，降低流氓 ONU 的危害程度，可通过增强 ONU 的自律能力，并采用冗余设计以在 ONU 出现故障时确保服务稳定运行，同时采用大数据分析技术提高系统的故障预测能力，具体如下所示。

(1)增强 ONU 自律能力。ONU 实时监测光系统的发亮状况，与 MAC 芯片发光显示使能信号加以比较，在特殊条件下还可手动关掉光元件发光供电，从而提高了 PON 的控制错误能力。

(2)对 ONU 关键器件和模块采用 IP68 防水等级。在某些恶劣状态下，如 ONU 进水或者水汽入侵造成的硬件失效引发了流氓 ONU 事件，对关键器件和模块采用 IP68 防水等级，就能够有效降低流氓 ONU 事件的触发风险。

(3)多路径绑定。双波长组/四纤树实现流量以 4 个独立路径上行到 1 或 4 个 OLT，这样做的好处是如果出现流氓 ONU，则可以通过路径切换恢复正常的数据传输，提高了业务的稳定性。

（4）OLT 高效检测隔离。对流氓 ONU 检测的常用方法是发光检测方法。通过发光检测，检测出故障的 ONU 后对其进行处理。

（5）人工智能（AI）+大数据分析预判与检测。AI+大数据分析技术可以根据 PON 系统中的状态信息，通过深度学习或数据分析等方法，分析 PON 系统中设备行为和数据的相关性，进而实现网络中 ONU 故障检测和流氓 ONU 辅助检测。

5. 切片技术

工业场景中，工业 PON 作为网络承载的基础设施，可以实现对工业产线业务、办公网络、视频监控、WiFi 接入等企业典型业务应用的综合接入。因此，工业 PON 应该具有将业务进行切片的能力，通过切片技术，将物理设备虚拟化为多个承担不同业务需求的虚拟设备，实现业务和资源的独立性，提高物理设备的资源利用率，满足不同业务的需求。

6. 无源抗干扰

工业 PON 采用无源光纤配合无源功率分光器实现网络布线，全程传输采用无源器件，不需要电源，不受供电影响，同时光纤材料不受电磁干扰和雷电影响。从建设施工角度来看，同等容量和用户规模的条件下，相比铜缆线路，光纤对于管道资源的占用更加节约，使企业具有良好的管道扩容能力。

7. 终端接入认证和数据加密

工业 PON 系统支持基于三重搅动方式的数据加密功能，保证数据的安全性。除此之外，工业 PON 系统具有终端接入认证功能，通过识别设备的标识，允许认证正确的终端接入网络，拒绝非受控终端接入。

2.1.3　发展趋势

1. 边缘计算及智能运维能力

工业 PON 目前主要实现网络承载的各类功能，但对于工业企业，在厂区生产体系中，除了网络连接以外，目前还需要必要的通用计算能力，实现企业内制造执行系统（manufacturing execution system，MES）、企业资源计划（enterprise resource planning，ERP）等必要的生产管理系统的承载，满足工厂内产线业务的管理和业务分发功能。同时，随着传统工厂向智能制造工厂升级，需要在厂区内开展必要的工业云平台边缘部署工作，网络设备需要提供三层及以上网络业务的支持能力，实现灵活组网和网络业务的按需部署分发。

随着工业的发展，在未来，可能大多数工业数据将会利用边缘节点的计算资源和能力进行处理。此外，边缘计算不仅可以处理简单的数据，也可以将数据传送到汇集节点设备进行处理，进而满足工业需求。

因此，工业 PON 需要具备边缘计算能力和通用计算资源才可以满足上述需求。例如，采用 OLT 侧配备必要的通用计算业务板卡的方式，实现安装工业生产管理系统、部署工业云平台边缘、提供网络业务层面灵活功能加载部署等，满足企业智能柔性制造的网络演进升级需求。

SDN 技术同样可以应用在工业互联网场景下。相比公众接入网而言，工业互联网场景中将会面对更多个性化的业务定制、调整和快速部署的需求，因此，引入工业互联网中的 SDN 智能化运维技术，可以满足不同行业、不同场景下的 PON 灵活高效的运维需求。

2. 确定性传输能力

在工业场景中对网络的时延、可靠性和稳定性的要求极高，更加需要引入确定性网络。在确定性网络中，确定性时延技术在工业场景下有着重要的应用场景，工业 PON 需要具备归一化承载各类时延敏感的工业总线协议的底层网络承载技术的能力。

现有 PON 技术体系中，OLT 和 ONU 之间由于是点到多点的架构，上行数据方向采用时分复用技术，导致上行方向存在不同 ONU 之间业务队列和等待的问题，上行数据存在一定的固有时延，无法完全支持 TSN 技术，需要在 PON DBA（dynamically bandwidth assignment，动态带宽分配）机制等方面进行针对性优化，实现 PON+TSN 功能的整合。

3. 基于容器技术的工业开放能力平台

工业 PON 通过定制化的工业数据采集网关功能和硬件集成，已经具备一定的工业数据采集和协议转换能力，但是目前技术方案缺乏工业数据采集功能灵活扩展和个性化开发的能力。

同时，不同设备厂商的工业 PON 物理设备存在较大的差异性，在 ONU 侧采用的物理层芯片、底层硬件架构、网络 OS 系统等方面均有自成体系的系统。从工业数据采集的需求来看，需要一个统一的工业数据采集软件平台和相应的标准化软硬件接口，实现第三方工业 App 厂商的软件"一处开发，到处运行"的需求，屏蔽底层设备差异，提升工业软件的开发和迭代效率，满足工业企业需求多样化和柔性化制造等快速迭代相应的需求。而容器技术就非常适合在工业场景下进行应用。例如，目前比较火热的 Doker 技术，将软件的运行环境与软件统一打包成整体，在不同的系统中运行相同的软件整体。

因此，必须加强技术研究，通过引入开放式的平台框架、服务容器化技术和应用程序化方法等，实现工业数据采集等功能的统一平台和工业应用软件部署等。具体来说，根据服务功能将应用软件分为多种服务 App，进行快速迭代与部署，并利用服务容器技术，使服务应用软件和操作系统分离，从而提高操作系统的稳定性。

4. 工业 PON+5G 融合组网承载

对于企业内网，可以部署下沉用户面功能(user plane function，UPF)＋移动边缘计算(mobile edge computing，MEC)，使其具有业务分流、减少传输时延、数据不出厂的功能。此外，办公的数据可以经城域网直接进入运营商外网络。企业内部的 5G 无线部署可以与各种方案相结合，包括宏站、皮站、室分、一体化小基站等。针对运营商外网，需要考虑如何将小基站的数据经由 PON 回传后分流至第五代核心网络(5th generation core network，5GC)[14]。至于宏站，则可以考虑采用工业 PON 作为数据的回传方式，只用于基带单元(baseband unit，BBU)下沉工厂内的特殊情况，而 BBU 设备置于电信机房，无须通过工业 PON 数据回传。而针对企业内网络，则按照企业主营业务的不同，可能需要部署 MEC，将部分 WiFi、5G 小基站、宏站的流量分流到企业内部。

2.2　工业以太网技术

以太网是迄今为止最流行的局域网技术标准，具有速度快、易于部署等优点。顾名思义，工业以太网就是将专用协议与以太网结合以实现在工业环境应用中有更好的确定性。更具体地说，工业以太网乃然是以太网，它只是为了满足独特的工业需求而设计的以太网，能够有效应对工业生产中遇到的各种恶劣环境。

2.2.1　主流工业以太网技术

发展至今，已有多种工业以太网协议可以支持各种各样的工厂车间的通信要求。接下来，对具有代表性的典型协议进行简要介绍。

1. Modbus TCP/IP

Modbus TCP/IP(也称 Modbus TCP)将 Modbus 与以太网和 TCP/IP 网络结合，以基于客户端/服务器方式进行通信，用于实现设备之间的串行通信。

虽然 Modbus 协议的主/从机制可以保证以太网的确定性[15]，但是 Modbus 协议仍然存在缺陷。例如，Modbus 协议没有对象的形式，只能通过地址访问数据保留空间；存在安全漏洞，易受攻击[16]；在使用时，需要用户手工配置信息数据类型、寄存器号等参数。

2. EtherCAT

德国倍福自动化有限公司(简称倍福)在 2003 年提出了 EtherCAT 协议，该协议是一种实时工业以太网技术，适用于硬实时和软实时要求。EtherCAT 主站发送一个通过每个节点的电报，并在帧下游传输时将数据插入帧中，这是该协议的核心内容，可以使从机只在数据包中提取自己需要的内容。当数据帧到达终点后就重新折回，上传至主站，并由主站校验其正确性。EtherCAT 不仅在实时方面表现出色，还在适应性方面表现突出，EtherCAT 主站可以是任何具备以太网控制器的设备。

3. Ethernet/IP

Ethernet/IP 最初发布于 2000 年，其基于控制和信息协议(control and information protocol，CIP)。CIP 在以太网网络中广泛流行，也与开放式系统互联(open system interconnect，OSI)模型和 TCP/UDP 以及 IEC 标准密切相关。其中，CIP 是一个通用的工业协议，它可以连接普通设备和工业设备，被广泛用于工业自动化应用，包括能源、同步、信息和网络管理。CIP 保证了 Ethernet/IP 的实时性，用于数据的实时交换，是 Ethernet/IP 的核心内容[17]。

Ethernet/IP 不再使用传统的源/目的通信模型，它使用的是生产者-消费者通信模型。这样可以使网络中的不同节点对同源的数据进行存取，并且支持隐式和显式消息传递。Ethernet/IP 通过 TCP/IP 实现显式消息传递，显式消息主要用于设备的配置和交换非循环的数据，显式消息的数据段不但包括协议信息而且包括行为指令。Ethernet/IP 基于 UDP/IP 协议实现隐式消息的传递用于 I/O 数据的交换，与显式消息不同的是，隐式信息的数据段只包含实时 I/O 的相关信息，不包含协议信息字段，这是因为 UDP 连接时就规范了消息中数据段的含义，所以大大提高了运行时节点内部对数据的处理速度。

4. PROFINET

PROFINET 协议是一种基于国际标准的开放式工业以太网协议，目的是实现自动化设备中控制器和设备之间的数据交换。PROFINET 协议是通过 I/O 设备和控制器之间的应用关系建立通信的，并以全双工模式进行数据交换[18]。

该协议通过以下通信通道传送数据：TSN 通信方式、TCP/IP 标准通信方式、同步实时通信方式和实时通信方式。其中，PROFINET 可以将 TCP/IP 或 UDP/IP 通信用于非时间关键任务，如配置和参数化，但不适合执行时间要求严格的任务；

PROFINET 采用实时通道以快速且确定性的方式执行时间要求严格的应用任务，并且不需要特殊的硬件或配置即可使用 PROFINET 实时机制，因为所有 PROFINET 产品都配备了此功能。

2.2.2　EtherCAT 工作原理

EtherCAT 具有实时性，其构成形式为一主多从，即一个主站多个从站。主站设备使用具有较好兼容性的以太网 MAC。从站设备使用的是 EtherCAT 从站控制器。

EtherCAT 协议的运行原理如图 2.4 所示，在通信周期内，由主站将数据帧发送给从站，再由从站寻址到数据帧并读取数据，同时将响应的数据插入数据帧中，这样的主从传输数据的方式可以有效提高带宽的利用率。

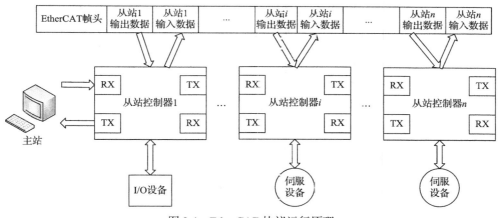

图 2.4　EtherCAT 协议运行原理

1. EtherCAT 的数据帧结构

在 EtherCAT 协议中，使用以太网数据帧对数据进行传输。EtherCAT 数据帧结构如图 2.5 所示。

在 EtherCAT 协议的报文中，源地址和目的地址分别为发送方和接收方的 MAC 地址。EtherCAT 头可以分为三部分：4 比特的类型字段、11 比特的 EtherCAT 数据长度字段、1 比特的保留位字段。其中，类型字段代表与从站通信，其值固定为 1。可以看到，EtherCAT 子报文也可分为三部分：长度为 10 字节的子报文头字段、长度不大于 1486 字节的数据字段和长度为 2 字节的工作计数器字段。其中，工作计数器的默认值设置为 0，该字段用于统计该子报文被从站响应的次数，每被从站响应一次，该字段的值就加 1。当数据帧由从站返回到主站时，通过比较工作计数器的值和预期的值是否一致来检验报文的处理是否正确。

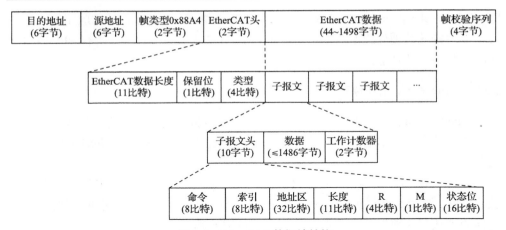

图 2.5　EtherCAT 数据帧结构

2. EtherCAT 的差错诊断和差错定位技术

差错诊断和差错定位技术分别在确定机器的可用性、故障排除过程中起着重要作用。EtherCAT 利用控制器来校验和检查移动帧是否有误，仅当接收到的帧没有错误时，才会将信息提供给从属应用程序。如果出现位错误，则差错计数器递增，通知后续节点该帧包含错误，并且主设备也会检测到该错误帧并丢弃其信息。在 EtherCAT 中，主设备通过分析节点的差错计数器来检测系统中最初发生故障的位置，而在传统的现场总线系统中，错误会沿着总线进行传播，从而无法定位错误的源头。

3. EtherCAT 分布时钟

EtherCAT 利用分布式时钟技术使所有现场总线设备具有相同的时间，分布式时针可以允许通信系统中的抖动，分布式时钟的实现原理是计算各从站设备时钟与参考时钟的偏移量，参考时钟通常选择主站或者第一个具有分布式时钟(distributed clock，DC)的从站，用于同步其他设备的控制时钟和从时钟[19]。分布式时钟的方法是基于硬件的，因此该技术具有较好的容错性和准确率。

4. EtherCAT 的通信模式

EtherCAT 协议使用主从通信模式，在实际场景的运用中，通信数据可分为非时间敏感类型和时间敏感类型。在 EtherCAT 中，针对这两种不同类型的通信数据制定了两种通信方式：非周期性通信和周期性通信。

1)非周期性通信

在该通信模式下，通信时只需要一个缓冲区。为了保证数据传输的安全，采用握手的方式对数据进行交换，即每一次只有一端能对缓冲区的数据进行操作。

2)周期性通信

为了确保数据的安全性，使用缓存模式进行数据通信，使用三个缓冲区的数据进行交换。缓存模式的运行原理如图 2.6 所示。

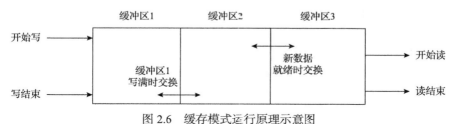

图 2.6　缓存模式运行原理示意图

2.2.3　发展趋势

1. 提高工业适用性

相比于工业以太网在商业领域中的应用，在工业领域的实际应用中，还需要克服许多适用性问题。例如，数据是工业中最有价值的资产，需要在正确的时间完成可靠的传输，若直接把商业领域应用的网络模式迁移到工业领域中，很可能造成数据丢失。此外，工业环境中使用的电缆要求能够承受各种恶劣条件，如极端温度、液体、化学品、灰尘以及电磁干扰等，因此工业领域中使用的组件应该更加坚固。

2. 实现统一的工业以太网

尽管近年来工业以太网在工业领域的市场规模越来越大，但是到目前为止，仍没有制定一个统一的标准。在发展过程中，工业以太网协议也出现了众多不同的版本，每种协议都有自身的优点与缺点，各自在发展过程中不断更迭。多协议问题是当前和未来相当一段时间内面临的重要挑战，若多协议问题得不到有效解决，则不同协议标准之间的工业以太网将不能互联互通，这会直接影响工业领域的进步。因此，统一的工业以太网标准协议的研究具有非常重要的现实意义。

3. 增大网络带宽

在工业领域内，快速以太网可被称为当今的主流。网络带宽在一定程度上成为现在工业以太网发展的瓶颈，连接以太网设备数量的增多直接导致带宽需求增多。随着网络带宽增大，以太网应具备的交换能力也相应增加，这是因为许多实时应用需要在更大带宽的以太网下实现。因此，芯片高传输速度的发展瓶颈，以及芯片价格的上涨，对于网络带宽的提升是一个巨大的挑战。

总体来讲，工业以太网技术已经成为工业现场设备之间不可或缺的一部分。为了使工业以太网更好地融入工业领域中，我国各大高校和科研机构在该领域进行的研究也已经取得相应的技术突破。相信未来工业以太网技术在工业领域的应用会更加广泛和具备更强的抗干扰性，持续为工业通信行业添砖加瓦。

2.3　时间敏感网络

目前市场上各类工业以太网往往依照其领域特点制定相关标准，彼此之间相对封闭，互不兼容。为方便接入到不同生产厂商、不同型号规格的设备，需要添加一些不同格式的协议，导致工厂内部协议杂乱。不可兼容的工业以太网接入技术显然还难以全面满足当前工业互联网人、机、物全生产要素移动互联融合的技术要求。时间敏感网络(TSN)技术的技术特性而能够迅速满足用户互操作性、兼容性以及数据传输信号质量控制等更高要求，因此会进一步提升工业互联网的网络性能。

2.3.1　TSN 与工业互联网

工业以太网一直以高通信速率的优势来满足工厂环境的实时性要求，更快的传输速率尽管可以大幅度提升网络容量，但对于降低时延或者优化带宽利用率而言意义并不大。在网络负载较大的情况下，时延增大、丢包率上升，更高的速率也难以提升通信质量。因而，工业以太网无法从根本上解决实时性问题。在当前万物网络互联、数据信息爆炸传播的今天，工业企业网络数字化、信息化、智能化改造进程在不断推进加快，人们则更热切地希望尽早实现与产业界信息透明和智联，并将对其相关各业务网络设备的可互操作性、兼容性和信号传输的质量提出更高的安全要求。

在此背景下，TSN 横空出世。TSN 作为一种底层架构有希望打破工业以太网协议互不兼容的现状[20]。TSN 是一组仅用于数据链路层应用的以太网协议，它依附于传统的以太网 MAC 层协议标准基础上，提供一套通用型的以太网数据的传输协议，使用了高度精确可靠的时间同步、流量自动整形、帧的自动复制与自动消除等一系列数据时间高度敏感型的通信机制，旨在能够有效保证这些对数据时间敏感的数据信息的高确定性实时网络传输，保障网络数据的实时传输和功能上的高可用实时性和可靠性。TSN 协议栈如图 2.7 所示。

在现代企业内网环境中，TSN 技术可以直接作为新一代工业网络互联设备的网络核心，连接到现有工厂的所有传统的工业以太网或生产线，接入能够收集到海量实时工业数据信号的新一代物联网，支持多种高精度远程工业控制系统信号网络承载，实现基于各类远程工业监控服务产品的企业通用的网络数据承载，并

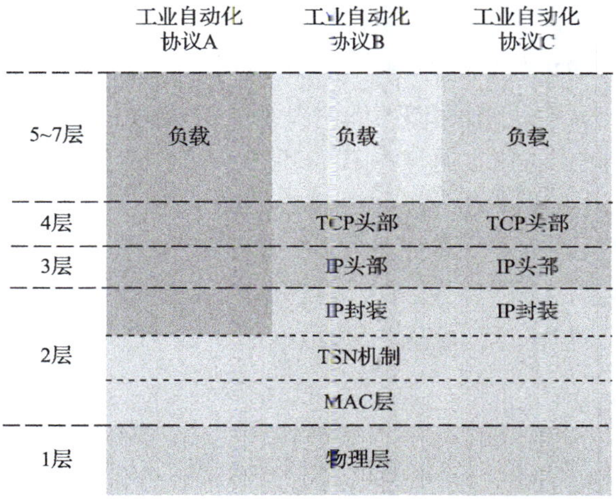

图 2.7 TSN 协议栈

按国家标准要求严格保证其数据传输质量。TSN 对于推动实时系统的应用和发展具有巨大作用。

1. TSN 的演进

IEEE AVB（audio video bridging，音视频桥）任务组主要关注音视频领域，AVB 最显著的特点是能够为所有优先级的数据流提供有界时延，将时延确定在时延上界之内，这是其相对于标准以太网的一大改进。它可有效地解决传统以太网音视频传输方式中遇到的数据流量整形、时序性问题和数据传输延迟低等问题，与现代传统高速以太网实现完全无缝兼容，是一套具有无限创新发展与潜力发展前景的下一代网络音视频无线实时数字传输技术。AVB 的协议主要组成如下。

（1）时间同步协议，简称为 IEEE 802.1AS。

（2）流预留协议，简称为 IEEE 802.1Qat。

（3）交换机流整形协议，简称为 IEEE 802.1Qav。

（4）AVB 系统协议，简称为 IEEE 802.1BA。

（5）音视频桥接传输协议。

2012 年 11 月，IEEE AVB 任务组宣布更名为 TSN TG，技术应用和工程适用的研究场景范围将从数字音视频领域延伸和扩展到智能汽车领域，并且将进一步深入地研究推广并延伸拓展至许多其他电子工业领域研究中；2015 年，原 TSN TG 工作组和原 Interworking TG 工作组重新合并正式更名为 TSN 任务组，主要开展 TSN 在移动通信运营商骨干网和前继传送网络领域中的研究；2017 年 9 月，TSN 任务组又与德国 IEEE&IEC 工作组联合正式发起组建了 IEC 60802 标准工作组，表示要共同将德国 TSN 标准推广适用到工业领域[21]。

为符合汽车自动化与工业控制等领域的需求，TSN 在 AVB 的协议基础上进行了相应的增强与完善。当前 TSN 的主要组成协议如下所示：

(1) 可靠时间同步协议，简称为 IEEE 802.1AS-Rev。

(2) 增强的流量调度协议，简称为 IEEE 802.1Qbv。

(3) 增强的流预留协议，简称为 IEEE 802.1Qcc。

(4) 帧抢占协议，简称为 IEEE 802.1Qbu。

(5) 流过滤和监控协议，简称为 802.1Qci。

2. TSN 的帧格式

TSN 的帧格式由标准以太网帧发展而来，相比以太网帧，TSN 帧多了 4 个虚拟局域网(virtual local area network，VLAN)标记的字节来定义特征，如图 2.8 所示。

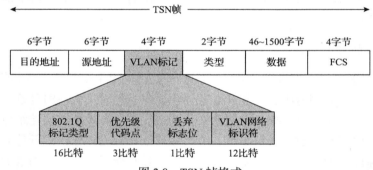

图 2.8　TSN 帧格式

FCS(frame check sequence)表示帧检验序列

(1) 802.1Q 标记类型：网络类型识别，代表一个 TSN，标记 0x8100[22]。

(2) 优先级代码点：由 3 比特代码构成，表示不同优先级类别的帧，最多定义 8 种优先级帧。

(3) 丢弃标志位：对于网络低 QoS 要求的数据可以自动丢弃，以确保高优先级数据的 QoS[22]。

(4) VLAN 网络标识符：VLAN 网络标识符中的网络标识号，共占 12 比特，除去最小值(000)代表帧的优先级和最大值(FFF)当作了保留值，理论上最多配置 4094 个子网。

3. TSN 在工业互联网中的位置

当前的工业互联网技术导致企业的内部设备网络互联功能以及业务数据实时

流通存在诸多不足。工业互联网需要同时具备实现控制网络中各业务单元的互通和打通从现场控制到云端的数据通路能力[21]。结合工业互联网，广义上的 TSN 技术应用如下。

（1）TSN 应用在控制模块和工厂设备之间，保证控制信号的准确传输。

（2）TSN 应用在不同控制模块之间，保证同步信号的准确传输。

（3）TSN 应用在控制模块与监控设备之间，保证监控数据的准确传输。

（4）TSN 应用在 IT 网络与 OT 网络之间，保证传输生产数据和控制管理信息。

（5）TSN 应用在移动前传网络中，提供确定性的传输服务。

由此分析也能够看出，TSN 系统在实现全球工业网络互联的互联技术与数据互通及应用开发中非常重要，渗透并覆盖当今国际工业互联网系统中涉及的方方面面，在未来互联应用系统领域中将具有广阔的发展前景，值得继续研究和突破。

4. TSN 的部署架构

在工业互联网领域中，业务流量模型相比传统工业控制网络的流量更为复杂，即从单一的产线内部的控制流量转变为产线内部、产线之间、控制网络与信息网络之间的多种业务流量类型并存，满足向智能化演进的工业网络的功能架构呼之欲出[21]。

TSN 系统的硬件部署架构主要借鉴了 SDN 的技术思路，其中至少包含三种主要类型网络的硬件功能单元，即网络管理控制单元（集中式用户配置（centralized user configuration，CUC）、CNC 等）、信息传输控制单元（交换机、网关等）和应用设备单元（制造设备、网络基站等）。

在网络管理控制单元系统中，CUC 负责翻译用户提出的有关网络需求信息以及与网络信息共享和网络设备配置间的实时跨域域化协作，CNC 负责在多个同一特定时间和敏感的网络域群中实施设备状态监控分析和管理、网络拓扑问题发现、流量实时监控处理和算法优化、业务流建模处理和流量调度模型分发。

信息传输控制单元除了支持对 TSN 的实时网络数据相关信息转发和存储的功能之外，还能及时将全网相关运行状况实时发送给网络管理控制单元，实现远程全网运行实时监控，并支持根据当前网络需求动态及时调整网络管理相关配置。

应用设备单元必须要能够融合时间敏感的网络，支持实时在线状态测量软件和网络运维管理协议，实现针对整个网络节点的动态拓扑特征发现、状态实时监测预警和实时网络服务优化。

5. TSN 在工业网络中的应用

随着电子制造业中操作系统设备数字化、信息化、智能化建设的逐渐深入普及和设备现代化，网络技术必须保证具有较高水平的设备互操作性、实时性能力和可靠性。因此，TSN 逐渐成为当前构建大规模生产控制设施及内部监控网络系统最具影响的新技术选择。

在 TSN 中，对时延敏感的控制信息和管理信息具有较高的优先级，所以能够保证确定性和实时性传输。并且 TSN 更高的带宽及更快的响应速度可以满足来自不同终端的业务流量共同传输需求，这意味着在智能工厂中可以根据业务需求实现多种异构网络的互联互通。TSN 基于 SDN 的管理架构将极大提升工厂网络的智能化灵活组网的能力，以满足工业互联网时代的多业务海量数据共网传输的要求[21]。

2.3.2　TSN 的关键技术

1. 时间同步

在实时通信技术中具有难以自由协商的时间基准限制，网络链路中运行的其他所有网络设备也都规定必须同时有另外一个公共的时间基准，因此才有必要同步使用它们之间的同步时钟。与其他传统高速以太网接口相比，TSN 是以时间同步的方式在进行同步工作，TSN 支持时间同步功能的几个典型以太网协议主要包括 IEEE 标准的 802.1AS 协议和专门为工业级应用场合所研究开发设计的升级版协议 IEEE 标准的 802.1AS-Rev。

IEEE 802.1AS 协议被称为一种广义上的精确时间协议(general precise time protocol，gPTP)。gPTP 是一个分布式主从结构，将每个 gPTP 节点划分为主时钟(clock master，CM)和从时钟(clock slave，CS)。数据帧每经过一个 gPTP 节点都会被插入一条时间信息，跟随该数据帧一起到达下一个节点。当 PTP 消息通过网络设备端口时，设备端口自动地获得一个本地实时时钟(real time clock，RTC)，并据此将这个 RTC 的值与端口的 CM 信息加以比较，考虑到路径的延时和补偿，对 RTC 时钟值进行校正。所有设备周期性地交换 PTP 消息并不断地进行时钟调整，最终所有节点都同步到了主节点时间，其同步误差能降低到 1μs 之内[22]。

与标准 IEEE 802.1AS 不同的是，IEEE 802.1AS-Rev 采用了多主时钟体系架构，能够支持多种新的网络连接方式类型，提高网络链路的冗余配置能力，降低多个主网时钟间的网络切换时间。即使有主时钟发生故障，也能够快速切换主时钟完成时间校对，提高系统的鲁棒性。

值得注意的是，同步机制与 TSN 的其他部分是独立的，即 TSN 中基于时间同步的关键技术与实现时间同步的具体方法无关，如果满足用户应用程序的精度要求，也可以使用其他算法。

2. 传输调度

传输调度机制是 TSN 的核心机制，结合调度整形机制和帧抢占机制，可以实现实时流与通用流的共网传输，避免通用流对实时流的传输造成干扰，同时保证实时流的有界延迟与低抖动。TSN 通过调整网络中流量的传输速率，进而保证实时流的零拥塞损失与有界延迟，避免由不匹配的输入速率和输出速率导致队列溢出，造成网络拥塞。常用到的基于流量的感知进行整形的机制中还包括基于信用感知的整形(credit based shaper, CBS)机制和基于时间流量感知的整形(time aware shaper, TAS)机制等。此外，帧抢占机制常与传输调度机制共同工作保证实时流的性能要求。而帧复制与消除机制则用来提高业务的可靠性。

1) TAS 机制

IEEE 802.1Qbv 规定了 TAS 工作机制。TAS 把时间相同的循环周期划分成多个时隙，每一个周期包含多个这样的时隙，而每一个时隙分配给不同的流进行通信，从而在时间层面上进行不同优先级流量的分隔。当流量到达网桥时，采用 TAS 机制对流量进行整形。协议规定，在交换机的每个出端口处设置多个不同优先级队列，以实现不同优先级流量的缓存，同时在空间上隔绝流量。与 TSN 帧的优先级队列类型数量相对应，最多可以设置 8 个可用于传输调度的不同类型优先级的队列，每个优先级队列之间的传输与调度功能是相对独立并行的[23]。

每一个传输队列后面有一个传输门，只有当传输门打开时才能传输数据帧，这样实现了 TSN 的门控机制。TAS 利用门控机制通过授予或阻止不同类型的流对传输媒体的访问，控制其的传输。在每个出端口设置门控列表(gate control list, GCL)，利用 GCL 指示每一时刻门的开启与关闭，在全网节点精确时间同步的基础上，每一时刻根据门控列表开启或关闭门，达到调度全网流传输的目的。图 2.9 给出了门控机制示例。

在 TSN 中，虽然为实时流与通用流安排了不同的传输时间，但如果在实时流传输开始前，通用流未完成传输，此时实时流只能等待通用流传输完毕后，才可以进行传输，这样就造成了实时流的延迟。为了能够防止数据流在传输过程时产生通用流对实时流之间的交叉干扰，可先采用"保护带"保护机制以保障其传输流质量，即预先在属于该实时通用流队列的传输时间片前至少设置好一段保护的时间片，该传输时间片内除了一个已经开始传输数据的队列外，其余各队列内均应不允许传输。

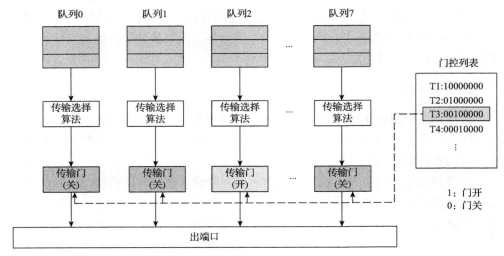

图 2.9　门控机制示例

2）帧抢占机制

"保护带"机制虽然能够有效避免通用流对实时流的干扰，但也不可避免地引起资源浪费。IEEE 802.1Qbu 所规定的帧抢占机制针对这一问题做出了改进。帧抢占机制可以允许以更高帧优先级传输的实时流抢占低优先级通用流之间的实时传输，即实时流传输可以打断通用流间的实时传输，先进行一个实时通用流传输，之后再恢复通用流的传输。

网络中对延迟和抖动敏感的紧急数据帧可以考虑抢占机制，但是这对网络设备有一定要求，发送端和接收端必须都支持抢占机制。在 IEEE 802.3Qbr 协议中，MAC 地址层通常被拆分为可自动被抢占的 MAC（preemptable MAC，pMAC）地址层和可快速的 MAC（express MAC，eMAC）地址层。pMAC 传输通用流，可以被eMAC 传输的实时流抢占，被抢占的通用流进入堆栈等待 eMAC 的实时流传输完成再继续传输。需要提出的是，被抢占帧的每一个分段都有帧检测序列[24]。

3）帧复制与消除机制

在 IEEE 802.1CB 中规定了帧复制与消除机制，其主要用于保证实时流在网络中传输的可靠性。帧复制与消除机制的基本特征是：首先，对于特定流或是来自同一个发送端的传输帧，都会为其添加一个序列号。将帧复制为多个副本，沿着互不相交的路径传输到接收端。在接收端或附近的某个点，检测并消除重复数据包。帧复制与消除机制能够有效防止网络传输过程中节点发生故障，并且，应用程序可以提供冗余的发送端与接收端来克服单点故障问题。网络还可以配置在不同的节点处丢弃和重新复制帧，以便能够处理多个节点的故障。

3. 控制和管理

为构建实时性网络,自动化的网络配置与管理是必不可少的。在 IEEE 802.1Qcc 协议中包含的集中式配置模型适合对流量调度、数据路径、冗余路径和时间同步等方面进行管理。集中式网络实体配置模型包含 CUC 实体和 CNC 实体,如图 2.10 所示。CUC 负责根据应用程序的需求,计算配置设置并执行(如设置门控列表、预留资源等),而桥接一致性由 CNC 完成。因此,CNC 系统将会负责配置各种 TSN 的功能,即基于帧信用的整形、帧抢占、流量自动调度、流量自动过滤和流量监管,以及帧自动复制与帧消除系统等。

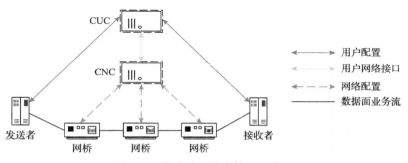

图 2.10 集中式网络实体配置模型

2.3.3 发展趋势

1. 供给侧产业发展趋势

目前,TSN 技术有望成为下一代工业互联网的核心技术。TSN 相关协议和标准已基本完备,包括时间同步、传输调度和控制管理等。行业内各类厂商已经纷纷投入到相关产品的研发当中,绝大部分主流厂商已经推出支持 TSN 的样机,并已经有多款产品上市。国际上对 TSN 的关注热度可以媲美 5G,在德国的汉诺威展会上出现了多家企业集团的 TSN 产品。鉴于 TSN 巨大的市场潜力,国内各大厂商也在中国国际工业博览会、工业互联网峰会等各大展会上展现了其在 TSN 技术方面的实力。

TSN 技术已成为工业互联网的标杆技术,吸引了业界的广泛关注和投入。然而新技术的规模化部署,基础技术体系的成型只是第一步,供给侧对新技术的热情想要被需求侧认可,实际转化成产业力量,单凭各类展会炫目的示例是远远不够的。下一步,各类厂商的产品乃至解决方案研发将会更多地聚焦垂直行业,对基础技术体系进行针对具体应用场景的细化完善,按照工业级部署要求,加快完善相关产品及解决方案技术指标,尽快形成可实际部署的方案级产品。

2. 需求侧产业发展趋势

基于 TSN 的技术特点和优势，工业互联网需要 TSN 解决存量工业以太网产线和工厂内部信息网络之间的网络通路问题，TSN 技术也会是未来智能工厂中控制网络和信息网络融合的关键技术。

进一步，工业互联网需要借助 TSN 技术，通过与物联网、边缘计算等技术的完美融合，实现海量设备与控制网络及异构网络间的互相连通。同时，通过部署 TSN 以满足对日益庞大复杂的工业新业务流量信息的快速高质量实时传输业务需求，对工厂整个的生产运作过程进行远程实时监控，及时快速获得对设备状态变化的反馈，进而实现对生产现场的智能控制。

随着现代工业互联网应用技术的不断快速发展，传统生产制造服务型企业管理也在向更加智能化与自动化及信息化等方向发展，这对于高质量网络的需求也将不断提高。从成本及传输质量角度考虑，工业互联网网络将不断聚焦于 TSN 技术。TSN 技术将在工业互联网智能装备制造行业中率先落地应用，并进一步在其他垂直行业广泛应用，未来 TSN 一定能在设备状态检测、同步时间精准控制、应用控制及设备维护方面大放光彩。

2.4 5G 网络技术

随着工业 4.0 时代的到来，在目前市场中如何展现出其个性化生产并进行服务化转型是许多企业面临的重大问题与挑战。5G 具有超大带宽、超低时延、海量设备的接入能力，为工业互联网建设和融合创新提供了关键技术支撑，将在工业 4.0 或未来工厂愿景的发展中发挥重要作用。

2.4.1 5G 与工业互联网

5G 网络技术的目标是支持三种具有大量异构需求的通用业务[25]：增强移动宽带（enhanced mobile broadband，eMBB）、高可靠低延时通信（ultra reliable low latency communication，uRLLC）和海量机器类通信（massive machine type of communication，mMTC）。

5G 具有 10～20Gbit/s 的峰值速率和 1Gbit/s 的用户体验速率，最高可达到 4G 的百倍。对于如边缘计算等需要高速数据传输和高流量移动宽带服务的场景，可通过 eMBB 满足用户体验速率、大流量带宽等业务指标的要求。5G 拥有强大的接入能力，可以支持各种设备之间的互联互通。对于如智能工厂设备密集且接入的设备异构性大的场景，可通过 mMTC 实现通信完成终端低功耗密集接入。5G 将提供毫秒级的端到端延时，从而满足工业客户对于高速数据采集和传输的需求，极大地提升了效率。对于如无人驾驶等[23]需要高可靠性和低时延要求的场景，可通过 uRLLC 提供数据安全实时的传输。

1. 5G 应用于工业互联网的必要性和优势

工业互联网中的设备之间存在很大的异构性，不同的设备通信需求及性能差异大，且工业中的通信场景多种多样，因此工业互联网对于通信的需求较广泛，传统的 4G 已经无法满足工厂需求，5G 以其更快的传输速率、更低的时延和更高的可靠性为工业互联网提供强有力的支持。两者结合可满足高速的数据传输、精确的远程控制等多种工业场景，推动工业互联网向自动化、数字化转型[26]。

(1)实现实时生产控制。在工业互联网中，通过集成 TSN、边缘计算、AI、机器视觉等技术，将工厂的各类控制设备快速接入 5G 网络，准确实时地获取到工厂的生产情况，实现各类生产人员、智能设备的互联互通，从而不断地提高生产的效率和进度。

(2)实现全面互联互通。在 5G 时代，通过人工智能、区块链等技术的综合运用，能够实现人与人、物与物和人与物之间的全面互联互通。首先，利用 5G 网络覆盖范围广的特点，可使工厂和生产线的建设位置更加灵活，利用 5G 支持接入的设备量多的特点，可不断拓展设备的接入量；其次，由于 5G 具有超高可靠低时延通信的特点，并且支持高速率数据传输，为设备之间的通信进一步提供技术支撑。

(3)提高远程操控的精准度。为了实现远程操控，通信网络的通信时延必须足够低，而传统通信网络无法满足工业生产的精确要求。由于 5G 可实现毫秒级的端到端时延，且具有超高可靠性，将其应用在工业互联网中，将大大提高远程控制的精确度，解决工业生产的空间局限性，提升工作效率。

(4)推动柔性制造变革。柔性生产将生产过程、系统结构、运营方式等做出改革，实现工业企业中产品的快速转换与协同生产，通过快速自组织生产线的部署，对市场需求变化可以进行快速的调整。目前许多工业生产使用的通信方式并不是无线的，因此呈现运维成本高、安全隐患大等缺点。通过 5G 代替传统有线网络，实现无线数据采集、高清视觉检测等业务，可以有效提升生产线的运作效率。此外，通过 5G，企业可以实现更加灵活的生产线和设备连接，从而实现在不同作业环境中的通信切换，从而推动企业实现柔性制造的变革。

(5)推动工业互联网智能化转型。目前工业互联网对低时延、高数据速率传输、大容量特点的通信网络的需求，促使 5G 与人工智能、大数据等多种技术相结合，创造新型智能工厂服务，以满足工业智能化发展需求，并促进数字化智能化网络的不断融合，助力工业互联网寻找新的经济增长模式。另外，5G 网络在全面感知、可靠传输等方面的优势可使产品的设计和生产过程更加灵活，以创造出更加个性化的产品，提高使用者的服务体验[27]。

2. 5G+工业互联网的典型应用场景

5G 与工业互联网二者相辅相成，前者可以使工业互联网得到转型与变革，后者也可加快 5G 的商用部署与推广。5G+工业互联网的典型应用场景主要有如下几个。

(1)5G+远程设备控制。5G 结合自动控制、机器视觉等技术部署在工业互联网中，可使设备利用智能摄像头、AI 机器人等数据采集工具，实现各类数据采集业务的自动化与智能化。远程工作人员可以通过 5G 网络通信获得工业现场的全方位超清作业视频与数据，并通过 5G 超低时延实现对现场作业的即时准确操作。对于如开采煤矿、油气田等危险的工业生产活动，利用 5G 远程控制系统可实时进行数据采集、高清视频传输等。

(2)5G+厂区智能物流。将 5G 部署在厂区物流中可实现多种智能应用，例如：将 5G 与厂区内企业叉车等物流设备相结合，并使用物流调度系统实现各种自动化设备的对接。对于网络覆盖的厂区物流和仓库，可通过物联网、云计算等技术实现智慧物流，并利用 5G 与超宽带室内定位技术，在厂区部署高清精准物流调度系统，实现商品搬运、分拣、入库存储的全流程自动化与智能化，降低仓储成本，提升仓储管理能力。目前京东物流在 5G 全连接智能仓储的智能化方面取得了很大进展[28]。

(3)5G+矿用机车无人驾驶。矿业工作属于危险的工种，也是我国社会经济发展的命脉。在矿用无人驾驶系统中融合 5G 网络通信、无人驾驶等前沿技术，通过车载传感器感知周边物体，并利用 5G 高速数据传输来实时计算传输作业数据，实时感知规划作业路径，对矿车的作业路线进行灵活调整控制，可以有效改善整个工厂的作业灵活性，提高电机车的稳定性和安全性，为电机车无人驾驶提供更高的网络保障[29]。矿用无人驾驶系统适用于煤矿井下含有爆炸性气体、湿度高、烟雾浓度高等工况环境。将矿用无人驾驶系统与远程控制技术结合，能够实时监控各运输列车位置、车号及巷道工况，保证生产和人员安全。

3. 5G+工业互联网发展面临的难题与挑战

虽然 5G 与工业互联网融合具有诸多应用前景，对传统制造业向自动化、网络化变革起到重要作用，但它的发展受到某些因素的制约。5G 与工业互联网发展面临的挑战主要包括以下几方面。

(1)投资成本较高。5G 网络目前正处于发展阶段，它不仅服务于移动互联网，还将用于万物互联网。与 4G 相比，5G 使用频段更高，基站的部署量较 4G 将会大幅提升，而网络的安装位置、网络的运营等基础投资成本变高，这将成为 5G 建设与应用的瓶颈，也是 5G 与工业互联网融合发展的关键挑战之一[2]。

(2)能耗大。5G 与 4G 相比，其广泛分布的基站是耗电大户，据相关统计，全球通信行业中的电力消耗大约 80%用于基站。尽管 5G 基站的能量效率高，但绝对能耗却不可忽视。除此之外，为实现数据的高速传输，需要消耗大量的能源，如何在 5G 发展过程中降低能耗，成为 5G 发展亟须解决的部分。

（3）需求缺乏拉动力。目前 5G 网络套餐成本高，5G 覆盖的用户使用范围小，将其应用在工业互联网中虽能提升企业效率，但增加了成本，降低了企业利润，目前行业中仍缺乏将 5G 应用到工业互联网的显著需求。

（4）供给规模不强。目前 5G 商业化部署和产品的运营成本与 4G 相比较高，导致 5G 实际落地到工业互联网中进度较慢。由于两者相结合的前期投入成本高，如何获利还需要探索，且企业对具备专业网络技术和工业业务背景知识的人才需求逐渐上升，但这些人才比较稀少，导致 5G+工业互联网的实际供应不足[30]；除此之外，由于工业场景多，涉及的设备异构性大，需要依据不同的使用情景建立专用网络，此过程的难度高，网络的复用性差。

（5）技术不完善。虽然 5G 具有超低时延、超高可靠性的特点，但是还未能完全满足工业领域对设备通信安全性、抗干扰等方面的要求[51]。由于 5G 和工业互联网相结合的网络较为开放，必须要保证在传输过程中数据不会受损或者发生改动，除此之外也要使得设备中用户数据的隐私性得到保障等；在实时性方面，虽然 5G 的低时延性能远超 4G，但是设备两端之间的延迟依旧不能完全避免，导致一些实时性要求高的系统可能发生预料不到的错误，无法完全达到实时系统的传输要求。

（6）数字化网络建设水平低。目前我国大多数企业生产设备数字化水平不高，工业企业智能制造就业率相对较低。应用于工业领域的 5G 专用网络在建设部署时要求较高，前期投入大且成本高，使得企业的投资风险变大。此外，企业对网络基础设施的建设缺乏关注，这造成了工业数字化的相对落后。这些原因使得企业对 5G 网络的需求有限，也使得两者的融合受到一定阻碍。

2.4.2　5G 网络的关键技术

5G 网络除了新增三大应用场景外，还引入了如下新技术。

1. 异构超密集组网技术

随着接入设备的增多，移动数据流量将海量增长，人们对网络容量和覆盖范围提出了更高要求，亟须解决热点地区的数据流量难题。异构超密集组网由具有较低发射功率的异构小型接入节点组成，这些节点在区域内高密度部署，可以构成一个超密集网络，增大网络的覆盖范围，并且拉近基站与通信节点间的距离，其可根据不同的节点类型及场景进行分层，解决热点地区的系统容量。在多种无线接入方式的异构网络中，可根据实际需求选择设备接入方式，小区之间也可共享相同的频谱资源，这样增加系统通信的灵活性，极大程度上提升应用频谱的有效利用率与系统 I/O 量。由此可见，超密集组网架构在未来的网络环境中有很大的发展潜力，但是密集的网络部署又会增大网络拓扑的复杂性和现有网络的兼容性。

2. 新型多址技术

在 5G 与工业互联网结合的系统中，需要对上亿级别的终端连接进行服务，不断提升频谱效率并降低通信节点端到端的通信时延，基于传统的正交多址接入能够应用的场景已经越来越少，无法满足日益多样化的网络环境。因此，新型的正交多址技术将是未来 5G 发展的趋势。这种技术的信道之间是正交的，但是子载波不是只分配给一个节点使用，它可以同时发送多个用户的数据，通过信号的累积增强设备之间数据通信的能力，为 5G 系统中密集的设备通信提供连接需求，提升系统频谱效率并降低通信延时。

3. 大规模多进多出技术

大规模多进多出（multiple-input multiple-output，MIMO）技术是在信号发射侧布置大量天线以提供多个信号的独立通道，利用天线提供空间自由度，在相同的时间-频率资源上为多个用户复用消息，不仅能够有效提高系统信道容量，还能显著改善无线系统的能耗效率[32]。大规模 MIMO 技术可以在不改变带宽的情况下，在相同的频率网段提供多条信道传输不同的信号，并能做到信号隔离，这种对空间资源的复用，充分利用了珍贵的频带资源，改善无线通信系统的容量。另外，在采用此技术的系统中，大规模天线阵列利用波束成形技术将信号能量聚集到某一个方向，每个用户都能精准地接收对应的信号资源，并且可以在两个维度上进行自适应调节与手动调节，降低小区间信号干扰，使得通信更加流畅。

4. 终端直通技术

随着 5G 时代的到来，各种终端设备与网络资源呈爆发式增长，信息通信流量的增长对通信系统的终端服务数、通信的速率和系统的容量等要求越来越高，现有网络越来越不能满足通信需求。

终端直通技术也称设备到设备（device-to-device，D2D）通信，共享小区内的资源，是对当前蜂窝通信的补充和支撑。蜂窝网络与终端直通技术结合，可增加蜂窝网络的灵活性，当蜂窝网络中的基站受损或处于信号质量低的范围时，设备可通过终端直通技术通信，无须经过其他中转设备进行转发，如基站等。另外，蜂窝网络仍然负责网络数据传输过程中的会话请求调度，调整网络存储分配，在一定程度上降低了终端设备的能耗，缩短了设备与设备之间的通信时延，提高了无线网络的通信质量，增强了用户体验。在 5G 网络中，无论频段授权与否，都不影响使用终端直通技术。目前，终端直通技术在无线网络环境下的应用和通信实时性保障等方面还面临一定的挑战[33]。

5. M2M 通信技术

M2M(machine to machine,M2M)使用无线通信方式完成机器终端的智能交互,实现数据的端到端传输。M2M 通信使网络设备(无线和/或有线)和服务能够无缝地交换信息或控制数据,而不需要明确的人工干预。在该技术中,节点配备了传感器模块,将多种不同类型的通信技术相融合,以监控和收集各种形式的数据,如温度、湿度和压力,以便通过通信网络继续传输[34]。M2M 通信支持大量的智能设备,整个设备的工作流程更加自动化和实时化,并使真正的连接世界的愿景成为可能。由于连接设备的异构型大、设备数量庞大、数据传输体积小、流量模式不频繁和电池限制等,M2M 通信需要设计严格的通信规范,目前 M2M 技术已经在智能电网、交通管理、物流服务、智能城市、公共安全等领域发挥重大的作用[35],推动工业互联网新一轮的变革。

6. 网络虚拟化与切片技术

工业互联网中的不同业务场景有不同的体验质量需求,若采用专用的基础平台完成特定场景的网络需求则缺乏灵活性和可扩展性。为灵活满足不同业务场景的需求,可使用 5G 结合 SDN 和网络功能虚拟化(network functions virtualization,NFV)技术进行切片。切片网络技术是把物理网络系统切割成几个在技术含义上独立的虚拟网络,不同虚拟网络之间相互平行工作,任意一个虚拟网络出现问题都不会影响其他的虚拟网络。

5G 三大业务场景对网络有着各自的需求,因此,运用网络切片技术将通用的物理网络进行虚拟切分,生成指定量级的虚拟切片,每个切片都是满足不同需求与特定业务场景的,具有业务隔离、功能按需、自动运维等特征,针对不同的场景提供不同的功能,以满足各种工业互联网的应用需求。借助此技术,可拓展网络应用空间,以此来推动中小企业全面数字化。

7. SDN/NFV 技术

SDN/NFV 技术将设备的控制和转发相分离,将网络服务从底层硬件设备中分离出来,是一种以软件化、虚拟化为思想的网络体系架构,主要分为基础设施层、控制层、应用层,其中最低的基础设施层由转发器等基础网络组成,其逻辑处理过程是由控制层生成的信息对数据进行传输和处理;控制层属于网络体系架构的中间层,负责控制网络内部交换和网络拓扑结构,发布一些数据的处理规则对网络设备进行控制并收集整个网络的状态信息,通过 SDN 的方式改善网络环境管理策略等;应用层位于最高层,由一些网络应用节点构成,该层通过公用的 API 来实现各种资源的调度[36]。NFV 的定义使得整个网络体系架构的控制方法更加立体化,分层实现网络控制,大大提升网络的可维护性。用户或者外部程序无须关心基础设施的底层逻辑如何使用，只需利用控制层接口能力即可完成对整个网络体系的使用、维护与监控工作。SDN 的系统化感知与管控能力有望突破现有网络的困境，使整个互联网向新的方向发展。

2.4.3 发展趋势

1. 自组织网络架构

通过人力部署通信网络和维护网络稳定性的方式对于如今的移动通信来说过于落后，且存在着实现成本极高、人员利用率极低的问题，并且错综复杂的网络环境使网络的稳定性与鲁棒性堪忧。

使用自组织网络架构能解决网络部署阶段与网络维护阶段的高成本低可用性问题。部署环节的核心在于自规划与自配置：自规划是通过分析系统存储、业务检测等方面内容，动态地对系统网络进行规划；自配置是尽可能地减少人工操作，不断简化网络配置流程，以尽可能低的成本完成简易的网络配置工作。

另外就是维护环节的自优化与自愈合。自优化通过用户和演进型基站(evolved node B，eNB)测量，通过优化本地 eNB 和其他部分的相关配置属性，来显著提升网络优化效果；最后对于提升客户满意度与网络稳定性，自愈合通过自动巡检、问题锁定的方式进行支撑。在网络架构方面，集中式架构与分布式架构优缺点都很明显，为了提升维护效率并降低成本，既需要保证运行与响应速度，又需要考虑网络之间的协调性问题，使用混合式网络架构不失为一种选择。

2. 移动云计算

在 5G 时代，越来越多的终端设备将连接到互联网中，需要为上亿级别的万物互联服务提供支撑，这将导致数据流量的暴增，使得如今的网络不再满足通信需求，需要更好的技术来面对新的挑战[37]。移动云计算会变成 5G 互联创新中的一种核心能力。它把云端的计算能力部署到了移动网络中，是一个完整的 IT 资源或信息服务的提供和应用模式。通信设备可以使用云进行数据处理、存储和其他密集操作，用户在使用终端设备时，无须占用终端设备资源进行复杂计算，云端会接管计算服务，将计算结果推送到终端，既节约时间成本，又方便数据存储。移动云计算通过不断的迭代优化海量数据的处理与分析，达到对 5G 网络的更高程度适配，提供数据持久化、数据挖掘与分析等多个领域的技术支持，二者之间是密切联系、相互促进的。

3. 情境感知技术

情境感知通过云计算、虚拟仿真等信息技术进行交互，实现智慧化大数据管理、深度自主学习、虚拟现实体验等新情境的方式，并且可基于大量的外部设备，让承载着人-人、人-物、物-物之间网络关系的 5G 网络能够了解到用户的所在情境，通过分析采集数据，来自适应地改变推送内容，定制个性化服务，极大地提升了产品使用量与用户满意度。

4. 确定性时延

确定性时延作为互联网演进过程中的重要组成部分，对时延大小与抖动有着极其严格的控制阈值。TSN 位于传统以太网 MAC 层标准之上，提供一套通用的协议，包括精确时间同步、流量整形、帧复制与消除等在为的时间敏感机制，可以有效降低传输抖动和丢包率[38]。它在现有网络基础上不断改进，如增加时钟同步机制，改进带宽资源分配策略，确保时延在可控范围内，旨在为互联网协议定义时间敏感的新"标准"，使数据在互联网中的时间确定性得到保证。基于 TSN 的技术特点，工业互联网与 TSN 的结合逐渐成熟，但是还需解决工业以太网产线和工厂内部信息网络之间的网络通路问题。在工业领域实际应用中，TSN 技术也会是未来智能工厂中控制网络和信息网络融合的关键技术，为工业互联网的智能化转变提供技术支撑[39]。

5. 边缘计算

在 5G 时代，承载网在带宽、时延抖动等性能上的瓶颈难以突破，引入边缘计算后在远程驾驶、智能制造等时延要求较低的领域发挥作用。未来 5G 与 MEC 进行组合，再搭配 TSN 等其他技术，可以做到工业网络的高稳定性、高持久性，使工业生产制造得到了保障。另外，边缘计算与行业智能化应用的技术组合有着真正意义上的工业价值，可以应用在不同的业务场景与网络模式中。

以信息化程度较低、对工业物联网依赖程度不高的传统工业为例，在 5G 网络向工业物联网提供无线服务的过程中，通过企业与科研相融合的方式，合作研发基于 5G 的工业互联网技术，从最开始的产品制造研发到最后的售后保障都能提供高效的数字化支持，从而形成闭环生态链。而对于信息化基础较好的企业，则为其量身定制核心能力优化方案，通过对原有信息化产业进行升级，提升 5G+工业互联网的适配度，提升企业国际影响力与企业地位。以重点城市为核心，逐步向外辐射，搭建基于 5G 的工业互联网技术，不断提升 5G 覆盖率，做到 5G 与工业互联网相辅相成。

2.5 工业物联网技术

近年来，工业生产中的自动化、智能化推动了新型工业的快速发展。工业物联网通过工业网络互联、数据互通和系统互操作，完成物物相连，是工业互联网人、机、物互联互通愿景中必不可缺的一环。

2.5.1　工业物联网的内涵

众多行业基于物联网实现互联互通，从健康监测到智能公用事业，从综合物流到自主无人机，各行业共同促进智能互联世界的发展。在工业 4.0 时代，工业中各环节依靠物联网的互联互通实现了更高层次的自动化水平。工业物联网是物联网的自然演变，不仅强调无须人为干预，还强调机器的自主性，在制造业、零售业、安全监控等各行业和领域中引起了极大的关注。工业物联网是指通过分布式控制系统、云计算模式、网络通信方式和智能终端应用到工业生产的各个环节，促进生产力，提高效率，减少对劳动力的依赖，从而实现更高程度的自动化和智能化[40]。

工业物联网是工业 4.0 时代至关重要的环节，是工业革命的下一阶段。工业4.0 时代更加强调智能化、数据化、自动化、互联互通等技术和能力。这些技术正在彻底改变工厂和工业组织的运行方式。尽管工业物联网是指物联网在工业环境中的应用，但从其发展历程来看，工业物联网发挥的作用已经超过了"工业+物联网"。完善的工业控制系统、高效的软件系统和快速发展的云计算等新兴技术为工业物联网的发展提供了基础保障。因此，这将极大地丰富工业物联网的内涵。

工业物联网以智能的传感器终端和完善的信息计算处理技术为重要支撑，将"执行端"的自动化技术整合到行业应用中，促使工业应用向智能化和自动化转型，可大幅度提升工业效率，实时获取工业生产数据，提升产业价值。因此，对工业物联网提出了以下要求：时间的精准同步性、通信的高可靠性和工业环境的高适应性[41]。感知智能终端负责工业数据信息的采集，系统将采集到的数据安全传输到工业内网，在此过程中需要保证时钟的同步性。复杂的工业环境会导致网络通信的不稳定性，造成数据的丢包现象，因此工业物联网需要提供高可靠的通信环境，通过多种通信网络，将信息通信技术与工业特征有效整合，实现互联互通，将采集到的数据实时、可靠地传递出去。除此之外，工业物联网还需要在特殊行业或特殊环境中保证实时精准的服务提供，如冶金等行业中的强腐蚀和高温环境。这样才能保证工业物联网的稳步发展，在各行业和各领域的覆盖面将进一步拓展，提供个性化服务，激发产业创新。

工业物联网为行业带来了巨大的变革，使得自动化水平和系统集成更加高效，供应链和物流管理也更加可视化。通过智能设备联网，企业能够以更快的速度收集和分析更多的数据，可以让工业实体更准确地了解自身运营情况，并辅助业务决策。除此之外，随着智能设备的普及，远程访问和控制也可以实现，以便更轻松地监测和控制工业运营中的物理基础设施。随着越来越多的数据从连接的机器、系统和设备中挖掘，工业物联网可以使运营效果更好并提供更强数据价值，这将为生产方式向大规模生产、智能生产和创新驱动的转变注入新活力。

2.5.2　工业物联网的典型特征

工业物联网推动了工业朝着网络化、智能化和自动化等发展，工业物联网的典型特征可以概括为以下几个方面。

(1)高度的智能感知：工业物联网采用智能的感知终端随时获取工业生产各环节中产生的信息数据，以便进行实时的数据分析。相比于不太注重具体生产过程的传统工业自动化系统，工业物联网可实现更智能化的运维。

(2)泛在连通性：工业物联网是通过各种专用的通信网络实现工业中的互通互联，要求实时精准地传输数据信息，因此对于网络的泛在连通性有很强的依赖性。

(3)数字建模：工业物联网以新型的人工智能、云计算和区块链等新型技术为依托，将感知到的工业资源映射到数字空间，高度还原物理实景，在物理世界和数字世界之间全面建立实时精准的联系。通过数字化可视平台可以直观地展示智能工厂的运作情况，提高服务运维效率。

(4)实时数据分析：传感器采集的数据是工业物联网的关键，通过工业系统中的专用网络实现安全可靠传输，在数字空间中通过大数据、高性能计算等技术手段对数据信息进行实时处理和分析，提高质检质量和实时数据采集的水平，实现智能控制与智能决策，降低生产能耗，提高生产效率。

(5)精准控制：工业物联网通过模式识别、神经网络和数字孪生等新型智能算法和技术，对工业资源数据进行整合分析处理，结合大数据和云计算，实现工业生产中实时精准的信息交互与协作。

(6)迭代优化：工业物联网系统应该具备自我学习、提升和完善的功能，每个智能生产环节都要对整个系统提供相应的决策数据，如果某个环节或节点发生数据丢失等现象，整个系统应该根据当前的生产环境自动做出相应的调整。面向实时多变的工业生产环境，通过不断迭代优化，做出最佳决策。

2.5.3　工业物联网的关键技术

1.　工业物联网的参考体系架构

《工业物联网白皮书》从工业物联网系统服务功能配置角度给出工业物联网的参考体系架构，定义了系统中各功能域，描述了功能域中各实体及实体之间联系的接口关系。工业物联网参考体系架构如图 2.11 所示。

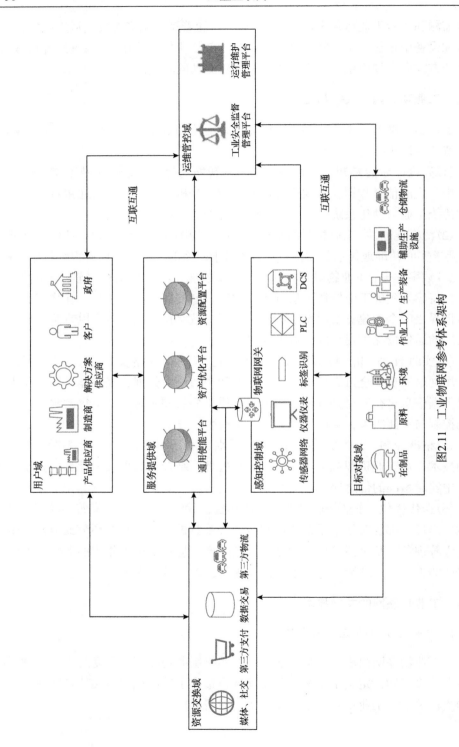

图2.11 工业物联网参考体系架构

目标对象域为感知和控制对象，在工业生产中的各个环节，其信息会被智能终端所感知；感知控制域是感知和操控的软硬件集合，其主要任务是将感知到的工业数据通过可靠的通信网络传送到服务提供域；服务提供域是工业物联网中的基础服务实体集合，主要任务是提供智能监控、智能管理、智能决策和安全生产等服务；用户域是系统用户接入工业物联网的接口，主要包括产品供应商等用户对象；运维管控域包括保障工业物联网运行和监督管理的实体集合，为体系中其他域的稳定可靠和可持续的安全运行等方面提供保障；资源交换域实现了物理内部与系统外部之间的资源共享，根据其他系统的服务请求，实现资源的相互交换与共享。

工业物联网给传统的工业生产带来了深刻的变革，通过智能生产、智能监管和状态检测等模式，实现实时响应式调整、产品设计和节能减排。工业物联网体系中各层级之间相互配合，各环节直接相互合作，深入企业应用，有助于改善效率低下、错误率高等诸多困境，促进工业生产进入智能自动化新阶段，以实现智能生产效率最大化。

2. 工业物联网的技术体系

物联网是技术型驱动行业，涉及多方面的技术需求，这些技术在不同的行业通常会有不同的技术形态。工业物联网技术体系主要包括感知控制、网络通信、信息处理和安全管理技术[42]。其中，感知控制技术是核心，网络通信技术是基础，信息处理技术是支撑，安全管理技术是关键。

1)感知控制技术

感知控制技术是通过智能传感器和工业控制等系统实现对目标对象的传感和识别。通过工业物联网中的智能感知设备可以采集或感知到网络覆盖区域内目标对象的状态信息，是实现工业自动化和智能化生产的首要环节；识别技术是通过射频信号和电感传输特性，实现对工业物联网体系中目标对象的自动识别。

2)网络通信技术

网络通信技术是构成工业物联网的核心技术之一，主要提供信息交互的基础服务。工业物联网汇集了大量用于监测和控制的终端设备，而这些设备通常要在复杂且恶劣的通信环境中运转，这就对工业物联网的网络通信技术提出了严格的要求。因此，将无线网络与有线网络进行有效融合以完成网络通信任务也是工业物联网的主要发展趋势。

3)信息处理技术

信息处理技术是分析和处理来自整个生产价值链的大量数据，这就需要高效的信息计算与服务计算。首先对智能感知设备所采集到的工业资料数据进行汇总、解析和格式转换等预处理操作，之后通过大数据、云计算等技术对数据进行分析处理，最后对处理完的数据按照格式类型和使用情况进行存储管理，进而实现数据的高效存储。

4) 安全管理技术

安全管理技术是工业物联网持续提供可靠服务的关键。工业物联网应有完善的安全防护机制，保证所有数据的机密性和完整性。不同行业应该根据行业特点和结构制定相应的安全防护机制，主要包括防御、入侵检测、智能处理、自动恢复等阶段，实行数据分类管理，保证数据的安全可靠，有利于防范未知的安全威胁。

依靠技术体系的支撑，工业物联网各层之间进行双向数据交互和操作控制，通过各类专用网络和接口等形式实现信息的传递。其中，智能终端感知和上报的工业资源数据是尤为关键和重要的，需要通过人工智能、数字孪生等技术对数据进行分析和智能处理，然后做出智能决策应用到工业生产各环节中，并联合网络管理、安全机制等公共技术，紧密融合各业务应用领域，实现定制化服务功能。

2.5.4 发展趋势

1. 智联网

随着新兴技术的发展，工业物联网中智能终端的功能需求越来越多样化，并且要求传感器等智能感知设备逐渐向系统化、低功耗、智能化的方向发展。工业物联网通过云计算、大数据和神经网络等技术对感知信息数据进行分析和智能决策，并将决策结果及时反馈到物联网终端执行，形成了人工智能和工业物联网融合的场景，智联网将成为其发展形态。通过对工业物联网中的终端和设备嵌入人工智能芯片和操作系统，可使之成为智联网终端，自身可以实现智能处理和决策。更进一步，可将区块链等新兴技术融合到智联网终端，以保障工业物联网中的数据安全和接入认证。目前，大多数企业都希望自建工业物联网，可通过企业 5G 专网实现自建通信网络系统，另外还可以采用 WiFi6 技术或者远距离无线电 (long range radio，LoRa) 技术实现，后者使用码分多址技术，无需频率许可[43]。

2. 认证技术

随着工业物联网规模的不断扩大，智能设备每时每刻都能产生大量的用户数据和产品信息数据。不管是个人还是企业，都不希望这些数据暴露在公共视野[44]。因此，工业物联网中的安全问题已成为我们面临的极具挑战性的问题。工业物联网中的智能终端数量庞大并且种类繁多，因此需要重视智能终端的安全监管，主要包括认证识别机制。对于逐个认证方案会产生信令风暴，群组认证方案增加时延的缺点，工业物联网的安全认证机制更倾向于轻量级的安全协议和算法，以保证工业系统中的持续性和可靠性，降低智能终端的功耗。除此之外，无线网络通信技术向工业领域不断渗透，各种具有无线连接功能的智能终端呈爆发式增长，迫切要求工业物联网中工业连接的性能要不断提升，这将会极大地促进工业物联网安全认证机制的建立和完善。另外，工业物联网还将面临很多新的业务需求，可将其纳入安全认证模型之中，进行更深入的研究。

3. 数字孪生

传统的工业管理方式往往不能及时掌握传感器等智能终端根据对象发生变化而更新的信息。各类传感器和激光雷达的普及，意味着工业管理将由物理空间向智能空间和智能设施转变。数字孪生在工业物联网中的价值主要体现在智能监控、智能维护、智能仿真和智能决策等方面，根据实时可变的数据通过数字样机进行实时预测和决策，可以减少物理环境的实验数量和复杂性，从而降低工业生产中的研发成本，提高研发效率。除此之外，数字孪生还可以分析不同类型的数据来提高操作精度，以便预测产品和优化设备性能。

2.6　边缘计算技术

当下的工业场景中，得益于通信方式、网络架构、人工智能方法的不断革新和广泛普及，工业互联网的基本产业布局逐渐朝着新的产业生态模式演化。人工智能、5G 等技术的渗透融合将为工业制造提供更加强大的核心动力，以构建新型的工业制造体系，该体系中依赖于大量数据的驱动，支持服务增值，实现智能化的控制，并基于此打破限制传统工业互联网发展的瓶颈[45]。尽管工业互联网发展迅猛，但仍面临诸多挑战，如海量智能化设备的接入和协同，制作流程的复杂性和信息流动的多样性，数据归纳、建模、分析及优化等均对异构接入、时效性、传输速率等提出了更高的要求。不同于传统的云计算服务，边缘计算技术作为新兴的网络架构，服务于具有高计算性能、低完成时间、高通信速率等需求的业务场景，并主要通过在网络的边缘侧为用户提供计算能力的方式实现所需的性能指标。因此，边缘计算将能更好地满足工业制造中实时分析、安全可靠、智能优化、科学调度等方面的任务需求，并为互联的现场设备之间的计算需求提供及时性保障，同时能够降低工业生产场景计算调度的复杂性。

2.6.1　边缘计算与工业互联网

面向工业产业化升级和新型制造等需求，工业场景中的接入设备和计算任务正以指数级增长。这也导致了集中式的云计算技术难以满足终端侧的海量数据传输和实时任务处理的安全、可靠需求。例如，在面向工业场景的远程控制驾驶应用中，中央控制室需要精准控制远程驾驶设备，该应用对业务时延有较高要求，以实现对远程驾驶的业务保障。借助边缘计算技术挖掘边缘设备的计算能力,将云计算服务下沉到网络的边缘侧,并通过云、边、端的协同共同保证计算服务,将能有效应对上述问题。此外,工业互联网在向智能化快速发展的同时,也面临着如 OT 域和 ICT 域的跨界连接、多样化的信息流动和提取、基于数据的知识抽象模型化、端到端协作集成等诸多挑战[46],边缘计算技术能够为其提供可行的解决方案。

首先,边缘计算技术提供了跨网互通能力。通过集成边缘计算技术,工业现场设备可以利用由边缘计算节点设备所提供的多种接口及协议,解决异构网络中不同节点设备的互通问题。边缘计算节点能够主动检测和感知物理系统,从中收集事物信息,并进一步借助大数据驱动的人工智能等技术,建立具有多种协议的跨系统的数字映像。得益于网络、计算、存储等领域的技术进步,边缘计算技术能够实现海量设备数据的获取与集成,并即时响应和实时优化,进而能够有效应对现实世界的变化,并对实际工业场景进行操作改进和调整。

其次,边缘计算能够支持终端设备与边缘服务器的协同,以实现边缘计算能力的分布式部署和高效利用,使得需要高密度计算的深度学习技术可以在终端设备部署,并通过知识模型提高终端智能化能力,进一步实现在物联网中的自动化和多点协作。此外,智能资产、智能网关、智能系统和智能服务共同组成了面向边缘计算技术的智能化分布式架构。智能资产主要是指架构中所提供的网络、计算、存储等能力;智能网关则利用网络连接、协议映射等多种技术手段实现数字化系统和现实场景的连通;智能系统是指由多个智能网关和服务器所构成的智能化管理系统,为工业节点设备提供网络互联、存储、计算等能力;智能服务是指为不同角色提供模型驱动的服务的统一框架。基于边缘技术能够提供紧密协同的开发服务框架和部署运营框架,满足工业互联网中高效开发、自动部署和集中运营需求。

最后,将边缘计算技术与较为成熟的云计算技术进行协同,构建云、边、端三点协作的端到端联合计算架构,进而作为工业互联网的通信基础设施,实现无差别的全面覆盖。在边缘技术的未来应用中,其将与云计算服务相配合共同实现服务的全覆盖。其中,边缘端作为云计算服务的扩展,能够提供满足工业互联网需求的实时业务处理能力,保障确定性时延和分布式智能。而云端负责提供全网调度、集中式运营和管理及算力分发等云服务,并与边缘端在应用、业务和智能等方面进行协同,以实现全网资源的统一管控。

2.6.2　边缘计算的关键技术

依赖于网络边缘侧节点设备所具备的计算和存储能力,边缘计算技术对其空闲能力加以利用,并进一步与传统的无线蜂窝通信网络、有线互联网络等进行适配融合。可采用 MEC、微云计算(cloudlet)、雾计算(fog computing)等多种技术形式实现工业互联网的智能化制造和分布式管控。

其中，多接入边缘计算是 MEC 在考虑多种接入方式的基础上所进行的扩展。该技术作为 MEC 的核心技术之一，由欧洲电信标准组织(European Telecommunications Standards Institute，ETSI)提出并进一步制定相关规范，其中涵盖了移动接入、无线接入、固定接入等多种接入方式，旨在满足新型应用业务的接入、网络带宽、时延、可靠性等需求。底层硬件基础设施、应用平台组件和应用层框架共同构成了 MEC 的逻辑架构。面向该逻辑架构，MEC 的功能实体可以相应地划分为网络层、边缘主机层和边缘系统层。通过引入 MEC 解决方案及系统层管控，能够实现网络通信和存储资源的高效利用。同时，借助边缘主机可减小传输距离并避免相同数据的重复传输，进而充分利用网络边缘资源，以提升用户服务质量。

微云计算由云服务发展而来，其主导者大都为云计算服务商。微云也就是指由运营商部署的服务器，更大覆盖范围的微云部署可提供更高性能的计算服务。其基本思想是利用连接到互联网的可信的、资源富余的计算机或计算集群来支持邻近用户通过无线方式快速访问基于虚拟机的计算服务，从而就近为用户提供云计算服务。该技术可用于满足认知增强类服务，如机器翻译、人脸识别、语音识别等人工智能应用的算力资源和时延需求。而对微云计算的研究和部署通常需要考虑部署成本和资源定价等问题。

MEC 中底层设备属于运营商，微云计算口云服务属于计算提供商，而雾计算中所有网络设备和主机并没有统一的主体，每个设备都需要付出代价以使用其他设备的资源，同时也可通过贡献本地资源以获得收益。雾计算由思科为代表的通信设备制造商为主导，可与通信网络底层进行深度融合，实现传输和计算资源的一体化管理和利用。

1. 工业边缘计算体系架构

工业互联网早期只考虑云平台的统一化部署，通过云平台为远端设备提供计算服务。例如，智能工厂场景下生产设备每秒实时采集的传感数据可达吉字节(GB)级别[47]。基于集中式云处理方式要求海量数据经由后传链路转发至云数据中心，此传输过程将造成大量带宽资源损耗，以及运营成本和服务处理延迟的大幅增加。通常来讲，工业互联网体系架构可参考网络层次划分为物理层、通信层和应用层三层。而边缘计算技术因其技术特性能够极大程度地满足工业领域中的高可靠、低时延、确定性、安全性等实际需求。得益于不断进步的通信技术和接入方式，在工业互联网中引入边缘计算技术可实现云端中心和现场设备节点的端到端通信保障。目前，边缘计算技术并没有形成统一的标准参考体系架构，而雾计算作为边缘计算主流的技术之一，其体系架构在 OpenFog 标准化工作的基础上被提出。因此，可沿用雾计算体系架构设计思路，作为边缘计算体系架构设计的起点。通常，雾计算体系架构可分为三层，即设备层、雾层、云层。考虑到实际的生产需要，工业互联网中应用边缘计算的场景主要分为两部分：一部分是工业现场的边缘设备部署，另一部分则是靠近工厂的网络边缘的云计算节点。综合考虑上述两种部署场景和边缘计算的多种形式，工业边缘计算的整体架构如图 2.12 所示。

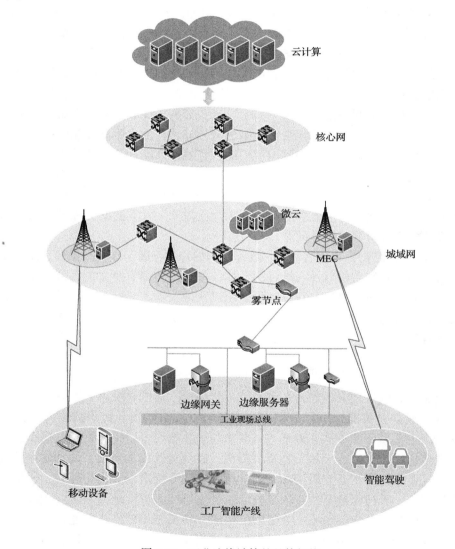

图 2.12 工业边缘计算的整体架构

图 2.12 所示的架构图可归纳为云、边、端三个主要构成部分。云计算能力主

要由云计算服务商提供,当服务器处于智慧工厂所在的城域网时,用户可借助微云计算保证快速的服务供应。此外,智慧工厂园区内的传感器、边缘计算网关、边缘云等设备都可以作为边缘计算的载体设备,这种形式的边缘计算类似于雾计算。而借助于工业现场边缘侧设备提供的通信能力和计算、存储等能力,可以进一步减小延迟,提高网络效率。借助于上述工业边缘计算架构方式,工业终端用户可以按需部署网络边缘计算基础设施,以实现云、边、端协同的工业一体化服务。下面分别对云、边、端所提供的关键服务进行介绍。

(1)云:中心云主要负责对企业边缘化计算节点进行管理,管理的主要内容包括设备资源、数据存储、系统镜像和数据仓库等。云上会运行业务后台管理平台,用来服务于边缘计算应用和数据服务。同时,中心云上也会集成智能化的 MEC 业务管理数据编排服务系统[48]。

(2)边:边作为线路边缘综合计算实体的逻辑表示,包括终端网络侧计算节点和现场网络侧计算节点。借助 5G 所带来的灵活部署特性,网络侧边缘计算节点既能够实现计算能力分流,也能够充分利用工业服务网络的框架,并提供自动定位防火墙等能力。同时,边缘化服务器既是现场本地设备,也可以作为边缘网络的网关,也就意味着利用本地网络的协议戏和数据包转换机制,边缘化服务器可以同时连通本地网络和云端设备。

(3)端:端节点是指工业现场的各种传感器设备和专用网络设备等,可生成海量、实时、完整的数据。利用多类型的工业总线和现场网络,这些节点端点设备通过边缘网关设备能够实现边缘侧和现场网络的数据连通。

作为新型工业互联网中的关键技术之一,边缘计算技术是网络演进与云计算技术发展的重要产物,不仅能够实现基础设施资源的高效利用,还为满足用户低时延、高带宽业务需求提供了关键的技术支撑。工业互联网在确定性业务保障与智能分布式计算等方面的需求,促进了边缘计算技术在 5G 支持下的工业互联网中的部署。因此,边缘计算将推动工业互联网的发展,助力工业企业的业务优化和转型升级。同时,利用其支持多协议网络接入、数据采集与分析和智能化管理的技术特性,工业互联网可以实现现场网络的全覆盖,进一步建立工业互联网平台和中心云网络的连接,进而实现云、边、端系统的一体化工业互联网服务体系。

2. 应用域技术

(1)应用程序可编程技术。考虑到边缘计算技术中设备节点的系统异构性,传统的编程方法将难以满足不同边缘模型下的应用部署需求,因而需要一种能够普遍应用于各类边缘设备的编程方式,如烟花模型。

(2)负载分配技术。结合边缘计算体系架构模型,边缘计算模型可以被划分为不同层级，每个层级承担不同的工作负载。因而，不同层级计算资源和任务负载的合理划分，能够有效地提高边缘计算的运行效率。通常来讲，可以采用多种分配策略，将工作负载分配于不同层级，例如，将负载按层级平均分配到每层，也可视情况为某一层分配可承受的最大负载量，最极端的情况是将整个任务卸载到云端或边缘设备上进行计算。

3. 数据域技术

(1) 数据聚合与互操作技术。复杂的工业互联网环境中，数据具有异构性，因此，实现跨厂商的互操作和数据的解析需要建立语义标准。通常来讲，可采用现场设备集成(field device integration，FDI)技术支持现有的多种模型的兼容集成。此外，基于统一的信息模型架构，可以从协议层面兼容集成不同设备供应商的协议，进而实现全局性、高效的工厂管理。

(2) 数据分析与呈现技术。边缘计算通过对边缘设备收集的原始数据进行分析和呈现，选择其中适配的数据及分析模型，来实现实时的数据清洗与分析，同时根据分析得出的结果，执行预定义业务。此外，在确保应用程序能够正常运行的基础上，还需要对冗余数据进行过滤，并针对所得到的数据处理结果，采取灵活统一的数据呈现方式，实现数据的动态显示。

4. 网络域技术

(1) 海量连接与自动化运维技术。边缘计算体系通常基于网络控制面和数据面解耦的方式，支持海量设备连接和自动化运维，并借助 SDN 技术实现可编程控制，以支持百万级边缘设备的灵活接入和互联互通。

(2) 实时连接技术。边缘计算的一个重要特性就是能做到实时的业务响应，该特性不仅包括网络上数据传输和分析的实时性需求，也涵盖了传输数据的完整性和时效性。因此，为衡量边缘计算的实时性，业界已经定义了统一的衡量标准。其中，IEEE 组织针对 TSN 制定了关于实施优先级、时钟等关键服务的一系列标准。

5. 设备域技术

(1) 操作系统技术。相较于传统物联网设备的操作系统，边缘计算操作系统更偏向于作为管理计算任务、数据和资源的框架。边缘计算操作系统在不同的工业互联网场景下通常具有不同特性。例如，在要求低能耗、轻量化的工业制造场景下，操作系统应具备的特性包括网络自组织、自配置和跨平台；相应地，在要求实时计算的业务场景中，为确保事件响应和任务处理的确定性时延需求，操作系统应具备多任务并行化处理和优先级区分的能力。此外，边缘计算设备自身的操作系统也需要支持异构的数据处理和多应用的负载处理，以及异构计算资源管理的能力。在最大化利用边缘计算资源的同时，也需要保证任务完成的可靠性，因此，边缘计算任务需要按需由操作系统部署、调度或迁移到不同的边缘设备节点上。

（2）设备安全技术。边缘计算技术同样面临着信息系统可能出现的安全问题，根据不同网络层次可以划分为网络安全、信息安全、系统安全和应用安全等问题。尽管边缘计算技术通过将云计算能力下沉到边缘设备，能够实现数据的本地处理，一定程度上降低了数据远距离传输过程产生的泄露风险。但相较于集中式云计算方式，边缘设备通常分布式地部署于域域网或者局域网中，缺少统一的管理方式，更容易被攻击者入侵，造成对应用、通信、数据的保密性、可用性、完整性的严重破坏。因此，设备域安全问题是边缘计算技术发展面临的关键挑战。

2.6.3 发展趋势

边缘计算作为工业互联网基础设施建设的重要一环，可为工业智能化提供共性的基础设施和强大的能力支撑。随着 5G 无线接入、智能协作和网络安全保障等的快速发展，边缘计算技术被赋予新的需求。边缘计算架构和云、边、端协同的建设实践，能够实现企业内外网的互联互通和数据的纵向集成，标志着边缘计算已逐步成为一体化平台体系中的重要支撑。云、边、端协同发展将为工业互联网的发展和智能制造的成功落地与转型奠定坚实基础。下面对其发展趋势加以介绍。

1. 云、边、端协同发展

尽管云计算的相关技术已经趋于成熟，但其集中式数据处理的体系架构导致网络延迟和抖动等问题仍然存在。而在边缘计算网络中，通过边缘设备、边缘云和中心云之间的协同处理，能够有效提升工业数据计算的可靠性和实时性，以避免传统工业互联网中时延过大、断网等因素对实时性生产造成的影响，形成更为先进和高效的工业互联网解决方案。其中，云计算负责全局性的任务调度，终端设备利用传感器收集现场数据信息，边缘节点则作为云计算在数据侧的延展，负责现场实时性和安全性的业务，并负责将边缘产生的数据经过处理后传至云端汇总。

2. 5G 和工业互联网边缘计算协同

作为新一代蜂窝移动通信技术，5G 因具有高带宽、低时延、海量连接等特点成为支持工业智能化发展的关键基础设施[41]。5G 所提供的超高速率、超低时延、超高可靠通信性能指标，能够满足工业边缘计算中设备和边缘服务器之间频繁的数据交换和调度所需要的高速率和低延迟需求。因此，借助 5G 的特点和边缘计算技术的近端处理优势，能够为新型应用场景提供最优的网络支持，如基于虚拟现实的远程培训、控制、巡检等。此外，依托 5G 的基础设施建设，可实现园区内的无线无缝覆盖，并进一步为多种工业制造场景增加灵活性，如多机器人协作、增强现实（augmented reality，AR）远程协助等。5G 部署也将进一步增强远程控制的可靠性，并能提供更好的用户体验。

3. 人工智能使能的工业边缘计算

大数据、人工智能等新一代信息技术的应用将助力工业制造朝更加智能化的方向发展。对于人工智能技术而言，由于其具有高密度的计算能力，智能化算法大多运行于云计算数据中心，但复杂的人工智能流程极易受网络状态的影响，导致低时延智能应用的通信失败。在资源受限的情况下，终端设备需要进行高密度部署，而深度学习模型有望解决这个问题，然而，终端用户的移动性为计算服务部署和迁移带来了新的挑战。不过，人工智能技术可依托边缘计算节点的算力整合实现有效部署，而边缘服务可利用深度学习模型获取最优迁移决策以进一步提升服务性能。因此，人工智能与边缘计算技术的协同，可有效应对各自的瓶颈，从而实现彼此赋能，提升系统的服务性能，满足工厂智能化的性能需求，并为业务提供确定性的保障。

4. 网络/信息安全和边缘数据融合

融合大数据、人工智能等新兴技术的边缘计算技术在提升工业互联网效率的同时，也不可避免地使其系统性的安全问题更加复杂。不同于传统的信息安全问题，边缘计算下的工业网络安全是多个交叉领域的结合体，因此需要从传统安全问题的视角转向融合物理、应用、数据等安全问题的"大安全"。而作为企业内部生产装备和工业互联网平台二者之间信息汇聚点的边缘计算设备，其上可能出现的安全问题也是需要关注的重点。因而，为实现传统边缘向数据融合的安全边缘智能转化，需要借助边缘计算技术，周期性主动获取物理设备、环境数据、功能安全数据等信息，构建相应的安全分析模型。进一步，结合网络安全技术，构建大数据驱动的、以业务安全为核心、兼顾物理设备安全生命周期的网络和信息安全体系。

2.7　IPv6 技术

由于 IPv4（internet protocol version 4）固有的局限性，因特网工程任务组（Internet Engineering Task Force，IETF）定义了新的 IPv6（internet protocol version 6）来弥补 IPv4 存在的不足，IPv6 逐渐成为具有良好发展前景的下一代 IP 协议。IPv6 在为

世界各国提高网络科技地位、抢占新科技产业先机中起着重要作用，因此受到了全球的广泛关注，技术革命浪潮已然形成并开始普及，许多新兴产业也围绕IPv6 技术迅速发展起来。2021 年 7 月，为加快推进 IPv6 规模部署和应用，中央网络安全和信息化委员会办公室、国家发展改革委、工业和信息化部等国家重要部门均发布了相关工作通知。

2.7.1　IPv6 技术在工业互联网中的应用

1. 工业互联网概况

21 世纪以来，包括美国、德国、日本在内的一系列发达国家开始不断加速互联网和传统制造业的融合，工业互联网逐渐成为科技领域的一个重点研究内容，不仅与数字化工业装备、互联网自动化、网络安全及软件平台等各个领域息息相关，还囊括了工业互联网组网技术和新的地址与标识解析等各种先进的网络技术，而随着互联互通网络技术的不断更新与进步，工业互联网的实际应用正不断地从消费、娱乐领域向冶金、机械、能源、化学、材料等重工业领域普及，各国的实体经济也变得更加智能。为赶上工业互联网的革命浪潮，我国也相继出台了相关政策以期推动互联网在中国制造业的深度发展和应用，实现传统制造业的产业升级，提高全球竞争力。

2. IPv6 与工业互联网

随着工业应用的不断创新，接入终端设备数量不断增加，传统的 IPv4 技术已经无法满足工业互联网不断发展的需求。在工业互联网的构造与搭建中，网络协议作为网络建设与更新的重要一环，IPv6 技术的应用在其具体建设中必不可缺。除此之外，通过对 IPv4 版本协议的逐渐升级，可有效降低 IPv4 与 IPv6 协议在互相转化过程中对网络出口数据的操作成本。

相较于 IPv4，IPv6 巨大的地址空间不仅可以满足普通的人与人、人与物之间的通信，在处理工业互联网这种大规模的物与物通信方面也游刃有余。据中国工程院院士邬贺铨在 2021 IPv6 + 创新城市高峰论坛的介绍，我国储备的 IPv6 地址资源在全世界占据第一位，分配给用户的数量达到了 16.1 亿，居世界第二。IPv6除了可以提供充足的地址空间之外，还能够弥补原有 IPv4 等协议在安全性和扩展性上的不足，在服务质量、寻址能力等方面也均有所突破，是下一代互联网不可或缺的关键技术，可以优化传统制造业中的网络基础设施，使得现有网络通信更快、更安全，对工业互联网的建设与发展起到重要的推动作用。

在传统工业网络中，网络技术的应用场景被固化，甚至被绑定在一些应用系统中，各种制式间存在技术隔阂，工业互联网技术体系将网络的各层协议进行解耦，在很大程度上解决了这一问题。在实际应用中，IPv6 技术也逐渐被推广到各种工厂，网络技术得到了开放性发展[49]。抓住以 IPv6 为核心的下一代互联网的发展机遇，不仅代表在科学技术上取得的巨大成功，同时在经济、政治甚至军事上的地位也举足轻重。

2.7.2　IPv6 的新特性

IPv6 相较于 IPv4，在地址空间扩展、包头简化、对流的支持、即插即用、安全性改进等方面都展现出了一些新特性。下面将具体讨论分析这些新特性与原有 IPv4 的区别与改进。

1. 地址空间扩展

地址空间不足这一紧迫问题在网络接入设备呈指数级增长的今天是非常致命的。在 IPv6 中，128 位的地址长度在很大程度上缓解了 IPv4 存在的 IP 地址空间紧缺的问题。IPv6 不使用广播通信，而是使用组播或者任播来替代广播，使得网络的通信更高效。目前，由于 IPv6 有足够大的地址空间，其中一部分地址被分配给全球需要 IP 地址的互联网设备，剩余 IP 地址已经足够应对未来互联网设备的激增，因此进行地址转换的技术（如网络地址转换（network address translation，NAT））也就变得不再重要。

2. 包头简化

在 IPv4 技术中，IPv4 包头中不一样的字段个数一般大于等于 12 个，且长度固定为 20 字节，但是当有选项时长度最多为 60 字节。而在 IPv6 技术中，在保证不会对正常包的选路造成影响的前提下，为满足一些额外需要，对包头扩展和选项的支持做了相应的改进。IPv6 包头由一个可以分为 8 个字段、总长度大小为 40 字节的固定包头和多个扩展包头组成，在寻路过程中经常需要用到的源地址和目的地址就被存放在固定包头中。IPv6 技术将包头中那些不是必需的内容移动到了扩展包头，大大减少了包头所需的地址消耗，所以 IPv6 包头长度是 IPv4 的两倍。

相应地，由于 IPv6 包头长度变短且固定不变，对比 IPv4 中 IP 的一些工作方式也随之发生了改变。在 IPv6 中，对包进行分段处理的只有源节点，中间经过的路由器不会参与。IPv6 对包分段规则进行了修改，从而达到去掉包头中的某些不必要字段的目的，减少了包的长度。另外，IPv6 去掉了 IP 头校验和，转而交由如 UDP 和 TCP 等更高层的协议负责保证可靠性。最直观的是，由于 IPv6 中的包头大小均为固定大小，即 40 字节，所以包头长度这一字段被去掉了。相较于 IPv4，IPv6 需要进行查验和处理的字段数量大大减少，在路由器中对包头的处理也变得非常简单，极大地加快了包选路的速度。

3. 对流的支持

在 IPv4 中，中间路由器可以按照该路由器设定好的方式处理经过的包，对所有包基本采用相同的处理策略，且不对终端间传输的包进行跟踪，所以并不知晓应该对到达的包采用何种处理方式。与 IPv4 技术不同的是，IPv6 定义了流这一概念，流是指由特定的源主机向特定的目的主机发送的包序列，并由中间路由器对该包序列进行相应的特殊处理。因此，路由器跟踪并标记流，且标记信息在流的每个包中并不会发生变化。流标记使得路由器处理包的速度非常快，在实时应用中非常有效。中间路由器对流中包的处理方法并不完全相同，但不管如何，路由器不用对经过的数据包的包头进行重新处理，所以处理速度更快。

4. 即插即用

即插即用，是指设备在连接互联网时，不需要任何的手动设置，IPv6 网络中连接的节点自动启动并进行简单必要的相关配置，是 IPv6 相较于 IPv4 的一大特点。IPv6 可以通过有状态和无状态两种 IP 地址分配方式为设备自动分配网络地址，有状态自动配置和 IPv4 相比基本没有什么差别，而无状态自动配置不仅需要本地链路支持组播、交换机等网络设备的各种接口，还需要有发送和接收组播包的功能，其具体实现过程可以大致分为三步：第一步，需要在链路本地地址前缀的后面添加在线主机网卡的 MAC 地址；第二步，必须通过检验确保该生成地址在链路上是独一无二的；第三步，要求节点确定包括 IP 地址在内的一些配置信息。

5. 安全性改进

IPv6 协议中集成了 IPSec(internet protocol security, 互联网络层安全协议)，增加了通信用户的身份鉴定功能，提高了网络通信的机密性，IPv6 较之 IPv4 在安全性方面的改进，更能满足某些设备用户对高安全性、高可靠性的需求，从而保证各用户设备之间的协同工作[50]。IPv6 协议中包括 IP 封装安全性净荷和 IP 身份验证头两种针对通信安全进行的有效扩展。

安全性净荷根据加密程度可以分为两种：仅加密 IP 包和传输时不仅加密 IP 包还以隧道方式进行加密。这两者的差异是，前一种方法会公开传输包头，也就是说，如果有人想要破译包信息，可以借此确定源地址、目的地址甚至是一些其他与该包有关的信息。后一种方法需要借用安全网关将其加密的整个 IP 包封装起来，从而使得被加密的 IP 包中的全部内容对外界均不可见。

在设备通信过程中，身份验证对通信安全来说至关重要，为验证对方身份，接收设备需要通过一定的计算从而评估通信双方传输的包的安全可靠性。身份验证头是这一过程中不可或缺的组成部分,它不仅包含由发送方计算的结果,还包含计算的报文摘要,是接收方重新计算的关键依据。接收方比较自己计算的结果和发送方记录在身份验证头中的计算数值,只有在确定收到的与重新计算的数值是否相等后,才知道包在传输过程中是否被破坏或被恶意篡改。

6. 其他

聚类是 IPv6 进行地址分配时的一个特点,在同一个子网中的用户设备可以在路由器中聚类为路由表中的一条记录,路由表的大小得到了有效的控制,减少了数据包到达后查找路由表的时间,转发速度得到了大大提高,所以相比于 IPv4,IPv6 的路由表要更小一些。在与移动设备的兼容性上,由于 IPv6 地址空间大,且即插即用,相对 IPv4 而言,IPv6 具有对移动性更好的支持,而且可以更好地进行移动性管理。

2.7.3　发展趋势

近年来,IPv6 在世界范围内发展迅速,以互联网巨头领跑、各中小型公司跟跑的发展模式,逐渐实现 IPv4 到 IPv6 的过渡,IPv6 的大规模推广与应用极大地改变了现有网络技术在生活、娱乐和工业应用中的格局。此外,IPv6 开始进入快速部署阶段,IPv6 在工业互联网的发展也呈现出以下几个趋势。

1. 开放化

现有互联网技术对地址空间紧缺问题都束手无策,网络层技术几乎全部依赖于 IPv6 进行更新和创新,因此 IPv6 技术在工业互联网的未来发展中起着不可替代的重要作用。但无论是 IPv4 还是 IPv6,都将网络作为一个通用系统,与各种各样业务的应用层功能无关[51],开放式端到端始终都是其设计的一个重要特点。不可否认的是,互联网业务的繁荣发展有很大一部分得益于其开放式架构,即开放应用层的创新给用户,才会有如今各种应用的成功。因此,开放性始终是互联网发展绕不过去的核心话题。在互联网从学术网络向商业网络到工业网络的转变过程中,从己方利益出发,许多互联网巨头都希望将网络调整为封闭式网络从而从中获得巨大利益,但最终由于开放性的顽强生命力和发展必然性都未能成功。因此,即便在现有工业互联网中引进 IPv6 技术,开放式的网络架构格式依然是其一大特色。

2. 纯 IPv6 化

由于短期内不可能实现 IPv6 的全覆盖推广,需要将 IPv6 作为基础网络通信协议,而 IPv4 只是 IPv6 的一种基本服务。采用双栈技术,使 IPv4 和 IPv6 分组都可以在节点处顺利被收发和处理，实现两种协议的互通和转化，并通过鼓励提供商将互联网服务迁移到 IPv6，从而达到逐渐从 IPv4 过渡到 IPv6 的目的。纯 IPv6 是指过渡成功，只有 IPv6 而不再使用 IPv4，不给用户分配私有地址，只分配 IPv6 地址，只有一个协议栈，与过渡期的两个协议栈相比更加简洁，需要维护的成本也就相应变小。纯 IPv6 在 2014 年就已经有运营商根据 IETF 的技术标准通过 NAT64 的 464XLAT 技术在 4G 网络中进行部署，到现在为止，纯 IPv6 技术被更多的网络运营商应用在 4G 网络中，且使用效果非常好。为了简化既考虑 IPv4 又考虑 IPv6 的网络运营商的运营过程，在纯 IPv6 技术被应用到固定网络和移动网络时，要求各种网络中的网关 CPE (customer premises equipment, 客户终端设备) 都支持 464XLAT，以达到在网络侧只需要采用 NAT64 的目的。纯 IPv6 通过编址可以实现巨大的地址空间来满足海量的网络设备 IP 地址需求。就目前来看，IPv4 业务流量还是占据绝大多数，我国 IPv6 的发展相对缓慢，在这个过程中，网络层的转化过程相对于实际业务来说迁移得会更快一点。但现如今，针对工业互联网新型的网络业务场景来说，完全可以不再拘泥于 IPv4，转而采用新的纯 IPv6 技术进行 IP 编址，避免中间不必要的过渡。

3. 智能化

为加快实现云网融合，实现 5G 的快速发展，采用基于 IPv6 转发平面的段路由，即 SRv6 技术来简化现有的网络协议，使得网络管理更加简单，并利用在 IPv6 报文中插入的扩展头，提高网络的灵活性，使其可被编程。此外，SRv6 除可编程性能较好之外，其在扩展性上也比较占优势，在应对网络需求各异的新业务中也可游刃有余，在此基础上还可以提供可靠生较高的服务，在云业务中具有良好的应用前景。相较于基于多协议标签交换 (multi-protocol label switching, MPLS) 转发平面的段路由，即 SR-MPLS 来说，SRv6 打破了 MPLS 跨域边界，在跨域部署上也更为方便、简单，提升了跨域体验。此外，SRv6 完全基于 SDN 架构，可以将应用程序信息带入网络中，顺利连接应用和网络，并基于全局信息进行网络调度和优化。所以 SRv6 不仅在未来 IP 网络的发展中扮演着极为重要的角色，还在 IPv6 智能化中起着重要作用，给 IPv6 的发展带来了新的机遇。截止到目前，SRv6 技术已经较为成熟，全球已经有十多家网络运营商对其进行了商业部署，包括中国联通和中国电信。在产业上，我国的 IPv6 基础设施具有一定的优势，网络切片等新的网络需求逐渐在 SRv6 进行商业部署口出现，在 IPv4 向 IPv6 过渡的过程中，为达到简化 IP 网络管理的目的，完全可以进行 SRv6 试点，为抓住未来工业互联网的发展机遇，我国需要在这些新的技术领域大展拳脚。

4. 普适化

工业互联网通信不再止于人与人之间，人与物、物与物之间的通信是其主要特色，网络规模庞大，网络地址需求激增。工业互联网中包含对数据的各种处理，其传感器的激增催生了数字孪生，对我国各行各业向数字化转型至关重要。就网络架构而言，与包括 IPv4 在内的其他协议相比，采用 IPv6 技术会使其变得更加灵活。IPv6 通过扩大采集数据的范围，极大地降低了网络终端设备的成本。除此之外，IPv6 可以很好地契合工业互联网需要基于 IP 地址的反向控制这一要求。就 IPv6 的可行性而言，工业设备完全可以借由目前高性能的芯片实现并商用化 IPv6 协议栈，同时，IPv6 在工业互联网中的实际应用也在一定程度上促进了 IPv6 的自我完善。

5. 多样化

新一代信息技术正在不断地促进工业互联网产业的发展和进步。工业互联网在网络的各种性能上要求越来越高，不只对信息传输要求高实时性和高可靠性，对海量数据的存储和计算能力要求也不低，此外，工业互联网在资源配置的灵活性等方面的需求也逐渐繁杂。工业互联网针对网络升级需要收集大量的数据，因此，IPv6 等一些重要的且应用场景非常广泛的下一代互联网技术的工业适配能力需要得到相应的提升，使 IPv6 技术在实际工业生产中更加具体化，从而有针对性地满足不同生产车间中人与人、机器与人和机器与机器之间的网络连接需求，不断提高网络数据速率与服务质量。IPv6 不仅可以自动进行配置，扩大地址空间，消除 IPv4 因地址空间紧张带来的负面影响，还可通过支持各种安全选项（如保密性验证）保证网络安全。此外，为保障网络层端到端数据传输的安全性，IPv6 使用了 IPSec 安全体系架构提供的重要服务。在工业互联网中，每个设备都可以通过 IPv6 拓展的寻址能力获得很强的计算、身份验证和保密能力，实现端到端的安全加密。通过不间断地获取工业互联网中的各种安全数据，为每个工厂建立起相应的数据仓库，并建立专业的部门来分析如何维持安全运营，及时发现工厂出现的各种异常，提高工业互联网的安全与防御等级。

IPv6 技术在我国的建设与推广上，主要目标是由政府引导、企业主导实现 IPv6 在各种类型网络中的全面部署，逐渐替换现有网络中使用的 IPv4 协议，以实现产业升级和延伸为基础目标，在新的产业链中抢占优势地位。

2.8　软件定义网络技术

SDN 最早起源于 2006 年斯坦福大学的 Clean Slate 研究课题[52]。次年，由斯坦福大学 Martin Casado 主导的 Ethane 项目采用集中式控制器实现基于流的网络安全管理。2008 年，McKeown 教授在 ACM SIGCOMM 学术会议上展示了基于 OpenFlow 的演示试验[53]。2009 年，该团队基于 OpenFlow 技术进一步开展 SDN 的研究工作，SDN 的发展思路逐渐形成。2011 年，开放网络基金会(Open Networking Foundation，ONF)开展 SDN 标准制定工作，力图打破传统网络市场格局并实现网络可编程性。近年来，SDN 技术的相关研究迅速发展，逐渐成为互联网领域的研究热点。

2.8.1　软件定义网络与工业互联网

作为一种新兴的网络范例，SDN 主要有四大特性，具体包括转发设备的通用化和白盒化、接口协议标准化、控制层与转发层分层管控、开放可编程性[54]。SDN 通过构建控制平面与数据平面分离体系实现网络设备的集中控制和数据流的灵活调度。相较于传统网络，SDN 支持分布式系统的集中控制与网络自动化配置，可提供高效的网络资源管理与优化功能，并能有效解决网络异构性问题。同时，开放可编程性使得 SDN 可根据集中控制器信息动态配置网络设备，以实现灵活的业务创新[55]。

目前，人工智能、大数据等技术与网络的深度融合推动工业体系朝着智能化方向发展，网络互联成为工业信息网络发展的强大支撑。传统网络体系架构呈现管理效率低下、配置烦琐、互操作性低等诸多问题。当网络规模扩大时，基于复杂协议的网络设备将使得网络管理与性能调优面临巨大挑战。以数控分离、集中控制、网络设备可编程等优势，SDN 技术为解决工业互联网固有的异质性等问题提供了新的思路。因此，基于 SDN 的工业网络互联逐渐成为新的网络构建模式。为应对传统工业网络长期存在"信息孤岛"问题，软件定义工业网络架构体系在软件定义网络的数控分离架构基础上，将 SDN 架构与工业互联网模式有效结合，为工业互联网的发展提供了全新的解决方案，以实现智能制造高效、可靠、实时的数据传输。工业 4.0 的提出，使得工厂环境下网络在物理和逻辑上不再是一成不变的，因而传统网络的拓扑功能不再适用于各种工业场景。SDN 数控分离、逻辑集中的特点使得其可以动态感知拓扑变化，实现全网拓扑可视化。因此，将 SDN 架构应用于工业互联网有助于屏蔽底层网络设备差异，实现异构网络的跨域互联。

2013 年，思科提出分段路由(segment routing，SR)，旨在满足网络规模与网络质量同步高速发展的迫切需求，以解决传统 IP/MPLS 控制平面在可扩展性、简单性和易操作性等方面的问题。SDN 架构的兴起使得 SR 技术可以与 SDN 实现完美结合。在去除 MPLS 控制平面上复杂的标签分发协议和资源预留协议的基础上，SR 采用源路由方式保留了控制面的简洁高效，可大大减少协议在实际部署时的难度和成本。SDN 控制器的集中式部署能力与 SR 的服务路径定制能力的有效结合可用于解决当前网络在组网灵活性、资源规模拓展性等方面的问题，以有效增强数据流的动态灵活调度能力和网络可扩展性。因此，SDN 架构与分段路由转发技术在工业互联网等不同网络场景的结合将使得网络能够快速应对业务流需求的实时变化，并极大程度上减少网络节点的转发规则数量[56]。

2.8.2　软件定义网络的关键技术

SDN 架构最初由 ONF 提出，现已逐渐受到学术界及产业界的普遍认可。区别于传统 IP 网络，SDN 体系架构采用集中控制方式，自下而上依次为数据平面、控制平面和应用平面，如图 2.13 所示[57]。数据平面与控制平面之间利用 SDN 标准接口（或称南向接口）协议进行信息上报和指令下发，南向接口主要采用 OpenFlow 协议作为层间交互接口，具有统一的通信标准[58]。SDN 控制平面与应用平面之间的信息传输通过北向接口完成，北向接口允许用户依据实际需求进行定制开发[59]。

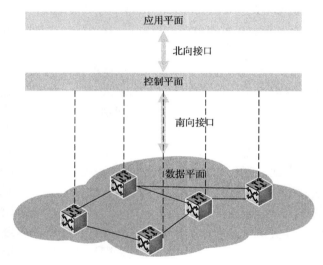

图 2.13　SDN 体系架构

1. 数据平面

SDN 架构中数据平面由网络基础设施组成，主要包括交换机、路由器等。为了简化传统物理设备的功能，在 SDN 架构中通过将物理设备中的拓扑发现及路由等功能剥离，使所有设备仅作为数据流转发单元，而不使用嵌入式控制软件完成自主决策。网络设备与 SDN 控制平面间的信息交互通过南向接口协议完成，既包括定期向控制平面发送消息以上报当前流状态与网络资源信息，又包括接收控制平面指令集并完成特定网络数据处理。此外，SDN 架构中数据平面建立在统一的开放和标准接口之上，目前最广泛使用的协议为 OpenFlow。这些接口通过支持控制平面实体对异构转发设备的动态编程，不仅避免了异构设备间信息结构无法匹配的问题，而且提高了不同数据和控制平面设备之间配置和数据传输的一致性与互操作性。

2. 控制平面

作为 SDN 体系架构的关键支柱，控制平面主要负责网络基础设备的管理和控制器整体功能的调节，执行路由和交换协议以同步分布式流表，其基本目的是进行数据平面中的流表配置决策。网络操作系统指令均需通过统一的控制平面下发至所有交换机，尽管控制平面在逻辑上是集中的，但它能够在集群中以物理分布的方式实现，从而对数据平面中的所有网络设备进行有效管理。其核心组成即 SDN 控制平面可将全网视图抽象成网络服务，通过开放接口进行流量管理，并提供流量转发、路由、数据包丢弃的统一决策等功能。SDN 旨在通过控制平面实现全网逻辑集中控制，以保证网络可扩展性，简化网络管理并减轻网络负担。控制平面通过访问南向接口代理实现对数据平面的统一管理与控制，并通过访问北向接口向网络应用平面提供灵活的网络资源调度能力，从而实现网络应用业务的私有化定制和快速部署。此外，SDN 控制平面可以通过屏蔽路由设备之间数据分发的细节来降低新网络协议与网络应用程序创建时的复杂性，以帮助开发者实现快速网络策略定义。

3. 应用平面

应用平面通过北向接口实现网络业务与 SDN 控制平面间的信息交互，主要负责提供不同类型的应用服务，不仅包含网页浏览、网络虚拟化、移动性管理、负载平衡等终端应用，还包含各类基于 SDN 的网络应用，如策略实施、网络管理和安全服务等。终端用户无须掌握底层设备的技术实现细节，仅需简单编程即可实现新应用的快速部署，从而为企业网、骨干网等提供定制化解决方案。

4. 南向接口

南向接口作为 SDN 控制平面与数据平面间的数据通道和开放接口，主要负责将控制指令从网络控制器发送到数据平面，同时支持编程控制、配置发布、事件通知、设备性能查询等功能，以实现对网络子层设备的配置管理。目前，最为广泛接受和部署的南向接口协议为 OpenFlow，其不仅支持跨层匹配，同时能够匹配不同厂商和不同型号的设备，从而保证网络系统框架的可扩展性和广域网中控制平面的横向扩展。

5. 北向接口

北向接口将应用平面与控制平面相连，主要负责向上层 SDN 应用程序提供抽象化的底层网络视图以及用于访问网络资源的可编程接口。通过屏蔽下层实现细节，为管理员和应用开发人员进行网络管理和开发提供统一接口，从而减少开发人员对异构设备的转换开销，缩短业务开发和迭代周期。此外，北向接口支持将应用平面网络逻辑控制指令转换到控制平面，从而提供转发节点的细粒度控制以及路由、监测、负载均衡器等诸多网络服务。目前，北向接口主要通过 REST API、Onix API 和 Java API 等统一接口实现，以支持分布式控制器间的状态同步、控制协调和拓扑交换[60]。

2.8.3　发展趋势

1. 软件定义广域网

在当前的广域网中，网络运营商或服务商已经具备提供成熟的专线服务的能力，如数字数据网(digital data network，DDN)、异步传输模式(asynchronous transfer mode，ATM)等多业务传送平台(multi-service transport platform，MSTP)专线业务以及更为成熟的 MPLS L2/L3 VPN(virtual private network，虚拟专用网络)[61]。随着网络通信技术的快速发展，剧增的用户应用及企业业务导致已有的专线类服务很难满足云应用、云业务等新型业务的 QoS 需求，同时在服务成本和带宽利用率等方面存在诸多缺陷，使得业务动态扩容、缩容等要求无法得到保障。借助 SDN 技术在网络接入、管理、业务部署等方面的显著优势，软件定义广域网(software defined wide area network，SD-WAN)的概念于 2014 年被正式提出，并得到研究人员的广泛关注。作为新一代广域网接入与传输方案，SD-WAN 利用 SDN 技术与传统广域网资源精准融合以解决传统网络体系架构僵硬、灵活性低、可控性差、部署周期长、维护难度高等问题，为数据中心互联、企业网络分支互联及多云互联的网络业务提供优质服务。

因此，SD-WAN 技术的研究不仅从理论上提供了以业务和应用为导向的新型广域网架构设计理念，还从应用的角度为企业将广域网连接和功能整合并虚拟化为集中式策略提供支持，以有效简化广域网拓扑的部署和管理，从而极大程度上满足实时性业务应用的 QoS 要求[62]。总体来说，SD-WAN 的优势主要包括以下五个方面。

(1)敏捷性优势。SD-WAN 具有简单的操作界面，易于动态、高效地执行网络管理和配置以及网络资源的调度策略。此外，SD-WAN 支持网络策略和网络通信的集中定义和管理，每个设备上无须手动配置网络参数，且非网络专业的技术人员能够按需创建、使用或修改，以此实现零接触部署，提升网络管理效率，简化并加速网络升级。借助网络虚拟化等技术，SD-WAN 可以将底层网络设备抽象为独立、可共享的虚拟设备，以实现网络资源的灵活分配以及 WAN 服务在远程站的快速部署。

（2）成本优势。借助全局网络视图带来的优势，SD-WAN 可以帮助网络运维人员了解网络状态，并根据当前网络资源的使用情况实时调整网络状态，从而降低运维时间和成本；借助 SDN 技术在检测以及细粒度流量管控等方面的优势，SD-WAN 可实现网络的灵活部署、网络资源的高效利用及网络传输性能的提升，减少部署时间，降低网络建设投入成本；SD-WAN 具有实时数据传输功能，可有效提升传输性能。此外，SD-WAN 具有保证差异化数据传输质量的能力，可在保证不同业务品质要求的前提下，节省专线成本，降低运维压力。

（3）安全优势。SD-WAN 具有支持 VPN 和其他增值业务服务的能力，如数据包复制、广域网优化、虚拟防火墙等多种网络功能服务链，这要求 SDN 能够自动建立安全的虚拟传输隧道，并在广域网流量传输过程中通过流量加密、网络分片技术提供安全传输。此外，SD-WAN 具有实时监测网络故障并自动切换到可用工作链路的能力，可使得网络安全性进一步提升。

（4）可靠性优势。相比于传统网络，支持混合链路接入是 SD-WAN 的一个基本特征，终端能够无缝支持多种主流传输协议及链路，如 MPLS、Internet、帧中继和长期演进（long term evolution，LTE）无线通信等，这不仅为 SD-WAN 站点间的互联互通提供更多选择，还有助于数据业务在主通道线路发生故障时能够快速切换到备份链路[63]。Internet 链路、无线 WAN 链路等混合链路的引入，使得 SD-WAN 以智能选路的方式实现多链路的合理使用，从而有效提高网络的部署灵活性和可靠性，为行业应用提供稳定可靠的网络连接环境。

（5）性能优势。区别于传统网络，SD-WAN 支持动态链路调整，可将数据传输实时调度至最佳路径，以保障应用体验，甚至通过不同路径拆分实现业务数据的快速交付，其路由策略是以应用为核心，而不是根据 IP 地址等网络状态来确定的。此外，SD-WAN 支持工业企业自主进行带宽调整、网络调度、可视化管理，有效保证了差异化业务的数据传输质量。

2. 5G 与 SD-WAN

随着无线通信技术的快速发展，5G 网络已得到规模部署和商用，与传统移动通信系统相比，5G 带来的高带宽、低时延及海量连接等性能优势使得 5G 网络不仅可作为企业 WAN 线路的备份链路，也可成为主要接入链路以有效解决传统网络施工周期长的问题。因此，5G 网络可以更好地满足工业自动化升级与万物互联的产业需求，并能够有力推动工业互联网的发展。

相比于传统的 LTE 网络，5G 网络在关注速率增长的同时，更加重视超低时延和高可靠的性能优化与保障。为满足虚拟/增强现实、工业自动化等业务要求，5G 引入端到端网络切片技术，通过利用 SDN、NFV 等虚拟化编排技术可实现网络中计算资源、网络带宽资源、存储资源和网络功能等的按需分配，以满足用户在移动性、安全性及策略控制等方面的差异化需求，同时满足不同业务对时延、带宽及可靠性等不同方面的网络需求。细粒度的网络切片编排和灵活的端到端网络资源分配，将支撑不同类型业务的高并发性和差异化 QoS 需求。

此外，结合边缘计算技术在缩短通信距离上的优势，5G 网络可有效降低通信业务网络传输延迟，从而为满足时延敏感类应用的需求提供有力支撑。边缘计算通过将核心云计算资源下沉到边缘云的方式，以最大限度地缓解网络拥塞，降低传输时延及带宽压力，减少跨域流量，从而为计算密集、时延敏感型业务提供高质量服务需求保障。同时，MEC 借助 NFV、SDN、人工智能等技术，可基于虚拟化平台实现网络服务的智能化部署，以帮助网络运营商简化网络资源管理，并节省服务部署成本。

基于转发控制层与数据传输层间解耦的思想，SDN 可提升网络新兴业务部署及路由控制的灵活性。此外，网络资源的全局可视化使得 SDN 在敏捷性、可伸缩性、安全性和可维护性上更具优势，以满足差异化业务流量的 QoS 需求。通过将 SDN 架构及关键技术应用于广域网中可形成一种 SD-WAN 服务形态，从而为专线业务提供保障。基于软件定义技术优势来构建网络连接，SD-WAN 可实现企业 WAN 的集中管理、编排和控制，从而为 5G 和云网融合的落地实施提供可靠的技术支撑。用 SD-WAN 可实现企业内网和外网的结合，从而为工业互联网提供设备间的高度互联和全生产链的网络化协同；SD-WAN 可为企业站点、数据中心及多云互联三大互联场景提供低成本、安全、高效的网络互联，以提升上层服务资源调度与部署的灵活性。SD-WAN 作为网络入口，可利用 5G 实现专线、专网及业务应用的落地。然而，为了更好地适配业务发展和技术升级，5G 的垂直行业应用迫切需要网络变革，因此，为进一步提升网络运行效率以及满足多样化应用场景的需求，5G 与 SD-WAN 的技术融合将会成为未来网络发展的必然趋势。

5G 网络和 SD-WAN 设备可进一步借助虚拟化网络技术提升 SD-WAN 的灵活性，从而为边缘接入设备在网络连接和功能服务上提供更多可选方案，并能够有效提升网络用户面性能，助力解决网络安全隔离技术待完善方面的挑战以及 5G 网络的云化部署。5G 的网络切片、MEC 等技术将有助于 SD-WAN 实现细粒度的流量调度、资源分配和防护分布式拒绝服务(distributed denial of service，DDoS)攻击等功能。在 5G 和 SD-WAN 技术融合架构下，选路、优化和安全等策略也将进一步为 5G 链路的服务质量提供保障。此外，SD-WAN 技术将加速 5G 与光纤融合技术的发展，5G 网络与光纤接入网络彼此互为备份以提高 5G 组网方式的链路可靠性，并满足互联网的高质量带宽需求。综上所述，5G 与 SD-WAN 的融合是未来网络迭代的必然方向，二者将相互融合，并相辅相成。

3. 可编程白盒交换机

随着互联网技术的快速发展，网络通信已逐渐融入人类生产生活的方方面面，用户数量及网络规模呈几何级数快速增长。网络承载业务类型也日渐丰富。新型业务的出现要求网络能够支持高带宽、低时延、高可靠性等服务性能指标，并支撑网络功能与协议的可编程、定制化、高性能等需求。此外，云技术的飞速发展使得云网融合成为网络发展的必然趋势，这也对网络迭代周期、网络管控能力和业务部署能力提出了更高要求。因此，采用封闭僵化的专用网络设备已经无法适应未来网络体系灵活多变的态势。作为 SDN 趋势下 IT 和通信技术(communication technology，CT)产业融合的产物，白盒借助软硬件解耦的方式，推动传统通信设备从专用、昂贵向通用、开放的方向发展，为网络运营商提供具有更高成本效益且更具弹性的可选方案，并加速网络基础设施的创新。随着 SDN 技术的不断发展，硬件设备"白盒化"将成为网络演化过程中的主流趋势，进而构建开放的网络产业生态和灵活的基础设施平台。

基于开放式架构的白盒交换机实现了软硬件解耦，相比于传统软硬件一体的封闭交换机具有诸多优势[64]。首先，白盒基于软硬件解耦思想，采用开放的设备架构，可根据差异化业务需求，实现底层硬件与上层软件的按需定制，这种方式不仅能够显著降低交换机的购置成本，还能有效缩短软件功能的开发周期，降低开发成本；其次，白盒交换机支持通过软件定义方式定制数据面转发逻辑，以及充分利用云计算技术实现网络功能的快速迭代与优化，以提升网络性能，并降低网络运维成本；另外，目前白盒交换机已得到上游设备提供商和下游云服务商的一致认同，因此可依托该通用设备来助力白盒化网络生态的形成，促进网络体系的变革演进。

白盒交换机涉及硬件选择与适配以及多种新型网络技术间的相互配合，主要包含以下四个关键技术点，分别为软硬件解耦、网络可编程技术、硬件加速技术和白盒安全技术。

(1)软硬件解耦。新兴的白盒设备通过软硬件分离打破了传统设备的封闭性，使得交换机从传统封闭架构走向开放式架构，并支持多种软件协议的混合，通过将其与标准化硬件配置匹配，以实现网络设备白盒化。白盒设备的软硬件解耦不仅需要在通用硬件上加载标准化接口、操作系统、控制面及管理面协议等，同时需要建立完整的开放生态，使得利用小型白盒硬件搭建大规模网络成为可能。

(2)网络可编程技术。SDN 通过网络编程实现对网络策略和行为的灵活定义，以及新型业务的快速部署和便捷实现。为实现真正意义的网络软件定义，白盒交换机需要在控制面与转发面均具备可编程能力。其中，控制面可编程技术使得白盒交换机能够通过现有服务器管理工具实现网络自动化，从而提升创新速度，实现对网络服务的高效拓展和管理。转发面可编程能力的实现可基于可编程交换芯片常用的网络功能，在提升网络处理性能的同时，确保网络的灵活性。

(3)硬件加速技术。为了应对中央处理器(central processing unit，CPU)与交换芯片在网络流量激增时的性能问题，白盒交换机在数据面上整合智能网卡、现场可编程逻辑门阵列(field programmable gate array，FPGA)等加速卡，以利用硬件加速技术实现海量数据处理，极大程度上降低了网络传输时延，提升了网络传输质量。

(4)白盒安全技术。开放架构使得白盒交换机面临不可忽视的安全问题，例如，攻击者可利用开放式网络安装环境(open network install environment，ONIE)的漏洞和缺陷，在交换机启动阶段插入恶意代码。针对 ONIE 的安全问题，可通过添加关键功能来控制潜在的安全问题，如身份验证和密钥强化。此外，对于数据在硬件层传输阶段存在的安全问题，白盒交换机可采用数据面信息加密传输，以保障数据传输的稳定性和安全性。

随着白盒交换机关键技术发展日渐成熟，网络软件化与硬件白盒化已成为未来网络发展的必然趋势。然而，网络规模的扩大和业务种类的增多使得网络管控难度不断提升，因此，需要构建端到端白盒化开放体系，并聚焦网络功能和性能的监管，以实现对网络资源的细粒度管控。为支撑业务的高效调度与感知，需要在网络数据面研发端到端白盒化网络设备操作系统，并采用软硬分离、随需而变的开放网络架构，满足网络的差异化、定制化需求。

参 考 文 献

[1] Service requirements for cyber-physical control applications in vertical domains[EB/OL]. https://portal.3gpp.org/desktopmodules/Specifications/SpecificationDetails.aspx?specificationId= 3528. [2022-06-19].

[2] Vitturi S, Zunino C, Sauter T. Industrial communication systems and their future challenges: Next-generation ethernet, IIoT, and 5G[J]. Proceedings of the IEEE, 2019, 107(6): 944-961.

[3] Wey J S, Zhang J W, Lu X H, et al. Real-time investigation of transmission latency of standard 4K and virtual-reality videos over a commercial PON testbed[C]. Optical Fiber Communications Conference & Exposition, San Diego, 2018: 1-3.

[4] Luo Y Q, Zhou X P, Effenberger F, et al. Time-and wavelength-division multiplexed passive optical network(TWDM-PON) for next-generation PON stage 2(NG-PON₂)[J]. Journal of Lightwave Technology, 2013, 31(4): 587-593.

[5] Horvath T, Munster P, Oujezsky V, et al. Passive optical networks progress: A tutorial[J]. Electronics, 2020, 9(7): 1081.

[6] DeSanti C, Du L A, Guarin J, et al. Super-PON: An evolution for access networks[J]. Journal of Optical Communications and Networking, 2020, 12(10): D66-D77.

[7] Memon K A, Butt R A, Mohammadani K H, et al. A bibliometric analysis and visualization of passive optical network research in the last decade[J]. Optical Switching and Networking, 2020, 39: 100586.

[8] 工业互联网产业联盟. 工业 PON2.0 白皮书(征求意见稿)[R/OL]. http://www.aii-alliance.org/upload/202002/0226_154713_612.pdf. [2022-06-22].

[9] Kodama T, Arai K. Decision-directed CPR-assisted IQ imbalance-multiplexing for coherent PON downlink system with access-span length difference[J]. Optics Communications, 2021, 482: 126599.

[10] Zhang W L, Li C D, Li H F, et al. Cluster stochastic synchronization of complex dynamical networks via fixed-time control scheme[J]. Neural Networks, 2020 124: 12-19.

[11] Lu Y, Deng H S, Hu L H, et al. Inter-ONU-communication for future PON based on PAM4 physical-layer network coding[J]. Optics Communications, 2021, 497: 127162.

[12] Lv Y X, Bi M H, Zhai Y R, et al. Study on the solutions to heterogeneous ONU propagation delays for energy-efficient and low-latency EPONs[J]. IEEE Access, 2020, 8: 193665-193680.

[13] Uzawa H, Terada K, Nitta K. A power reduction scheme with partial sleep control of ONU frame buffer in operation[J]. IEICE Transactions on Communications, 2021, 104(5): 481-489.

[14] 李贤毅. 5G+工业 PON 在智慧工厂中的融合应用[J]. 通信电源技术, 2020, 37(21): 110-112.

[15] Gershenfeld N, Cohen D. Internet 0: Interdevice internetworking-end-to-end modulation for embedded networks[J]. IEEE Circuits and Devices Magazine, 2006, 22(5): 48-55.

[16] Liao G Y, Chen Y J, Lu W C, et al. Toward authenticating the master in the modbus protocol[J]. IEEE Transactions on Power Delivery, 2008, 23(4): 2628-2629.

[17] Saez M, Maturana F P, Barton K, et al. Real-time manufacturing machine and system performance monitoring using internet of things[J]. IEEE Transactions on Automation Science and Engineering, 2018, 15(4): 1735-1748.

[18] Ferrari P, Sisinni E, Bellagente P, et al. Model-based stealth attack to networked control system based on real-time ethernet[J]. IEEE Transactions on Industrial Electronics, 2021, 68(8): 7672-7683.

[19] Cena G, Bertolotti I C, Scanzio S, et al. Evaluation of EtherCAT distributed clock performance[J]. IEEE Transactions on Industrial Informatics, 2011, 8(1): 20-29.

[20] Val I, Seijo Ó, Torrego R, et al. IEEE 802.1AS clock synchronization performance evaluation of an integrated wired-wireless TSN architecture[J]. IEEE Transactions on Industrial Informatics, 2022, 18(5): 2986-2999.

[21] 工业互联网产业联盟. 时间敏感网络(TSN)产业白皮书(V1.0 版)[R/OL]. http://www.aii-

alliance.org/upload/202009/0901_165010_961.pdf. [2022-06-25].

[22] 宋华振. 时间敏感型网络技术综述[J]. 自动化仪表, 2020, 41（2）: 1-9.

[23] Wollschlaeger M, Sauter T, Jasperneite J. The future of industrial communication: Automation networks in the era of the internet of things and industry 4.0[J]. IEEE Industrial Electronics Magazine, 2017, 11（1）: 17-27.

[24] Romanov A M, Gringoli F, Sikora A. A precise synchronization method for future wireless TSN networks[J]. IEEE Transactions on Industrial Informatics, 2021, 17（5）: 3682-3692.

[25] Popovski P, Trillingsgaard K F, Simeone O, et al. 5G wireless network slicing for eMBB, URLLC, and mMTC: A communication-theoretic view[J]. IEEE Access, 2018, 6: 55765-55779.

[26] 沈洲, 安岗, 余明明. 5G 在工业互联网中的探索和应用[J]. 信息通信技术, 2019, 13（5）: 17-22.

[27] Baek S, Kim D, Tesanovic M, et al. 3GPP new radio release 16: Evolution of 5G for industrial internet of things[J]. IEEE Communications Magazine, 2021, 59（1）: 41-47.

[28] 刘佳乐. 5G+工业互联网综述[J]. 物联网技术, 2021, 11（12）: 53-58.

[29] Agiwal M, Roy A, Saxena N. Next generation 5G wireless networks: A comprehensive survey[J]. IEEE Communications Surveys & Tutorials, 2016, 18（3）: 1617-1655.

[30] 蔡岳平, 李栋, 许驰, 等. 面向工业互联网的 5G-U 与时间敏感网络融合架构与技术[J]. 通信学报, 2021, 42（10）: 43-54.

[31] 陈宇欣. 5G 助力智能物流发展现状及未来探索[J]. 中国市场, 2021, （8）: 149-150, 188.

[32] 张中山, 王兴, 张成勇, 等. 大规模 MIMO 关键技术及应用[J]. 中国科学: 信息科学, 2015, 45（9）: 1095-1110.

[33] 李洪文. 5G 电机车无人驾驶技术的应用[J]. 中国矿山工程, 2021, 50（1）: 47-51.

[34] Torkudzor M K, Schwarz S, Abdulai J D, et al. Energy efficiency, latency and reliability trade-offs in M2M uplink scheduling[J]. IET Communications, 2021, 15（15）: 1907-1916.

[35] Mahmood A, Beltramelli L, Fakhrul Abedin S, et al. Industrial IoT in 5G-and-beyond networks: Vision, architecture, and design trends[J]. IEEE Transactions on Industrial Informatics, 2022, 18（6）: 4122-4137.

[36] Rodriguez I, Mogensen R S, Schjørring A, et al. 5G swarm production: Advanced industrial manufacturing concepts enabled by wireless automation[J]. IEEE Communications Magazine, 2021, 59（1）: 48-54.

[37] Spinelli F, Mancuso V. Toward enabled industrial verticals in 5G: A survey on MEC-based approaches to provisioning and flexibility[J]. IEEE Communications Surveys & Tutorials, 2021, 23（1）: 596-630.

[38] Wang Y T. RETRACTED: Industrial structure technology upgrade based on 5G network service and IoT intelligent manufacturing[J]. Microprocessors and Microsystems, 2021, 81: 103696.

[39] Htike Z, Haniz A, Matsumura T, et al. An efficient group-based mobility management mechanism for cellular M2M networks[C]. IEEE 18th Annual Consumer Communications & Networking Conference, Las Vegas, 2021: 1-7.

[40] Wang J J, Jiang C X, Zhang K, et al. Distributed Q-learning aided heterogeneous network association for energy-efficient IIoT[J]. IEEE Transactions on Industrial Informatics, 2019, 16(4): 2756-2764.

[41] Su B, Wang S W. A delay-tolerant distributed optimal control method concerning uncertain information delays in IoT-enabled field control networks of building automation systems[J]. Applied Energy, 2021, 301: 117516.

[42] 中国电子技术标准化研究院. 工业物联网白皮书(2017 版)[EB/OL]. http://www.cesi.cn/ images/editor/20170913/20170913114540317.pdf. [2022-06-23].

[43] Liu X, Yu W, Liang F, et al. Toward deep transfer learning in industrial internet of things[J]. IEEE Internet of Things Journal, 2021, 8(15): 12163-12175.

[44] Zhang P Y, Wang C, Jiang C X, et al. Deep reinforcement learning assisted federated learning algorithm for data management of IIoT[J]. IEEE Transactions on Industrial Informatics, 2021, 17(12): 8475-8484.

[45] Li J, Qiu J J, Zhou Y, et al. Study on the reference architecture and assessment framework of industrial internet platform[J]. IEEE Access, 2020, 8: 164950-164971.

[46] Zhao L X, Pop P, Zheng Z, et al. Latency analysis of multiple classes of AVB traffic in TSN with standard credit behavior using network calculus[J]. IEEE Transactions on Industrial Electronics, 2021, 68(10): 10291-10302.

[47] Hou X W, Ren Z Y, Yang K, et al. IIoT-MEC: A novel mobile edge computing framework for 5G-enabled IIoT[C]. IEEE Wireless Communications and Networking Conference, Marrakesh, 2019: 1-7.

[48] 董昱呈, 伊学博, 李雪妍. 5G 工业互联网的边缘计算技术架构与应用[J]. 网络安全技术与应用, 2021, (12): 73-75.

[49] Tian Y, Wang Z L, Yin X, et al. Traffic Engineering in partially deployed segment routing over IPv6 network with deep reinforcement learning[J]. IEEE/ACM Transactions on Networking, 2020, 28(4): 1573-1586.

[50] Makaya C, Pierre S. An analytical framework for performance evaluation of IPv6-based mobility management protocols[J]. IEEE Transactions on Wireless Communications, 2008, 7(3): 972-983.

[51] Li X, Liu B J, Zheng X F, et al. Fast IPv6 network periphery discovery and security implications[C]. The 51st Annual IEEE/IFIP International Conference on Dependable Systems and Networks, Taipei, 2021: 88-100.

[52] Nunes B A A, Mendonca M, Nguyen X N, et al. A survey of software-defined networking: Past,

present, and future of programmable networks[J]. IEEE Communications Surveys & Tutorials, 2014, 16(3): 1617-1634.

[53] McKeown N, Anderson T, Balakrishnan H, et al. OpenFlow: Enabling innovation in campus networks[J]. ACM SIGCOMM Computer Communication Review, 2008, 38(2): 69-74.

[54] Kreutz D, Ramos F M V, Veríssimo P E, et al. Software-defined networking: A comprehensive survey[J]. Proceedings of the IEEE, 2014, 103(1): 14-76.

[55] Garg S, Kaur K, Kumar N, et al. Hybrid deep-learning-based anomaly detection scheme for suspicious flow detection in SDN: A social multimedia perspective[J]. IEEE Transactions on Multimedia, 2019, 21(3): 566-578.

[56] Zhang W, Lei W, Zhang S. A multipath transport scheme for real-time multimedia services based on software-defined networking and segment routing[J]. IEEE Access, 2020, 8: 93962-93977.

[57] Fundation. Software-defined networking: The new norm for networks[J]. ONF White Paper, 2012, 2: 2-6.

[58] Yang H M, Riley G F, Blough D M. STEREOS: Smart table entry eviction for OpenFlow switches[J]. IEEE Journal on Selected Areas in Communications, 2020, 38(2): 377-388.

[59] 左青云, 陈鸣, 赵广松, 等. 基于 OpenFlow 的 SDN 技术研究[J]. 软件学报, 2013, 24(5): 1078-1097.

[60] Yu Y B, Li X, Leng X, et al. Fault management in software-defined networking: A survey[J]. IEEE Communications Surveys & Tutorials, Firstquarter, 2019, 21(1): 349-392.

[61] 穆琙博, 柴瑶琳, 宋平, 等. SD-WAN 产业发展与关键技术研究[J]. 信息通信技术与政策, 2019, 45(11): 73-78.

[62] Duliński Z, Stankiewicz R, Rzym G, et al. Dynamic traffic management for SD-WAN inter-cloud communication[J]. IEEE Journal on Selected Areas in Communications, 2020, 38(7): 1335-1351.

[63] Zhang Y, Tourrilhes J, Zhang Z L, et al. Improving SD-WAN resilience: From vertical handoff to WAN-aware MPTCP[J]. IEEE Transactions on Network and Service Management, 2021, 18(1): 347-361.

[64] Manggala A W, Tanwidjaja A. Performance analysis of white box switch on software defined networking using open vswitch[C]. The 1st International Conference on Wireless and Telematics, Manado, 2015: 1-7.

第 3 章　工业互联网操作系统

工业互联网操作系统是一个软硬件融合的系统，工业软件与硬件在工业互联网操作系统数字化、网络化和智能化控制以及商业模式创新中发挥着核心支撑作用。本章从操作系统的角度出发，基于工业企业、集团企业、跨企业三类工业互联网的核心功能及面临的关键技术问题，分别从工业互联网操作系统的体系架构、核心技术、应用主体三个方面进行详细的阐述。

3.1　工业互联网操作系统的体系架构

工业互联网操作系统是为了满足传统制造业向数字化、网络化和智能化转型的需求而开发的。它构建了一个服务体系，该服务体系基于海量的工业数据进行采集、汇聚和建模分析，以支持制造资源的泛在连接、弹性供给和高效配置。工业互联网操作系统成为支持制造业数字化转型的重要基础设施[1]。工业互联网操作系统，涵盖边缘层、IaaS 层、平台层、应用层以及贯穿上述各层级的安全防护。其中，边缘层、平台层、应用层是工业互联网操作系统的三大核心层级。在传统云平台的基础上，加入物联网、人工智能与大数据分析等新兴技术，构建面向工业智能应用的集群监控调度、资源监控调度和环境监控调度等框架体系，构建包括数据的采集存储、分析计算、访问管理等功能的使能平台，从海量工业数据分析，沉淀各自工业领域内的行业机理、工艺流程和模型方法经验，实现工业技术的模型化、软件化与复用化，实现对行业内各类上层工业生产过程应用、数据应用、云应用和管理应用的快速开发与高效部署。进而支撑企业多级管理人员、运营人员等以高效化、绿色化与智能化为目标实现集团内企业相关信息汇聚、决策指标下达与监控、预警与追溯。图 3.1 是一个工业互联网操作系统的体系架构。

第一层是边缘层。边缘层主要是通过采集大量的数据，并进行深层次的分析处理，为工业互联网操作系统提供数据基础。一是通过建立统一的接口，如传感器等硬件设备之间的连接，实现多种设备和系统的互联，采集大量的数据；二是利用数据间相互转换的协议将不同格式的数据转换为相互兼容的格式；三是利用部署在边缘端的计算设备对采集转换的数据进行处理分析。

第二层是平台层。在传统云平台的基础上，利用大数据处理技术与人工智能等新兴技术，构建面向工业智能应用的框架体系。分析海量工业数据，沉淀各自工业领域内的行业机理、工艺流程和模型方法经验，形成包括数据处理算法与

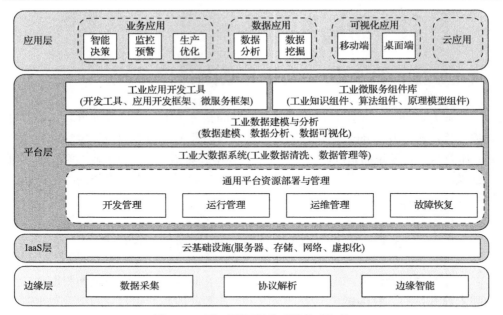

图 3.1　工业互联网操作系统体系架构

数据分析算法等的算法库、共享数据库和企业共享业务的模型库等微服务化的工业知识库，并作为系统底层的共有抽象结构化、组件化、微服务化，以便为业务应用、数据应用、可视化应用和云应用等上层应用提供服务，通过微服务组件与工业应用开发工具，帮助用户快速构建定制化的工业 App。

第三层是应用层。应用层主要是开发满足不同行业、不同规模和不同应用环境的多样化的工业应用平台与工业 App，构建一套集合行业工业标准、数据集成、高安全性等新的基础性工具以支持构建良好的工业 App 开发环境，并不断完善行业内如设计服务类与生产管理类等多种业务应用。

从工业互联网核心功能差异的角度考虑，基于边缘层、平台层、应用层三大核心层级，工业互联网操作系统还可以分为企业工业互联网操作系统、集团企业工业互联网操作系统与跨企业工业互联网操作系统。

3.1.1　企业工业互联网操作系统

企业内网的核心是利用信息技术赋能工业制造。信息化仍然是智能化制造的基础，对于一家制造企业，信息化涉及企业的多个方面，如 ERP、MES、仓库管理系统等，它们作为现代企业运行的基础，相互关联，影响企业的生产过程。系统之间会提供开放的接口与其他系统进行通信，但当系统来自不同的厂商时，系统之间智能自主控制的协调难度往往会很大，主要表现为如下四个方面。

（1）设备接口不统一，甚至相互间不开放，各自系统数据库与模块的不兼容造成的系统数据不通与处理能力欠缺，采用 DCS、PLC 运行操作与生产管理计算机，通过设备网、控制网和管理网组成的控制与管理系统难以处理由大量的生产过程数据、文本信息和图像、声音等组成的工业大数据。

(2)对于强调信息流的企业，无法保证数据的及时性和准确性，缺乏对各类设备统一的分配、启动和故障处理，难以支撑管理与决策系统的智能化，难以实现生产工艺全流程自主控制系统的智能化。

(3)工业基础知识积累不足，自主可控工业软件缺乏，传感、网络、大数据建模、云计算等新兴共有技术的底层抽象不完善，未来在智能制造的生产环境下，可以使用人工智能技术来驱动和优化产品和生产流程，其中包括自组织和协同的能力。

(4)企业内部设备间缺乏广泛的互联互通，存在信息孤岛，不能高效地实现信息、服务和技术资源的共享。设备及生产线改造成本高，收益回报周期长，企业内数字化、信息化、自动化水平参差不齐。

当前，企业内网操作系统的重心应当放在满足企业信息化和智能化的基本需求上，以解决目前信息化实施难度大以及生产设备与生产决策脱节的问题。通过操作系统提供通用信息服务，让企业专注于实现工业应用的个性化需求，达到轻量化的效果。此举不仅有助于保证系统的稳定性，还可以使得企业更加自主地管理和保障信息服务的实施和迭代。把来自机器设备、业务系统、产品模型、生产过程和运行环境中的大量数据汇聚到工业操作系统上，将基础数据打通，使得每个应用都是这些数据的提供者和消费者，并在将技术、知识、经验和方法以操作系统的抽象模型形式沉淀到操作系统上之后，只需通过调用各种数字化模型与不同数据进行组合、分析、挖掘、展现，就可以快速、高效、灵活地开发出各类工业 App，提供全生命周期管理、协同研发设计、生产设备优化、产品质量检测、企业运营决策、设备预测性维护等多种多样的服务。例如，在设备连接的基础上，以微服务的形式支持如智能物流、智能监控、智能采集、智能调度、云应用和个性化设计等各种工业应用场景，建立硬件数据层，利用各种数据工具完成设备数据与系统数据的数据采集，并完成物理计算与虚拟计算等底层运算，以便为上层分析工具提供服务，用于改进设备运行，并建立如复杂制造系统和物流路径智能优化等预测模型，而数据存储可采用本地存储与云存储结合的方式，建立完善企业内网络环境，以便支持企业内各个系统之间的连接。建立工业企业数字化操作系统，面向小型、中型和大型工业生产企业的不同需求，构建企业级的面向生产、基于公有云或者混合云的工业互联网云操作系统建设，完善对设备互联、数据驱动、服务增值的新工业制造体系的支持，实现各类企业在生产过程中对数据服务的多样化需求。例如，在业务服务层，操作系统可以提供基于云和端结合的安全方案，供安全审计、访问控制等安全机制以及云边协同计算和工业大数据分析计算等的数据分析方案。

　　作为企业信息系统经过抽象的公共技术底层基础，为实现各类上层企业应用更好地服务智能制造，使企业内网操作系统具备更广泛的适用性，首先为满足不同企业的数据中心和物联网设备的接入需求，需要建立一个统一的接口，使它们能够有效地互相连接；其次为打破各个系统之间的隔阂，实现信息采集、监控、预测等过程的集成化和智能化，需要建立统一的底层数据存储与管理模块，让企业内部的信息系统可以共享一个统一的数据接口；最后是建立并完善对大数据、人工智能等新兴共有技术的底层抽象，运用人工智能技术有组织地来驱动、优化产品和生产流程，通过互通互联，利用云计算、大数据和其他先进的自动化技术，可以将各个生产环节的数据汇集起来，进行分析和处理，从而优化生产线的决策和控制流程，提高生产效率和质量。图 3.2 是企业工业互联网内网操作系统的参考架构。

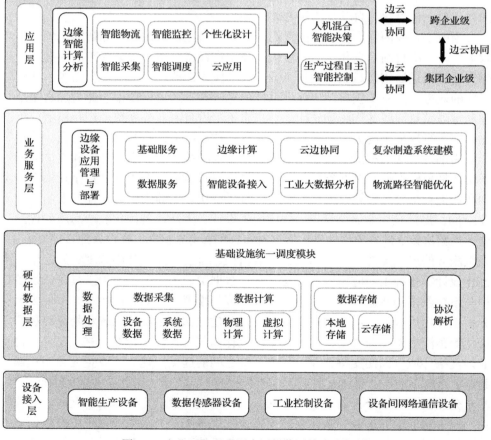

图 3.2　企业工业互联网内网操作系统参考架构

在企业工业互联网内网操作系统的架构体系中，第一层是设备接入层，通过各类网络通信设备将企业生产现场的智能生产设备、数据传感器设备和工业控制设备等接入生产企业；第二层是硬件数据层，主要提供工业数据的处理能力，一是完成大范围、深层次的设备与系统数据的采集，二是利用边缘计算设备实现底层数据的汇聚处理及数据向云端系统的集成，三是依托协议解析技术实现多源异构数据的归一化和边缘集成；第三层是业务服务层，主要提供边缘设备应用管理与部署，一是完成数据收集、分析与事件响应等基础服务与数据服务，二是提供云边协同的安全方案与数据分析方案，三是将数据科学与工业机理结合，帮助制造企业构建工业数据分析能力，对复杂制造系统进行建模；第四层是应用层，在业务服务层的基础上，以微服务的形式支持如智能物流、智能监控、个性化设计、智能采集、智能调度和云应用等各种工业应用场景，最终实现人机混合智能决策与生产过程自主智能控制。除此之外，在企业工业互联网内网操作系统中，还可以通过边云协同的方式与集团企业级、跨企业级系统进行连接交互。

3.1.2　集团企业工业互联网操作系统

工业互联网是一种新型的工业生产方式，它通过将智能设备、工业数据、物联网技术和云计算技术相结合，实现了生产过程的数字化、网络化和智能化。工业互联网的出现使得生产制造领域的各要素、产业链和价值链得以全面连接，为工业经济的数字化转型提供了重要支撑。同时，工业互联网也是实现互联网向生产领域、虚拟经济向实体经济拓展的核心载体。作为基础设施，工业互联网为智能制造、智慧城市等产业的发展提供了坚实的基础和支持。当前，制造业正在以前所未有的速度从数字化向网络化和智能化发展，工业互联网平台正迅速崛起成为全球范围内的关键发展趋势。我国在工业互联网平台方面具备独特的优势和潜力，其中包括完备的工业体系、众多的工业企业，以及全球领先的互联网产业生态。这些优势和潜力有望成为我国在工业互联网领域走在世界前列的重要支撑。然而，在现实中，我国工业互联网平台在实际发展中还是存在很多问题，主要包括以下几点。

（1）集团企业各设备连接能力不足。随着集团企业规模的不断扩大，企业内部的设备数也在不断增加，管理各个设备的系统规模也在不断扩大，而不同设备和系统由于接入时间和接入方式的不同，往往支持不同的协议和参数，不能适应数据采集所需要的精准、实时和高效，也不能很好地支撑系统设备间海量数据的存储与计算。

（2）集团企业各子公司间数据协调性差。各子公司之间的生产过程与数据之间不协调，存在着较大差异，在数字化、信息化和智能化设备、生产、能耗管理方面，往往难以与集团内部各企业的实际生产需求结合起来，造成资源的极大浪费和生产效率的低下，严重影响了集团企业的整体运行与发展。

(3)集团企业各子系统间连通性差。缺乏以集团企业顶层目标为牵引的支持多种工业协议解析和设备互联的底层系统，缺乏主流工业控制器，集团企业缺乏统一的设备资产管理，不能很好地以设备管理和工厂运营作为发力方向，打通集团内企业信息管理系统，存在信息孤岛，不能完全实现集团内部数据共享和信息互通，需要打造设备互联、数据驱动、云平台支撑、服务增值、智能决策的新制造体系，以实现集团企业经营管理与决策智能化和集成优化。

(4)国内基础薄弱。尽管我国工业互联网发展已经有了一定的进展，但是相较于其他发达国家，我国的工业互联网发展还相对滞后。这主要是因为工业互联网的建设起步较晚，产业基础相对薄弱，整合控制系统、通信协议、生产装备、执行系统、管理工具、专业软件等各种资源的能力还不足。对于工业领域的行业机理、工艺流程、模型方法经验和知识积累等方面也存在不足。我国的算法库、模型库、知识库等微服务提供能力还有待提高，功能完整性和模型组件丰富性等方面的发展也相对较慢。

为了应对上述问题，可以基于工业自动化核心能力，为集团企业智能制造和数字化转型开发一套操作系统，该系统整合了数据采集、海量数据存储、工业数据分析和开发工具，以打造一个融合数字工厂和工业互联网的综合解决方案。该操作系统具备如下特点。

(1)构建集团企业级的面向生产、基于私有云或混合云的工业互联网云操作系统。面向大型支柱产业、产业集群的不同需求，建立集团企业数字工业操作系统，需要建立集团企业的数据中心，在边缘层完成对大规模智能生产设备数据、各类传感器数据和集团企业系统管理数据的数据采集、基础软硬件的管理、虚拟计算与物理计算等数据计算管理、本地存储与云存储结合的数据存储管理、业务/资源调度管理、安全管理控制等，为集团企业内云应用软件提供统一、标准的接口并管理海量的计算任务和资源调配，实现对各类异构软硬件基础资源的兼容，以更低的成本、更高的质量、更快的速度实现企业的数字化、网络化、智能化转型。

(2)构建集团企业各类技术工艺、设备设施和行业知识的行业模型库、资产模型库、数据处理算法库和优化模型库，可以帮助企业更好地管理和应用自身的知识资产。其中，行业模型库是指收集整理该行业的标准、规范、技术标准、工艺流程等信息；资产模型库是指收集整理企业资产的信息，包括设备、设施、土地、专利等资产信息；数据处理算法库是指提供一些通用的数据处理算法、模型等，方便企业进行数据分析、建模等工作；优化模型库是为了提高企业效率和优化成本而提供的各种优化方法、算法和工具。为了更好地支持各类工业知识库，需要构建基于大数据分析的集群监控调度与大数据处理框架、基于人工智能与云处理的资源监控调度和人工智能与云处理框架，以及基于应用环境引擎的环境监控调度与智能应用处理框架，从而实现对集团企业各类上层工业生产过程应用、数据应用、云应用和管理应用的快速开发与高效部署，支撑集团企业多级管理人员、运营人员等以高效化、绿色化与智能化为目标实现集团内企业相关信息汇聚、决策指标下达与监控、预警与追溯。

(3)构建一套集行业工业标准、数据集成、高安全性等新的基础性工具。建立集团企业系统间统一的数据接入、统一管理，以满足工业实时、可靠、完备、安全的要求，同时实现集团企业各类资源的共享、复用和再创新，结合大数据和人工智能技术使集团各下属企业装备与系统达到最佳的运行状态，从而提升生产效率和产品质量，最终实现经营管理的集成优化。图 3.3 是集团企业工业互联网内网操作系统的参考架构。

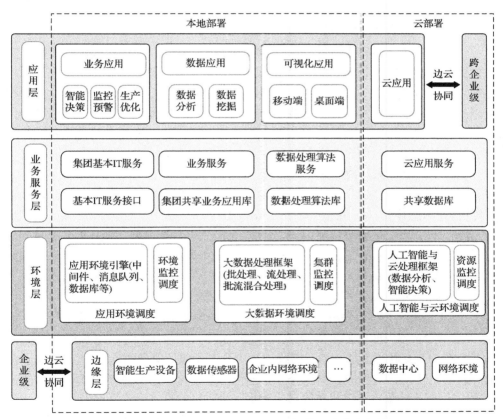

图 3.3　集团企业工业互联网内网操作系统参考架构

在集团企业工业互联网操作系统的架构体系中，第一层是边缘层，通过智能生产设备与多种数据传感器完成大范围、深层次的数据采集，依托企业内网络环境，建立数据中心，从而构建工业互联网内网操作系统的数据基础；第二层是环境层，在传统系统与设备的基础上，加入物联网、人工智能与大数据分析等新兴技术，构建面向工业智能应用的集群监控调度、资源监控调度和环境监控调度等框架体系；第三层是业务服务层，构建包括集团基本互联网技术服务、业务服务、数据处理算法服务、云应用服务以及数据处理算法库等功能的使能平台，以便更好地为上层应用服务；第四层是应用层，实现对集团内各类上层工业业务应用、数据应用、可视化应用和云应用的快速开发与高效部署，进而支撑集团企业内多级管理人员、运营人员以高效化、绿色化为目标实现集团内企业相关信息汇聚、决策指标下达与监控、预警与追溯。除此之外，集团企业级工业互联网操作系统向下连接企业级系统，向上连接跨企业级系统，通过云化服务，实现基于云计算架构的数据存储、管理与计算和各类云应用的部署。

3.1.3　跨企业工业互联网操作系统

作为工业体系的操作系统，向下对接各类生产设备、传感器等硬件设施，实现数据的实时采集和处理，向上对接集团企业云平台和各类应用系统，提供标准化的数据接口和管理手段，以支撑智能制造和数字化转型的需求，是工业模型和微服务组件的重要载体。随着制造业数字化转型需求的增加，工业互联网平台作为驱动力发挥了重要作用，中小型企业对于一个统一的工业互联网操作系统的需求也越来越强烈。然而，跨企业跨领域的工业互联网的操作系统仍在发展的起步阶段，各种问题仍未解决，主要包括以下四点。

(1) 数据分析能力不足。构建基于海量工业大数据分析体系是工业互联网区别于传统数字化、网络化、智能化解决方案的最重要的特征。工业领域的行业机理、工艺流程、模型方法经验和知识需要积累，算法库、模型库、知识库等微服务也需要积累。当前工业研发、生产、采购、配送、设备管理等都需要高水平的数据模型和大数据分析能力，目前国内许多数字化工业企业面临的一个共同问题是，工业大数据分析技术水平不高，无法满足市场需求。

(2) "云化"工业软件不足。工业互联网的功能是通过构建面对特定的工业场景的应用程序，促进工业技术、经验、知识和最佳实践的建模、软件化和再包装。基于当前工业互联网发展现状，围绕中小企业专业应用服务需求，"上云"成了在企业数字化转型的过程中，实现企业智能化与自动化的必然选择，而构建新的云化操作系统，面临的问题还有许多，例如，如何实现云平台/工业软件/应用 App 等多场景的云服务模式，如何汇聚第三方技术与资源，突破跨企业云链接、ERP、MES 和产品生命周期管理(product lifecycle management, PLM)等典型工业软件接入集成等关键技术，以及软件定义制造的开放架构、云服务、云边(边缘侧)协同等关键技术的实现等。同时结合目前工业软件发展现状，工业制造技术与管理知识经验积淀不够，技术软件化水平和积累不足，缺乏快速将行业机理转化为模型和代码的能力。因此，传统工业软件基础缺失导致"云化'工业软件无法运作。

（3）跨行业跨领域系统构建能力薄弱。构建跨行业跨领域工业互联网操作系统，既需要具备涉及多个行业领域的共性技术、知识、工具和模型的供给能力，也需要具备数据采集、设备互联、平台管理、应用开发等一整套技术解决方案，这是一个跨领域、跨行业的新生态，而构建"大而全"的操作系统需要长周期的技术积累和大而强的企业实力作为支撑，我国在跨行业、跨领域的工业互联网操作系统方面仍然存在较大的不足。

（4）国家级重点行业领域企业监控预警能力不足。工业互联网产业链庞大，面临的关键问题之一是如何加强上下游之间的协作，构建操作系统级别的国家监控预警体系已成为亟须解决的问题。为实现行业信息监管预警，加强企业生产监控水平，需要将企业生产和管理数据接入到国家级监管平台，然而不同行业企业的数据格式是形式各异的，因此，如何对异构数据高效存储与分析是必须解决的问题。而且，将企业各设备直接接入到网络中也会产生安全性问题。

从中国制造迈向中国"智"造，工业互联网和"智慧'工厂被传统企业视为数字化转型升级的方向，它们的目标是通过数字化、网络化和智能化技术的应用，实现生产和服务的高效协同和优化。边缘计算作为实现工业互联网智能化生产、网络化协同、个性化定制和服务化转型等创新应用的关键，其数据感知在云端处理，因此，在企业数字化转型的过程中，上云成了实现企业的智能化与自动化的必然选择。在企业上云的过程中，面向大众的公有云成本低、扩展性好，但对于云端的资源控制性较弱，可能存在敏感数据的安全性、网络性能及匹配性等问题。私有云部署在企业构建的数据中心内，对数据、安全性和服务质量有良好的控制，可定制解决方案，同时具备良好的安全性和隐私性，但价格较高，维护成本较大。云计算提供弹性和灵活的基础架构，使工业应用的部署和管理更加高效。

加快各类云化软件的开发和应用，建立完善跨企业的工业互联网操作系统，降低了企业的数字化门槛，为中小企业提供了大数据驱动的生产要素一体化与智能化管理平台软件模块，加快各类普式场景云化软件的开发和应用，并将其集成作为新的操作系统的底层抽象，实现对各类企业内异构软硬件基础资源的兼容，以及其他资源的动态流转，将静态、固定的硬件资源进行调度，形成资源池，服务于各类企业。

构建"功能模块化、可组合"的编程模式。跨企业工业互联网操作系统将行业企业信息系统与大数据、云计算等新技术结合并规则化、软件化、模块化，以代码和信息技术的形式封装为可重复使用的组件，并抽象整合到统一的系统，实现统一高效编程、可重用、易集成，让个性化的应用变得更"轻"，以适应不同类型企业的生产需求。因此，构建一个新的云化操作系统对于能够服务于大多数中小企业并为其提供共享软件模块（如 ERP 和 MES 等）以及基于大数据驱动的生产要素一体化和智能化管理平台软件模块，具有很大的必要性。

优化运算资源，完善制造协同和供应链协同服务体系，建立完善跨企业的工业互联网云操作系统，完善公有云服务和企业间网络通信服务，建立基于私有云或混合云的数据感知、分析、决策、控制一体化的计算模型，对不同特征的数据进行分类，并存储在不同的设备上，然后通过统一的管理系统进行管理，从全产业链的视角，通过边云协同，将企业端作为生产现场，主要完成生产设备接入、生产数据的本地缓存和通信协议在企业端的解析，同时将本地数据进行初步计算与分析。集团企业作为"国家-行业-企业"三级体系的中间连接，需要根据不同应用软件和集团企业的需求，调度本地计算和云计算等多种运算资源进行分布计算与建模分析，汇聚行业内物流、资源、模型等各种信息，实现对数据资源与应用的高效管理以及生产资源的高效利用。

加快促进企业及重点工业设备上云，建立"国家-行业-企业"三级监控预警框架。由于工业门类复杂、行业壁垒高，"大而全"的系统推广存在一定难度，可以优先推动企业较常见的通用性设备(如工业窑炉、工业锅炉、石油化工设备等高耗能流程行业设备，柴油发动机、大中型电机、大型空压机等通用动力设备，风电、光伏等新能源设备，工程机械、数控机床等智能化设备)上云，利用国家监管数据资源优势、多元汇聚基础资源与信息、及时预警风险信息，建立"国家-行业-企业"三级框架，形成安全风险实时监测、动态感知、快速预警的监测保障体系，以提高设备运行效率和可靠性，将不同行业积累的数据横向对比，精准运维，从而提升效益。

建立国家层面的工业互联网云操作系统，可以进一步对行业内企业的生产过程和生产信息进行汇聚、监控、预警、追溯，完善跨企业级的数据服务以及资源管理与共享，高效地开发行业共有应用，完善制造协同和供应链协同服务体系，最大限度地实现安全、环保、节能的目标。建立完善跨企业的工业互联网操作系统，还需要在政策方面增加在中小型企业中普及数字化工具的力度，鼓励企业开展数字化改造，加快推进企业上云，加速工业设备联网和业务系统云化，促进数字化转型进程。图3.4是跨企业工业互联网内网操作系统的参考架构。

在跨企业工业互联网内网操作系统的架构体系中，跨企业级系统、企业级系统与集团企业级系统三者之间通过边云协同的方式进行连接交互。在企业级，完成现场生产数据的高效采集，通过协议转换将各类采集到的数据进行汇聚与处理分析，并完成对各类边缘设备应用的部署与管理；在集团企业级，通过本地部署与云部署的方式，借助各类环境调度框架提升决策效率，实现更加精准与透明的企业管理，进而在业务服务、应用部署、生产优化、监控预警与智能决策等具体应用场景中实现优化应用；在跨企业级，通过公有云服务、网络通信服务与集团企业和生产企业进行对接，可实现行业内制造企业生产能力、外部用户需求与资

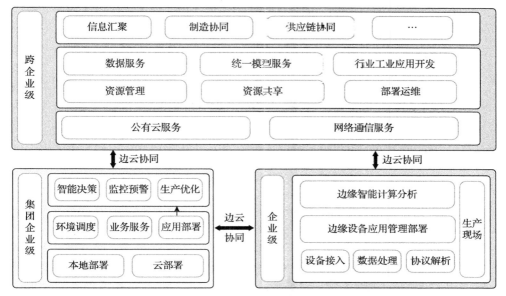

图 3.4 跨企业工业互联网内网操作系统参考架构

源管理的全面对接,实现生产现场数据、企业管理数据和供应链数据的互通,促进行业内的资源共享,开发满足不同行业、不同规模和不同应用环境的多样化的工业应用,最终实现全行业的信息汇聚、制造协同与供应链协同。

3.2 工业互联网操作系统的核心技术

工业互联网操作系统是一个软硬件融合的系统,工业软件与硬件在工业互联网操作系统数字化、网络化和智能化控制和商业模式创新中发挥着核心支撑作用,工业产品的数字设计、验证和测试,工业装备的数字化控制,都离不开工业软件支撑,而工业硬件如数据传感器、网络传输设备等也是支撑工业互联网操作系统不可缺少的部分。工业互联网操作系统需要解决工业机理模型数字化与建模分析、数字工业设备集成互联与高速互联、海量多源数据集成分析与管理、多类工业设备接入与管理以及工业应用创新与集成实现等一系列问题,主要集中在边缘层、IaaS 层和平台层,涉及的关键技术主要有七大类。边缘层主要是采用数据集成与边缘处理技术完成边缘端的设备接入与协议转换等;IaaS 层主要是采用 IaaS 技术实现网络、计算、存储等计算资源的池化管理;平台层包括平台使能技术、数据管理技术、应用开发与微服务技术以及工业数据建模与分析技术,完成系统资源的调度、数据管理与分析以及应用开发等。涵盖整个操作系统的安全管理体系依赖于工业互联网操作系统安全技术。

3.2.1　数据集成与边缘处理技术

1. 数据集成的概念

数据集成是指通过各个应用之间的数据信息交换从而实现数据集成，是企业工业互联网系统中的核心技术之一，主要由于应用中数据存在异构化、分布性的特点，其中一个基本前提条件就是被集成的应用必须具有公开的数据结构，即必须具有公开的表结构、表间的关系、编码的含义等[2]。

2. 数据集成发展的背景

随着我国经济的快速发展和现代化进程的推进，以及科技的迅猛发展，电子信息化进程不断推进，当今人类经济社会所有需要及时处理的数据量已经远远超过过去五千年的数据总和，而且对于数据的分类采集、存储、处理和信息传输的工作量也有极大增长。通过利用数据共享应用技术系统可以促进更多的企业个体和社会组织充分使用自己已有的企业数据共享资源，减少对数据资料的整理收集、数据采集等各种具有重复性质的劳动和其他费用相应的管理费用。但是，在企业实行数据共享的各项工作开展过程当中，由于不同的企业用户信息提供的共享数据可能来源于不同的信息渠道，其中共享数据的来源、内容以及数据的格式和质量也有很大差别，有时甚至还可能会同时遇到共享数据在新格式不能及时转换或者在将旧数据格式转换为新格式后临时丢失用户信息等棘手的安全问题，实质上制约了共享数据在各个部门和各个企业软件系统之间的信息传输和数据共享。因此，如何有效地对企业数据库的集成化进行管理和数据分析已经逐渐成为我国企业不断增强其电子商务数据竞争力的一种必然选择。

3. 数据集成发展现状

当前，我国企业正面临着从独立节点到实时信息交互的转变，这一变革推动了企业间的数据交流。但是，数据的不确定性和不断变化，以及数据集成系统技术与物理数据之间的紧密联系，使得任何应用或物理数据的变化都必须伴随着整个系统的修改和更新。因此，进行数据集成需考虑如何顺应当今社会和企业发展的复杂性需求、有效地拓展应用范围、分离实现的技术和应用要求、充分描述各种数据源的格式以及如何发布和进行数据交换等问题。

4. 设备接入方式

设备接入是指基于各项通信协议、无线协议和通用协议将工业现场的设备接入到系统边缘。设备接入主要存在两种方式，即直接接入和间接接入。

（1）直接接入。当设备自身有互联网的通信功能，或设备端已经预设了通信模组，可以直接接入网络。

（2）间接接入。在终端或接入设备本身没有联网功能的情况下，需要先在本地组建网络，再通过互联网关接入到相应的网络，以实现联网功能。在这种场景下，常用的本地组网技术包括 ZigBee、Lora、BLE（低功耗蓝牙）、Sub-1GHz 等。这些技术均采用无线协议进行通信，并通过网关与网络连接。

5. 协议转换

一方面，运用协议解析、中间件等技术兼容 Modbus、OPC（用于过程控制的 OLE）、CAN（controller area network，控制器局域网）、Profibus 等各种工业通信协议和软件通信接口，实现了数据格式的转换和统一；另一方面，通过 HTTP、MQTT 等协议从边缘层将采集得到的数据传到云端，从而完成对数据的远程接入。

6. 边缘计算的概念

边缘计算是企业工业互联网系统中的重要技术之一。目前，行业内对于边缘计算有许多种解释。ISO/IEC JTC1/SC38（第一联合技术委员会云计算和分布式平台）对边缘计算进行了定义：边缘计算就是将主要处理和数据存储放在网络的边缘节点的分布式计算形式[3]。ETSI 对边缘计算的定义：在移动网络边缘提供 IT 服务环境和计算能力，强调向更远的移动客户靠近，以减少其网络运营商操作和服务交付过程中的时间，增强用户的体验[4]。边缘计算产业联盟（Edge Computing Consortium，ECC）对边缘计算的定义：在靠近物或者数据源头的网络边缘侧，融合网络、计算、存储、应用核心能力的分布式开放平台，就近提供边缘智能服务，满足行业数字化在敏捷连接、实时业务、数据优化、应用智能、安全和隐私保护等方面的关键需求[5]。

总而言之，边缘网络计算的应用定义基本上就是可以简单表述为：在更加直接靠近用户终端的无线网络连接边缘上为终端计算机设备提供网络服务。

7. 边缘计算的发展历程

边缘数据处理的快速发展，离不开面向数据的算术模型的优化。为了解决数据在面向数据的传输、计算和存储过程中的负载和带宽问题，在边缘计算产生前，研究者对数据进行边缘处理和计算任务迁移的研究，主要包括分布式数据库模型、对等网络、内容分发网络（content delivery network，CDN）等。分布式数据库主要包括结构化查询语言（structured query language，SQL）数据库、非关系型 SQL（not only SQL，NoSQL）和新型 SQL（NewSQL）数据库等，主要用于实现对大数据的分布式存储和共享，较少关注设备端的异构计算和存储能力，且所需的空间相对较大，数据隐私性相对较低[6]。P2P（peer to peer，点对点）计算技术与边缘计算模式虽然具有较大程度的相似性，但是边缘计算将 P2P 的概念扩展到了网络的边缘设备，实现了 P2P 计算和云计算的完美融合[7]。CDN 主要指 Akamai 公司在 2010年首次提出的一种基于移动互联网的内容缓存分发网络[8]。边缘计算这一概念最早起源于 21 世纪初，很大程度上取决于 CDN 的起步和发展。但随着信息技术的发展，边缘计算远远超越了 CDN 的范围，不仅仅局限于其他边缘节点，也更加强调其计算的功能。

随着大量数据的爆发式增长，研究人员已经开始尝试探索在全球范围内实现万物互联网络服务功能上行，其中最具代表性的就是 MEC、风云计算和深空网络计算。

8. 边缘数据处理的需求分析

由于目前工业边缘互联网的基础应用行业场景比较孤立，不同工业产品应用行业的工程数字化和工业智能化应用技术水平不同，对于工业边缘数据计算的技术要求也可能会导致很大的差异。在我国，机械制造业是基础工业之一，对国民经济的发展和国防建设都有着至关重要的影响，它也是一个支柱型产业，在国家经济结构中占据重要的地位。通过多种方式的研究分析，了解到机械制造行业在边缘计算方面的现状和市场需求。在机械制造行业中，基础设施建设水平存在差异，建设质量也有所不同，普遍面临以下几个问题。

（1）数据开放性差且产业协议标准不一致。目前在我国整个机械工程与电力机械制造行业领域，开放的数据接口是设备基本具有的，但是由于设备与操作系统之间的数据接口开放性不足，缺少对设备数据开放的技术接口和行业相关技术文件的详细说明。目前行业内存在如 RS232、RJ45、Profibus、MTConnect、Modbus TCP、PROFINET 等二十多种类型的应用工业网络协议技术标准，各个不同类型的工业自动化集成设备的主要生产厂家及其他的集成系统厂家也一般都会自行设计开发各种民用或者其他私有的应用工业网络协议，各种类型的工业协议由于标准不统一、互相不能兼容，导致各种协议的相互适配、协定层的解析和大量的应用数据互联和网络上的互联很难同时实现。

（2）数据采集种类有限。虽然在大型机械制造以及工程技术应用领域内各车间内的大型机械仪表检测设备多数都已经具有相关数据采集的主要功能，但是由于数据采集的媒体类型有限，例如，我国数控机床多数设备可以直接通过采集检测到机床相应的机械电压、电流等相关信号，但是机械振动控制信号等多媒体需要通过使用带有各种形式的外置振动传感器才能直接进行相关数据采集，部分数控机床尚未完全具备这些采集功能。

（3）实时采集工业数据难度大。随着工业生产线的高效运行和精密制造的不断发展，对于数据采集实时性的要求越来越高。在运动控制等场景中，对于数据采集的精准度和时效性的需求也不断提高。传统的数据采集技术往往难以满足工业生产过程中对于实时监测的需求，尤其在高精度、低时延的场景中无法确保重要信息的及时采集和上传。

(4)全车间统一网络尚未实现。我国的机械制造工程行业的基础设施和建筑物的配套条件不同，车间里的设备互联技术和网络水平参差不齐。部分装置已经实现了互联网，但还没有形成完整的全车间系统网。

(5)工业数据采集存在数据安全隐患。工业系统数据的信息采集往往直接涉及大量重要的整个工业系统数据和其他企业系统用户的个人隐私安全信息，在工业数据采集传输和信息存储时一般来说都会有可能同时存在一定的企业数据安全隐患，即一些黑客非法窃取企业数据、攻击企业安全生产管理系统的安全风险。

9. 解决方案建议

基于我国边缘计算技术发展的现状及其关键性技术，针对各类典型产品行业的实际情况和需求，依据我国工业移动互联网操作系统中的边缘层结构，从设备接入、协议转换和边缘数据处理三个角度进行分析，提出一套解决问题的建议。

(1)设备接入。面向各行业各企业的专用设备开发，可以实现对于数据采集和互联网的高效运用，不仅能够将所有的外国设备都接入企业自动化管理控制系统，还能针对不同的专用设备进行数据采集和终端口配置，方便企业实时地获取和处理数据并进行信息传输。此外，这种方法还解决了不同设备生产厂家之间和设备之间无法互通和连接的问题，实现了设备的广泛性和互相连接。

(2)协议转换。基于 OPC UA 设计的工业网关装置，将现场各种工业设备、装置采用的标准或者私有通信协议转化为标准的 OPC UA 通信协议。针对异构现场总线和以太网总线的不同报文结构数据，通过标配式数据接入模块，进行了标准化的报文拆解。工业网关应当具备对多种网络接口、总线协议和网络拓扑的支持。

(3)边缘数据处理。部署边缘端移动设备后可以轻松实现移动边缘端云计算和终端云计算的无缝协同。基于边缘式的终端连接设备，根据典型的不同行业市场数据信息接入方式特征，基于数据流式的行业数据分析处理方法对行业数据信息进行快速实时的处理，快速准确地响应各种复杂事件和不断发生变化的市场业务运行条件与应用需要。通过分布式的数据边缘管理计算器和节点结构实现了本地数据和前端知识点的交换，支持前端计算、存储资源的多种横向直线弹性管理扩展，完成本地数据实施管理决策和数据优化处理操作，同时将非实时的处理数据信息进行分析聚合后发送到用户云端进行处理，实现了与后端云计算的无缝协同。

3.2.2　IaaS 技术

IaaS 即将基础网络设施作为一种网络服务，是指把用户在基础网络设施中的能力(如网络服务器、存储、计算等能力)作为一种网络服务，并且通过一种网络资源为用户提供服务，然后根据网络用户对这些网络资源的实际网络使用量或者网络占用量等进行费用统计[9]。IaaS 作为一种虚拟化技术实现了对底层物理资源的抽象，通过构建如图 3.5 所示的 IaaS 管理平台，实现对基础服务设施的统一管理和灵活分配调度。IaaS 管理平台作为企业工业互联网操作系统更加侧重于企业信息化与智能化的基础性诉求，以解决当前信息化实施难度大以及生产设备与生产决策脱节的问题，为企业信息服务的实施和迭代提供便利。IaaS 不但已经能够为个人用户或者众多企业用户提供即时的和即付的云存储、网络和数据虚拟化等数据服务，还能够为众多用户和企业提供基于云和云的内部数据基础架构的可替代解决方案，给企业和用户带来了极大的便利，并且降低了维护 IT 基础架构的成本，能够有效避免高投资风险。对于中小型企业来说，云计算使它们能够避免过度配置 IT 基础设施和培训人员。

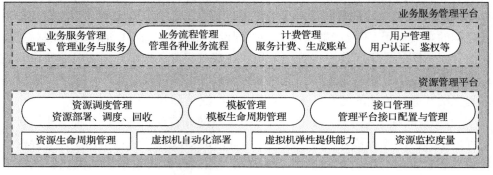

图 3.5　IaaS 管理平台

近几年来，随着云计算在很多行业(如信息、金融等)的不断发展，其成为很多大型和小型企业部署和管理 IT 基础设施和应用程序的首选技术。基础配套设施规划作为公共服务是云服务交付的关键模型，这使得 IaaS 层的架构及其相关技术被越来越多的行业广泛应用，如互联网、金融、物流等行业。此外，像亚马逊、谷歌、微软和 IBM 这样的大公司通常都为其消费者提供 IaaS 解决方案。IaaS 消费者通常包括 SaaS 供应商和一些其他组织，如政府、大学和研究中心等。虚拟计算机服务实例或 IaaS 虚拟服务的功能属性主要包括 CPU、内存、存储、网络和带宽等，用于计算网络资源。非功能属性或服务质量(QoS)属性一般包括可用性、价格、响应时间、吞吐量和能源效率等[10]。市场驱动使云服务供应成为较前沿的研究领域，云市场中存在几种关键的服务供应模型，如按需供应模型、预订模型和经济模型。

关于 IaaS，它的作用主要是为了向用户同时提供用户认为适用于所有云计算及其基础架构设施的各种服务，包括用户所需要的中央处理器、内存、存储、网络、安全和其他基本的云计算基础资源，并且用户可以自行控制存储物理空间和用于部署其他应用程序的各种选择。除此之外，用户不需要自行管理或直接控制任何云计算及其基础架构设施。IaaS 管理层通过对云计算网络虚拟化、存储数据虚拟化、网络管理虚拟化及安全系统虚拟化，来自动实现每台虚拟机的全生命周期网络管理、宿主机网络管理、集群网络管理、存储数据备份、虚拟资源自动迁移、资源弹性伸缩及安全策略自动跟随等功能[11]。

构建 IaaS 服务的一个核心技术就是应用网络的虚拟化服务技术，通常来说包括网络服务器应用虚拟化服务技术、存储应用虚拟化服务技术和资源管理应用虚拟化服务平台等，此外还需要相关的资源动态管理与调度技术。

网络服务器应用虚拟化服务技术是指在一个物理虚拟服务器上同时运行多个虚拟物理服务器，用户或者应用程序甚至其他任何操作管理系统认为单个虚拟物理服务器与其他的物理虚拟服务器没有区别。此外，虚拟化系统应该要确保每个来自上述多个不同虚拟网络服务器的网络数据之间是安全隔离的，并且应确保每个虚拟网络服务器的数据资源性和使用性能受到安全控制。

存储应用虚拟化服务技术是指通过抽象、隔离或隐藏的工作方式，将数据存储系统和其他的应用程序或者网络中的资源进行分离，这种方式主要是为了存储的安全性，以及进行数据库的管理，但是这样便与其他应用程序和主机网络资源无关。虚拟机优化为用户访问占用底层系统存储资源的复杂系统功能实现提供了一个简单和一致的访问接口，因此系统用户不必过分关心访问底层存储系统的复杂功能实现。

资源管理应用虚拟化服务平台的设置主要是为了对物理资源设备和虚拟化物理资源进行统一运行管理和自动调度，这样就会形成一个统一的物理资源池，从而能够实现对 IaaS 的各种服务进行调度控制以及统一管理，这部分的核心任务是怎样实现整个资源管理单元的生命周期的管理控制能力，以及各个资源单元管理层的调度控制能力的提高。资源的全生命周期自动管理主要是对关键资源的自动生成、分配、扩展、迁移和资源恢复的一个全过程进行管理，其中的关键资源基础软件设施管理包括资源虚拟机管理自动化系统部署，虚拟机管理弹性功能提供，资源使用状态自动监测、度量和资源恢复。资源能力管理与实时调度资源能力管理是泛指对应用资源的运行进行全局自动管理与实时调度，包括应用模板资源管理、接口资源管理、调度资源策略管理、资源实际使用运行情况的信息收集与分析度量等。

资源动态管理与调度技术的核心是将所有资源自动封装和集成一个服务，并以方便快捷易用的操作方式将其提供给所有用户，以便于实现业务 IaaS 的高效运作。业务管理服务的信息管理主要是对公司底层人力资源管理进行信息整合和业务打包，形成一套供应于最终用户直接采购的产品业务和信息服务。业务流程统计管理主要用于统计实现订单用户的实名注册、认证、服务资源开放、使用、计费等业务流程的资源配置和业务管理。用户计费数据管理部门根据业务资源管理监控和业务计量所获取收集分析到的业务历史数据，计算每次用户注册使用的服务资源量，并根据用户计费管理策略自动生成用户计费表订单。用户关系管理部门负责实现用户注册认证、业务管理订单用户关系信息管理等相关工作。

3.2.3 平台使能技术

平能使能技术主要包括资源调度与多租户管理。

1. 资源调度

资源调度是指根据某种调度规则(算法)对不同资源请求者分配调整特定资源的过程。这些资源请求者对应执行不同任务的进程。资源调度的规则一般分为本地调度和转移到其他机器调度两种。当涉及云端时，资源调度问题会比常规调度更加困难，因为调度算法可能会随着问题规模的变大而陷入维度灾难。云资源调度包括服务于应用的资源调度、虚拟资源到物理的调度、物理资源调度三层。在应用层，需要满足调度 QoS，使服务达到用户指定水平；在虚拟层，需要优化负载均衡，提高 CPU 和内存等各种资源的利用率等[12]。

对于小规模的调度问题，可采取穷举调度或者组合优化算法，而大规模的云资源调度是一个 NP 难题，可以采取启发式算法，其中最有效的是基于总体的进化计算(evolutionary computation, EC)算法，如遗传算法、粒子群算法、花授粉算法等。云资源调度之所以是个不确定问题，是因为三个原因：一是平台状态一致性问题，在调度过程中出现的因新旧数据的交叉导致临界数据不一致，即超售问题；二是可能随时间改变的调度需求本身就是一个不确定问题源；三是规模问题，随着云计算的规模不断扩大，在云环境中处理的任务越来越多，则需要调度越来越多的云资源，这也增加了资源调度的不确定性。因此，资源调度要综合考虑边界和成本，基于规则和资源状态调度，着重于实现可用性和低成本。图 3.6 展示了一种资源调度的方式。

工业互联网操作系统通过适当的调度算法，结合实时获得的云端应用动态业务量变化情况，动态分配对应的底层资源，使云端应用实现对业务量变化的自适应。

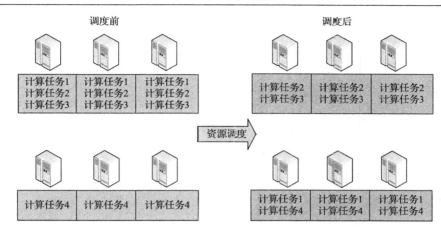

图 3.6　资源调度

2. 多租户管理

多租户技术(multi-tenancy technology)，是一种致力于实现多个用户共享同一系统或程序组件，但用户数据通过技术手段加以相互隔离以保证数据安全的软件架构技术。多租户技术对于多个用户，采用一个系统实例提供服务，使用户可以根据自己的需求通过自由配置获得定制化的服务。系统通过在设计层面对它的配置和数据进行虚拟分区，从而达到对用户透明的目的，使用户"独占"系统服务，而无法察觉与他人共用系统实例，用户间"个性"的东西被相互隔离。多租户技术通过资源复用，节省了大量开发成本，而且多用户共享的核心功能模块也可以同时进行升级和维护，进一步节约了维护成本[13]。多租户技术[14]不仅降低了成本，还解决了云端用户的数据隐私问题，通过多种技术完全隔离不同用户的数据，防止用户数据泄露，保障数据安全。借助于多租户技术，可以协调集团企业各个子公司的数据，通过多租户技术共享与隔离的特点，将集团内各个子系统的共享数据连通，同时将各个子公司和子系统的私有数据进行隔离，通过较好的互通与隔离，实现集团内企业信息管理系统高效协同，达到集团内部数据共享和信息互通，打造设备互联、数据驱动、云平台支撑、服务增值、智能决策的新制造体系，以实现集团企业经营管理与决策智能化和集成优化。

虚拟化技术的发展与应用使多租户管理得到进一步发展，虚拟化使不同用户之间的隔离性进一步加强，与多租户技术的特点相得益彰。虚拟化技术在根据需求定制系统实例的过程中十分灵活的特点，使它成为一种在服务器资源共享方式中广泛使用的技术。但虚拟化技术在性能和效率方面不尽如人意。为了进一步提升虚拟化技术的性能，出现了容器技术，该技术通过将资源划分到孤立的组中，从而更好地平衡资源调度问题。这两项技术进一步隔离了不同用户，使用户数据安全得到进一步加强。

工业互联网操作系统通过虚拟化、数据库隔离、容器等技术实现不同租户租用的应用程序和服务的隔离，保护其隐私与数据安全。

3.2.4　数据管理技术

数据管理技术主要从数据处理框架、数据预处理与数据存储与管理三个方面介绍。

1. 数据处理框架

通过 Hadoop、Spark、Storm 等分布式处理架构，可以满足海量数据的批处理和流处理计算需求。Hadoop 是在硬件上构建的大型集群上运行应用程序的主流分布式数据处理框架，可以用于建立云计算系统。Hadoop 已经建立了完善的生态社区，兼具可靠、高效、可伸缩等特点，在最新 Hadoop3.2.2 版本中，Hadoop 修复了服务器名称指示(server name indication，SNI)问题。Hadoop 框架透明地提供具有可靠性和数据移动性的应用程序。Hadoop 采用 MapReduce 实现了一种名为 Map/Reduce 的计算范式，其中应用程序被划分为许多小的工作片段，每个小片段可以在集群中的任何节点上执行或重新执行。此外，它还通过将数据存储在 Hadoop 分布式文件系统(Hadoop distributed file system，HDFS)，提供了非常高的跨集群聚合带宽。通过 MapReduce 和 HDFS 的设计，数据处理框架实现了自动处理节点故障的功能。图 3.7 表示的是 Hadoop 生态系统，主要由 HDFS、MapReduce、HBase、Zookeeper、Pig、Hive 等核心组件构成，另外还包括 Sqoop、Flume 等框架，用来与其他企业系统融合。同时，Hadoop 生态系统也在不断增长，如新增了 Mahout、Ambari 等内容，以提供更新功能。如图 3.7 所示，与传统的文件系统不同，HDFS 适用于分布式环境，能够满足高吞吐、高容错的作业环境，非常适合大规模数据集上的应用，MapReduce 计算系统将任务分为 Map 与 Reduce 阶段，具有分布式并行处理的特点，是 Hadoop 并行计算的核心，因此能快速访问数据，有效提高数据分析的效率；HBase 能够使得 Hadoop 快速访问 NoSQL 数据库的工具；Zookeeper 能够帮助 Hadoop 管理集群，协调分布式服务；Pig 数据分析引擎能将 Pig Latin 语句翻译成 MapReduce 程序；Hive 数据库框架帮助 Hadoop 将许多结构化数据变为数据库的形式，并提供类 SQL 查询，将用户编写 SQL 语句转换为 MapReduce 任务运行；Sqoop 是数据库 ETL(extract-transform-load，抽取-转换-加载)工具，帮助 Hadoop 在 NoSQL 数据与传统的数据库之间进行数据交互；Flume 是日志收集工具，具有高效率、高可靠性等特点。

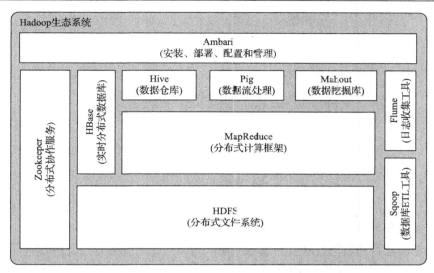

图 3.7　Hadoop 生态系统

　　Hadoop 及其衍生产品得到了诸多公司支持，一些厂家发布或出售包含官方 Hadoop 的发行文件、厂家自己的工具以及其他有用工具的产品。其他公司或组织也相继发布了包含由 Hadoop 扩展版本构建的产品。例如，亚马逊公司在 EC2（Elastic Compute Cloud）基础上提供了新版本的 Hadoop；Apache 设计了 Hadoop 生态系统的打包和测试项目；Cascading 提供了功能丰富的 API，用于在 Hadoop 集群上定义和执行复杂的数据处理工作流；Cloudera 开发的开源项目平台，为工业界提供了一系列的产品和服务，这些内容包括针对开发或生产中 Hadoop 集群的全面优化，提供架构服务和技术支持。

　　HDFS 采用 Master/Slave 架构，一个 HDFS 集群由 NameNode 和若干数量的 DataNode 组成。其中 NameNode 是作为中心节点负责管理命名空间和客户端对文件的访问，而 DataNode 一般是一个节点，只需要负责管理本地节点上的存储。 HDFS 对外提供名字空间，用户能够以文件的形式在上面存储数据。从内部看，一个文件其实被分成一个或多个数据块，每组 DataNode 负责一部分数据块。 NameNode 执行文件系统的命名操作，如打开、关闭、重命名文件或目录，也负责确定数据块到具体 DataNode 的映射。DataNode 负责处理文件系统客户端的读写请求，在 NameNode 的统一调度下进行数据块的创建、删除和复制。如图 3.8 所示，HDFS 作为一个抽象层，底层依赖若干独立的服务器，对外提供统一的文件管理功能。

　　Spark 是基于内存计算的大数据并行计算框架，由美国加利福尼亚大学伯克利分校 AMP（algorithms，machine，and people）实验室开发，自 2010 年发布以来， Spark 已经成长为最活跃的开源项目或大数据处理项目。Spark 的核心是弹性分布

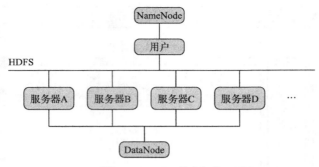

图 3.8　HDFS 基本架构

式数据集(resilient distributed dataset，RDD)，一个 RDD 有多个分区，每个分区都是一个数据集片段。一个 RDD 的不同分区可以保存在集群的不同节点上，这样就可以通过计算 RDD 的每个分区来实现 Spark 应用的并行计算。RDD 提供了丰富的变换运算符，Spark 应用可以表示为一系列的 RDD 变换运算。Spark 通过一系列操作以避免存储中间结果，从而显著减少磁盘读写、数据复制和序列化开销。

　　Spark 使得应用程序更容易开发，因为它们使用统一的 API，并且能够将加工任务结合起来。相较以前的系统需要将数据写入存储器才能将数据传递给另一个引擎的方式，使用 Spark 效率更高。如图 3.9 所示，Spark 生态圈以内核架构(SparkCore)为核心，从数据存取如 HDFS、亚马逊 S3 和 HBase 等持久层读取数据，以资源管理(Mesos)、资源协调(YARN)和自身携带的 Standalone 为 Cluster Manager 调度 Job 完成 Spark 应用程序的计算，这些应用程序可以来自于不同的组件。

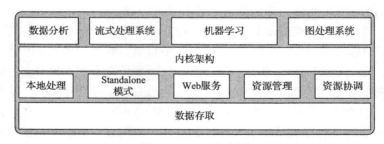

图 3.9　Spark 生态圈

　　随着工业机械设备自动化和智能化水平的不断提高，以及企业生产规模的扩张，通过传感器监测机械设备运行状态产生的数据有了爆炸性的发展，工业大数据环境和故障诊断已成为一个热点研究问题[15]。近年来，在工业大数据背景下的故障诊断相关研究大多使用 MapReduce 或 Spark 对故障诊断模型进行并行化处理，Spark 更适合大规模工业数据处理，它比 MapReduce 的计算速度更快，大大提高了故障诊断模型的训练速度和故障诊断速度。另外，基于 Spark 的并行化射频算法，不仅能够应用于工业故障诊断，还能够应用于临床服务指导[16]、天气预报[17]、信用分类[18]、保险数据分析[19]、推荐系统[20]等。

Storm 也是一个大数据处理框架，它是由 Twitter 设计的开源分布式实时大数据处理框架。与 Hadoop 不同的是，Storm 不是批量处理已经存在的大量数据，而是实时计算每一条数据。例如，对于一次产品促销，假如有 100 种商品，运营者需要实时统计每种商品的点击率，如果在一段时间内，某种商品的访问量太低，就应该使用其他商品替换这个商品。因为在促销中，首页上的商品位置资源是比较稀缺的，如果一个商品长时间访问量过低，应该让更有价值的商品来替代它放在这个位置上。在拥有大量用户和商品的前提下，可能几分钟内就能产生几亿甚至几十亿的点击数据，如果采用 Hadoop 批量处理这些数据，可能需要花费几分钟甚至更长时间，这明显是不合适的。如果使用 Storm 处理框架，就可以实时地统计出最新点击率，避免让一个访问量很小的产品在一个重要的位置上占据过长时间。

Storm 具有如下一些特性：①应用场景广泛。Storm 可以实时处理消息和更新数据库，对一个数据量进行持续的查询并返回客户端(持续计算)，对一个耗资源的查询进行实时并行化的处理(即分布式远程过程调用(distributed remote procedure call，DRPC))。②可伸缩性高。Storm 的可伸缩性可以使 Storm 每秒处理的消息量很大。扩展一个实时计算任务，需要做的就是增加机器并且提高这个计算任务的并行度。Storm 使用 Zookeeper 来协调集群内的各种配置，这使得 Storm 的集群很容易扩展。③保证无数据丢失。实时系统必须保证所有的数据被成功处理，Storm 能保证每一条消息都不丢失且被成功处理。④鲁棒性好。Storm 集群非常容易管理，轮流不断的重启节点不影响应用。⑤容错性好。在消息处理过程中出现异常时，Storm 会进行重试。⑥语言无关性好。Storm 的 Topology 和消息处理组件(Bolt)可以用任何语言来定义，这一点使得任何人都可以使用 Storm。

2. 数据预处理

运用数据冗余剔除、异常检测、归一化等方法对原始数据进行清理，为后续数据的存储、管理与分析提供高质量数据来源。数据预处理环节主要包括数据清理、数据集成、数据归约与数据转换等内容，可以有效提高大数据的总体质量，能够体现大数据过程质量。数据清理技术包括对数据的不一致检测、噪声数据的识别、数据过滤与修正等方面，有利于提高大数据的准确性、真实性。数据集成则是将多个数据源的数据进行集成，从而形成集中、统一的数据库、数据立方体等，这一过程有利于提高大数据的完整性、一致性。数据归约是在不损害分析结果准确性的前提下减小数据集规模，使之简化，包括维归约、数据归约、数据抽样等技术，这一过程有利于提高大数据的价值密度，即提高大数据存储的价值性。

数据转换处理包括基于规则或元数据的转换、基于模型与学习的转换等技术，可通过转换实现数据统一，这一过程有利于提高大数据的可用性。数据预处理有利于提高大数据的准确性、真实性、完整性、一致性、价值性和可用性等，而大数据预处理中的相关技术是影响大数据过程质量的关键因素。

3. 数据存储与管理

通过分布式文件系统、NoSQL 数据库、关系型数据库、时序数据库等不同的数据管理引擎实现海量工业数据的分区选择、存储、编目与索引等操作。NoSQL 数据库是所有非关系型数据库的统称，NoSQL 没有声明性查询语言，也没有预定义的模式。NoSQL 的出现与互联网 Web2.0 的兴起密不可分，传统的关系型数据库在处理 Web2.0 网站时存在许多问题，关系型数据库无法满足超大规模、高并发的社会化网络服务（social network service，SNS）类型的 Web2.0 纯动态网站，为了解决 Web2.0 中存在的一系列问题，NoSQL 数据库由此发展。NoSQL 数据库可以使用键值对存储、列存储、文档存储、图形数据库存储。NoSQL 数据库能够满足最终一致性，能够处理非结构化和不可预知的数据，能够满足 CAP（consistency，availability，partition tolerance）定理（一个分布式系统不可能同时很好地满足一致性、可用性和分区容错性这三个需求，最多只能同时较好地满足两个）。NoSQL 有如下优点：易扩展，NoSQL 数据库种类繁多，但是一个共同的特点都是去掉关系型数据库的关系型特性。所有 NoSQL 数据库都具有非常高的读写性能，尤其在大数据量下，同样表现优秀，这得益于它的无关系性，数据库的结构简单，因为数据之间无关系，这样就非常容易扩展。

目前，NoSQL 主要分为四种类型，分别是键值数据库、列式数据库、文档数据库和图形数据库，如图 3.10 所示[21]。

图 3.10　NoSQL 类型图

NoSQL 整体框架可以分为四层，分别是数据持久（data persistence）层、数据分布（data distribution）层、数据逻辑模型（data logical model）层和接口（interface）层，NoSQL 数据库结构简单[22]，各层之间可以相互合作、互相通信。

　　数据持久层定义了数据的存储形式，主要包括基于内存、基于硬盘、内存和硬盘相结合、定制可拔插四种形式。基于内存形式的数据存取速度最快，但可能会造成数据丢失。基于硬盘的数据存储可能保存很久，但存取速度比基于内存形式的慢。内存和硬盘相结合的形式，结合了前两种形式的优点，既保证了速度，又保证了数据不丢失。定制可拔插的形式则保证了数据存取具有较高的灵活性。数据分布层定义了数据是如何分布的，相对于关系型数据库，NoSQL 可选的机制比较多，主要有三种形式：一是 CAP 支持，可用于水平扩展；二是多数据中心支持，可以保证在横跨多数据中心时也能够平稳运行；三是动态部署支持，可以在运行者的集群中动态地添加或删除节点。数据逻辑模式层表述了数据的逻辑表现形式，与关系型数据库相比，NoSQL 在逻辑表现形式上相当灵活，主要有四种形式：一是键值模型，这种模型在表现形式上比较单一，但有很强的扩展性；二是列式模型，这种模型相比键值模型能够支持较为复杂的数据，但扩展性相对较差；三是文档模型，这种模型对于复杂数据的支持和扩展性都有很大优势；四是图模型，这种模型的使用场景不多，通常是基于图数据结构的数据定制的。接口层为上层应用提供了方便的数据调用接口，提供的选择远多于关系型数据库，接口层提供了五种选择，即 Rest、Thrift、Map/Reduce、Get/Put、特定语言 API，使得应用程序和数据库的交互更加方便。NoSQL 分层架构具有很大的灵活性和兼容性，每种数据库在不同层面可以支持多种特性。

　　时序数据库，又称为时间序列数据库，主要用于时间序列数据的存储，例如，Prometheus 是基于 LevelDB 引擎的时序数据库。时序数据库采用特殊数据存储方式，可以高效存储和快速处理海量时序大数据，相对于关系型数据库，它的存储空间减半，有极高的时序数据查询效率。

　　时间序列数据主要包括电力行业、化工行业实时监测、检查与分析设备采集、产生的数据，这些工业数据的典型特点是产生数据量快（每一个监测单位可以产生多个数据）、高时效性（每一条数据对应时间唯一）、数据量大（常规的工业系统每天产生的数据量高达几十吉字节）。在面对这些特点时，时序数据库都能够有效地处理这些工业数据。

3.2.5　应用开发与微服务技术

　　应用开发与微服务技术主要从多语言与工具支持、微服务架构与图形化编程三个方面介绍。

1. 多语言与工具支持

　　应用开发者或开发团队间一般相互独立或者联系很少，不同开发者所熟悉的开发工具和语言也不尽相同，而且针对不同业务所适用的开发手段也有所不同，例如，考虑跨平台特性的应用程序更偏向于使用 Java 开发，而机器学习方面的应用则更倾向于 Python，针对不同应用场景采取不同解决方案，能大大提升应用开发效率。因此，开发平台应该能支持多种开发语言及其对应的开发工具，以保证为大量不同的开发者提供友好的开发环境。工业互联网操作系统支持主流开发语言（如 Java、Ruby、PHP、Python 等），并提供各类开发工具（如 Eclipse Integration、JBoss Developer Studio、Git、Jenkins、PyCharm 等），形成高效便捷的集成开发平台，开发者可随意选用自己熟悉的语言与开发环境，高效快捷地进行应用开发。

2. 微服务架构

微服务架构（microservice architecture）是一项在云中部署应用和服务的新技术。微服务是一种将一个复杂大型软件应用分割成多个独立的微服务的架构风格。系统中的各个微服务通过松耦合的方式独立部署。每个微服务仅负责一项任务，通过专注解决一项任务以提高效率，每个任务代表一个小的业务能力。微服务架构的核心思想是：一个应用是由多个小的、相互独立的微服务组成，这些服务运行在自己的进程中，开发和发布都没有依赖。不同服务通过一些轻量级交互机制来通信，如远程过程调用（remote produce call，RPC）、HTTP 等，服务可独立扩展伸缩，每个服务之间都有很好的隔离性，不同服务可以由独立的团队来维护，并且可以采用不同的实现方式（如不同编程语言），简单来说，一个系统的不同模块转变成不同的服务，不同服务实现的技术可以不同。图 3.11 展示了一种微服务架构，其优点如下[23]。

(1) 每个服务都比较简单，只关注一个业务功能。

(2) 灵活性高，因为服务之间采用松耦合的组织方式。

(3) 不同微服务可使用不同的开发方式（如不同的工具及开发语言），从而根据实际情况选择最优的开发方案，针对性地解决问题。

(4) 微服务之间隔离性强，可由多个团队互不影响地开发，从而提高系统的开发效率。

(5) 微服务之间影响极小，可在部分微服务维护或发布的同时，保证其他微服务几乎不受影响，提高系统的稳定性和可用性。

3. 图形化编程

图形化编程允许开发者通过直观的可视化界面来设计、构建和管理应用，减少编码需求，提高开发效率。工业互联网操作系统为图形化编程提供涵盖服务注册、发现、通信、调用的管理机制和运行环境，支撑基于微型服务单元集成的"松耦合"应用开发和部署。

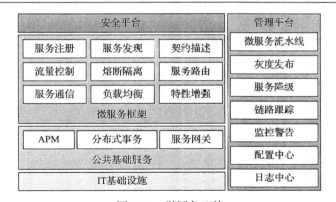

图 3.11 微服务架构

APM (application performance management) 表示应用性能管理

通过微服务技术，可以构建"功能模块化、可组合"的编程模式。微服务技术可以将行业企业信息系统与大数据、云计算等新技术结合并规则化、软件化、模块化，以代码和信息技术的形式封装为可重复使用的组件，并抽象整合到统一的系统里，实现统一高效编程、可重用、易集成，让各个个性化的应用变得更"轻"，以适应不同类型企业的生产需求，满足跨企业工业互联网操作系统的构建要求。

3.2.6 工业数据建模与分析技术

工业大数据主要是在大数据、互联网和工业技术相融合的背景下逐步产生的，是我国工业互联网、工业 4.0 等发展战略在企业中得以实施和推进的重要落脚点。而针对工业大数据处理的工业数据建模与分析技术则被认为是促进我国制造业快速健康发展、持续进行技术优化、形成数据驱动的一种新手段。该技术主要解决的是发生了什么、为什么发生、下一步发生什么和如何进行改进优化四个关键问题，进而改善和提高企业中制造资源的配置效率。工业数据建模与分析技术是实现企业工业互联网的重要手段之一。

为了顺利构建出企业工业互联网，就要将数据科学与工业机理结合，对复杂制造系统进行建模，帮助制造企业构建工业数据分析能力。在实现工业数据建模与分析的任务中主要包含两步，一是实现工业大数据的机理建模，二是对处理后的数据进行分析。若要进行有效的工业大数据分析，其中最关键的一步就是选用合理的机理建模方式对工业大数据进行建模。机理建模就是依据人们对目标性质特征的认识，利用物理、化学、电子、机械等领域的专业知识，并与工业生产制造过程的实际经验进行有机的结合，分析其因果关系，找寻出可以表示其内部机理的规则，结合现存的工业机理构建出各类模型，作为后续数据分析的基础。

图 3.12 展示了工业数据建模与分析示意图，基本的机理建模过程为，首先，依据建模对象的应用情景和模型的实际使用目的做出合理推断和假设；之后，在系统内在机理的基础上构造出合理的数学方程，并进行分析以确保模型函数可解；最后，对建立的模型进行简化并验证，得到最终的建模结果。

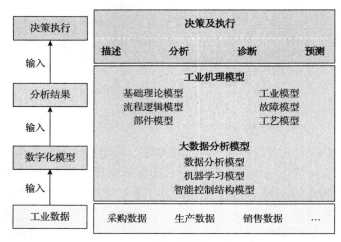

图 3.12　工业数据建模与分析示意图

在进行机理建模时要注重借鉴目标对象领域内专家学者的专业知识和实践经验，以此填补生产线上一线人员在专业理论方面的不足，对生产过程的逻辑实现可视化。机理建模的目的就是将不同领域的知识进行系统化处理与整合，以便于应用数据分析技术实现管理与更新的操作优化。对于形式相对明确并能够实现模型化的生产过程，利用数据建模工具提供的方法与工具对其进行建模，再通过海量历史数据进行验证与优化，不断融合并提炼专家知识来构建人工智能。

企业工业互联网的基础就是信息化，工业大数据从字面上理解是指在工业生产与管理信息化进程中产生的海量数据。随着我国工业化与信息化进一步发展与融合，信息技术已逐渐应用于工业产业链的各个环节中，各种新兴技术的应用证明了工业企业已进入工业互联网发展的新阶段，工业企业所拥有的数据量与种类也日益增长。因此，工业大数据分析与应用所面临的挑战并不比互联网行业所面临的挑战少，在某些情况下工业大数据分析甚至更为复杂。

工业互联网的基础就是工业大数据，在工业制造生产中，无时无刻不在产生数据。食物生产过程的环境温湿度、工厂车间机床的转速、汽车的传感器数据、火力发电机组的燃煤消耗、运输物流的位置信息和预计到达时间等，都是在工业生产过程中产生的数据。最初人们拿着秒表记录工人的工作时间，之后福特汽车公司实现汽车流水化生产，丰田汽车公司采用精益生产模式，再到核电站发电过程实现全程自动化，这一步步工业生产自动化的实现都是工业大数据得以规范管理并进行有效分析的结果，体现了企业将生产过程数据的自动化水平不断提高的过程。

工业数据分析就是运用统计学理论、机器学习方法及新兴的人工智能算法对历史数据、实时数据、时序数据进行处理及分析，实现数据的聚类、关联和预测。对工业大数据进行合理有效的分析，可以对深入了解用户需求、提升产品附加价值、创建智能生产过程、推动产品制造模式变革和工业升级转型等领域产生强有力的推动作用。对工业大数据进行数据分析最直接的目的就是构建起连接大数据应用与数据分析技术之间的桥梁，以此促进我国企业管理、生产、研发、服务等各项活动更加精细化，并有利于推动企业的创新发展及转型升级。

在进行数据分析工作时应坚持以市场需求为牵引、以技术为驱动的原则。在实际进行工业数据分析过程中，前提条件是要明确用户实际需求并以实际数据为基础、以数据分析技术为手段，面对不同的数据分析需求时，制定出个性化的数据分析解决方案。

工业数据建模与分析在实际工业生产过程中的应用主要表现在三个方面。

(1) 通过数据挖掘出产品价值。例如，日本曾研发出一款智能座椅，该座椅能够实时采集驾驶者坐上座椅所产生的数据，通过对数据进行建模和分析可以较为准确地识别出驾驶位上坐着的是否是车辆的拥有者，用这种方法来保证车辆的安全。该座椅安装不同类型的感应器，数量可达 300 多个，这些感应器用来对数据进行收集、建模并分析估计出目前座椅上驾驶者的身高、体重，甚至是进入车内如何坐下等多种信息，并将分析得到的结果与系统中保存的车主身份进行比对，以此判断目前驾驶者的身份，从而决定是否启动汽车。通过大量实验数据证明，该座椅识别车主的精确率可达 98%。

(2) 通过数据分析提升产品的服务。对于产品服务的提升主要体现在两个方向。其一是前向延伸，就是在产品的售出之前，通过市场调研、个性化设计等手段，吸引、引导和锁定目标用户。例如，国内服装制造行业的某品牌为客户提供服装定制服务，通过精准的量体裁衣为每位客户定制出个性化西装，这种生产模式使其能保持每年 150% 的营业收入和利润增长。其二是后向延伸，通过售出的产品建立起客户和企业之间的互动，从而为企业带来长久的利润。例如，苹果手机都采用了统一标准的硬件配置，但每个苹果手机用户在选择需要安装的软件方面是可以充分实现个性化的，在这方面就是依靠 App Store 实现的。苹果公司销售的苹果终端产品只是一系列服务的开始，用户可以通过 App Store 与苹果公司建立连接，以此满足不同用户的个性化需求。

(3) 通过数据分析实现商业模式创新与转变。例如，GE 公司并不对外销售发动机，而是将发动机租赁给航空公司使用，并按发动机的运行时间收取相应的费用。同时 GE 公司还借助数据分析技术实现对发动机运行状态的监测，并提出科学的诊断和维护方案用来提升发动机使用寿命，以此获得比传统发动机销售的经营模式更高的经济效益。

3.2.7　工业互联网操作系统安全技术

1. 工业互联网操作系统的安全威胁

最初的工业自动化控制系统大部分运行在一个相对封闭的网络环境下，所以在早期进行产品设计和网络部署时，仅仅考虑到其功能和稳定性，对于安全性的考虑较少。随着我国各个工业控制设备和系统的网络之间互联互通的不断发展和推进，以及工控自动化管理系统和各种工业装置所接入到互联网的数目越来越大，通过移动互联网向各个工业控制设备和系统进行攻击的概率和可能性也越来越大，而每年新一代 SCADA、DCS、PLC 等技术漏洞的数量也在不断提升，这些都给我国的工业互联网发展带来了巨大的安全威胁和隐患。

从 2011 年以后，我国工业自动控制系统网络的各种技术漏洞每年都在不断增加，这些漏洞未来有很大可能会发展成为非法攻击我国工业自动控制系统网络的一种非常重要途径，通过这些非法攻击可以获取对系统的使用权限、修改使用工程设计数据和工业控制操作流程、非法拆或关闭现场监控设备等，造成重大工业生产安全事故和严重社会经济损失。

当今工业互联网操作系统主要受到以下安全威胁影响：来自外部的网络渗透、账户密码泄露、恶意软件攻击、物联网设备漏洞、内部人员误操作等。

2. 工业互联网操作系统安全的要求

通过工业互联网，设备、企业、人、物和产品被连接在一起，任何安全问题都可能演变为巨大的漏洞，所以我国的工业互联网安全建设必须要从综合安全预警和防护制度的视角加以统筹和规划。从我国工业互联网的一个整体框架上来看，应该在各个维度层面上实施一套相应的安全保障和防护措施，并且要通过网络入侵监控、边境保护、身份认证、访问控制、数据保护等。这些措施不仅需要在工业互联网的核心设备和系统上实施，也需要在各个层级的终端设备和应用程序上实施，以保证整个系统的安全性和稳定性。在实施这些措施的同时，还需要加强安全意识教育和培训，让工业互联网从"安全响应"走向"持续响应"，不断加强自身的安全防护能力。

3. 工业互联网的安全防护功能

（1）识别（identify）：安全识别的目标是系统管理者在系统、资产、数据及其所有功能上的安全性和风险。

(2)预防性保护(protect)：对系统进行安全的保障措施，确保所有的工业移动互联网操作系统都可以为其提供所有的服务。

(3)安全检测(detect)：在系统的使用、维修、管理等过程中实施适当的可持续性监视和检查活动，以识别各类安全事故的发生。

(4)反应(respond)：在系统运营、维修、管理等整个过程中制定并实施合理的应急预案，对于被检测到的安全事故及时采取措施。

(5)恢复(recover)：在系统的使用、维修、管理等整个过程中制定并实施合理的活动和维修恢复方案，以便于恢复由安全事故而导致遭受损失的任何功能或者服务。

4. 工业互联网安全的防护思路

当前的网络信息安全形势复杂多变，网络攻击的方式和手段不断更新和变化，因此我们需要转变安全防护思维，意识到安全工作是一个持续的应急处理过程。从应急响应向持续响应转变，不仅需要及时发现和应对安全事件，还需要进行预防和漏洞修复，建立完善的安全体系，不断提升安全能力和响应能力，以应对不断变化的安全威胁。基于这一思路，在工业互联网操作系统安全措施方面制定五个基本的计划和活动，分别为识别、包含、检测、响应与恢复。通过制定基本计划活动，工业互联网操作系统能够在以下八个方面进行全面保护，确保系统的稳定性和可用性，减少潜在损失。

(1)安全风险的识别：安全风险的识别是系统总体设计的一个重要依据，通过对整个系统的结构和功能进行详细的分析，辨识得出各部分的安全隐患，之后根据实际情况研究制定明确的设计方案。

(2)安全岗位责任划分：安全岗位责任划分是制定整体性解决方案的依据，通过明确工业云的各方安全岗位责任的边界对整个工作活动期间发生的安全事故情况进行精确的责任划分和设计。

(3)分区和分域的分级设计：工业网络和云平台的环境相对复杂，涉及许多类型的业务、系统，因此在安全和防护方面还需要进一步精确细化对于安全领域的分类和划分，以及各个安全领域、各个安全等级的访问和控制。

(4)云安全防护：安全防护能力是指一系列的策略、产品和服务，它们都可以用来防止攻击。这个技术的重要性和关键目标就是通过减少被攻击面来提升攻击门槛，并且在受到影响之前有效地拦截攻击的动作。

(5)云安全检测：主要用于发现和防止云环境中的安全漏洞、攻击和数据泄露等安全问题。它是一种基于云计算技术的安全监控和防护系统，能够对云服务提供商的基础架构、平台和应用进行实时监控和检测，通过多种安全策略和技术手段，保护云环境中的数据安全和隐私。

(6)云安全运维和安全管理：通过实现安全运维和操作分级管理，对不同层次的用户给予一个符合其安全功能和岗位职责所划分的操作或者审计权限，实现安全运维。坚持日常安全生产运营和应急反馈相结合，以大量的数据和技术为驱动力，以安全数据分析作为各项工作的重点。

(7)云安全响应：通过监测、识别和响应安全事件，保障云服务的安全性。在云安全事件发生时，云安全响应将会快速定位和隔离问题，同时采取相应的措施来限制损失，并在事件结束后进行评估和总结，以便对未来的安全事件进行预防。

(8)云安全恢复：工业互联网云服务平台和通常 IT 环境下的云服务平台相比，更加注意恢复的能力，一旦被监控到系统遇袭，云安全响应中心应立即关闭系统恢复的功能，防止大量数据的丢失，应用上出现错误，减少了工业系统的损失。

3.3　工业互联网操作系统的应用主体

工业互联网操作系统产业发展涉及多个层次、不同领域的多类主体。在产业链上游，云计算、数据管理、数据分析、数据采集与集成、边缘计算五类专业技术型企业为系统构建提供技术支撑；在产业链中游，装备与自动化、工业制造、工业软件、信息技术四大领域内领先企业加快操作系统布局；在产业链下游，行业用户和第三方开发者通过应用部署与创新不断为系统注入新的价值。

3.3.1　产业链上游的核心技术企业

位于产业链上游的核心技术企业为工业互联网操作系统产业发展提供通用的使能工具，成为工业互联网操作系统建设的重要支撑。它们提供关键技术能力，以"被集成"的方式参与系统构建。核心技术企业主要包括云计算企业、数据管理企业、数据分析企业、数据采集与集成企业、边缘计算企业等。

1. 云计算企业

"云"实质上就是一个网络，狭义上讲，云计算就是一种提供资源的网络，使用者可以随时获取云上的资源，按需求量使用，并且可以看成是无限扩展的，只要按使用量付费即可。云就像自来水一样，我们可以随时接水，并且不限量，按照自己家的用水量，付费给自来水厂即可。从广义上说，云计算是与信息技术、软件、互联网相关的一种服务，这种计算资源共享池称为"云"，云计算把许多计算资源整合起来，通过软件实现自动化管理，只需要很少的人为参与，就能让资源被快速提供。也就是说，计算能力作为一种商品，可以在互联网上流通，就像水、电、煤气一样，可以方便地取用，且价格较为低廉。总之，云计算不是一种全新的网络技术，而是一种全新的网络应用概念，云计算的核心概念就是以互联网为中心，在网站上提供快速且安全的云计算服务与数据存储，让每一个使用互联网的人都可以使用网络上的庞大计算资源与数据中心[24]。而云计算企业就是"自来水厂"，主要提供云计算基础资源及关键技术支持，典型的云计算企业如亚马逊、微软、毕威拓(Pivotal)、VMware、红帽(Red Hat)等[25]。图 3.13 展示了云计算平台的基本特征、服务模式及一些常见的云服务平台。

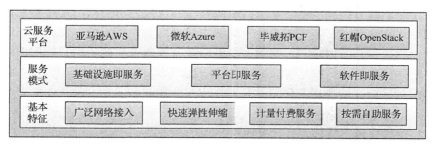

图 3.13　云计算平台

AWS(Amazon web services)是亚马逊公司推出的云计算和服务平台。亚马逊云服务是由光环新网和西云数据运营的全球市场份额最大的云服务提供商。2021 年 3 月，亚马逊公司旗下的亚马逊云业务 AWS 推出了正式中文 logo "亚马逊云科技"。AWS 可为用户提供完整的云计算服务，包括弹性计算、存储、数据库、应用程序等，能有效降低企业和用户的 IT 投入和维护成本。其提供了一套几乎可在云中运行一切应用程序的基础设施服务，可运行程序小到社交游戏及日常移动应用，大到大数据库项目和企业应用程序。AWS 有很多云服务类型，其中比较重要的服务有计算类(EC2、AS、ELB)、部署和管理类(ACW、Amazon WorkSpaces)、网络类(R53、VPC)、存储类(S3、EBS)、应用服务类(SQS、SNS)、数据库类(SDB、RDS)、支付类(FPS、ADP)等。基于以上服务组合，AWS 可以为企业提供完整的 IT 业务解决方案，而且 AWS 提供按需付费模式，使其服务更加灵活，能较好地满足企业需求[26]。

Azure 是微软为开发者提供的云服务平台。通过 Azure 云服务平台，开发者可以使用微软全球数据中心的网络、存储、计算服务。Azure 云服务平台架构开放、灵活和互操作性强，以云技术为核心，提供了软件+服务的计算方法。Azure 平台包含网站、虚拟机、云服务、移动应用服务、大数据支持、媒体等多种功能。Azure 平台有许多优势之处：首先是它的可靠性，平台通过多地冗余备份，并提供高等级服务协议，将单点故障率降低到极低水平；其次是它的灵活性，平台支持主流的虚拟机类型(Windows 和 Linux)和大量开源工具(PHP、Node.JavaScript、Python 等)，该平台提供高度的灵活性，可根据实际需求进行虚拟机部署和存储空间调用。理论上，用户可以无限制地部署虚拟机和获取存储空间，并且可以按照实际使用量进行付费；Azure 在云服务、存储、SQL 数据库等方面也具有极佳的性能，提供了业界顶尖的云计算技术，在云存储能力、稳定性、扩展性等方面都十分出色[27]。

毕威拓提供领先的云本地平台(cloud-native platform)，使软件开发和 IT 运营成为公司客户的战略优势。公司的云原生平台系统 PCF(Pivotal cloud foundry)通过降低构建、部署和操作新的原生云应用程序和现代化遗留应用程序的复杂性来加速和简化软件开发。这使该平台系统的用户可以更专注于编写代码，减少在其他任务上所花费的无用时间，并致力于推动具有业务价值的活动，如构建和部署优秀的软件。通过公司的互补战略服务 Pivotal Labs，PCF 客户可以通过 Pivotal Software 的平台系统加速现代软件开发流程并取得业务成功。跨行业的企业已经采用 Pivotal Software 的平台系统来构建、部署和运营软件，包括汽车、金融服务、工业、保险、媒体、零售、技术和电信行业的企业[28]。

VMware Cloud Foundation 是基于全体系超融合基础架构(hyper-converged infrastructure，HCI)构建的混合云平台，用于管理虚拟机和编排容器。凭借易于部署的单一体系架构，VMware Cloud Foundation 可在私有云和公有云之间实现一致、安全的基础架构构建和运维。通过混合云，提高企业的敏捷性和灵活性。通过集成的容器编排，优化 Kubernetes 集群的性能、恢复能力和可用性，该平台具有简化的管理、标准化的体系架构、灵活的部署选项、最大化规模的 IT 效率、增强的应用性能、原生安全性等优势。应用场景包括私有云和混合云、现代应用、虚拟桌面基础架构等[29]。

红帽 OpenStack 云计算平台，能够对计算、存储、网络等基础设施进行虚拟化，并将虚拟化后的资源整合在一起进行统一管理，用户就可以轻松地部署和管理应用程序、虚拟机和存储资源等内容。OpenStack 以 Linux 为基础，提供可靠的云基础。平台含有集成云管理器，利用红帽 CloudForms，密切监控 OpenStack 环境中的一切动态信息，作为红帽 OpenStack 平台的一部分，红帽 CloudForms 是专为混合环境设计的统一管理系统，具备红帽 Ansible 自动化平台能力。该平台内置云安全，获得了美国国防部和美国国家标准与技术研究所等机构所授予的最高等级安全认可。无论是在公共还是私有 OpenStack 云中运行，SELinux 等军事级别的安全性技术都将有效抵御外部入侵并保护数据安全。该平台拥有良好的横向扩展存储能力，红帽 Ceph 存储是一款专为私有云架构设计的软件定义存储平台，红帽 Ceph 存储集成了红帽 OpenStack 平台及 OpenStack 的所有开源项目，因而可部署数以百计的虚拟机，并构建完全受支持的云平台[30]。

以亚马逊等为代表的云计算企业，拥有大量的云计算资源和顶尖的云计算技术，主要为工业互联网操作系统提供云计算基础资源及关键技术支持。

2. 数据管理企业

甲骨文(Oracle)作为全球最大的企业级软件公司，提出了一系列工业互联网建设方案，用于匹配我国新基建(包括各种核心工业软件、底层的实时数据库、工业物联网终端设备、边缘计算设备、工业物联网平台、工业人工智能应用都将是它的具体实现)。甲骨文提出的方案包含建设与物联网有关的应用、平台、生态系统三大部分。这一套建设性的物联网解决方案，有面向终端和远程资产的物联网应用，也有针对开发人员的云应用开发、数据集成、数字化助手、数据科学云等平台方案，还有针对设备的物联网客户端、网关软件等服务。许多工业互联网行业的企业已经采用甲骨文数据库技术作为物联网平台数据管理的核心方案处理物联网工作负载。例如，著名零售企业每天 400 万活跃用户与 60 亿 mile(1mile= 1609.34m)空间数据的处理均在甲骨文数据库构建的数据管理方案上，能源行业巨头运行在 Exadata 系统上，每天捕获和处理超过 24 亿智能仪表数据，以及有些制造企业远程监测全世界上百万台终端的物联网工作负载也运行在基于甲骨文数据库技术构建的物联网平台上。

单一系统和专有协议，数据集成和处理是目前工业互联网中的重大挑战。而由 Apache 主持开发的 Kafka 技术、PLC4x 技术，建立了可扩展、可靠和灵活的方式，借此实现了物联网工业端到端的集成。

3. 数据分析企业

随着人工智能、物联网、云计算等新兴技术的迅猛发展，数据规模和数据类型不断增加，大数据已经成为当今社会的重要组成部分。制造工厂中存在无数的大数据应用，从企业经营管理，到生产线的执行与控制，再到不同设备之间的交互，处处离不开大数据的作用，由此可见工业大数据也同样是工业互联网实现与发展的基石。

工业大数据拥有数据量庞大、数据类型多样、数据处理实时性要求高等特点。随着数据分析在工业互联网领域的广泛应用，它正产生着巨大的商业价值，备受全球各国高度重视，这也就衍生出工业互联网中的另一类支撑主体企业，该类企业为数据分析企业。

在工业物联网的实现过程中，需要运营、管理大量的工业生产设备，收集、分析海量的数据，这显然需要强大的数据分析与可视化能力的支持。目前有许多企业面向公众提供数据挖掘方法与工具。例如，国内的 DataHunter 公司，该公司面向公众提供众多数据分析与可视化领域的产品。其中 DataHunter 公司研发的 Data Analytics 软件作为一个轻量级数据可视化分析平台，提供了集数据采集、数据分析、数据处理、数据协作于一体的完整解决方案，可以完成的工作包括兼容各种数据源类型的异构数据源整合；可通过生成链接的方式实现团队成员间的快速分享，加强团队间的沟通与协作；还可支持用户创建团队和自定义权限管理，满足各级人员分析查看业务数据的需求。Data Analytics 架构体系示意图如图 3.14所示。

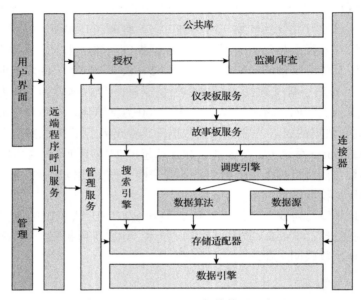

图 3.14　Data Analytics 架构体系示意图

　　DataHunter 公司提供的另一款数据可视化大屏展示工具 Data Max，提供了丰富的组件库、主题风格及行业模板，使用户可以自由配置企业的专属数据可视化大屏。Data Max 可实现多数据源接入并实时展现数据，帮助企业第一时间了解业务情况，及时做出决策；内置多种主题风格，支持包括指挥中心、业务看板、汇报演示等业务场景，可根据不同的业务需求选择合适的模板，同时也支持用户自由定制风格和样式；提供丰富的可视化设计组件，通过拖拽操作即可进行布局，满足用户的自定义需求；支持管理员对用户、团队和公共数据源的统一管理。该软件可在工业互联网中满足众多应用场景，如在指挥中心，企业可通过 Data Max软件展示各生产环节中的实时数据，实现数据的集中监控，辅助管理员实现统一调度；应用在工业监控环节，企业可通过 Data Max 软件无缝结合原有自动控制系统，实现工业生产数据的实时监控。而该公司提供的数据中心 Data Formula 可以解决企业面临的数据孤岛、数据不一致、数据维护混乱等问题，可以根据不同企业的特点建立起数据资产管理平台，该平台可以为企业提供快速的决策响应、精细化运营及应用支撑。数据中心 Data Formula 可以通过数据存储架构的设计、数据标签体系构建、数据指标与算法模型的搭建，形成企业基础数据能力并整合在平台系统中，同时可实现各类系统间数据的交换和互联互通，提升数据共享效率；还可通过数据中心 Data Formula 避免重复开发，保证前端业务的"轻量化"；通过对数据资源的盘点、连接，形成规范管理，避免"数据孤岛"的出现。DataHunter公司提供的数据分析与可视化管理软件可以使许多没有工业大数据分析及管理能力的企业获得基本的工业大数据分析的方法及工具，为企业降低大数据能力建设的门槛，大幅提升大数据应用效率，让数据管理和处理使用变得更简单。

在国外也同样有很多企业面向公众提供优良高效的数据分析方法及工具，例如，由 IBM 开发的 SPSS（Statistical Product and Service Solutions，统计产品与服务解决方案）和 EMBL 开发的 SAS（Statistical Analysis System，统计分析软件）都是被业界认可并得到广泛应用的数据分析软件。SPSS 为 IBM 推出的一系列用于统计学分析运算、数据挖掘、预测分析和决策支持任务的软件产品及相关服务的总称，其强大的数据分析能力已被工业互联网相关的众多企业认可并将其应用于多种数据分析的任务中。例如，BlueBee 使用 IBM 提供的基于云的基因组数据分析平台加快临床结果分析，可将实验室和基因组服务提供商的基因组数据处理速度提高 133.9%，同时加快了客户数据的传输速度，并采用 IBM Cloud Object Storage 技术来实现存储容量的可扩展性。

国际上，SAS 系统已被誉为数据统计与分析的标准软件，并在工业互联网企业中的各个领域得到广泛应用，例如，C-130 大力神飞机的原始设备制造商，借助 SAS 的数据分析方法与工具实现了 C-130 大力神飞机正常运行时间的最大化。

C-130 大力神飞机是航空史上用途最广泛的飞行器之一，它在飞行过程中不受高海拔的影响，可在海拔最高的喜马拉雅机场着陆，这架飞机因其可应用的功能多、飞机性能优良和任务执行能力高超而闻名。在 C-130 大力神飞机的机身上覆盖着 600 个传感器，这使得 C-130 大力神飞机每飞行一小时就能生成 72000 行数据，这些数据从飞机流向存储设备的物联网中，并在不同的系统中存储，其中包含了故障部件的故障代码。C-130 大力神飞机的原始设备制造商借助 SAS 的数据分析，利用人工智能和物联网预测部件何时发生故障，有效提高了故障排除的效率，提升 C-130 大力神飞机的利用率。

在此之前世界上没有一个集中的数据存储库去保存在不同国家运行的 400 多架 C-130J 的数据。这使得不同国家的飞机工程师在维护飞机时都是根据他们自己对数据的解释，有时会导致对数据错误的解释而影响飞机的使用。现如今在所有C-130J 运营商的共同努力下不同国家的飞行数据得以共享，但随之而来的就是庞大的数据量和不同的数据格式在如何清理和存储的任务中带来的巨大挑战。最初每个月只是进行清理任务就需要三名员工共同完成，而现在依靠 SAS 平台强大的人工智能、商业智能和数据管理能力解决了数据量庞大带来的问题并建立起了预测故障的维护模型。

通过 SAS 的使用，C-130 大力神飞机的原始设备制造商将数据清理花费的时间缩短了近 95%，这使该企业可以将更多时间用于其他任务的数据分析。通过 SAS 数据分析的辅助快速获得分析结果，这将会大大缩短停机时间，并为 C-130 大力神飞机的客户节约成本。C-130 大力神飞机的原始设备制造商还基于 SAS 提出一项"智能诊断"服务，该服务可以实现，例如，出现一个故障代码而该代码曾在之前的维修经验中通过替换某个零部件解决，但是在应用数据分析后发现该零部件处于良好工作状态的概率为 80%，那么系统将学习这个结果的经验，下一次遇见同样的错误代码时会优先建议排除故障而不是替换部件，以此减少成本，节约顾客的时间，提高故障检修的效率。

本田汽车公司将 SAS 数据分析工具应用于分析识别可疑索赔的任务中。在使用 SAS 之前，本田汽车公司的专职审查员工每个月要花近一周的时间来汇总和分析电子表格中的保修数据，而现如今在 SAS 数据分析软件的帮助下，本田汽车公司可以将这些类似的保修数据报告进行自动整理，形成更易于查看的形式。完成相同的工作量 SAS 数据分析方法可以比人工节省大量时间，并节约了人工成本。

在数据分析和审查方面，本田汽车公司使用一种由 SAS 支持的可视化方法来进行智能分析，以发现降低成本的机会。最初，本田汽车公司的审查员平均需花费三分钟的时间才能发现一个潜在的不符合要求的索赔请求，而现如今，本田汽车公司使用 SAS Analytics 创建了一个专有流程每天对保修数据报告进行审查，进而识别可疑保修索赔请求，以确保请求符合现有保修标准。识别和审查索赔的工作在之前是人工的、烦琐的和耗时的，而如今使用 SAS 仅需不到一分钟的时间就可以找出一个不符合要求的索赔，约占人工审查时间的 35%。

通过上述实例可以看出数据分析企业在整个工业互联网中的重要地位，一些不具备工业大数据管理和分析的企业通过应用数据分析企业提供的数据分析工具及方法可以在很大程度上提高生产效率，缩短维护时间，减少人工成本的消耗，使产品的各项功能在最大程度上被应用。

4. 数据采集与集成企业

数据采集，又称数据获取，指利用特定的工具或设备从外部获取数据并将其输入到系统内部的接口中。数据采集技术应用非常广泛，涉及各个领域。常见的数据采集设备包括传感器、仪表、摄像头。

被采集数据是已被转换为电信号的各种物理量，如温度、水位、风速、压力等，可以是模拟量，也可以是数字量。采集一般是采样方式，即间隔一定时间（称采样周期）对同一点数据重复采集。采集的数据大多是瞬时值，也可是某段时间内的一个特征值。准确的数据测量是数据采集的基础。数据量测方法有接触式和非接触式，检测元件多种多样。不论哪种方法和元件，均以不影响被测对象状态和测量环境为前提，以保证数据的正确性。数据采集含义很广，不仅包括对连续物理量的采集，还包括对离散数据的采集。在计算机辅助制图、测图、设计中，对图形或图像数字化过程也可称为数据采集，此时被采集的是几何量（或包括物理量，如灰度）数据。

在互联网行业的快速发展中，数据采集已成为互联网及分布式领域中广泛应用的重要技术。随着数据量的增长，传统的数据采集方法已经不能满足现代互联网的需求，因此数据采集领域也发生了重要的变化。首先，分布式控制应用场景中的智能数据采集系统在国内外已经取得了长足的发展。其次，总线兼容型数据采集插件的数量不断增大，与个人计算机兼容的数据采集系统的数量也在增加。各种新型数据采集机器也不断问世，如基于无线传输的数据采集器、云端数据采集器等，这些技术将数据采集带入了一个全新的时代，极大地推动了数据采集技术的发展。

数据集成是指将来自不同数据源的数据集成为一个完整、可用的数据集，以支持企业决策和业务需求。在企业数据集成领域，可以利用各种数据集成工具和平台来实现数据的集成。目前通常采用联邦式、基于中间件模型和数据仓库等方法来构造集成的系统，这些技术在不同的着重点和应用上解决数据共享和提供给企业决策支持的数据服务。

典型的数据采集与集成企业有 Kepware、NI（National Instruments，美国国家仪器有限公司）、博世、IBM 等。

2017 年，IBM 推出了数据集成分析平台 DataWorks。DataWorks 利用了 Apache Spark、IBM Watson Analytics 和 IBM Data Science 技术，允许用户自助访问数据和模型，同时保证拥有管理与快速迭代能力。IBM 表示，DataWorks 比其他数据平台摄取数据的速度更快，可从 50Gbit/s 提升到每秒数百吉比特，来源可能涉及企业数据、物联网数据和社交媒体。所谓的认知功能如 Watson Analytics 的人工智能软件，可以为数据处理提供一条更快的捷径。IBM 分析中心云数据服务经理 Derek Schoettle 表示，该产品使数据分析不再被孤立解决。换句话说，数据分析处理属于团队活动。数据专家希望以一种合作管理的方式在同一个平台对数据进行分析。用户可以在 Watson Analytics 以自然语言问答方式打开任何数据集，例如"该产品线的驱动力是什么？"通常数据科学家要查找成百上千个字段才能手动找到答案，而 Watson Analytics 瞬间便可找到答案。目前已有超 3000 名开发者协作 DataWorks 平台开发，50 万用户在使用该平台，并且有超过百万级的业务分析师正在 Watson Analytics 上使用。

5. 边缘计算企业

边缘计算即在靠近数据源头的网络边缘侧就近地提供边缘智能服务[31]，而不是将数据上传到云平台由云端计算处理后再返回处理结果。边缘计算采用集合网络、计算、存储、应用等核心能力的开放平台，通过高性能计算芯片提供强大的计算能力。在边缘端执行的应用程序既可以节省网络带宽，降低时延，又可以满足实时的处理请求，同时还能保证数据的存储安全和敏感数据的隐私保护。边缘计算能够保障网络边缘应用的实时性，迅速响应，更好更快地支持本地业务的智能化实时处理。采用边缘计算大幅降低了数据在网络上的传输距离，大量减少由数据传输导致的网络带宽压力。边缘计算还可以减轻云端计算的压力，因为不需要将所有终端数据都上传到云端进行计算等处理。最后，由于数据直接在边缘节点上进行分析和处理，不仅能够提高效率，还可以更好地保护数据隐私性。

在工业互联网操作系统中，边缘计算企业主要提供边缘层的数据预处理与轻量级数据分析能力。工业互联网在实际应用中对网络环境有高可靠、低时延的要求。因此，在工业互联网中使用边缘计算能够满足传统模式工业网络的许多需求。一是任务时延问题，许多工业应用都需要能够快速做出分析与判断，如基于机器学习技术的产品视觉检测系统，该系统采用深度学习算法检测捕捉到的产品是否有缺陷，这个过程需要系统快速计算出结果，如果把图像传输到云进行分析计算，则会产生很长的时延，很明显不满足实际生产要求。在工厂内存在成千上万的节点，每个节点都会收集很多数据，因此会产生庞大的数据体量，将这些数据全部上传至云端会因为消耗大量带宽而产生高昂的费用。数据的安全性也是需要考虑的问题，从安全性角度分析，很多企业认为将数据全部上传至云端处理将会无法保证数据的安全性。边缘服务器可以使企业在边缘端直接处理一些数据，而把一些历史数据传到云服务器上。

边缘计算企业提供的网络与边缘计算平台集成了许多工业通信协议和其他通信协议，确保平台在多种工业场景中都可以顺利接入。由于工业处在不同时期、不同设备甚至不同品牌都有可能使用不同的通信协议，并且业内也没有制定统一的标准，这为不同设备与工业互联网操作系统的连接带来阻碍，因此数据格式的一致性和是否能够相互转换是平台设计的重中之重，平台支持的协议数量和种类决定了其接入能力。

在工业互联网平台中，英特尔公司研发的产品使边缘计算的算力得到很大提升。2021年4月，英特尔公司正式推出了第三代英特尔至强可扩展处理器。该处理器顶级型号拥有40个核心，在主流数据中心工作负载上比上一代的性能平均提升46%，这为边缘计算带来了卓越的性能。在工业领域，该处理器具备更高的单核性能、更多的内核数量，以及能够加强深度学习速度的能力，可以帮助企业更好地利用边缘计算和人工智能技术分析生产过程。同时，英特尔 TME 和 SGX 技术可以帮助保护边缘数据。

对于制造业企业来说，产品缺陷问题至关重要，其也是一直需要解决的问题。为此，英特尔公司推出了新产品 OpenVino，它可以大幅提升计算机视觉应用领域的开发速度，并能在各种自动化、智慧化场景中发挥优势。OpenVino 将人工智能技术与异构边缘计算结合在一起，在边缘设备上执行人工智能相关技术的计算，能够帮助企业快速地为工业客户提供更精准的检测产品缺陷的处理方案。

华为在自己的工业互联网操作系统 FusionPlant 基础上推出了云边缘计算安全测试床，该平台采用边缘计算与云计算结合的方式并具有保证数据安全的能力。该项目为将边缘计算和云计算应用到实际生产环境中提供了更全面、更完善的安全防护策略，使工业生产的可靠性能够得到保证，同时能够提高工业互联网体系抵御网络攻击的能力，保障生产系统在安全可靠的环境下运行，进而降低了因网络攻击造成的损失。目前，该项目已经在纺丝工业中投入使用。

为实现该项目，需要将边缘设备部署在化纤生产线上。为保证边缘设备在启动时的安全性，并保证所有文件启动时的合法性，防止发生边缘设备由于长时间处于外界而引发软件被恶意篡改的隐患。系统需要在启动时检查全部流程的准确性。为保证在发生网络中断时依然能保存数据，边缘设备需要具有暂存数据的功能。为保障在实际使用中出现的重要数据的安全性，系统需要具备加密存储和防止数据被篡改的功能来保证设备能够抵御来自外界的攻击。华为的边缘计算设备通过使用硬件加解密芯片来实现收集到的数据的加解密，保障了存储在边缘设备上的数据的安全性。边缘设备安装在不安全的物理环境中，很容易受到物理损伤。如果边缘设备的硬件受损，为了更高效地解决，采用设备克隆技术可以直接在现场将受损设备换下，并且与原来设备的业务功能完全一致，真正实现在更换设备时不会对业务功能造成影响。所有边缘设备采用联邦学习机制，将所有数据保留在本地，不会将数据发送给其他设备节点，各个生产线与云端之间仅传输模型的参数而不传送敏感的业务数据，从而最大限度地保证了模型和数据的隐私。处在边缘设备中的业务模型会随着云端的改动而不断改进。该项目的边缘网关由中国科学院沈阳自动化研究所提供，该边缘网关既能支持多种驱动，适配多种设备，又拥有多种多样的接口，支持各类主流安全传输协议和控制安全策略配置，保证了将生产中提取到的原数据发送给边缘计算设备的安全性。

这项方案不仅能够应用在化纤行业，对其他行业都具有示范作用。对于边缘计算这一当前热点技术，该项目在解决工业安全问题方面进行了实践，并为以后制定边缘计算安全标准打下基础。

3.3.2 产业链中游的操作系统企业

平台企业以集成创新为主要模式，以应用创新生态构建为主要目的，整合各类产业和技术要素实现平台构建，是产业体系的核心。随着传感器网络、云计算、5G、人工智能等技术的迅猛发展，工业互联网应运而生，旨在实现物理世界与网络空间互联互通，走向智能制造，并在工业互联网操作系统上整合地理分布式制造，实现制造企业间有效的资源共享与协作。许许多多的工业互联网操作系统不断地涌现，并且逐渐显示出显著的活力。工业互联网操作系统是一种面向服务体系架构的新型概念，它的理念是以制造服务的形式对一些其他的制造资源以及能力进行高效的管理。很多平台企业从异构的多目标系统中选择合适的目标系统组合，协同完成资源和能力有限的目标系统无法独立完成的复杂定制任务[31]。目前，主流的平台企业主要包括装备与自动化企业、生产制造企业、工业软件企业和信息技术企业等。

1. 装备与自动化企业

许多装备与自动化企业会从自身的工业核心技术以及产品业务能力需求出发再来构建一个平台，这些大型企业一般本身也就是专门生产大型和中复杂型高端工业产品(如飞机柴油发动机、燃气蒸汽轮机、风力发电机、机车等，也就是我们通常所说的大型高端工业装备)的大型企业，所以这个平台的整体构建也是从每个企业本身的核心业务能力特点需求出发，即紧密结合围绕着离散装备制造各行业里的大型和中高端工业装备的研发设计、生产和运维，提供以大型工业自动设备和大数据处理分析技术为业务主线的一系列业务能力，方便企业构建大型高端工业装备在各行业的实际应用。但是由于这些平台优异的技术开放性，很多其他传统行业，包括很多从事流程设计制造和售后服务的企业客户，也在努力利用这些基于工业级互联网上的企业应用平台进行与开发流程相关的技术应用。例如，比较典型的平台企业有 GE 公司、西门子等。

GE 公司开发出来的操作系统 Predix(平台结构图如图 3.15 所示)致力于为数字工业企业提供更加强大的助力，它主要是为工业数据监控和一些事件管理提供更加完整的解决方案，能够极大地推动全球经济的快速发展。资产监控和事件管理是工业数字化转型的基石，也是大多数公司在利用基于云的工业物联网方面采取的第一步。集中资产和物联网数据，并进行应用分析，然后对结果进行可视化操作，为减少停机时间、降低维护成本和许多其他具体好处打开了崭新的大门。Predix Essentials 是为工业数据监控和事件管理而设计的解决方案，它的主要原理是将资产连接、边缘到云分析处理以及功能丰富的用户控制台结合在一起。Predix

Essentials 针对典型的工业物联网用例进行打包和预配置,不需要软件或应用程序开发。Predix Essentials 丰富的连接性、处理和事件控制台特性支持跨任何行业的大规模使用。无论是直接连接资产还是增加 MES 或 HMI(human machine interface,人机界面)/SCADA 的当前投资,Predix Essentials 都提供了集中的可见性、增强分析功能,用于监视、异常处理和决策。典型的应用包括集中资产和过程可视化、基于条件的监控、远程 HMI 监控和支持、跨工厂仪表板、OEM(原厂设备制造商)车队监控和服务。Predix Essentials 可以使用各种安全连接和转发方法从公共数据源收集数据。然后使用事件控制台查看、分析数据等。因此,它丰富的用户功能使得从工程师到管理人员,包括远程专家、操作人员和主管、安全合规团队,执行管理和客户自助服务的利用成为可能[32]。

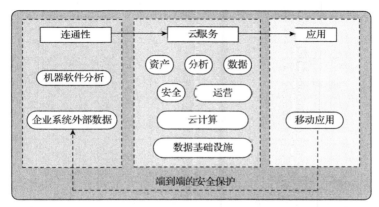

图 3.15　Predix 平台结构图

西门子设计了开放式应用物联网工业操作系统,称为 MindSphere,其工作原理如图 3.16 所示。这个操作系统能够把工业产品、系统、工厂和工业机器连接起来,这样就可以让企业用户在任何时间都能够通过一种高级的数据分析技术获得开放物联网技术产生的海量应用数据。除此之外,MindSphere 系统提供了广泛的移动设备和应用企业操作系统网络连接以及云协议的新选项、工业系统应用、高级数据分析以及各种创新软件的开发应用环境,其中开发应用环境充分利用了基于西门子的软件开放平台和云服务的新功能以及阿里巴巴的云平台服务。通过这些设计,MindSphere 能够把现实的工作实体自动连接到全部的数字化工业环境,为企业提供了一个功能极其丰富的电子工业技术应用以及便利的数字化解决服务,同时也可以帮助企业实现很多更复杂的服务。这些服务的功能范围主要包括:自动创造以及帮助管理在线客户;协助创建、管理和协动编辑基于思维信息空间系统中的客户资产;协助收集客户在现场管理设备中的数据,并且可以把信息传

送给客户；协助可视化和协助更新客户数据（使用时间周期序列）；协助显示客户
数据点并协助启用客户资产数据状态处理请求；协助管理在线客户资产和使用规
则分析引擎；协助开发新技术应用；等等。

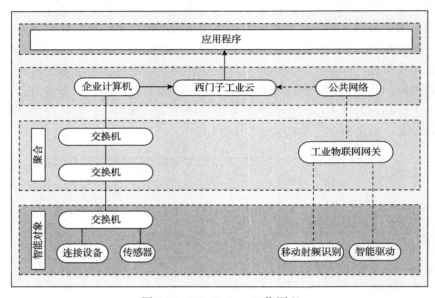

图 3.16　MindSphere 工作原理

　　ABB 是全球技术领先者，为数字产业提供全方位的产品、服务和解决方案。
ABB 的智能城市解决方案，通过不同产品线的互联，实现设备的智能化管理，降
低建筑能耗，改变出行方式，为城市居民带来更加舒适的体验。金砖国家新开发
银行是由"金砖五国"发起、创立的以新兴市场和发展中国家为主的政府间国际
金融组织，也是全球首个总部落户上海的国际组织。其全球总部大楼由上海市政
府出资建造，位于浦东世博园，总建筑面积 12.6 万平方米。ABB 基于智能建筑系
统配置了安全、稳定、灵活、便利的智能建筑控制解决方案，通过配置多种类型
的调光模块，满足灯光控制的多样性要求；在大楼内外配置光线感应和存在感应
探测器，结合经纬度控制模块，联动窗帘系统，根据太阳光的角度实现对电动窗
帘和灯光的联动控制；根据大楼风格与调性，定制了外观更契合的液晶面板。ABB
还将该建筑控制系统与大楼总智能管理平台及园区云服务中心对接，实现了设备
实时使用及故障状态的反馈，让系统能耗的整体统计和分析可视化，在实现集成、
高效管理的同时，为用户带来轻松、舒适、节能的使用体验。ABB 通过电气化和
数字化的解决方案构建城市中的智能建筑，提升建筑运维效率，实现节能增效和
可持续发展的目标。

和利时科技集团有限公司根据二十多年新疆工业数据自动化的行业经验和先进技术，结合新疆第一代云计算技术推出的云工业数据互联网技术平台和云操作系统以及 HoliCube，通过打造 HoliCube 工业闭环数字赋能管理体系，实现工业产品用户需求、设计者、生产者以及制造和应用服务之间的合理数字赋能连接，从而实现企业生产资源高效合理配置、软件敏捷赋能开发，并且可以支撑整个企业的可持续产品改进和技术创新。它主要包括三部分：一是 HoliGateway（工业网关）连接各类工业现场设备，并将工业现场硬件设备的数据传输到工业互联网操作系统；二是度量（边缘计算）实现了场边缘的数据采集、控制、分析和优化；三是 HoliPaaS 面向工业领域提供微服务、开发工具及安全的开发环境，实现对 HoliEdge 的数据管理，并支持工业应用快速开发。

2. 生产制造企业

生产制造企业将自己的生产数字化转型管理经验作为一个平台向外界提供专业服务。产业走向互联网化的大潮已经到来，以中国制造端的工业智能化、物联网智能化为主要特征的新型工业智能互联网服务便是这一大潮里最先导和进化的重要一环，于是，传统制造业科技巨头努力孵化的新型工业智能互联网服务平台不断涌现。在这方面比较典型的平台企业主要是三一重工股份有限公司（简称三一重工）、海尔集团（简称海尔）、中国航天科工集团有限公司等。

三一重工孵化互联产业融合互联网服务的平台并致力于树根互联，以孵化产业融合互联网服务平台建设为主要抓手，快速初步建立一个数字化新产品、数字软件设计与技术开发、数字化新产品研发制造、数字化后续与市场营销服务和数字商业模式综合创新服务平台四大服务，并初步建成一个包括金属铸造设备产业链、注塑产业链、纺织服装产业链等十四个重要产业链中的云计算平台，带动整个产业链大批上游或下游龙头企业基本完成了向数字化产业转型，同时在机械设备售后服务、资产风险管理、能耗控制管理、融资资金租赁等多个方面为我国机械制造龙头企业、设备用户、政府监管部门和其他社会组织提供深入服务。树根互联采用两轮数据驱动的智能产品业务解决模式方案，先使设备物联到数据计算等平台进行数据管理，再提升到能够连接到应用层的各种智能应用，拥有完整的智能硬件和应用软件业务产品矩阵，能够有效满足不同客户对连接设备智能管理和数据智能化管理整体应用业务产品线的不同要求。除了系列产品之外，树根互联还为全球包括机械铸造、缝纫机械、注塑和其他制造行业在内的不同行业客户提供多种解决服务方案。该方案主要是通过树根商业互联，以企业 PaaS 商业平台系统为技术核心，在企业自主创新开发专业产品的技术基础上，将各个环节的良好商业合作伙伴连接起来，共同为企业客户自身提供一种端到端的专业解决服务方案。

　　海尔研发的智能工业互联网服务平台卡奥斯(COSMOPlat)，其服务模式如图 3.17 所示，以工业大规模智能定制商业模式研发为经营核心，以共同创新进化、增值资源分享发展为经营宗旨。在教育培训方面，智慧党建解决方案利用互联网技术，将"精品内容、专属平台、智能硬件"三者结合，运用"5G+媒体融合创新应用"创新全国党群宣传教育方式，为基层党员干部提供多样化、趣味化的党建学习方案。在智能制造方面，通过数字化技术实现透明生产、透明设备及品质控制，以柔性设计、柔性制造和柔性生产提高质量，降低成本。卡奥斯将所有智能家居应用、智能家居相关产品、硬件设备和平台技术串联融合起来，在这个万物互通智联的智能工业化和互联网智能时代，通过智能设备间数据互联互通，实现智能数据交互、共享的智能新生态，助力传统产业链向数字化、智能化产业转型创新升级。

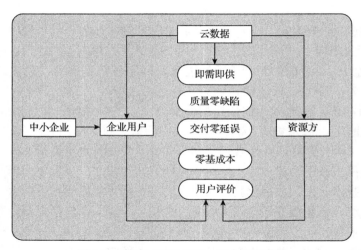

图 3.17　海尔 COSMOPlat 平台服务模式

　　中国航天科工集团有限公司开发的电气电缆智能制造(electric cable intelligent manufacturing，ECIM)平台是一个面向数字化、网络化、智能化的研发系统。ECIM 通用平台技术提供了各种电气能源电缆从研发设计制造到研发生产再到制造的全方位流程技术解决模式方案，满足各不同行业燃气电缆设计制造的各种通用技术研发。此外，通过航天云互联网的全球工业信息互联网，可以轻松实现信息整合，世界各地的从接入航天平台的高压生产线到企业、生产线全过程，所有的满载大负荷高压生产线和空余负荷生产线，都一目了然。云管理平台已经能够轻松实现实时协调监测全世界各个云上云下企业的全部云上产业发展过程，监测全部云上云下企业的整体生产人员数量、生产工艺节奏、产品线的实际使用成本情况、消耗成本情况。航天工业云网管理平台实现了对每个企业的生产工艺过程、重要零部件和工艺生产过程的管理，确定生产顺序以及何时进行生产，监控已经生产完成的企业生产节点的组装情况，并及时提示何时更换配件或补充生产资料。此外，它协调了不同生产线的同时生产，并在统一资源配置的基础上不断提高效率，优化资源配置，加强生产线和产品的市场调控和协调，为企业生产流程管理提供了全面支持。

3. 工业软件企业

工业软件一般是指专门应用于工业领域的软件与系统。使用工业软件能够提高工业相关企业在工业制造等方面的水平，并提高工业产品的使用价值。其与普通软件的不同之处在于，工业软件能够随着工业领域的创新发展而不断升级，它是将工业生产中的经验通过长时间的累积与总结并在实际使用中不断更新的产物，工业软件的基础是在工业生产中获得的知识。工业软件自出现以来，长期推动着生产设备向更加智能化的方向转变。经过多年来的不断创新与发展，工业软件也依旧保持着活力，持续不断地更新与完善。

近年来，工业互联网的蓬勃发展大力推动了工业领域向数字化方向转型，万物互联、数据驱动、智能主导、软件定义等新概念渐渐成为工业生产发展新的研究方向，同时也为工业软件市场带来了勃勃生机。海量工业数据的处理与分析、便捷开发与快速迭代和软件云化等需求都需要工业软件企业提供帮助和解决方案。工业软件企业能够借助平台收集数据并进行处理与分析的能力来提高软件性能，进而拓展服务边界。在工业互联网中，工业软件有着非常重要的作用，见图 3.18。在这方面的典型企业有日本发那科公司（FANUC）、美国参数技术公司（Parametric Technology Corporation，PTC）、SAP、甲骨文等。

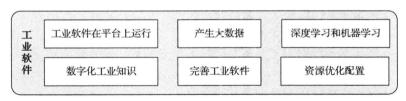

图 3.18　工业互联网平台中工业软件的作用

例如，为发挥人工智能技术在工业互联网操作系统中的价值，实现让现有产品在更多的场景中得到应用，FANUC 在其已有的工业互联网操作系统 Field System 的基础上，积极融合人工智能技术并研发出新的功能，使 Field System 实现人工智能伺服监视和人工智能良莠判断功能，能够实时判断生产线产品与设备是否有问题，进一步计算设备异常度参数的服务，供管理人员参考，助力软件拓展升级。这两项服务是 FANUC 与其合作厂商日本人工智能开发公司 Preferred Networks 合作的结果，人工智能伺服监视服务主要针对生产设备，人工智能良莠判断功能主要针对生产线产品。人工智能伺服监视服务采用深度学习技术，输入为设备正常运行中的机械振动数据，通过与实际运行的机械振动数据进行比较，估计设备异常度，并提供给管理单位参考，以便设备故障前就能在定期停机维修中先行处理异常部位，避免设备临时故障造成全线停工的风险。人工智能良莠判断功能服务则通过影像传感器在线对每个产品拍照，确定产品加工质量，这种技术在半导体产业已开始应用，但机械加工产品的质量判断比较困难。在过去的人工智能产品中，需针对不同类型产品进行微调来避免焊接形状与加工痕迹的误判，而人工智能良莠判断功能采用机器学习的方式训练人工智能进行正确学习，省掉不断微调的工夫，而且只需要使用现有机器人上的影像传感器即可。

PTC 在 Creo 的最新版本中深入融合人工智能技术，可以自动从多个系统设计要求中生成最佳设计，进一步提高了设计效率和准确性，实现 Creo 对尺寸和形状的自动优化。该生成设计分为 0～5 级（0 级迭代启发，1 级互动可制造，2 级部分生成，3 级条件生成，4 级高生成性，5 级完全生成）。此外，PTC 拥有强大的设计与仿真技术，并将这两种技术融合进 Creo Simulation Live 中，在设计阶段将仿真和设计工作融合在一起，降低跨领域技能门槛的同时缩减了跨部门沟通时间。此外，PTC 与 Rockwell（罗克韦尔）共同发布的 FactoryTalk InnovationSuite 打通了研发设计与运营管理之间的壁垒，FactoryTalk InnovationSuite 是带有 Kepware 的工业连接工具和 Vuforia 的 AR 工具的集合，同时也将 Rockwell 的 FactoryTalk Analytics 和制造运营管理（manufacturing operation management，MOM）平台结合在一起并实现了数据之间的通信。基于这些平台的融合，可以实现企业研发设计软件和经营管理软件之间大量数据的采集与交互，从而提升工业企业在设计、仿真、制造等领域的整体性解决方案的应用能力。

SAP 将机器学习、数据智能等技术融合进 SAP Cloud Platform 中，构建 SAP Leonardo 产品体系，并融合了数以百万计的设备数据，推动已有产品体系的智能化创新升级。该产品体系中，SAP Leonardo Bridge 可以整合来自互联网中的实时信息和业务流程，提供从产品到人员，贯穿在业务线与行业间等各种应用场景的一系列企业级端到端解决方案。SAP Leonardo Foundation 涵盖了许多功能强大的服务。用户可以通过采用业务服务和预测算法，来构建数字孪生模型（digital twins）和能够反复多次使用的应用服务，进而更高效地构建物联网应用。通过使用核心技术服务，用户可以对实时产生的大量数据进行快速处理，并通过数据流的形式来传输分析后的结果。这些服务都是在 SAP Cloud Platform 进行交付。SAP Leonardo Edge Computing 可以用来在边缘端收集和处理产生的数据并且不需要考虑连接方式、网络延迟等问题。

以上均是在已有的平台上充分融合人工智能技术，实现对现有产品的创新和升级，同时扩大平台的应用领域，这种模式将成为工业互联网企业发展的新趋势并引领制造业达到生产力和效率的新高度。

4. 信息技术企业

信息技术是主要用于管理和处理信息所采用的各种技术的总称。它主要应用计算机科学和通信技术来设计、开发、安装和实施信息系统及应用软件，也常被称为 ICT。工业互联网的核心是打造一个数据收集和处理的平台，许多 ICT 企业不仅在互联网行业有所发展，在工业领域也有涉足，不仅拥有先进的 IT 技术，还积累了大量工业领域的客户资源，相比其他企业更加了解客户在生产方式上的需要，能够针对制造业公司的关键问题定制解决方案，同时拥有强大的云平台和多种技术支持，在构建带有三大核心层级的工业互联网操作系统中具有得天独厚的优势，如浪潮集团有限公司（简称浪潮）、华为、IBM、微软、思科等。

目前，以工业互联网为核心的"新基建"正将物理世界转变为虚拟数字化世界。面对工业领域越来越需要向智能化方向发展的需求，工业互联网的产生可以很好地将 ICT 与工业领域融合在一起，激发出新的应用模式并在此基础上形成全新的工业体系。

浪潮云洲工业互联网操作系统融合了浪潮本身在智能制造领域的研究和 ICT 方面的经验，使用包括云计算、区块链、大数据和 5G 等新技术，构建以产业间可以互通互联为核心的工业大数据存储分析体系，该体系以标识解析为着力点，通过引领各产业实现方法向更标准的方向发展，推进工业产业向数字化方向发展，将服务功能面向各个产业和企业开放，增进企业之间的交流和共同发展，促进产业协同。

当前我国正大力主张创建工业互联网标识解析体系，浪潮积极响应，将国家标识解析体系与商用密码技术结合，并使用区块链技术存储数据，以保障数据的不可篡改性，生成了基于标识体系的质量码。通过浪潮的云洲质量码平台可以为产品生成唯一标识的"标识码"，由于区块链技术的加入，可以保证"一物一码、一码一址"。该平台能够保证从码的生成、流通到消费，全过程的数据全部有据可查，从而能够在各个过程中共享数据，提升效率并实现所有产品都可以溯源。通过收集过程中产生的数据，为企业提供更丰富的服务与建议。浪潮云与北京泰尔英福科技有限公司、中国联通研究院、重庆忽米网络科技有限公司等数十家生态合作伙伴，签署"数字基建"合作备忘录，合力推进"星火"、"星火·链网"体系建设，助力工业互联网创新发展。浪潮云洲质量码平台的主要应用技术如图 3.19 所示。

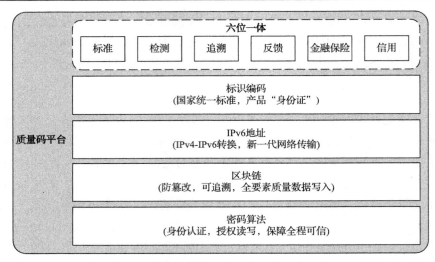

图 3.19　浪潮云洲质量码平台的主要应用技术

　　华为同样积极将信息技术融合进自身开发的平台中，通过 FusionPlant 工业互联网操作系统帮助工业企业构建新的生产模式。华为 FusionPlant 是一个开放性平台，整合了包括芯片、人工智能技术、云服务、5G、边云智能协同计算等多项 ICT。通过将有关技术进行结合，华为开发的 FusionPlant 可以帮助工业企业提高生产效率，提升生产质量，降低生产成本。当前工业企业有五大痛点：①企业间相互连接成本高；②信息孤岛多；③网络不安全；④生产过程不可见；⑤生产智能化水平低。FusionPlant 可帮助企业打破研发地点不同的限制，大幅提升研发效率；打破信息孤岛的现象，帮助企业从过去的维护工作转变为服务工作。四川长虹电器股份有限公司和华为 FusionPlant 工业互联网平台在平台搭建方面进行紧密合作，在多个领域共同探索创新，支持长虹未来构建 2500 机理模型和微服务组件，并开发了大量适用于不同场景的工业应用程序，涵盖了 700 万个智能终端，同时开创了工业互联网的新生态，建设包括四川 90% 以上企业的工业产能地图。

　　IBM 面向制造业的物联网解决方案能够通过行业领先的技术来实现业务转型，打造更智能的资产、认知流程和更智慧的资源。借助 IBM Visual Insights 和 IBM Insights，企业可以使用人工智能技术检查产品的质量，通过与已归类为缺陷的样本对比快速确定缺陷。通过 IBM Watson IoT 服务，可以准确快速地分析大量历史和实时产生的数据，提前发现产品出现的问题并解决。这显著提高了效率和产量，同时降低了成本。IBM Insights 服务可以快速找到产品的缺陷，IBM Insights 还提供 3D 技术，通过该技术可以对产品缺陷的严重程度进行分类。IBM Insights 服务能够通过接触到的多样缺陷种类进行学习从而提高检测的精度。IBM PPA（IBM plant performance analytics）能够从生产设备中收集周期时间、位置信息、参数数据、故障和警告时间等相关数据，并从记录系统中收集设备主数据、企业资产管理(enterprise asset management，EAM)数据和质量管理数据。IBM PPA 对这些数据进行分析，生成预测性见解深入揭示设备可用性和影响设备综合效率(overall equipment effectiveness，OEE)的各种问题。IBM PPA 提供线程可用的行业模型，预测制造工序(如车身焊接、喷涂、冲压和组装)中的具体关键问题。这种行业模型方法有助于加快实施过程，缩短学习周期，更快地实现投资回报。

3.3.3　产业链下游的操作系统用户

　　工业互联网操作系统作为平台，为应用主体提供创新的空间和机会，通过其开放的功能和调用的资源，大大降低了工业应用创新的门槛，为企业进行数字化转型升级提供了帮助，有助于实现平台价值的提升。在工业互联网操作系统产业链下游的应用层中，操作系统用户通过为工业企业提供包含设计、生产、管理、服务等功能在内的业务应用，以及基于平台数据和微服务功能进行应用创新，形成了许多满足不同行业、不同环境需求的工业 App。

　　行业用户(也称垂直领域用户)和第三方开发者作为工业互联网操作系统的两大应用主体(图 3.20)，借助工业互联网操作系统飞速发展的同时，两类用户在使用和创新工业互联网操作系统的过程中，使平台自身的价值得到快速提升。

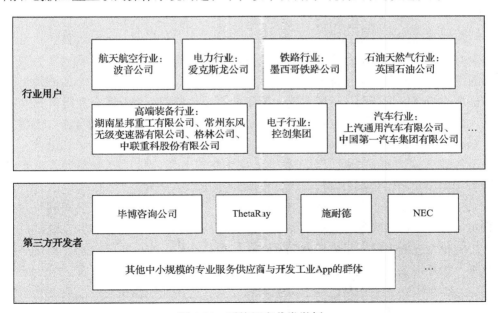

图 3.20　系统用户分类举例

1. 行业用户

行业用户在使用工业互联网操作系统的过程中结合各自领域的工业知识、机理和实践经验进行应用的创新，加快自身数字化转型的步伐。从总体来看，当前行业用户对工业互联网操作系统的应用受限于技术，将来全面实现产业的物联和互联之后[33]，行业用户可以借助具有承载、联合全社会各种资源能力的工业互联网操作系统，进行企业内部组织模式、部门管理流程和商业运营模式等方面的变革与创新，也将实现革新全工业产业链的生产方式、组织架构和管理模式的终极目的。

近几年，工业互联网操作系统在航空、电力、铁路、石油天然气等行业中得到广泛应用，已经取得不错的成果，不仅提升了企业的生产率和能源效率，也在很大程度上节约了能源资源[34]，产生了令人瞩目的经济效益。

在航天航空行业中，波音(Boeing)公司的 787 飞机的制造项目，借助 PLM 系统平台，统筹协调了分散在世界各地的 40 多家直接供应商、数千家的产品供应商和众多的合作伙伴，实现了波音公司有史以来完工最快、造价最低的飞机制造项目。

在电力行业中，美国爱克斯龙(Exelon)公司借助 GE 公司推出的 Predix 平台，对全公司所有的风电、热能、天然气、33GW 核电和新能源的电厂进行了数字化管理。

在铁路行业中，墨西哥最大的铁路运营商墨西哥铁路(Ferromex)公司，设计基于 GE 公司 Predix 平台的 Smart Shopping 组件，实现同时对 100 辆列车为期一周的不间断检测和安全性能测试，确保各项数据的完整科学，为列车的故障排除和日常的检修提供帮助，逐步实现对列车的科学化管理，降低了企业运营成本。

在石油天然气行业中，英国石油(BP)公司与 GE 公司开展各项合作，创建基于 Predix 平台的 POA(plant operation advisor)服务，完成系统的升级和改善，保证设备的可靠性和安全性，对于企业效率的提升和稳定性的改善发挥着重要的作用[35]。

在高端装备行业中，有四个典型的例子。①湖南星邦重工有限公司利用先进的根云平台及智能服务 SaaS 功能[36]，提升高空作业车的信息采集和系统维护功能，借助先进的手段满足多元化的需求，提高高空作业车的工作效率，加快产业发展。②常州东风无级变速器有限公司采用"根云"平台及解决方案，实时了解设备的实时位置、工作状态、维护保养和检测，为企业产品研发、品质改善、生产技术的升级、系统功能的完善提供丰富的理论基础，有效减少设备故障，提高设备的运行效率，降低服务费用，为企业精准营销、精准服务、精准配件管理提供数据支撑及服务。③格林公司作为世界主要的研磨机械制造商，借助西门子MindSphere 创建工业 App 提升系统的各项功能，对于机床研磨效率的提升和精准难度的把握起到关键的作用，并及时对故障进行排除，帮助使用者查找其中的问题。④中联重科股份有限公司为了经营情况、客户信用、集团运营三方面的数据研究，将具有超级计算能力的 SAP HANA 平台和相关的信息复制平台技术 SAP SLT 结合，帮助企业更好地做出决策，应对可能出现的各类风险。

在电子行业中，控创集团(Kontron)结合英特尔公司自主研发的具有互联网功能和数据检测系统的物联网平台，使用嵌入式计算机各项参数和系统运行的机制进行系统功能的完善，依据数据创建研究仿真模型，使用户能够对板卡这一类型的制造装置故障防患于未然，并对其进行预测性的维护。

在汽车行业中，上汽通用汽车有限公司与树根互联技术有限公司合作携手研发出了建立在知识图谱技术之上的工艺诊断专家系统，创建出统一的专家知识库体系，对于生产时产生的问题与相应的解决方案进行积累；创建出更为友好和人性化的用户诊断界面，对问题对应的机理进行快速且准确的定位；创建出长期有效的反馈机制与系统，对推理决策过程与结果进行持续优化；创建出管理知识库的针对性机制，便于管理人员持续有效地管控工艺专家知识库系统。中国第一汽车集团有限公司在引入 OceanConnect 平台之后，获得汽车间的安全可靠连接，有效处理车辆相关信息。此外，平台还为新的汽车业务体系的开发和新型设备设施的集成提供了必要的支撑，能够实时地对不同的数据信息进行有效的剖析与解读。

在进行供给侧结构性改革活动的背景与形势下，能源电力与钢铁水泥等重型工业企业需要持续致力于自身的转型与升级。运用工业互联网与相关的信息体系提升企业整体运转水平，强化竞争实力与竞争优势，逐步发展为其他行业的共识。高端装备、汽车、电子等多个行业目前的信息化基础水平相对较高，很早就开始采用工业互联网技术，一些信息化龙头企业还将技术服务板块积极地运用在不同的行业体系当中。反观建筑建材、矿山开采等行业，尽管这些行业自身的产值规模水平相对较高，相应的信息化建设基础相对薄弱，创新性的信息技术运用强度与深度有待持续提高。

2. 第三方开发者

第三方开发者需要依附于平台来形成应用服务体系，开发出应用在不同行业与场景当中的工业 App[37]，使得平台在面向多元化的工业领域时能够彰显出自身的服务供给能力，为不同企业解决相应的问题，促使制造行业朝着高品质与高水平的方向发展，充分发挥自身价值，创建出建立在工业互联网操作系统基础之上的产业形态。

　　工业 App 主要分为三个不同的层次。第一层次是建立在工业互联网操作系统基础之上的应用型软件体系；第二层次是在第一层次基础上的囊括工业 Know-How 体系的应用型软件体系；第三层次是在对后台系统如 CAD（computer-aided design，计算机辅助设计）、CAE（computer-aided engineering，计算机辅助工程）、CAM（computer-aided manufacturing，计算机辅助制造）、PLM 等进行解耦处理之后，运用服务化的模式，创造出对特定问题能够有效解决的轻量级应用型软件系统。工业 App 中储备了大量的工业专业知识与实践经验，能够有效满足工业类型企业在进行生产与经营活动时数字化应用的多元化需求，是承载工业专业知识与软件系统的关键载体。相关的统计数据结果显示，2020 年，国家对跨行业与领域的国家级别的平台给予了重点与专项的扶持，所培养出来的工业类 App 数量超出了 30 万个。

　　典型第三方开发者企业，如毕博咨询公司（Bearing Point）、ThetaRay、施耐德电气有限公司（简称施耐德）、日本电气股份有限公司（NEC）等。其中，NEC 为商业性质企业、政府部门、通信服务供给相应的信息技术和多样性的网络产品。施耐德主要供给能源与自动化类型的解决方案，为数据中心、工业市场等提供针对性的服务。施耐德依附于 EcoStruxure 平台为罗切斯特医疗中心供给相应的配电设备设施的管理服务，使电力板块的故障问题能够被有效预测和解析，也为康密劳硅锰及电解锰冶炼工厂供给了 EcoStruxure 能效管理与服务的平台系统，创建出集合设备管理、能耗、能源管理等多项功能为一体的组织架构，为生产锰矿时的能耗体系进行了优化。

　　围绕 Predix 平台的创业公司已经初具规模，GE 公司为以下公司提供了展示空间，包括提供工业互联网数据分析的 Bit Stew、提供财务和工控安全的 ThetaRay，以及专门从事航空和轨道运维咨询的 Avitas 等数十家公司。这些公司涵盖着数量众多的咨询体系、软件开发商与集成商等，具有数量庞大的工业型客户群体，依附于 GE 的 APM+Predix 平台，能够为相应的客户供给针对性的工业应用开发与数据解析方案，其中包括 Infosys、Wipro、Accenture、Capgemini、TATA、Tech Mahindra 等国际型企业。这些企业在 Predix 平台的基础上，创建出了数个多元化的应用机制，用于提高工业设备设施整体性能水平，进行预测维修、供应链管理等。

　　由于国内第三方开发者中，中小规模的专业服务供应商与开发工业 App 的群体活跃度依然比较低，近年来，我国运用政策支持的方式，培育中小规模的服务商，促进工业互联网生态体系的创建[38]。

　　如今，工业 App 整体朝着多元化的方向发展，首先，定制化的 App 整体的发展势头相对迅猛，例如，用友网络科技股份有限公司根据脉动生产线自身的属性要求，运用工业互联网操作系统创建出了定制化的专项"e 工卡、电子合格证、智能检验"等数个工业 App 与相应的应用，能够对生产与制造的全过程链条进行追溯，避免出现人员、物料等要素的丢失与遗漏等问题。此外，国内的平台服务企业正在积极地对创新性应用体系进行探索，形成了高品质的通用型工业 App 体系的针对性解决方案，例如基于江苏徐工汉云工业互联网操作系统的设备画像工业 App，能够助力用户实时地对车间各种类型的设备设施整体的运转形态进行了解，收集加工参数与能耗的相关数据信息，端图控股有限公司在运用该 App 之后，设备设施整体的使用率提升了 35%。

工业互联网操作系统使得数量庞大的工业数据信息与相应的机理模型得以有效积累；同时在大数据与人工智能等相关技术的帮助下，能够开展自我学习与创新的活动，使得工业技术体系的周期能够持续缩短；建立在平台基础之上的协同制造、按需定制等创新性模式持续出现，能够对市场体系的动态变化情况做出更为积极与有效的响应，助力行业用户朝着数字化与智能化的方向升级。

以 Pitney Bowes、NEC 为代表的第三方开发者，所储备的制造行业信息服务经验相对丰富，能够助力企业对生产数据信息予以共享，提升了数据信息流动过程的有序性，创造出适用于不同细化的领域的通用型解决方案。工业互联网是数字技术在智能制造领域中的应用，它的发展为各行各业带来了积极的影响，促进了产业转型升级。在面对全行业的数字化转型需求时，不仅需要平台级的支撑，更需要不同行业的合作伙伴共同参与。

工业互联网操作系统是为满足传统制造业向数字化、网络化与智能化转型的需求而诞生的，采用先进的技术手段，如云计算、大数据、人工智能等，构建了基于海量工业数据的采集汇聚与建模分析的服务体系。操作系统能够实现制造资源的泛在连接、弹性供给和高效配置，为制造业提供了全面、高效的服务支持。本章首先介绍了工业互联网操作系统的体系架构，与边缘层、平台层、应用层三大核心层级以及企业工业互联网操作系统、集团企业工业互联网操作系统和跨企业工业互联网操作系统。这些系统可提供数据采集、处理、存储、分析和应用开发等不同级别的功能和服务，满足不同规模和领域的工业应用需求。其次，考虑工业互联网操作系统需要解决的工业机理模型数字化与建模分析、数字工业设备集成互联与高速互联、海量多源数据集成分析与管理、多类工业设备接入与管理，以及工业应用创新与集成实现等一系列问题，介绍了数据集成和边缘处理技术、IaaS 技术、平台使能技术、数据管理技术、应用开发与微服务技术、工业数据建模与分析技术和工业互联网操作系统安全技术。最后，从产业链上游、产业链中游与产业链下游三个角度，介绍了工业互联网操作系统产业发展涉及的多个层次、不同领域的各类主体。

参 考 文 献

[1] 刘虹. 安全视角下的工业互联网平台[J]. 信息安全与通信保密, 2019, 17(2): 26-28.

[2] 宋晓宇, 王永会. 数据集成与应用集成[M]. 北京: 中国水利水电出版社, 2008.

[3] 施巍松, 刘芳, 孙辉. 边缘计算[M]. 北京: 科学出版社, 2018.

[4] 阿里云计算有限公司, 中国电子技术标准化研究院, 等. 边缘云计算技术及标准化白皮书[R]. 北京: 阿里云计算有限公司, 中国电子技术标准化研究院, 2018.

[5] 边缘计算产业联盟, 工业互联网产业联盟. 《边缘计算参考架构 2.0》白皮书[R]. 北京: 边缘计算产业联盟, 工业互联网产业联盟, 2017.

[6] 李博洋. 大规模分布式内存数据库查询引擎加速方法的设计与实现[D]. 成都: 电子科技大学, 2018.

[7] 于培. P2P 模式下云计算面临的挑战与应对机制[J]. 网络安全技术与应用, 2016, (1): 63-64.

[8] 黄洪涛, 武继刚, 郑露露, 等. 面向无线内容分发网络的树形拓扑生成算法[J]. 计算机工程与科学, 2018, 40(12): 2133-2140.

[9] 雷葆华. 云计算解码[M]. 2 版. 北京: 电子工业出版社, 2012.

[10] Mistry S, Fattah S M M, Bouguettaya A. Sequential learning-based iaas composition[J]. ACM Transactions on the Web, 2021, 15(3): 1-37.

[11] 张勇, 郭骏, 刘金波, 等. 调控云平台 IaaS 层技术架构设计和关键技术[J]. 电力系统自动化, 2021, 45(2): 114-121.

[12] 林伟伟, 齐德昱. 云计算资源调度研究综述[J]. 计算机科学, 2012, 39(10): 1-6.

[13] Kappes G, Anastasiadis S V. A user-level toolkit for storage I/O isolation on multitenant hosts[C]. Proceedings of the 11th ACM Symposium on Cloud Computing, New York, 2020: 74-89.

[14] 聂振海. 云计算环境下基于 QoS 的 SaaS 多租户技术研究[J]. 电子技术与软件工程, 2014, (21): 17.

[15] Xu Y, Sun Y M, Wan J F, et al. Industrial big data for fault diagnosis: Taxonomy, review, and applications[J]. IEEE Access, 2017, 5: 17368-17380.

[16] Chen J G, Li K L, Tang Z, et al. A parallel random forest algorithm for big data in a spark cloud computing environment[J]. IEEE Transactions on Parallel and Distributed Systems, 2016, 28(4): 919-933.

[17] Swe T T, Phyu P, Thein S P P. Weather prediction model using random forest algorithm and apache spark[J]. Weather, 2019, 3(6): 549-552.

[18] Chen H W, Chang P Y, Hu Z, et al. A spark-based ant lion algorithm for parameters optimization of random forest in credit classification[C]. The 3rd Information Technology, Networking, Electronic and Automation Control Conference, Chengdu, 2019: 992-996.

[19] Lin W W, Wu Z M, Lin L X, et al. An ensemble random forest algorithm for insurance big data analysis[J]. IEEE Access, 2017, 5: 16568-16575.

[20] Hammou B A, Lahcen A A, Mouline S. An effective distributed predictive model with matrix factorization and random forest for big data recommendation systems[J]. Expert Systems with Applications, 2019, 137: 253-265.

[21] 何欣峰, 钱小军. 基于跳跃表编码的 NoSQL 数据库查询研究[J]. 现代信息科技, 2021, 5(5): 113-117.

[22] 李小华, 周毅. 医院信息系统数据库技术与应用[M]. 广州: 中山大学出版社, 2015.

[23] Schmidt R, Nikaein N. RAN engine: Service-oriented RAN through containerized micro-services[J]. IEEE Transactions on Network and Service Management, 2021, 18(1): 469-481.

[24] 张晶, 王琰洁, 黄小锋. 一种微服务框架的实现[J]. 计算机系统应用, 2017, 26(4): 82-86.

[25] Ebadifard F, Babamir S M. Autonomic task scheduling algorithm for dynamic workloads through a load balancing technique for the cloud-computing environment[J]. Cluster Computing, 2021, 24(2): 1075-1101.

[26] 罗晓慧. 浅谈云计算的发展[J]. 电子世界, 2019, (8): 104.

[27] Babar M, Khan M S, Ali F, et al. Cloudlet computing: Recent advances, taxonomy, and challenges[J]. IEEE Access, 2021, 9: 29609-29622.

[28] Azure[EB/OL]. https://azure.microsoft.com/zh-cn/. [2022-07-19].

[29] Pivotal[EB/OL]. https://www.vmware.com/cn/company/pivotal-announcement.html. [2022-07-19].

[30] VMware Cloud Foundation[EB/OL]. https://www.vmware.com/cn/products/cloud-foundation.html. [2022-07-19].

[31] 楚俊生, 张博山, 林兆骥. 边缘计算在物联网领域的应用及展望[J]. 信息通信技术, 2018, 12(5): 31-39.

[32] Hao R Y, Cheng Y P, Zhang Y, et al. Manufacturing service supply-demand optimization with dual diversities for industrial internet platforms[J]. Computers & Industrial Engineering, 2021, 156: 107237.

[33] 王霞, 刘皓若. 面向智能制造的工业互联网的应用及发展[J]. 信息系统工程, 2020, (11): 29-30.

[34] Zhou Z C, Gong G J, Cheng W, et al. Design of intelligent energy service system based on industrial internet[J]. IOP Conference Series: Earth and Environmental Science, 2021, 696(1): 012009.

[35] 余晓晖. 工业互联网展现了巨大的应用前景和赋能潜力[J]. 中国经济周刊, 2020, (9): 19-20.

[36] 王云侯. 数字化的底层基建: 工业互联网[J]. 中国投资, 2020, (Z3): 41-43.

[37] 刘帅, 黄洁, 王睿哲, 等. 我国工业互联网平台发展核心内涵、应用价值与产业现状[J]. 中

国信息化, 2020, (6): 91-94.

[38] 李勇坚, 丰晓旭, 李坚飞. 工业互联网推动经济高质量发展的实施路径[J]. 黑龙江社会科学, 2020, (3): 54-59, 160.

第 4 章 工业互联网标识解析

工业互联网标识解析体系是工业互联网的重要组成部分，是实现工业互联网互联互通的神经中枢，解决了工业领域中数据异构性、数据分散性以及数据应用的问题，促进工业生产的数字化、网络化和智能化发展。本章从标识解析体系角度出发，分别从工业互联网标识解析体系概述、体系架构和面临的挑战进行全面的综述与分析。

4.1 工业互联网标识解析概述

工业互联网的概念最初由 GE 公司在 2012 年提出，并由美国五家高科技企业联手组建了 IIC[1]进行推广。同样，为了加快我国工业互联网的建设，在 2016 年由工业、信息通信业、互联网等领域的上百家单位共同发起成立了工业互联网产业联盟(AII)[2]。IIC 和 AII 的成立有着共同的目的，那就是推动和加速全球工业互联网的建设。对于工业互联网本身而言，其目的旨在通过新一代网络信息技术，如 5G、边缘计算、物联网、云计算、人工智能等，实现全球范围内的人-机-物(包括工业设备、流水线员工、工厂、供货商、仓库、产品和用户)高度互联互通，进而通过共享工业生产线上的相关数据和资源，不断提高工业控制网络的自动化、网络化与智能化程度来优化整体运维效率和成本[3]。

以高度互联互通的工业互联网为基础，出现了包括智能化生产、网络化协同、规模化定制和服务化延伸在内的诸多新型智能工业应用场景。然而，工业互联网人-机-物高度互联互通本质上是各方面数据的互联互通[4]。为了支持工业数据在流水线各部分之间安全有效地流动，标识解析技术必不可少。为此，AII 单独成立一个标识工作组，主要负责对标识解析体系的架构与关键技术、相关法律法规政策、网络治理手段，以及标识产业和生态环境进行研究，同时与企业进行对接，根据企业具体需求来搭建对应的工业互联网标识解析平台，进而推动标识解析系统朝着集成应用与产业创新的方向不断发展[5]。

对于工业互联网而言，网络是工业数据流动的基础，而标识解析是工业网络的基础[6]。因此，工业互联网标识解析系统[7]是整个工业网络互联互通的重要组成部分，可以看成工业互联网的"中枢神经"。通过工业互联网标识解析系统，工业互联网才能实现工业流水线各环节信息互通和产品全生命周期管理。工业互联网标识解析系统通过给每一个对象赋予唯一标识(即由数字、字母等按照一定规则所构成的字符串),同时借助工业互联网标识解析技术,实现跨地域、跨行业,以及跨企业的工业信息查询、搜索与共享[8]。

工业互联网标识系统的作用类似于互联网领域的域名系统(domain name system,DNS)[9],主要针对工业产品、实体对象或者物品的命名来提供对应的地址解析和查询能力。二者所面对的领域和具备的功能不尽相同。首先,DNS面向传统的互联网领域,而工业互联网标识解析系统针对工业互联网领域,数据流量更大、对象范围更广、控制粒度更细、解析功能更丰富、异构特性更强、安全隐私要求也更高。其次,DNS以主机为中心,提供域名地址和网络地址之间的转换功能,而工业互联网标识解析系统则以人-机-物和内容为中心,提供标识名称与实际数字对象之间的转换功能[10]。尽管如此,对于百废待兴的工业互联网标识解析系统而言,已有DNS的研究基础和积累也能起到很好的指导和启示作用。基于这点考虑,全世界范围内兴起了两条针对工业互联网标识解析系统的研究之路:基于改良DNS的路径和完全革新的路径[11]。

目前,全世界范围内存在多套工业互联网标识解析体系,包括我国自主研发和维护的物联网统一标识编码(entity code for IoT,Ecode)[12]技术和国家物联网标识管理公共服务平台(NIoT)[13]、多纳(DONA)基金会的基于句柄的标识解析技术(Handle)[14],以及ISO制定的对象标识符(object identifier,OID)技术[15]、东京大学的泛在识别(ubiquitous identifier,UID)技术[16]等。这些已有的工业互联网标识解析技术都可以被归纳到前面提到的两条技术路线中,例如,Ecode和OID就属于改良DNS的技术路线,而Handle属于完全革新的技术路线。然而,一方面,基于改良DNS的标识解析技术以DNS为基础进行扩展,其部署和实现都相对容易,但是由于缺少针对性,所提供的解析服务无法完全满足工业互联网的需求[17]。另一方面,完全革新的标识解析技术需要重新根据工业互联网的特性进行设计,从架构上摒弃了传统DNS对于工业互联网支撑不足的问题,但是一切重新开始的策略使得这条技术路线的成本十分高昂,部署周期十分漫长[18]。因此,工业互联网标识解析体系仍然有待深入研究。

对工业互联网标识解析体系的基本概念与定义可以分为主要术语、标准活动和标识解析体系范例。下面分别对这三方面进行阐述。

4.1.1　主要术语

标识作为工业互联网标识解析系统最重要的研究内容之一,围绕这个概念衍生出了诸多术语,如图4.1所示,本节分别对它们进行简要介绍。

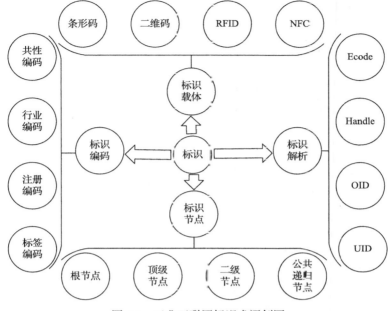

图 4.1　工业互联网标识术语例图

1. 标识 (identification)

标识指的是用于识别工业产品、零部件或者实体对象等的名称标记，其具体表现形式为一串由数字、字母和符号所构成的字符串，该字符串通常需要包含产品的产地、类型、批号、工厂等信息[19]。工业互联网标识面向工业领域，通过提供唯一的标识来实现全球工业信息数据的查询和共享。

2. 标识编码 (identification code)

标识编码是在全球范围内实现任意工业产品的唯一"身份证"（即标识），通常由前缀和后缀两部分组成。其中，前缀用于唯一识别标识的企业主体，后缀则用于唯一识别标识的具体对象。根据实际情况可以将标识编码划分为共性编码、行业编码、注册编码和标签编码，广泛覆盖家用电器、船舶、汽车制造、集装箱等行业和领域[20]。

3. 标识载体 (identification carrier)

标识载体指的是用于承载标识编码的标签或者设备，如条形码、二维码、射频识别 (radio frequency identification，RFID)、近场通信 (near field communication，NFC) 等。通常，根据这些标识载体是否支持与标识读写设备进行交互又可以被划分为主动标识载体和被动标识载体[21]。条形码、二维码、RFID 和 NFC 均属于被动标识载体，主动标识载体包括通信模组、电话卡、终端设备等。

4. 标识节点（identification node）

标识节点是整个标识解析系统的基础设施，主要用于提供最根本的标识解析能力。根据节点所处的层次，可以划分为根节点、顶级节点、二级节点和公共递归节点[22]。根节点是处于最顶层的位置，主要面向全球提供根区数据管理和根解析服务；顶级节点位于根节点之下，主要面向国家起到国际互联和国内统筹的作用；二级节点位于顶级节点之下，主要面向企业提供标识注册和解析服务；公共递归节点也位于顶级节点之下，主要面向服务并通过缓存等技术手段提升服务性能。

5. 标识解析（identification resolution）

标识解析指的是根据标识编码规则和所使用的标识载体技术来对标识进行解析，从而得到面向实体对象的数字地址，以实现全球范围内的工业数据信息共享以及工业产品定位的目的[23]。目前，全球范围内已经出现了诸多标识解析体系，包括我国自主研发的 Ecode 体系、Handle 体系、OID 体系和 UID 体系等。

4.1.2　标准活动

工业互联网标识解析是一门综合性技术，发展至今，已经出现了大量的支撑技术和标准化活动。本书将其相关的部分主要历史事件和标准化活动进行汇总并按照时间先后顺序展现在图 4.2 中。

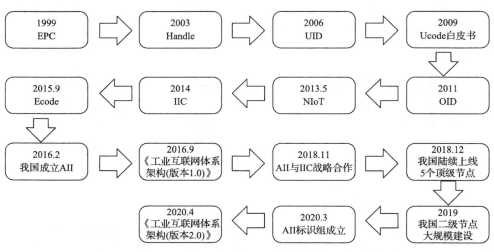

图 4.2　工业互联网标识解析主要事件历程

工业互联网的标识研究最早可以追溯到 1999 年，由美国麻省理工学院的一位教授首次提出了产品电子代码（electronic product code，EPC）[24]的概念，其主要目的在于通过 RFID 电子标签和互联网为每一件产品建立全球化和标准化的标识程序，进而实现全球范围内的产品跟踪与追溯。麻省理工学院联合宝洁、可口可乐、沃尔玛等公司共同开启了 EPC 发展计划，并于 2003 年完成了相关的技术体系建设和应用测试。同年，IETF 于 RFC 3652[25]中提出了 Handle 技术，并持续更新至 2015 年。众所周知，Handle 是一项革新式的工业互联网标识解析技术[14]，然而，其提出的时间（2003 年）却远在工业互联网的概念产生之前。其主要目的提供一套通用的全球命名服务体系，以便于在互联网上提供安全的命名解析和管理服务。这项技术发展至今才被修改用于实现工业互联网的标识解析。在 Handle 的概念提出三年后，日本的东京大学也提出了 UID 技术[16]，旨在连接室内和室外所有物体的泛在技术。为了实现这种泛在技术，日本于 2009 年发布了《Ucode 白皮书》。Ucode 可以看成一种标识编码技术，用于唯一标识现实世界中的物体和地点的一套体系，通过将相关信息与对象进行关联，从而能够使用 Ucode 提供的函数进行快速检索和解析。类似地，ISO 于 2011 年制定相应的 OID 技术[15]，它主要包括两个不同的过程，即通用型解析过程和特定应用型解析过程。其中，前者基于 DNS 服务器来提供通用型的解析服务，后者则基于特定的应用服务器来提供应用依赖型的解析服务。有了大量的研究积累之后，五家美国高科技公司联合成立了 IIC，旨在通过标识、认证、测试和推广实践等手段来加速工业互联网的发展和落地。

4.1.3　解析体系范例

工业互联网标识解析体系分为 DNS 改良型和完全革新型，根据这两种标识解析体系类型，本节将对三种主流的标识解析体系（Ecode、OID 和 Handle）进行阐述和介绍，其基本信息如表 4.1 所示。

表 4.1　标识解析体系范例对比

名称	标识体系类型	标识组织机构	标识编码结构	标识分隔符号	标识解析方式
Ecode	DNS 改良型	中国信息通信研究院	$\overline{V}$+NSI—MD	—	迭代
OID	DNS 改良型	ISO/ITU	Unicode 标签	空格、斜线、点	递归
Handle	完全革新型	IETF	全局前缀+本地后缀	斜线、点	迭代

1. Ecode

Ecode[12]是我国自主研发的、具有完整编码方案和统一数据结构的适用于物联网和工业互联网的标识体系。与众多其他标识编码体系一样，Ecode 定义了标识的编码规则、对应的解析架构和具体的解析方案。尽管如此，它对外也具有一定的兼容性。例如，Ecode 在硬件方面可以支持条形码和二维码等异构标识载体，在应用方面也能够兼容 Handle 等其他国际主流的标识编码体系。Ecode 的标识编码结构可以简单表示为 V+NSI+MD，其中：V（version）表示版本号，用于描述当前 Ecode 的版本；NSI（numbering system identifier）表示标识体系代码，用于描述当前使用的是哪一套标识编码体系（如 Handle、OID 等），是实现标识体系兼容的重要字段之一；MD（master data code）表示主码，用于描述物体具体的编码，但其具体长度和结构都需要由 NSI 来确定。Ecode 是 DNS 改良型，它采用了层次编码结构，由多重字段（可能包括版本、编码结构、出厂地址、日期等信息）构成。然而，根据 MD 中所包含的字段信息是否具有语义可以将其对应的解析方式划分为针对标识结构的解析和通用的解析过程，前者的主码中包含厂商等语义信息，而后者的主码中则没有。

从 Ecode 整体的解析结构上来看，它包括四部分：客户端、标识体系解析服务器、编码结构解析服务器和主码解析服务器。解析的过程可以分为以下三个步骤：①客户端首先向标识体系解析服务器发起解析请求，标识体系解析器会将接收到的 Ecode 标识编码拆分为 V、NSI、MD 三部分，再按照一定规则从 V 和 NSI 中解析出标识识别域名，并返回给客户端；②客户端将标识识别域名+MD 发送给编码结构解析器，请求对主码进行解析，根据预先存储的转换规则，将标识域名+MD 转换为主码域名，并返回给客户端；③客户端将主码域名解析请求发送给主码解析器，由主码解析器将最终的解析结果返回给客户端，至此完成 Ecode 的全部解析过程。前面提到过，Ecode 的解析方式有两种，其解析过程的区别在于通用解析不需要进行编码结构解析。尽管如此，Ecode 标识编码的注册、申请、回收等流程仍然需要进一步规范，一方面需要保证 Ecode 分配给每一个实体编码的唯一性，另一方面也需要保证标识编码的可靠性和安全性。

2. OID

OID[15]标识解析体系属于 DNS 改良型，由 ISO 和国际电信联盟（International Telecommunication Union，ITU）联合提出，其目的在于实现全球范围内各种类型实体对象的无歧义识别。OID 通过屏蔽底层基础设施，来实现和其他标识解析体系的兼容。具体而言，OID 能够兼容三种标识编码方案，分别为传统标记法、点标记法和对象标识符国际资源标识符（OID internationalized resource identifier，OID-IRI）标记法。前两种标识编码方案从 20 世纪 80 年代开始一直沿用至今，编码格式上也有所区别。例如，传统标记法以空格进行分隔，而点标记法以点进行地址分隔。除此之外，对于传统标记法而言，其标记命名格式主要由数字和字符构成，包括纯数字、纯字符，以及数字和字符组合。纯数字格式的标记法检索速度较快，但是无法通过数字命名得出直接意义，因此对于用户识别和认知较为困难。纯字符格式的标记法仅仅适用于少数顶层命名空间，因为顶层命名空间的实体对象数量相对较少，可以不必使用数字进行区分。因此，采用数字与字符进行组合的方式应用范围最广，主要原因在于其具有较好的可理解性，同时也兼顾了检索和查询的速度。但是需要遵守字符在前、数字在后的命名规范。对于点标记法而言，它主要采用纯数字的命名格式，即传统标记法的第一种命名格式，其区别在于它们用于分隔不同命名空间的符号不同。对于 OID 而言，目前普遍使用的是 OID-IRI 的标识编码方式，它使用斜线分隔命名空间，标识均采用通用的 Unicode 标签标准，因此具有较好的可读性和通用性，但同样也面临安全问题。

OID 采用层次化的标识解析结构，因此，它主要采用递归的方式来进行标识解析，即 OID 解析系统(OID resolution system，ORS)。由于其以 DNS 为基础，ORS 架构中分别包括应用程序、ORS 客户端、DNS 客户端和 DNS 服务器。首先由应用程序向 ORS 客户端发送标识解析请求，ORS 从请求中解析出服务 DNS 的合格域名并将其转发给 DNS 客户端进行二次解析，DNS 客户端根据域名查找 DNS 服务器，最后将获得的结果返回给 ORS 客户端，并由 ORS 客户端最终返回给应用程序。因此，整个解析过程可以看成 OID 和 DNS 共同合作的结果，但这同时也意味着 DNS 服务器除了需要解析由 DNS 客户端发起的请求外，还需要承担来自 OID 的解析请求流量，这就极易导致 DNS 负载过重而影响正常网络运行。

3. Handle

Handle[14]技术不使用 DNS 服务，它属于完全革新型的网络标识服务系统，旨在为全球范围内的实体对象或者应用提供通用的标识服务。Handle 总共分为三层：全局 Handle 注册表(global handle registry，GHR)层、本地 Handle 服务(local handle service，LHS)层和服务器集群层。其中，GHR 层负责全局管理，包括命名空间分配、前缀标识分配等，而 LHS 层则负责进行本地的业务管理，包括本地命名空间和编码。服务器集群则用于响应请求和实现负载均衡。与 OID-IRI 类似，Handle 也采用层次化的标识结构，并使用斜线分隔顶层命名空间。由于 Handle 的标识被划分为前缀和后缀两部分，因此斜线符号主要用于分隔前缀和后缀。当进入到本地命名空间之后，便采用点符号进行分隔。

由于 Handle 不使用 DNS 服务，其整体的标识解析架构相对就比较简单，主要由 Handle 客户端、GHR 模块和 LHS 模块构成。首先由 Handle 客户端向 GHR 模块发送标识前缀解析请求(全局层面)，从而获取到该标识前缀所对应的本地服务站点信息。然后，根据实际的情况选择合适的本地服务站点(即 LHS)发起标识后缀请求(本地层面)，LHS 模块通过查询数据库将检索到的结果返回给 Handle 客户端，进而完成整个标识解析的过程。尽管如此，Handle 自定义的标识命名和解析方式使得它目前存在和其他主流标识解析体系（如 Ecode 和 OID）完全兼容的问题。

4.2　工业互联网标识解析体系架构

本节将工业互联网标识解析系统划分为五个层级，分为标识基建层、标识编码层、标识解析层、标识数据层和标识应用层，下面分别针对这五层进行具体阐述。

4.2.1　标识基建层

工业互联网标识基建层主要由国际根节点、国家顶级节点、行业二级节点、公共递归节点和其他节点构成，整体采用分层分级的部署形式来为标识解析提供不同粒度、不同范围的基础设施服务。如图 4.3 所示，国际根节点处于最顶层，国家顶级节点其次，最下面则是行业二级节点，整个体系自顶向下提供标识解析服务[26]。

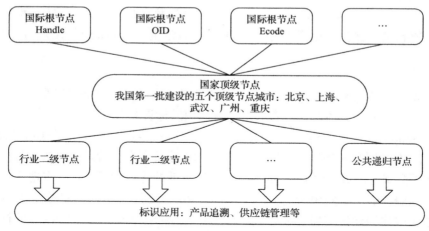

图 4.3　工业互联网标识解析体系基建层次结构图

1. 国际根节点

国际根节点是整个工业互联网标识解析体系最高层次的服务节点，因此相对于国家节点和其他节点具有最高的权限，其目的在于向全球范围内不同国家和地区的业务提供根级别的标识数据管理和解析服务。目前全世界已经建立了多个根标识节点，主要采用多组管理者（multi-primary administrator，MPA）的模式来进行管理。以 Handle 为例，DONA 基金会成立了 9 个 MPA 来对 Handle 根区节点进行共同管理。除此之外,DONA 基金会预计在将来逐步完善现有的 Handle 标识体系,同时提供对其他国际主流标识体系的兼容(包括 Ecode、OID、UID 等)。在此基础上,不断规划和建立新的国际根节点以满足世界范围内的服务需求。对于任意标识体系而言,其框架结构下的每一个国际根节点应该具有平等的服务权限和管理能力,同时也支持独立对外提供标识解析服务。2014 年,国家工业信息安全发展研究中心联合北京诸多科技公司共同成立了 DONA 基金会在我国的 MPA 联合体,旨在推动我国的工业互联网标识体系和数字对象体系架构(digital object architecture, DOA)的建设。其中,我国负责管理的根标识以 86 和 108 数字作为前缀,其任务在于进行我国 Handle 根节点的管理、建设、运营,以及二级节点建设和应用推广等。

2. 国家顶级节点

国家顶级节点是一个国家内部顶级的标识服务节点,面向国内各种类型的业务提供顶级标识解析服务。同时,也是标识解析系统在国家内部得以运行的重要基础设施。从功能上看,国家顶级节点是标识解析体系为我国工业互联网标识解析体系的发展提供标识注册、标识编码、标识读写、标识解析等重要服务。从所处的位置层次上看,国家顶级节点既要各类国际根节点保持互联互通,又要对接国内的各种行业二级节点和其他标识服务节点。因而,国家顶级节点是工业互联网标识解析体系的中心支柱。2018 年,在我国五个城市同时部署了国家顶级节点,这些节点可以提供根区数据管理和解析服务,促进我国标识解析体系的建设和发展。除此之外,为了防止故障和意外灾难的发生,我国还在贵阳和南京分别搭建了两个备份顶级节点,从而确保在主要顶级节点发生故障时不会影响提供正常的标识解析服务。国家顶级节点的建立对于推动行业二级节点的建设和标识应用的发展有着重要意义,同时也能够加速传统工业产业的转型和升级,加快新兴产业的发展。

3. 行业二级节点

行业二级节点通常指的是面向行业的公共标识解析服务节点,这类节点为行业内的各种应用或者业务提供对应的标识注册与解析等服务。从整体标识基建层次结构而言,行业二级节点不仅需要与上层国家顶级节点对接,也需要连接下层高度异构的平台、工厂、企业等。由此基于行业二级节点衍生出许多工业应用,包括智能监测、故障诊断、设备维护等方面。因此,作为推动标识产业应用大规模发展的重要内容,行业二级节点的安全性和稳定性对于打造一个可持续发展的行业级标识体系极其重要。然而,为了实现以上重要使命,这就要求二级标识节点至少具备几方面能力:可靠性达到 99.999% 以上、支持双协议栈、安全性必须得到保障(包括身份认证、访问控制、网络攻击等)。另外，为了避免行业二级节点成为网络中的"信息孤岛"，行业二级节点需要与顶级节点保持互联互通，通过数据同步形成统一的标识解析结构拓扑，进而保证标识解析最后能够定位到正确的二级标识节点。

4. 公共递归节点

公共递归节点是工业互联网标识解析体系的关键入口节点，其目的在于提供标识查询和访问入口等服务。通常情况下，递归节点接收到来自客户端的标识解析请求时，首先会查询本地缓存表，检查是否存在匹配的解析结果。如果能够查找到，则直接返回解析结果。否则，该节点会以递归的方式沿着标识解析服务器返回的查询路径进行深度搜索，直至找到标识请求的关联地址或者关联信息，最后将该结果返回给用户[27]。由于公共递归节点具有一定缓存能力，现有研究通过设计多样化的缓存算法[28](如流行度高优先、最近访问优先、最多访问优先等)来提高标识解析请求在缓存中的命中率，进而避免额外的开销和能耗。

4.2.2 标识编码层

工业互联网标识编码层的主要任务是对产品标识的编码格式进行规范化处理，包括标识编码概念、标识编码规则、标识编码分配、标识载体管理等。

1. 标识编码概念

众所周知，工业互联网标识是用于唯一识别机器、设备、产品等的身份符号，而标识编码是实现"唯一识别"的技术手段，主要包括对标识进行编码格式的规范化处理，如标识编码的数据结构等。对于 DNS 而言，主要通过域名的编码来识别网页。而对于工业互联网标识编码而言，它可以识别的范围更加广泛，包括像产品、设备这样的物理实体或者是像算法这样的虚拟实体[29]。另外，从广义上看，目前主流的标识编码方案有 Ecode、Handle、OID、UID，它们之间的编码格式不尽相同，例如，OID 支持使用空格进行分隔，而 Handle 则不支持。然而，为了实现全球范围内的标识兼容，这些方案又同时提供了和其他标识系统相对应的接口，例如，我国自主研发的 Ecode 标识编码体系就提供了一个 NSI 字段，用于判别当前的标识编码体系属于哪一类，并为之提供相符的编码服务。

2. 标识编码规则

工业互联网标识编码最重要的特征之一是需要保证标识的全局唯一性，即在其所在的命名空间内不与其他标识发生重复或冲突。而为了保证标识的唯一性，需要对标识编码的格式进行统筹规划。例如，Handle 以全局前缀+本地后缀的格式来设计标识编码，而 Ecode 则以 V+NSI+MD 的格式来设计标识编码。除此之外，为了满足工业互联网的快速发展需求，标识编码还需要遵循兼容、实用和可扩展等规则。对于兼容规则而言，标识编码的设计需要与国内外主流的编码标准保持一致，从而保证标识编码设计的继承性和延续性，以满足不同标识系统之间共享数据的需求。另外，由于工业互联网本身面向企业，需要根据企业信息化建设过程中的实际情况，设计出符合企业认知的合理有效的标识编码结构。在进行标识编码设计时，同样也需要预留适当空间，从而保证该编码体系能够根据需要进行不断的扩展。从标识结构上而言，需要尽量以简单为主，在此基础上，设置必要的校验位以保证标识编码的安全性[30]。

3. 标识编码分配

工业互联网标识编码分配通常由具有相应授权的组织或机构负责，其主要职责是实现对工业产品和设备的一致规划和调度，涵盖标识的申请和分配、使用情况和寿命周期、有效性和关联信息等方面。通常而言，标识编码管理遵循着自顶向下的分配思路[31]。最顶层的根节点由国际标识体系（如 Handle 和 Ecode 等）管理机构分配一段标识命名空间给下一级国家单位。获取到根节点分配的标识命名空间之后，国家政府主管部门和相应的标识管理机构可以对具体的国家节点进行标识分配的授权，例如，我国第一批授权的国家标识节点就包括北京、上海、重庆、武汉和广州。标识编码分配任务传递到下一级的标识节点，具体可以分为行业和企业两种情况，即行业标识服务机构和企业标识服务机构。面向行业的标识节点考虑的通常是跨企业的标识分配问题，而面向企业的标识节点则侧重于本企业内部的标识分配问题。遵循这一系列自顶向下的流程，最终形成一套完整的标识分配管理系统。该系统收到来自标识注册机构的请求之后，就会由本地行业或者企业标识分配机构为其提供服务。如果本地标识分配机构处理不了，则将请求递交给上一级机构，上一级机构提供一定授权之后再由本地标识分配机构进行处理。

4. 标识载体管理

工业互联网标识载体是指用于承载标识编码的各种物理形式的载体，包括但不限于标签、设备、平台等。根据载体是否支持与标识读写器进行交互，可以划分为主动标识载体和被动标识载体。主动标识载体通常嵌入在工业设备内部，通过网络接入能力来主动向标识服务器发起请求。而被动标识载体一般是依附在设备或者产品的表面，以标签的形式存在，便于相关读写设备进行读取。因此，对比可见，被动标识载体的安全性没有主动标识载体的安全性高，但其成本低，更加适合承载数量多但是价值低的工业产品标识。标识载体的不同，导致标识读写设备的不同。常见的标识读写设备就包括条码读写器（一维或者二维条形码）、

RFID 读写器(RFID 标签)、NFC 读写器(NFC 标签)等。目前,标识载体的形式越来越多样化,面积也越来越小,性能也越来越智能,出现了大量的标识载体相关的标准,而这些标准并未形成统一的规范,进而导致多标识载体标准共存的情况长时间存在[32]。

4.2.3　标识解析层

工业互联网标识解析层旨在通过解析工业设备或产品的标识来查询产品的信息,从而指导产品的全生命周期管理和全球供应链服务,具体过程包括标识注册、标识解析、标识查询和标识认证。

1. 标识注册

工业互联网标识注册指向负责标识管理和分配的机构(一般是行业或者企业级的机构)申请相应的标识编码,同时将注册得到的标识与产品或者设备相关的信息进行关联,相关联的信息贯穿于标识的全生命周期管理过程中,且存储于特定服务器或者特定地点。在我国发布的《工业互联网发展行动计划(2018—2020 年)》任务书中,提出了"标识解析体系构建行动",其目标旨在 2020 年内建成 5 个左右的国家顶级标识节点和 10 个以上的公共服务标识节点,同时实现国内标识注册量超过 20 亿。就现状而言,我国已经超前完成这些目标。例如,2020 年 9 月在武汉召开的工业互联网标准讨论会议上就确定了在汉进行注册的工业互联网标识量已经超过 11 亿。另外,标识的注册还需要提供对注册信息进行变更、认证、查询和统计等服务功能。

2. 标识解析

工业互联网的标识解析过程类似于互联网的域名解析过程,其本质在于通过解析产品标识来直接或者间接获取相应的信息,如产品的产地或者生产日期等。标识作为物理或者虚拟对象的接入口,可以通过对其进行解析来将这些对象与丰富的数据关联起来,实现物理或者虚拟对象的全球精准定位与信息查询,进而形成支撑全球供应链系统与工业生产系统的标识解析体系。根据不同标识体系的特点,可以将具体的解析过程划分为迭代和递归两种类型[30]。如图 4.4(a)所示,迭代解析方式主要由标识解析发起方不断向各级标识节点(本地标识解析节点、国家顶级标识解析节点和国际根标识解析节点)发起请求,直至获得解析的结果。对于递归解析方式而言,同样也由标识解析发起方提出请求,但其只需要进行一次请求即可,中间的查询和解析过程均由对应的服务器来完成,最终将解析的结果反馈给标识解析的发起方,如图 4.4(b)所示,用户首先向本地标识解析服务器发送解析请求,如果能够得到解析结果,则直接返回给用户,否则由本地标识解析服务器向国家顶级标识解析服务器发起请求，如果国家顶级标识解析服务器能够解析出结果，则将结果返回给本地标识服务器，进而本地标识服务器反馈给用户，否则进一步将请求发送给国际根标识解析节点进行处理。

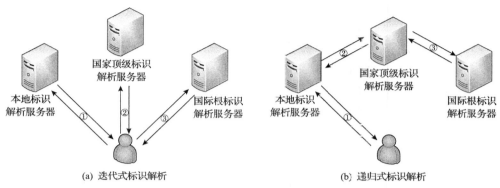

图 4.4　工业互联网标识解析方案

3. 标识查询

工业互联网标识搜索的目的在于根据工业产品标识获取相关联的信息，如产品出厂日期、厂家、生产地等。首先，从技术上而言，一方面可以借鉴 DNS 的搜索与查询机制，建立起工业标识与地址或者产品信息之间的映射关系，然后采用递归或者迭代的方式进行查询。另一方面可以通过采用搜索算法或者搜索引擎来实现标识查询。对于工业互联网而言，不管基于哪种查询技术，都需要有对应的辅助措施，即相应的监测或者感知设备。标识解析系统既可以根据监测得到的数据更新标识的关联信息，又可以基于监测得到的实时地址来建立网络通信，从而完成支持移动性的标识解析过程。从目的上而言，根据查询得到的结果信息来指导工业互联网标识解析体系的相关应用，例如，基于产品地址信息来实现定位和产品的全生命周期管理。

4. 标识认证

工业互联网标识认证与标识载体有着紧密的联系。前面介绍过，标识载体包括条形码、二维码、RFID 和 NFC 电子标签等，通过将这些标识标签内置于芯片、通信模组或者操作系统内部来实现对物体的唯一标识。然而，对于产品制造商而言，这些电子标签(尤其是被动载体标签)的安全性往往令人担忧。因此，产品制造商联合产品用户建立了一套三方(即产品制造商、产品本身和产品的用户)关联的认证机制，并将其共同置于产品内部来保证唯一标识的安全性。为了保证对智能产品进行有效的防伪认证，这种三方联合认证机制需要考虑两方面因素。首先，需要制定完整的认证结构以保证三方在共享数据时身份可信和数据可信。其次，需要打造安全可控的基础生态环境，这就包括电子标签读写器、网络中间件等具有标识存取功能的关键软硬件设施，以提供可靠和有效的关键标识认证技术。

4.2.4　标识数据层

工业大数据是工业互联网的核心，而标识数据层位于服务标识应用层和标识解析层之间，它作为整个标识解析体系的核心层之一，主要通过在各层之间共享数据来实现各层之间的联通，其具体功能包括标识数据采集、标识数据存储、标识数据处理和标识数据应用。

1. 标识数据采集

工业大数据是工业互联网应用的基础，通过标识载体对关联数据进行标记，进而支持对工业互联网数据的实时采集。然而，由于当前标识载体种类繁多，且不兼容工业互联网标识，因此需要对其进行适当改造来促进标识数据的健康采集。但这种现状也导致标识数据采集面临异构和可信的问题，需要进一步规范工业互联网数据采集流程，同时对制造商、运营商、服务商等各方面的信息进行融合。该过程中的难点在于如何避免数据采集过程中所涉及的数据安全和数据隐私问题[31]。特别是当深入到工厂现场进行数据采集时，往往同时面临着采集速度慢、周期长和成本高的问题。传统工业互联网的设备端口数据转发率低下，是否能够支持高频数据采集也是标识数据采集所面临的重大问题之一。除此之外，由于不同的工业数据所归属的主体和结构等都不尽相同，需要针对不同类型的数据设计不同的采集方案。

2. 标识数据存储

工业互联网规模庞大的设备数量导致工业数据总量呈现指数增长的态势，这些海量工业数据通常被保存在工业互联网数据中心。作为工业标识数据的存储中心，数据中心包括数据库服务器、备份服务器、存储集群、交换机、防火墙等硬件在内的所有设备相互协作共同提供安全可靠的标识数据存储服务。具体而言，数据库服务器主要提供对标识数据的规划和管理操作，包括标识数据的增加、删除、查找、修改、统计等功能。然而，由于工业产品不同生命周期内所产生的标识数据通常被存储在不同的位置，需要针对这种情况设计不同的分布式标识数据查询方案。备份服务器主要进行标识数据备份，以防止不可控灾难发生所导致的主标识数据丢失问题。基于标识数据的时效性考虑，备份服务器需要周期性地同步存储集群中的标识数据。存储集群则作为主要的标识数据的存储设备，支持根据实际情况进行的扩容和收缩操作。鉴于工业数据结构的高度异构，需要为标识数据的存储提供统一的抽象，从而屏蔽标识数据的异构细节。交换机构建的网络用于实现工业互联网数据中心内部的标识数据高效传输，而防火墙从一定程度上阻止外部网络对于标识数据的破坏。

3. 标识数据处理

工业互联网标识数据的常见处理功能包括对标识数据进行查询与统计，进而获得标识数据的映射信息与关联信息。此外，通过查询标识的实时使用情况，也可以进一步指导和优化工业互联网标识的分配工作。目前，工业互联网的主要目标之一是共享工业标识数据进行智能协作生产，而实现该目标的核心技术手段就需要对海量的标识数据进行有效分析和处理。一方面，全世界范围内数量众多的工厂与企业仍在以指数的形式产生海量的标识数据。这些企业可能来自国内(如珠海格力电器股份有限公司(简称格力))，也可能来自国际(如 GE 公司)，这就导致它们所采用的标识体系不尽相同，进而造成海量标识数据异构的问题。这些标识数据无法形成统一的标准和数据格式，使得大量企业在数据层面被孤立了，信息孤岛的产生严重制约了企业的发展和创新[32]。为了解决这些问题，大量研究工作着眼于标识解析体系，希望能够通过在不同的标识体系之间实现兼容来解决海量标识数据的异构性问题。但这种策略通常治标不治本，因为标识体系的数量和标识数据的数量并不在一个量级上，从标识体系层面实现的兼容极有可能无法满足处理海量标识数据的扩展性要求。

4. 标识数据应用

工业互联网标识数据的应用主要围绕智能生产、产品追溯、生命周期管理等方面。随着工业 4.0[33]的提出，标识数据的应用越来越倾向于促进和推动智能工业技术的发展。由此，形成了一套基本的智能标识数据的应用模式。具体而言，以海量的标识数据作为智能算法或者模型(如深度学习和强化学习)的输入，经过长期训练得到的模型能够根据工业环境的变化做出最佳决策，进而向企业提供基于标识数据的智能分析与决策能力[34]。然而，标识数据作为核心基础，智能决策模型才是其实现智能应用的技术手段。一方面，无论是传统的机器学习还是深度学习等模型都需要经过大量的训练才能形成具有一定智能的应用与分析模型，这就对标识数据的质量提出了较高的要求。另一方面，现有大量的机器学习框架(如 OpenStack 和 TensorFlow)也对标识数据的智能应用起到了一定的促进作用。例如，OpenStack 为工业互联网标识应用提供了统一和可扩展的云管理平台，而 TensorFlow 则为工业互联网应用(尤其是工业语音识别和工业图像处理)提供了一套开源的人工智能框架。

4.2.5　标识应用层

以工业标识节点为基建、标识解析为技术、标识数据为支撑，衍生了大量的工业互联网应用。本节主要对智能化生产、产品追溯与定位、供应链全生命周期管理、个性化定制服务和网络化协同应用进行阐述。

1. 智能化生产

工业领域的智能化生产指逐渐使用人工智能技术来取代和解放产品线上的工人劳动力。工业智能生产问题数字化程度的提高不断加强和推动了对于工业产线对于智能生产的需求，而人工智能算法的突飞猛进为满足这种需求提供了必要的技术支撑。智能化生产离不开人工智能技术的支持，人工智能技术在工业领域的发展也离不开智能生产的内在驱动，因此在理想情况下，这种需求与技术的完美结合能够为工业智能化生产开辟新的空间。然而，实际情况是，工业领域智能化的生产目前仅存在于小范围的本地工业应用中。这也就意味着依托人工智能技术来全面解决工业领域原本由人进行决策的部分仍然有待实施。通常而言，推动智能生产的两大核心在于技术手段和工业领域本身。一方面，现有的智能学习技术手段大多数主要针对的是自然语言和图像处理等领域，对于工业领域(特别是工业核心领域)的实际问题无法提供与之完全匹配的解决模式。另一方面，工业生产领域于时间精度和准度有着极为严苛的要求，而现有人工智能技术的不确定性导致其无法适用[35]。工业互联网概念的出现为加速工业智能生产的实施与落地带来了重大机遇。首先，工业互联网全面推进人工智能关键技术朝着各类工控领域发展，形成符合智能生产所要求的工业人工智能技术。其次，工业互联网全面引导理论与实际相结合，通过与华为等企业进行合作，建立工业人工智能孵化平台，进而推动各类工业人工智能的应用创新。

2. 产品追溯与定位

工业互联网产品追溯与定位以全球唯一的产品标识为基础，实现对产品的实时跟踪和状态信息查询。相较于传统的产品追溯与定位的信息集中式模型而言，基于标识解析的工业互联网产品追溯与定位则属于分布式模式[36]。即各企业负责对各自的产品进行追溯和定位，并将得到的数据信息存储在各自的数据库中，以此在不同企业之间形成分布式的产品数据存储模式。一方面，全球唯一标识的引入，能够提高工业产品追溯与定位信息的真实性和权威性。另一方面，工业互联网产品标识也能够起到一定的防信息篡改作用。需要注意的是，尽管不同标识体系定义的标识格式不尽相同(例如，Handle 使用全局前缀+本地后缀的形式定义标识格式，而 Ecode 使用 V+NSI+MD 的形式定义标识格式)，它们所定义的产品标识均符合全球唯一性。基于工业互联网所提供的产品标识解析服务，可以实现对产品的全球追溯，获取产品在各环节、各地点的各种信息。除此之外，对产品进行追溯和定位所使用到的边缘感知系统、定位系统和信息系统对于工业产品标识数据的全方位采集也有着积极的作用。产品追溯与定位的方式在一定程度上优化了产品信息的传递与共享，推动了工业产品数据在不同企业或者不同部门之间的流动性，从而实现企业私有标识与公共标识的直接或者间接的连通。以产品追溯和定位的数据为基础，可以对其进行挖掘得出产品在生产线各环节的优化方向，进而指导上层的工业应用创新。然而，目前中小型企业开放和共享意识不足、国内外追溯系统相互孤立以及追溯信任危机的存在，都是全面建设智能工业产品追溯与定位系统的挑战。

3. 供应链全生命周期管理

工业互联网供应链全生命周期管理涉及整条供应链的方方面面。从参与者的角度来看就包括原材料供应商、产品制造商、产品销售商和消费者，而从供应链的整体流程来看就包括货物流、信息流和资金流。供应链的相关参与者在货物、信息和资金流上相互作用，共同完成供应链的全生命周期管理。为了优化供应链全生命周期管理的效率，工业互联网标识解析体系占据重要地位。首先，标识解析是供应链全生命周期管理的基础。因此，我国自 2016 年成立 AII 以来已经全面开展标识解析体系和基础设施节点的建设。通过建设国家顶级节点、二级节点和公共标识节点，帮助企业打通供应链的各个生产环节，实现企业内部和上下游企业之间的信息互通，从而打破"信息孤岛"的现状，建立基于统一标识的全自动供应链管理。另外，高度数字化的供应链管理过程能够进一步提高企业间的数据共享程度，在优化产品线工艺的同时，降低产品全生命周期的管理成本。尽管如此，需要注意的是，中小型企业的信息化程度不高所导致的协同问题会给供应链全生命周期管理带来挑战，如工业产品供应链的上下游小型企业之间数据异构且无法兼容[37]。因此，打造基于统一标识解析的供应链管理体系，是实现对产品关键信息和用户身份精准控制、对供应链系统与企业生产系统进行精准对接的重要基础。

4. 个性化定制服务

个性化定制服务通常指根据用户的特点来提供有针对性的服务。那么，对于工业互联网而言，个性化定制服务则是指通过互联网汇聚个人级或者企业级用户的个性化需求与特点，然后有针对性地开展设计、组织、制造和生产等工业活动，最终实现大规模、低成本的定制产品交付的过程[38]。具体而言，假设工业互联网平台收到用户提出的产品订单，如果用户具有明确的定制化要求，则按照用户的要求进行产品定制。否则，需要根据用户的标识获取用户的个性特征等信息，再调用机器学习算法计算出最适合当前用户的该产品的特性，从而进行产品的定制。从服务定制的实现来看，个性化定制能够利用现有的互联网平台和智能工厂，直接将用户的需求转化为具体产品，既体现了以用户为中心的理念，也能够根据需要进行按需和定制生产，在满足市场多样化要求的基础上，也在一定程度上缓解甚至解决了工业领域长期以来存在的产品生产和销售之间的动态平衡问题。从服务定制的过程来看，用户对于产品的个性化需求扮演着极为重要的作用，因为明确的个性化需求能够加速和优化产品与服务的定制过程，实现服务的深度定制与产品的柔性生产。

5. 网络化协同应用

工业互联网的核心内容之一是实现不同企业和不同工厂之间的互联互通，通过互联互通实现对资源和信息的共享，进而完成企业之间的协同工作。基于成熟的工业网络协同应用，不同企业之间可以进行协同开发，甚至是共享线下的实体工厂，这种趋势能够聚合企业的力量，加速企业的发展和创新[39]。具体而言，工业互联网平台的网络化协同主要体现在以下几部分。首先，企业内各部门之间需要实现制造协同。从供应链的角度而言，可以协同生产部门和设计部门打通一条价值链全过程，进而缩短产品研发周期和降低成本。从产品线的角度而言，可以通过协同应用打通各环节来优化对于标识数据的收集和分析，进而提高数据的处理效率。其次，不同企业之间需要实现产能协同，根据不同地区对于同类产品的供求关系来实现产能资源的合理流通、分配和互补，最大化时间和经济收益。例如，通过产能协同，可以将一个地区过剩的同类产品运输到另一个该产品供不应求的地区进行销售，从而既能避免前一个地区的损失，也能提高另一个地区的产品销售额。然后，传统产业和新兴产业之间也要实现产业发展协同，避免二者之间的信息化水平差距过大。工业互联网的出现有利于打破这两类产业之间的壁垒，为其协同提供统一的平台支撑。尽管如此，网络化的协同应用对于国际知名大企业而言相对容易，因为它们已经具备足够成熟的网络化和数字化基础。相反，对于中小型企业而言，它们不但数量庞大，而且通常面临着智能化、数字化和网络化程度不足的问题，这就导致中小型企业成为工业网络化协同的主要瓶颈。

4.3 工业互联网标识解析体系发展与挑战

工业互联网标识解析系统是整个工业互联网网络实现互联互通的关键基础设施[1]。2017 年 11 月，国务院发布了《关于深化"互联网+先进制造业"发展工业互联网的指导意见》，明确指出要构建标识解析服务体系，支持各级解析节点的建设。2018 年 6 月，工业和信息化部发布了《工业互联网发展行动计划(2018—2020 年)》[40]，指出要以构建标识解析体系为目标，推动相关系统建设、技术研发和标准制定，并在 2020 年初步完成目标。尽管工业互联网标识解析体系发展迅猛，但对于企业工业互联网内网而言，标识主体从固定主机到人-机-物的转变仍然导致标识解析体系在异构性、兼容性、联通性和安全性等方面都面临着诸多问题。针对异构、兼容、联通和安全这四方面，我们进一步按照工业互联网的涵盖范围分别从企业内网、集团企业和跨企业的角度对工业互联网标识解析体系的发展与挑战进行了讨论和说明。

4.3.1　异构性

1. 企业内网海量异构对象标识设计

现有企业内网标识解析体系对工业互联网特定场景的支持方面存在不足，对于工业互联网的特殊性能仍然需要进一步提高。究其原因，主要在于面向工业设备对象的标识设计方案不合理。一方面，工业互联网企业内网所涉及的设备对象数量庞大，且不同设备对象之间呈现异构特性。那么，为海量异构设备所设计的数量庞大的命名标识如何屏蔽底层设备之间异构特性，同时有效地支持海量异构设备对象的并发接入情况。另一方面，随着未来工业互联网的普及，设备数量将急剧上升，从而加剧了原本存在的异构情况。因此，如何制定出一个合理且具有可拓展性的标识体系，以确保能够满足这些设备的命名要求，成为当务之急[41]。

针对以上两种情况，目前的解决方案大致可以划分为两套不同的技术路线。第一种技术路线属于迭代式的，它建议以现有 DNS 为基础，对 DNS 进行扩充来设计海量异构工控设备和物体的标识。具体研究工作包括 ISO/IEC 和 ITU 联合制定的 OID、我国自主研发的物联网统一标识(Ecode)和国家物联网标识管理公共服务平台(NIoT)。第二种技术路线采用和 DNS 无关的革新方案，即设计全新的标识解析体系，包括 DONA 基金会的句柄标识解析(Handle)、东京大学的 UID 技术等。两种技术路线各有优劣势，前者在现有 DNS 技术的基础上叠加标识服务便可以实现相关域名与标识的映射，相对容易实现和部署，但并没有针对性地将工业互联网企业内网设备对象的海量和异构特性考虑在内，无法在将来进行灵活有效的扩展。后者采用的是完全革新的思路来建立标识体系，能够专门根据工业互联网企业内网的特性来进行构造和设计，但是几乎全部的工作都需要重做，势必在短期内存在任务量、设计不周全等方面的弊端。

2. 集团企业标识编码异构、难以统一

网络标识是企业内部通过标识编码记录网络位置和相关信息，用于识别和管理工厂机器和生产资源，它是整个网络实现互联互通的关键基础设施。现有集团企业内部网络标识编码及工业平台的差异性导致即使属于同一个集团的不同企业或部门之间也很难进行有效沟通。除此之外，集团企业内部多采用不同且封闭的标识编码方案。集团企业内部的各企业之间和各个企业内部的生产间、工厂间等均存在大量非标准化的标识命名和编码方案，并没有实现与主流标识编码方案和体系的对接。集团企业工业互联网在其发展过程中同时面对着标识编码的新需求和新挑战，这主要体现在两方面。一方面，相比较于单一的工业互联网企业内网，集团企业面临的工业制造设备、工业控制系统、工业异构信息等更为复杂，进而导致对应的标识编码方案更为复杂。另一方面，由于目前工业互联网的软硬件设备供应商非常多，这就导致集团企业内部的异构特性更加严峻和复杂，从而造成生产设备标识编码结构的高度不统一，进而严重阻碍和制约了集团企业的发展速度。

为了实现集团企业异构标识编码的统一，通常需要建立统一的信息管理标准和标识解析与编码方案，针对相同部门的不同产品或不同部门的同类型产品，至少能够做到在集团企业内部进行统一的标识编码和表示。目前比较普遍的做法是在不同的编码规范之间采用兼容和适配技术手段，例如，在集团企业内部使用兼容性的标识编码结构，但是这种做法并没有真正意义上地解决集团企业内部的标识编码异构问题。

3. 跨企业多源数据异构问题

从跨企业的层面看，目前工业互联网存在多套标识解析体系，包括 Handle、OID、Ecode 等。其中，DONA 基金会授权中美在内的多家和 ITU 组织在全球范围内部署 Handle 根节点。2014 年，国家工业信息安全发展研究中心、北京中数创新科技股份有限公司和北京西恩多纳信息技术有限公司联合起来，成为全球首个 Handle 表示解析全球根节点所在的国家管理机构。而 Ecode 是由我国研发的标识编码解析技术，主要应用于服务发现、产品质量追踪等方面。一方面，这些标识体系来自不同的国家或企业，通常涵盖大规模异构的设备对象、网络节点、服务和操作等，在这种情况下所产生的数据结构多变且复杂，从而导致高度异构的多源数据。另一方面，这些不同标识体系可以根据其特性划分为专用标识体系和兼容标识体系。相较而言，兼容标识体系作为一种综合性标识，能够一定程度上通过兼容少部分其他标识系统[22]来减轻数据异构的现状。而专用标识体系通常具有针对某一场景或者领域的特定标识编码结构和固定的标识对象，那么，使用专用标识体系的跨企业工业互联网势必会具有不同的标准、协议甚至是标识的命名方式，这就加剧了多源数据的异构特性。

针对这种跨企业多源数据异构挑战，国内外至今没有完全统一的公有标识编码方案，适用于跨企业的工业互联网。这种现状就导致大部分企业，特别是中小型企业，通常使用自己定制的私有标识命名和编码方案，在进一步加重多源数据异构问题的同时，也给跨企业和企业内部数据的互联互通带来了巨大的挑战。

4.3.2　兼容性

1. 企业内网私有标识的兼容性

鉴于目前并没有完全统一且规范的工业互联网标识体系，企业内网大多采用自定义的私有标识来识别不同物体，这些私有标识通常具有固化、自定义、不对外开放等特点。虽然这些私有标识均是由数字、字母、符号、文字等进行组合构成字符串，但不同企业内网制定的组合与约束规则不同，导致这些私有标识之间往往存在较大的差异。这种现象在中小型企业内部尤为明显。对于中小型工业企业而言，目前主要的任务和工作还是集中在企业内网部分，与外网的交互相对没有那么频繁。另外，大部分中小型企业自身原本就有一套自己的标识方案。例如，黑龙江飞鹤乳业有限公司的溯源标识有 18 位，而北大荒完达山乳业股份有限公司的标识则为 20 位，虽然都采用的是全球系统标识(global system for identifier, GSI)标准标识，但他们所使用的标识编码方式却不相同，这也导致了不同企业内网私有标识之间无法兼容。这种标识不兼容的特性同时也导致使用这些标识的上层应用之间无法进行有效的交互。除此之外，抛弃原本的标识体系去对接目前比较主流的标识体系方案，一方面需要较大的成本开销，另一方面对于目前企业本身的提升也极为有限。这些原因成为阻碍企业私有标识公有化和标准化进程的主要因素。

由于成本等诸多原因，目前国内的大部分工业企业并没有形成一种与国际相关先进标准及体系接轨的意识，这也就导致我们在引领标准方面往往落后于人。因此，为了促进企业内网标识体系朝着公有化和标准化方向发展，前期主要需要依赖政府的力量。以政府为主导，首先推动企业私有标识系统与公共标识解析系统之间的兼容。实现稳定的互联互通之后，可以将主导地位交还给企业，进一步朝着高度标准化和国际化的标识解析体系发展。

2. 集团企业标识载体的兼容性

标识载体通常指承载着标识编码信息的实体或介质，如条形码和二维码等。通常而言，根据载体的属性以及是否能够主动和标识读写设备交互，可以将其划分为主动标识载体和被动标识载体两大类。具体而言，前者嵌入在工业产品内部(如集成电路和通信模组)，无须借助外部辅助设备进行触发，而后者需要依附相关产品来使用(如条形码和二维码)。这两类产品广泛存于工业互联网集团企业中，这就导致存在两种较为明显的标识载体兼容性问题。其一是同一类产品之间的兼容性问题。例如，同样作为被动标识载体的二维码和 NFC 之间如何进行兼容。其二是不同类产品之间的兼容性问题。例如，内置的通信模组如何与外部的二维码载体进行兼容。这种问题对于隶属于不同部门或者不同生产厂家的标识载体设备尤为突出。

目前，IIC 已经在集团企业标识载体及其兼容性方面做了大量的研究和标准化工作，旨在提高业界对于标识载体的重视和推动工业互联网标识体系的规范化和标准化。一方面，通过不断发展和完善标识读写技术来实现优化和提高被动标识载体能力的目的。另一方面，通过结合主动标识载体技术和运营商的公共网络能力来提高主动标识载体的承载能力与承载灵活性，实现主动标识载体的智能化和自动化。

3. 跨企业标识体系的兼容性

跨企业标识解析体系高度类似于互联网 DNS，为全球制造业发展和工业互联网普及提供关键资源和基础服务，以及实现跨国家、跨地域、跨行业、跨企业的全球信息互联互通能力。然而，在跨企业的工业互联网标准化方面的工作，目前国家层面的标识体系及相关标准并没有达成一致，尚未形成全球统一的国际标准体系，但从技术和标准的发展来看，多个国际标准并存将会长期存在。因此，如何实现不同标准之间的兼容是构建跨企业工业互联网标识系统的关键挑战之一。

目前，大量研究工作主要从两个方面来缓解甚至解决这种跨企业的标识体系兼容问题。其一是在一种体系内重新注册另外一种标识体系，从而实现不同企业标识体系之间的兼容与互联互通。但这种方案通常会导致巨大的开销，而且存在隐私泄露的安全隐患，这对于有保密条例的企业是无法接受的。其二是新增一个智能标识体系分类器，在异构标识进入系统之前对其进行智能分类和识别，从而能够支持不同企业标识体系之间的互联互通。这种方案开销通常较小，但对跨企业标识识别的精度和算法设计要求极高。另外，为了实现跨企业标识系统的统一，建议可以从相关配套技术标准进行完善和统一开始，具体就包括标识编码技术、标识载体技术、标识发现技术和标识交换技术等。

4.3.3 联通性

1. 企业内网标识对象不联通

工业互联网是工业企业转型升级的重要支撑，而相关的标识解析系统则是实现产品和信息等的识别与管理的重要基础资源。对于企业内网而言，其标识对象可以小至一个工控组件(如计算机芯片和汽车零部件)，也可以大至一套工控设备(如集装箱和船舶)。这些标识对象之间往往存在巨大的差异性，例如，安卓手机和苹果 iOS 手机之间从基础硬件设施到上层的应用软件之间均无法进行直接联通。另外，标识对象的生产厂商和供应商范围广泛，所面对的数据类型和结构也并不相同。诸多原因导致相同企业的工厂内外以及供应链上下游标识对象之间互不相通，严重制约了工业互联网的发展和应用。因此，如何通过建立统一标准的针对物理对象的标识规范对于实现企业内网标识对象之间的互联互通有着极其重要的意义。

企业的数字化和网络化基础薄弱是导致标识对象个体之间存在较大差异的重要原因。因此，建立统一规范的工业互联网通信标准和标识管理与解析体系势在必行。具体表现在两方面，其一，以渐进的方式对工业企业的通信基础设施进行改造和统一，建立标准的互联互通接口。其二，针对企业内网的相同产品或者同一类产品建立统一的数字化表达方式，进而实现标识对象的统一管理。

2. 集团企业内部数据不联通

集团企业工业互联网作为企业内网工业互联网的延伸，需要构建更加成熟完善的标识解析平台。然而，工业互联网资源互通与协作生产作为集团企业的主要诉求之一，由于其面临的环境与集团产品追溯的复杂性，对配套的标识系统提出了更高的要求。其中，标识数据开放不足是当前制约集团企业内网建设的主要原因之一。以一件集团产品为例，它可能需要由集团企业内部的不同部分共同完成。然而，由于集团内部各个部门之间的利益冲突和信息封闭，相互之间形成了信息孤岛，导致信息无法自由流通。在这种情况下，数据之间的互不相同就导致集团产品的追溯尤为困难。而且，由于标识数据的开放涉及集团内部各部门之间的利益关系，大家都存在各自的利益需求，那么，由集团内部谁来主导标识数据开放也是集团企业工业互联网发展所面临的挑战之一。

针对集团企业工业互联网标识互联互通问题，建议可以从提高企业自身的标识数据开放共享意识开始。标识数据是贯穿企业产品设计、采购、加工、流通和销售全过程的桥梁。对于未涉及企业核心商业机密的标识数据，可以采用对集团内部完全开放、对集团外部一定程度开放的方式。

3. 跨企业工业互联网平台不联通

除此之外，不同企业之间和企业内部不同设备之间也很难进行互联互通，如中国电信"翼联"工业互联网平台、中国移动以"1+4"为核心的工业互联网平台和中国联通"工业云图"三者之间无法互联互通。另外，我国大部分中小型企业缺乏管理经验，企业的数字化和网络化基础薄弱，这些都进一步阻碍了企业网络的互联互通，导致出现大量的数据孤岛现象。统一的网络标识解析技术可以减轻甚至消除这种数据孤岛现象，但是，现有的网络标识解析技术缺乏针对性，对于特定场景和复杂工序流程上缺少数据互认、互操作等方面的技术方案，无法满足工业互联网全产业链协同发展的需求[42]。

针对跨企业工业互联网标识的互联互通问题，建议需要逐步推动企业朝着 IP 化、扁平化和柔性化发展，打造统一的标识解析环境和平台，在解决企业间和企业内部"数据互联互通"以及"互操作"问题的同时，也需要避免跨企业工业互联网平台联通所导致的网络与数据安全问题。

4.3.4　安全性

1. 企业内网标识失效与标识识别安全性

企业内网标识的失效对于工业互联网本身有着较大的影响，究其原因，可能由信息的更改、资源的更新和发起的攻击所导致。现有的解决思路主要围绕着为相关对象设计永久标识，但却存在两个问题。其一是永久标识如何设计，这一点目前没有一个标准的定论。其二是对象发生信息更改或者资源更新都有可能导致原有的标识失效，那么如何有效应对这些情况。因此，如何解决标识失效的问题也是保证工业互联网性能必须要考虑的问题[43]。鉴于 DNS 和标识系统的相似性，大部分现有企业内网工业互联网体系仍然采用 DNS 所使用的一系列安全保障措施，例如，OID 解析体系会根据安全标志位来决定是否使用 DNS 安全扩展(DNSSEC)，而 DNSSEC 则是由 IETF 提供的多种 DNS 安全认证机制集合。然而，针对 DNS 的保护措施并不完善，现有保护措施并不能满足企业内部工业网络的安全要求。例如，针对单根节点 DNS，容易对根节点进行攻击进而产生单点故障问题，这种隐患对于工业标识系统也仍然存在。另外，单根节点的结构也容易导致节点权限不对称的情况，对于工业互联网标识系统而言，节点权限不对等的情况就可能导致标识解析的过程被监听甚至控制，进而形成大规模的拒绝服务攻击[44]。

针对企业内网单根节点安全故障挑战，一些标识解析系统(如 Handle)提出了通过构建多个根节点来消除这种隐患的方案。虽然这些方案可以有效缓解安全风险，但是在本质上标识解析过程并没有改变，服务不对称的问题依然存在。为此，引入区块链技术可以对现有标识解析体系进行去中心化处理，构造对等解析服务，从而解决节点权限不对称的问题。

2. 集团企业工业互联网二级节点安全性

集团企业工业互联网通常对应于一个大行业(如汽车或者船舶)，也就是标识解析体系中的二级节点。作为标识解析体系的核心部分，二级节点既需要向上为国家顶级节点提供服务(或者说支持主流标识解析方案，如 Handle 和 Ecode)，同时也需要向下兼容企业的私有标识体系，可以说，二级节点是推动标识解析体系发展的重要支撑和连接点。由于二级标识节点的特殊地位，它成为打造标识生态环境的重要一环，其中就包括标识标签载体设备、标识读写器、标识解析集成开发环境和标识解析应用等。因此，保障二级节点的安全是工业互联网标识解析体系稳定且有效运行的前提条件。

目前，围绕二级节点开展的安全建设活动主要包括节点管理安全、运维安全、服务安全和数据安全等四个方面。其中，管理安全是对二级节点本身进行全生命周期的安全管理、运维安全是对支撑二级节点的相关软硬件环境安全进行管理、服务安全是要保证二级节点与上面的顶级节点和下面的三级节点之间的交互安全、数据安全则需要保证二级节点相关数据的安全。从涉及范围来看，以上的安全工作可以高度概括为对二级节点本身进行安全防护和对二级节点的扩展进行防护。例如，管理安全则属于对二级节点本身进行安全防护，而服务安全则属于对二级节点向外扩展和通信进行安全防护。尽管如此，目前二级节点仍处于建设初期，以上探讨的大量安全防护工作仍然处于理论阶段，离实际落地应用仍有较长一段距离。另外，二级节点相关的安全规范标准也待进一步完善、统一和规范。

3. 跨企业工业互联网标识解析技术安全性

目前，跨企业的工业互联网标识解析技术有两条演进路线。第一条演进路线是以互联网的 DNS 为基础，叠加一套标识解析服务，称为对象名称解析服务（object name service，ONS）。因此，可以预见，ONS 既面临着针对 DNS 的安全威胁，又需要预防专门针对 ONS 的网络安全威胁。作为工业互联网的入口，ONS 对于避免关键信息泄露和恶意流量等安全威胁起着极其重要的作用。由于 ONS 保存工业互联网中所有标识的解析信息，一旦被攻陷，可能导致全网范围内的标识解析被篡改、劫持和拦截，从而引发安全风险和数据泄露问题。另外，ONS 必须要保证返回给用户的信息真实有效。针对这些问题，现有研究的开展主要针对以下几方面：ONS 服务器认证、用户身份认证、工控网络关键信息安全传输和工控数据的完整性检查等方面。

第二条演进路线是采用革新技术，以 DONA 基金会提出的 Handle 系统为代表，它是一种建立在互联网之上的通用分布式信息系统，主要用于为跨企业的产品或者设备对象提供全球范围内有效的、可扩展的和可靠的名称服务。Handle 系统已经发展出了一套完整的安全机制，涵盖用户身份验证、访问权限、数字对象完整性验证等方面。然而，没有任何一种技术能够防御所有的攻击，Handle 系统也不例外，其安全不足的地方主要体现在标识数据的隐私保护、缓存与代理服务器安全、镜像数据安全和 DDoS 等方面。跨企业工业互联网涉及范围和领域广泛，一旦发生安全故障，可能会对整个产业链甚至整个行业产生严重影响。因此，亟须针对跨企业工业互联网，建立全面有效的标识解析安全体系，从而保证整个标识解析体系的安全。

参 考 文 献

[1] Industry IoT Consortium (IIC) [EB/OL]. https://www.iiconsortium.org/. [2022-08-19].

[2] 工业互联网产业联盟[EB/OL]. http://www.aii-alliance.org/. [2022-08-19].

[3] Huynh T L D, Hille E, Ali Nasir M. Diversification in the age of the 4th industrial revolution: The role of artificial intelligence, green bonds and cryptocurrencies[J]. Technological Forecasting & Social Change, 2020, 159: 120188.

[4] Choo K K R, Gritzalis S, Park J H. Cryptographic solutions for industrial internet-of-things: Research challenges and opportunities[J]. IEEE Transactions on Industrial Informatics, 2018, 14 (8): 3567-3569.

[5] Ren Y Z, Xie R C, Zeng S Q, et al. Survey of identity resolution system in industrial internet of things[J]. Journal on Communications, 2019, 40 (11): 138-155.

[6] Li J Q, Yu F R, Deng G Q, et al. Industrial internet: A survey on the enabling technologies, applications, and challenges[J]. IEEE Communications Surveys & Tutorials, 2017, 19 (3): 1504-1526.

[7] Hu P F, Ning H S, Qiu T, et al. Fog computing based face identification and resolution scheme in internet of things[J]. IEEE Transactions on Industrial Informatics, 2016, 13 (4): 1910-1920.

[8] 刘阳, 韩天宇, 谢滨, 等. 基于工业互联网标识解析体系的数据共享机制[J]. 计算机集成制造系统, 2019, 25 (12): 3032-3042.

[9] Yan Z W, Li H T, Zeadally S, et al. Is DNS ready for ubiquitous internet of things?[J]. IEEE Access, 2019, 7: 28835-28846.

[10] Vakaloudis A, O'Leary C. A framework for rapid integration of IoT systems with industrial environments[C]. The 5th World Forum on Internet of Things, Limerick, 2019: 601-605.

[11] Singh M, Singh M, Kaur S. Issues and challenges in DNS based botnet detection: A survey[J]. Computers & Security, 2019, 86: 28-52.

[12] 全国物品编码标准化技术委员会. 物联网标识体系 物品编码 Ecode: GB/T 31866—2023. [S]. 北京: 中国标准出版社, 2023.

[13] 中国科学院计算机网络信息中心. 国家物联网标识管理公共服务平台技术规范 第 1 部分: 词汇: Q/NIOT 001—2016[S/OL]. https://max.book118.com/html/2018/0804/7141005021001142. shtm. [2022-08-19].

[14] Lannom L, Boesch B, Sun S. Handle system overview: RFC 3650[EB/OL]. https://datatracker. ietf.org/doc/rfc3650/. [2022-08-19].

[15] 对象标识符 (OID) 体系情况介绍[EB/OL]. http://www.china-oid.org.cn/list-14.html. [2022-

08-19].

[16] UID Center. Ubiquitous ID architecture[EB/OL]. http://www.uidcenter.org/wp-content/themes/ wp.vicuna/pdf/UID-CO00002-0.00.24_en.pdf. [2022-08-19].

[17] Zhang S, Lin S F, Gao J F, et al. Recognizing small-sample biomedical named entity based on contextual domain relevance[C]. The 3rd Information Technology, Networking, Electronic and Automation Control Conference, Chengdu, 2019: 1509-1516.

[18] Qin W, Chen S Q, Peng M G. Recent advances in industrial internet: Insights and challenges[J]. Elsevier Digital Communications and Networks. 2020, 6(1): 1-13.

[19] Hong Y, Sun Z Z, Zou X H, et al. Multi-joint industrial robot fault identification using deep sparse auto-encoder network with attitude data[C]. Prognostics and Health Management Conference, Besancon, 2020: 176-179.

[20] Gadaleta M, Pellicciari M, Berselli G. Optimization of the energy consumption of industrial robots for automatic code generation[J]. Robotics and Computer-Integrated Manufacturing, 2019, 57: 452-464.

[21] Yang T, Xiang J H, Wang Y, et al. An active tag using carrier recovery circuit for EPC gen2 passive UHF RFID systems[J]. IEEE Transactions on Industrial Electronics, 2018, 65(11): 8925-8935.

[22] Guidelines for secondary nodes of industrial internet identity analysis[EB/OL]. http://www. cnstandards.net/index.php/guidelines-for-secondary-nodes-of-industrial-internet-identity-analysis/. [2022-08-19].

[23] Faul A, Jazdi N, Weyrich M. Approach to interconnect existing industrial automation systems with the industrial internet[C]. The 21st International Conference on Emerging Technologies and Factory Automation, Berlin, 2016: 1-4.

[24] Traub K, Armenio F, Barthel H, et al. The GS1 EPCglobal architecture framework[EB/OL]. https://www.gs1.org/sites/default/files/docs/epc/architecture_1_6-framework-20140414.pdf. [2022-08-19].

[25] Sun S, Reilly S, Lannom L, et al. Handle system protocol (ver 2.1) specification[EB/OL]. https://www.rfc-editor.org/rfc/rfc3652. [2022-08-19].

[26] 工业互联网产业联盟. 工业互联网体系架构(版本 2.0)[EB/OL]. http://www.aii-alliance.org/ upload/202004/0430_162140_875.pdf. [2022-05-19].

[27] Cheng Y, Xie Y F, Wang D X, et al. Manufacturing services scheduling with supply-demand dual dynamic uncertainties toward industrial Internet platforms[J]. IEEE Transactions on Industrial Informatics, 2020, 17(5): 2997-3010.

[28] Din I U, Hassan S, Khan M K, et al. Caching in information-centric networking: Strategies, challenges, and future research directions[J]. IEEE Communications Surveys & Tutorials, 2017,

20(2): 1443-1474.

[29] Kulik V, Kirichek R. The heterogeneous gateways in the industrial internet of things[C]. The International Congress on Ultra Modern Telecommunications and Control Systems and Workshops, Moscow, 2018: 1-5.

[30] Sisinni E, Saifullah A, Han S, et al. Industrial internet of things: Challenges, opportunities, and directions[J]. IEEE Transactions on Industrial Informatics, 2018, 14(11): 4724-4734.

[31] Lu Y L, Huang X H, Dai Y Y, et al. Blockchain and federated learning for privacy-preserved data sharing in industrial IoT[J]. IEEE Transactions on Industrial Informatics, 2019, 16(6): 4177-4186.

[32] Basanta-Val P. An efficient industrial big-data engine[J]. IEEE Transactions on Industrial Informatics, 2017, 14(4): 1361-1369.

[33] Tantawi K H, Sokolov A, Tantawi O. Advances in industrial robotics: From industry 3.0 automation to industry 4.0 collaboration[C]. The 4th Technology Innovation Management and Engineering Science International Conference, Bangkok, 2019: 1-4.

[34] Sodhro A H, Pirbhulal S, de Albuquerque V H C. Artificial intelligence-driven mechanism for edge computing-based industrial applications[J]. IEEE Transactions on Industrial Informatics, 2019, 15(7): 4235-4243.

[35] de Silva D, Sierla S, Alahakoon D, et al. Toward intelligent industrial informatics: A review of current developments and future directions of artificial intelligence in industrial applications[J]. IEEE Industrial Electronics Magazine, 2020, 14(2): 57-72.

[36] Schuitemaker R, Xu X. Product traceability in manufacturing: A technical review[J]. Procedia CIRP, 2020, 93: 700-705.

[37] Dweekat A, Al-Aomar R. An IoT-enabled framework for dynamic supply chain performance management[C]. IEEE Technology and Engineering Management Conference, Evanston, 2018: 1-5.

[38] Ströer F, Sivasothy P, Faißt K G, et al. Combined development and test of product-service systems in early product development stages for customized, availability-oriented business models in the capital goods industry[J]. Procedia CIRP, 2018, 72: 714-719.

[39] Henze M. The quest for secure and privacy-preserving cloud-based industrial cooperation[C]. IEEE Conference on Communications and Network Security, Avignon, 2020: 1-5.

[40] 工业互联网发展行动计划 (2018—2020 年)[EB/OL]. https://service.caict.ac.cn/zcfg/202012/P020201207642355184269.pdf. [2022-08-19].

[41] Atzori L, Campolo C, Da B, et al. Enhancing identifier/locator splitting through social internet of things[J]. IEEE Internet of Things Journal, 2018, 6(2): 2974-2985.

[42] Karaagac A, Verbeeck N, Hoebeke J. The integration of LwM2M and OPC UA: An

interoperability approach for industrial IoT[C]. The 5th World Forum on Internet of Things, Limerick, 2019: 313-318.

[43] Li X T, You S J, Chen W. Enabling interoperability of heterogeneous identifiers of IoT via semantic code[C]. IEEE International Conference on Smart Internet of Things, Tianjin, 2019: 325-329.

[44] Choo K R, Yan Z, Meng K. Blockchain in industrial IoT applications: Security and privacy advances, challenges, and opportunities[J]. IEEE Transactions on Industrial Informatics, 2020, 16(6): 4119-4121.

第 5 章 工业互联网安全

工业互联网安全本质特征是数字化、网络化和智能化。工业互联网安全是一切工业活动的保障，是工业互联网研究的核心。本章从工业互联网安全的角度出发，阐述工业互联网的安全概念以及在企业、集团企业、跨企业中的安全；介绍工业互联网体系架构以及在设备与控制、网络、应用等方面的安全性问题。

5.1 工业互联网安全概述

5.1.1 工业互联网面临的安全问题

工业互联网技术已经应用到许多重要的行业领域，由于其打破了我国传统工业相对封闭可信的制造环境，安全管理风险对工业产品生产的威胁日益加剧。工业互联网企业安全问题是国家工业研究的核心内容，需要从工业控制安全、网络安全和工业数据安全三个维度考虑，同时由于我国目前的安全知识管理水平和安全防护水平相对薄弱，近年来针对工业互联网系统进行破坏活动的网络攻击频频发生。例如，Stuxnet 蠕虫病毒（超级工厂病毒）、APT（advanced persistent threat，高级长期威胁）攻击、Shamoon 攻击和一些勒索软件攻击事件已多次发生，给世界工业环境带来了不小的打击。

这些信息安全风险事件虽然给工业管理系统造成了重大经济损失，但同时也为如何更好地维护国家工业互联网安全给出了提示。首先，网络环境中任何时刻都有被攻击的可能性。其次，物理隔离并不能够完全保证工业环境的绝对安全，只有在受到物理侵犯时才能发现攻击，因此我们要建立屏障来预防安全威胁事件的发生。工业互联网安全关乎整个产业链的发展，特别是针对某些连接大量的工业数据的平台，其中数据采集设备和系统中进行数据收集和分析的平台一旦遭受网络攻击，造成的损失将无法估量，不仅是经济上，还有可能是环境上和人民生命的危害，更会因此危害国家安全。因此，工业互联网的安全是一切工业活动的保障，只有做好网络安全预防和维护，才能更好地发展工业生产。

针对工业互联网的信息安全可以从工业活动和网络环境两个方面进行分析，在工业活动中，安全保障主要在于如何保证工业活动的持续性和准确性；在网络环境中，安全保障主要体现在数据上，例如，如何防止数据泄露，如何在异构网络中实现数据共享和数据融合。因此，工业互联网的安全体系架构，主要包括设备安全、网络安全、控制安全、应用安全和数据安全。同时，确保安全的基本策略包括可控通信、区域隔离和报警跟踪。就整体架构而言，纵深防御是基础，共有五道防线：第一道防线是第三方商业防火墙；第二道防线是联合安全网关；第三道防线是工业 PC 安全防护；第四道防线是现场设备控制和保护；第五道防线是安全可靠的现场装备[1]。

5.1.2　工业互联网安全的相关概念

工业互联网安全的特征可以总结为数字化、网络化和智能化。通过网络、平台、安全三个功能系统的构建，创造了人、机器和网络完全互联的新型网络基础设施。工业互联网信息安全管理涉及工业与网络、工业与安全、网络与安全，是一个多维度、多层次的融合安全问题。其中工业互联网安全体系被视为工业互联网的基础设施，具有极高的安全性和稳定性，是实现工业互联网发展的关键保障。工业互联网安全通常包括信息安全、功能安全和物理安全。

工业互联网的信息安全、功能安全与物理安全不是相互孤立的，而是存在互补与冲突的关系，虽然各有侧重，但核心目标都是提升体系安全性。传统工业控制系统安全通常主要关注功能安全和物理安全，即防止工业安全相关系统或设备的功能失效，当故障发生时，保证工业设备或系统仍能保持安全条件或进入到安全状况。信息安全，主要是针对工业互联网对象的亲密性、完整性、可用性、实时性和可控性，特别是要破解工业互联网面临的网络攻击等安全风险。同时还要考虑实施信息安全防护措施对功能安全和物理安全带来的潜在影响。工业互联网安全包含了对物理安全、功能安全和信息安全的多方面要求，其中保障物理安全是前提，建设功能安全系统是基础，构建信息安全系统是保障。

5.1.3　企业工业互联网安全

工业互联网已经超越了仅仅局限于工业领域的范畴，它拥有了更加广泛的功能、深度和复杂性。它借助于先进的网络技术、强大的平台、丰富的数据资源、完善的安全措施，不仅可以推动工业的数字化、网络化、智能化转型，而且可以促进互联网、大数据、人工智能等技术的有效整合，从而构建一种新的商业模式、改变传统的企业结构、优化供应链和产业链。当前，随着工业互联网的不断发展，它已经广泛应用于国民经济的重点行业，形成了一种全新模式，即平台化设计、智能化制造、网络化协同、个性化定制、服务化延伸和数字化管理。这种模式不仅赋予了实体经济更多的能力和价值，还有助于提升质量、提高效率、降低成本、实现绿色安全发展，针对企业工业互联网安全、集团企业工业互联网安全和跨企业工业互联网安全的侧重点不同，但又相互交织、彼此联系。

可用性、机密性和完整性是工业互联网的基本安全属性，实时性、可信性、可追溯性和可控性是工业互联网的扩展属性。企业工业互联网安全相对侧重于可用性、实时性和可追溯性，主要包括设备安全、控制安全等。

可用性是工业互联网必须首先满足的一项安全要求，当工业互联网信息和资源被利用时，确保可以及时地提供可靠服务。当公共控制系统的一部分受到损害时，它还可以提供有效的服务。常见的保护措施包括访问控制、容错、容侵、容灾、备份和灾难恢复等。实时性是指在工业互联网行业中，特别是在工业无线传感器网络、工业控制网络中，物联网实时是最重要的安全要求之一，如化工生产中高温高压等易燃易爆危险因素，为了保证产品质量的稳定和生产过程的安全可靠，需要时间来保证它处于最佳状态。可追溯性是指确保实体的行为只能追溯到实体本身，表明实体对其行为和决策负责。常见的保护措施包括数字签名、时间戳、溯源跟踪、日志审计等。

其中标识解析是工业互联网的重要网络基础设施，为工业设备、机器等提供编码、注册与解析服务，并通过标识实现对异主、异地、异构信息的智能关联。工业互联网标识的数量是以千亿计的，并发解析请求可达到千万量级。如此大的标识解析需求，对于安全保障能力来说，是一个极其严苛的挑战。

5.1.4　集团企业工业互联网安全

随着科技的发展，工业互联网的安全性面临着前所未有的挑战，远超过了传统的工业控制系统和互联网。工业互联网安全在过去已经突破了明确的责任界限，其范围、复杂性和风险影响也很大。随着被保护对象的不断增多，安全环境也在不断发展壮大。传统的互联网安全更注重网络设施、信息系统软硬件和应用数据的安全。工业互联网安全延伸到企业，其中工业互联网安全防护范围包括设备安全(工业智能设备和产品)、控制安全(SCADA、DCS 等)、网络安全(企业内部和外部网络)、应用程序安全(平台应用程序、软件、工业应用程序等)、数据安全(工业生产、平台承载业务、用户个人信息等)。其次，连接的覆盖面变得更加广泛，会影响到物理世界。在传统的互联网安全中，攻击目标是用户终端、信息服务系统、网站等。工业互联网使得工厂和互联网之间的联系得以加强，从而使得网络攻击能够轻松地进入生产线。

集团企业工业互联网安全主要负责集团内部多个不同业务之间的协调控制，相对侧重于完整性、可信性和可控性，但是同时也会涉及企业工业互联网安全的相关属性，如可追溯性、实时性等。集团企业互联网安全是对企业互联网安全属性的扩充。

完整性是指未经授权不得更改工业互联网上的信息，以确保信息不被篡改、破坏和丢失。除了进行恶意破坏，还可能出现误操作，以及未预期的系统误动作，也会影响数据完整性。常用的保护措施有数字签名、散列函数、加密认证，在工业生产现场还需要注意安全保护系统硬件不受电压失稳、静电泄漏、电磁干扰等影响。可信性是指工业互联网中参与计算的组件、过程或操作在任何一种情况下均可预测，并能有效防范具有一定影响程度的物理干扰与恶意代码攻击，即该实体的行为总以预期的方式向预期目标运行。常见的保护措施包括建立信任机制、使用可信芯片、可信操作系统、可信软硬件、可信平台和网络等。可控性是指信息管理者对工业互联网及其供应链的基本安全态势进行控制，并对信息系统和信息的使用进行授权、审计、跟踪和监督，以确保信息的传播及其内容、网络行为、供应链控制的能力。常用的保护措施有态势感知、权限信息管理、安全控制审计、审查管控等。

在网络化的特征中，包括新一代信息基础设施，如 5G 等的应用。工业界正在采用以太网和工业以太网边缘计算技术实现协同作业。在智能化的特征中，涵盖了大数据、人工智能等智能技术的运用。全生命周期智能优化以及生产制造系统本身的智能化都得到推动。工控系统到工业互联网制造资源的接入方式发生变化，涉及工业生产数据的流向和资源优化配置的主体。那么制造资源从封闭的生产控制网络转移到了开放的平台，工业数据也从本地孤立的业务系统流向了云端，使得资源优化配置的主体从传统的企业自行实施转变为依托工业互联网平台的优化配置。在这个过程中，工业生产正在从内部转向平台化，以实现产业链协作，并且从传统的制造业转向互联网，这一转变体现在工业信息安全的属性上。

其中数据安全是工业互联网越来越重视的安全问题，数据是企业工业互联网重要的生产要素，也是集团企业工业互联网需要重点维护的。相比于传统的互联网，工业数据涵盖了生产控制系统、运行状态、生产监测等多种类型。数据安全包括传输、存储、访问、迁移、跨境等环节中的安全，在数据传输过程中被侦听、拦截、篡改、阻断敏感信息明文存储或者被窃取等都会带来安全的威胁。

随着新一代技术的广泛应用，安全问题日益突出。例如，随着 5G 的发展，数据采集端的设备也变得越来越容易受到攻击，这给网络安全带来了潜在的威胁，例如，边缘计算的安全性受到挑战，数字孪生技术可能会被误解，从而导致物理空间的虚拟映射。网络安全与生产安全相互交织，安全问题的影响是巨大的。传统的互联网安全事件大多利用木马、病毒、拒绝服务等攻击手段造成信息泄露或篡改、服务中断等，影响工作、生活和社会活动。当工业互联网遭受攻击时，不仅会对工业生产造成严重影响，还可能导致安全事故，给人们的生活和财产带来巨大损失。如果攻击发生在能源、航空航天等重要领域，也将危及国家整体安全。

5.1.5　跨企业工业互联网安全

随着工业互联网的快速发展，5G 网络部署的全面推进，"互联互通"成为新型工业体系的要求。企业间的互联互通，能够大大提高生产活动的效率，然而，安全威胁也会在企业之间渗透、扩散，保障跨企业工业互联网安全对于构建工业互联网安全保障体系意义重大。

为深入贯彻落实《关于深化"互联网+先进制造业"发展工业互联网的指导意见》、《加强工业互联网安全工作的指导意见》、《工业互联网创新发展行动计划(2021—2023年)》等文件要求，系统推进工业互联网安全标准体系研究，从而编制形成《工业互联网安全标准体系(2021年)》。该标准体系包括分类分级安全防护、安全管理、安全应用服务等3个类别、16个细分领域以及76个具体方向，为切实发挥标准规范引领作用，加快建立网络安全分类分级管理制度，强化工业互联网企业安全防护能力，推动网络安全产业高质量发展具有重要支撑作用。

2022年5月，工业和信息化部公布了一份新的跨行业、跨领域的工业互联网平台清单，目前已经有29家平台建立起来，旨在促进双向交流、推动合作、实现开放共享的平台生态。除了各相关企业之间的配合，还需要跨行业之间的融合。为了确保企业的安全运行，除了确保自身的安全外，还应当对所有企业接口进行严格的审查和评估。

(1)跨企业多维协同安全防护。为有效地防范重大基础设施的攻击，需要建立起跨多维度的协同机制，以便更好地掌握企业内部、行业、全国乃至世界范围的工控安全状况，并采取积极的措施，包括实时监测、有效的诱导等，以及及时识别出潜在的攻击目标。

(2)跨企业共享安全资源。各类工业互联网企业构建适用于本行业专用的安全资源库和安全工具集的同时，还应当注重跨企业跨行业的安全资源共享，警惕安全威胁的跨企业渗透。而且，在内部培训和推广应用的过程中，需要重视安全资源库的安全性，并加强防止泄露的措施；同时，为了培养工业互联网安全复合型人才，还应当进行跨企业安全培训。

(3)共筑跨企业工业互联网安全体系。依托工业和信息化部网络安全威胁信息共享平台，完善跨企业威胁通报处置工作机制；建立重大网络安全事件报告机制，协调跨企业安全事件通报；建立健全跨企业安全检查检测机制，对企业间敏感接口、工业系统进行定期安全隐患排查，提高企业安全防护水平。

5.2　工业互联网安全技术

5.2.1　工业互联网安全体系架构

1. 经典的网络安全模型框架

在开放的互联网环境中，不确定性和安全威胁普遍存在，需要有一种安全机制或者服务来保障信息的安全传输。比较经典的模型或框架有OSI安全体系结构、

PDRR 模型、P2DR 模型、IATF（information assurance technical framework，信息保障技术框架）。

1）OSI 安全体系结构

提到 OSI 安全体系结构，读者很容易联想到另一个名词，即 OSI 参考模型，事实上，OSI 安全体系结构正是在 OSI 参考模型之上的一个扩展。OSI 参考模型如图 5.1 所示，该模型由 ISO 最初提出，称为 ISO 的开放系统互联参考模型，简称 OSI 参考模型[2]。

图 5.1　OSI 参考模型

随着网络的发展，网络规模扩大，复杂性提高，安全问题就凸显出来，ISO 于 1989 年在原有的网络基础通信协议 OSI 参考模型基础上进行拓宽，确立了 OSI 安全体系结构，并于 1995 年再次修正。

OSI 安全体系结构是针对 OSI 参考模型各个层次来建立的，其中每层都定义了相关的安全技术，OSI 安全体系结构如图 5.2 所示。

（1）数据链路层：点对点隧道协议（point-to-point tunneling protocol，PPTP）/第二层隧道协议（layer 2 tunneling protocol，L2TP）。

（2）网络层：互联网安全协议（IPSec）。

（3）传输层：安全套接层（secure socket layer，SSL）/安全传输层（transport layer security, TLS）协议。

（4）会话层：防火墙安全会话转换协议（protocol for sessions traversal across firewall securely，SOCKS）代理。

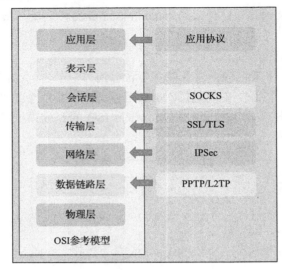

图 5.2 OSI 安全体系结构

(5)应用层：应用协议。

OSI 安全体系结构包括五类安全服务和八类安全机制，其中五类安全服务包括认证(鉴别)服务、访问控制服务、数据保密性服务、数据完整性服务、抗否认性服务。八类安全机制包括认证机制、数字签名机制、访问控制机制、路由控制机制、加密机制、业务流填充机制、数据完整性机制、公证机制。

2)PDRR 模型

PDRR 模型由美国国防部(United States Department of Defense，DoD)提出，是防护(protection)、检测(detection)、恢复(recovery)、响应(response)的缩写。PDRR 改进了传统的只注重防护的单一安全防御思想,强调信息安全保障的 PDRR 四个重要环节。PDRR 模型如图 5.3 所示。

3)P2DR 模型

20 世纪 90 年代末，美国国际互联网安全系统公司(Internet Security Systems，ISS)开发了一种新的安全模型，即自适应网络安全模型(adaptive network security model，ANSM)，其对时间的敏感性和可靠性，使得网络安全问题得到有效的解决，并且也被称为 P2DR(policy protection detection response)。该模型可量化，也可进行数学证明，是基于时间的安全模型，可以表示为：安全=风险分析+执行策略+系统实施+漏洞监测+实时响应。

P2DR 模型如图 5.4 所示，是在整体安全策略的控制和指导下，在综合运用防护工具(如防火墙、操作系统身份认证、加密等手段)的同时，利用检测工具(如漏洞评估、入侵检测等系统)评估系统的安全状态，使系统保持在最低风险。策略

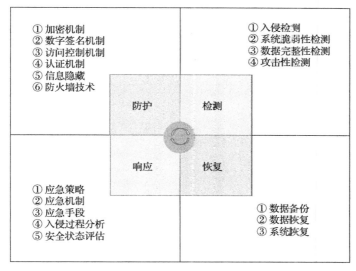

①加密机制
②数字签名机制
③访问控制机制
④认证机制
⑤信息隐藏
⑥防火墙技术

①入侵检测
②系统脆弱性检测
③数据完整性检测
④攻击性检测

防护　检测

响应　恢复

①应急策略
②应急机制
③应急手段
④入侵过程分析
⑤安全状态评估

①数据备份
②数据恢复
③系统恢复

图 5.3　PDRR 模型

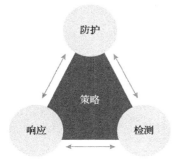

防护

策略

响应　检测

✓ 防护：部署有效防护手段阻止安全威胁
✓ 响应：发现并及时截断可疑数据并启动相关报警信息
✓ 检测：对网络进行实时监测和定期检查，建立完善的审计系统

图 5.4　P2DR 模型

（policy）、防护（protection）、检测（detection）和响应（response）组成了一个完整动态的循环，在安全策略的指导下保证信息系统的安全。P2DR 模型提出了全新的安全概念，即安全不仅是一种静态的防护，还是一种更加复杂的、更具挑战性的概念，需要通过多种技术手段才能实现。

4）IATF

美国国家安全局（National Security Agency，NSA）发布的 IATF 旨在为用户信息和信息系统提供一个全面的、多层次的安全保障，以确保其安全性，并为建设信息保障系统及其软硬件组件提供一个完整的过程，以实现纵深防御策略，确保用户信息和信息系统的安全。

IATF 将信息系统的信息保障技术层面划分成了四个技术框架焦点域（图 5.5），

即局域计算环境(local computing environment)、区域边界(enclave boundaries)、网络和基础设施(networks & infrastructures)、支撑性基础设施(supporting infrastructures)。在每个焦点域内,IATF 都描述了其特有的安全需求和相应的可控选择的技术措施。

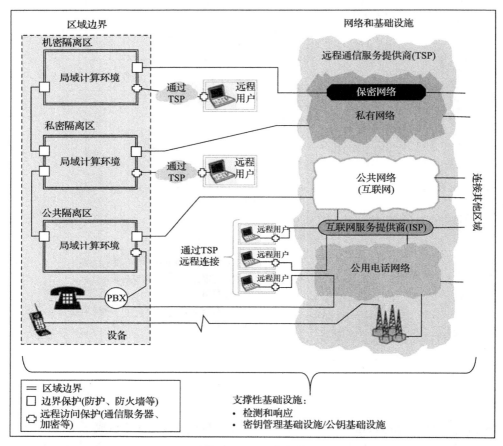

图 5.5　IATF 焦点域

PBX(private branch exchange)表示私人分支交换机

IATF 的核心思想是纵深防御战略,该战略为信息保障体系提供了全方位、多层次的指导思想,如图 5.6 所示,通过采用多层次、在各个技术框架区域中实施保障机制,有效地减少风险,抵御攻击,确保用户和其信息系统的安全。其中人(people)、技术(technology)和操作(operation)是主要的核心因素,是保障信息及系统安全必不可少的要素。但是该模型实现的都是对网络系统的静态安全防护,并未对网络系统进行动态持续的安全防护。

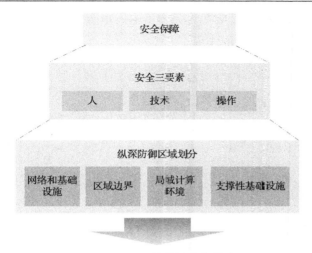

图 5.6　IATF 的纵深防御战略

2. 国外工业互联网安全框架

1）工业物联网安全实施框架

美国 IIC 推出的工业物联网安全实施框架（industrial internet of things volume G4：security framework，IISF），从功能视角看，分为三层，底层是安全模型&策略，中间一层是数据保护，里层是断电保护、通信&链接保护和安全配置&管理；从实施视角出发，以安全模型和策略作为总体指导，部署通信、断电、数据、配置管理、检测等方面的安全措施。聚焦 IT 安全，侧重于安全实施是美国 IISF 框架的突出特点。

2）德国工业 4.0 架构

德国工业 4.0 框架可以概括为 "1438" 模型，包括 1 个网络（信息物理系统网络）、4 大主题（智能工厂、智能生产、智能物流和智能服务）、3 项集成（横向集成、纵向集成和端到端集成）、8 大计划（标准化和参考架构、管理复杂系统、综合的工业宽带基础设施、安全和保障、工作的组织和设计、培训和持续的职业发展、监管框架、资源利用效率），旨在实现德国工业的智能化转型，提升企业的效率和竞争力。

工业 4.0 参考架构的安全框架，从多个层面来考虑安全风险，如图 5.7 所示，从产品生命周期的角度出发，重点关注各个环节的安全边界，从工厂层面出发，重点关注物理和数据资产的跨域安全保护。德国工业 4.0 通过分层管理技术，有效地保护和管理受保护对象，以确保其安全性[3]。未来工业 4.0 的安全保障框架将采取多种技术手段，包括纵深防御、区域防御、动态主动防御、静态被动防御、预测式防御和响应式防御，以及基于数据的多维立体安全防护，以确保企业的安

全运营。但德国工业 4.0 并未专门针对安全提出相应策略，安全在工业 4.0 中起到
了承载和连接所有结构元素的作用。

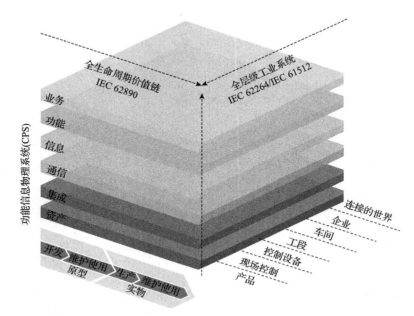

图 5.7　德国工业 4.0 架构

3. 我国工业互联网安全框架

前面介绍了一些经典的安全模型和国外比较有影响力的网络安全架构，已知
OSI 网络安全体系是为解决网络发展过程中暴露出的安全问题而提出的，其更侧
重于结合各个层次，层与层之间互相独立，具有较强的灵活性，但只专注于网络
通信系统和静态防护技术，对于持续变化的内外部安全威胁缺乏足够的监测和应
对能力，无法满足更复杂、更全面的信息保障需求；而关于美国的安全体系模型，
如 P2DR 模型引入了动态安全的理念，提出基于闭环控制的动态安全模型，但其
更局限于从技术上考虑网络的安全问题，忽视了管理对于安全防护的重要性。

在 2018 年召开的工业互联网峰会[4]中提出，工业互联网的安全构架设计需要
从三个视角出发(图 5.8)：①防护对象视角，明确安全防护对象是前提；②防护措
施视角，部署安全防护措施是关键；③防护管理视角，落实安全防护管理是重要
保障。

工业互联网安全框架的三个防护视角之间相对独立，又相辅相成，互为补充，
形成一个完整、动态、持续的防护体系[5]。

从防护对象视角来看，防护工业互联网安全主要包括五大重点：设备安全、

网络安全、控制安全、应用安全和数据安全。我国工业互联网产业联盟发布的《工业互联网体系架构(版本 1.0)》给出了工业互联网安全体系架构[6]，聚焦设备、网络、控制、应用、数据五大安全重点，如图 5.9 所示。

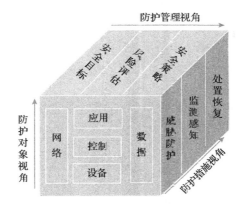

图 5.8 我国工业互关网安全框架

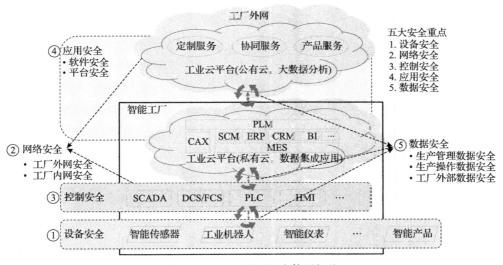

图 5.9 工业互联网安全体系架构

BI(business intelligence)表示商业智能，SCM(software configuration management)表示软件配置管理，CRM(customer relationship management)表示客户关系管理，CAX 表示计算机辅助技术

(1)设备安全是指工业智能装备和智能产品的安全,包括硬件和软件的安全设计、制造和运行,以及与之相关的网络安全、数据安全等方面。

(2)网络安全是指工厂内有线网络、无线网络的安全,以及工厂外与用户、协作企业等实现互联的公共网络安全。

(3)控制安全是指生产控制系统安全,主要针对 PLC、DCS、SCADA 等工业控制系统的安全，包括控制协议安全、控制平台安全、控制软件安全等。

（4）应用安全是指支撑工业互联网业务运行的应用软件及平台的安全，包括各类移动应用。

（5）数据安全是指工厂内部重要的生产管理数据、生产操作数据和工厂外部数据（如用户数据）等各类数据的安全。

从防护措施视角来看（图 5.10），主要从威胁防护、监测感知和处置恢复三大环节来构建工业互联网安全框架，从生命周期、防御递进角度明确安全措施，从而实现高效动态的防御和响应。

图 5.10 闭环防御

（1）威胁防护是指针对五大防护对象，部署主被动防护措施，阻止外部入侵，构建安全运行环境，消除潜在安全风险。

（2）监测感知是指部署相应的监测措施，实时感知内部、外部的安全风险。

（3）处置恢复是指建立响应恢复机制，及时应对安全威胁，并及时优化防护措施，形成闭环防御。

从防护管理视角来看，安全框架的建立离不开企业自身的有效安全防护管理方针，如图 5.11 所示，明确防护对象及其所需的安全目标后，还应对其面临的安全风险进行评估，找出当前与安全目标之间的差距，制定相应的安全防护策略，提升安全防护能力，并不断地对管理流程进行改进。

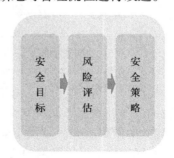

图 5.11 防护管理流程

（1）安全目标包含保密性、完整性、可用性、可靠性、弹性及隐私安全的目标。

（2）风险评估则是分析工业互联网系统的资产、脆弱性和威胁，明确风险处置措施，确保工业互联网数据安全性、设备接入安全性、平台安全性等，并最终形成风险评估报告。

（3）安全策略是从工业互联网总体安全考虑，定义保证工业互联网正常运行的指导方针及安全评估结果，明确当前工业互联网各方面的安全策略并不断进行完善。

但未来工业互联网安全体系应该如何进一步完善呢？本书从以下角度考虑。

（1）从安全防护对象的角度，分类别部署安全防护措施，在工业互联网中，对应设备、网络、数据乃至系统，应分别采取相应的安全技术措施。

（2）从工业场景的角度，工业互联网安全体系的构建应当结合工业的复杂场景和特定需求，形成特色化工业互联网安全保障体系。

（3）从理论技术的角度，在传统网络安全技术基础之上，结合云计算、5G 网络、大数据、机器学习等新型技术，不断探索追求更优安全技术，向智能感知、主动防护的方向发展。

（4）从防护措施的角度，协调安全策略、安全评测、安全监测、威胁防护、安全处置恢复等技术，形成动态的安全循环，构建动态的安全模型。

（5）从防护管理的角度，明确安全目标，做好风险评估，确定处置措施，将技术手段和管理手段相结合，构建高效协同的安全防护体系。

尽管我国与国外的工业互联网安全框架存在差异，但它们的设计理念大体相似，而且防护内容也保持着高度一致性，均以指导企业有效地部署工业互联网安全为目标，重点加强技术与管理的融合，充分利用内外资源，不断完善和提高工业互联网的安全保障水平。

5.2.2　设备与控制安全

1. 设备和控制的安全分析

工业互联网设备分为工业控制设备、工业网络和安全设备及工业智能终端设备。设备安全包括工业设备的芯片安全、嵌入式操作系统安全、相关应用软件安全和功能安全等。工业互联网中存在的工业智能设备或者产品可能因其使用的芯片、操作系统、编码规范和运行在操作系统之上的软件程序存在漏洞缺陷或者后门而面临安全威胁。例如，Stuxnet 蠕虫病毒是一种危害性极强的恶意病毒，可以通过篡改 PLC 的行为，拦截发送给 PLC 的读/写请求，识别出潜在的攻击目标；可以篡改现有的 PLC 代码块，并将新的代码块写入；还可以利用 Rootkit 功能，隐藏 PLC 感染，逃避检测，从而对工业控制系统造成严重的损害。

从设备安全性及其应用过程防护的角度来看，工业互联网设备的安全防护范畴细分为硬件安全、网络通信安全、系统服务安全、应用开发安全、数据安全等[7]，如图 5.12 所示。

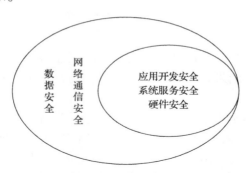

图 5.12　工业互联网设备的网络安全防护范畴

控制安全是指生产控制系统安全，包括控制协议安全、控制平台安全、控制软件安全等。控制安全问题主要来自控制协议、控制平台、控制软件，包括在设计之初未考虑其完整性、身份校验不当或者缺失、许可授权与访问控制不严格、配置维护不足、凭证管理不严格、加密算法过时等问题。目前工业系统存在的网络安全隐患包括系统被入侵、拒绝服务攻击、病毒攻击等，例如，2017年备受瞩目的俄罗斯黑客电网攻击事件，黑客入侵美国电力公司，其渗透能力已足以获取实际控制权限，操纵美国电力系统的运行，甚至破坏电网，这正是电网设备操作系统存在漏洞才给予黑客可乘之机，造成了巨大的甚至国家层面的安全威胁。

IEC 62443 中对工业控制系统信息安全的定义是：保护系统所采取的措施；由建立和维护保护系统的措施所得到的系统状态；能够免于对系统资源的非授权访问和非授权或意外的变更、破坏或者损失；基于计算机系统的能力，能够保证非授权人员和系统既无法修改软件及其数据也无法访问系统功能，但保证授权人员和系统不被阻止；防止对工业控制系统的非法或有害入侵，或者干扰其正确和计划的操作。

现如今，随着技术的不断发展，工业控制系统漏洞攻击也在不断加剧。最初仅仅是针对简单控制器的攻击，现在攻击者已经开始使用网络协议、专业技术、病毒等手段进行攻击。同时，漏洞挖掘和发现的水平也在不断提高。实际上，设备和控制在工业互联网中联系紧密，智能设备的运转需要控制层面的指挥调度，控制层面的安全威胁直接影响设备安全，也不乏以个别设备为跳板，侵入控制系统，进而影响整个工业互联网系统的例子。

根据中国国家信息安全漏洞共享平台（China National Vulnerability Database，CNVD）统计[8]，与工业控制系统设备相关的漏洞数量为 3228 个（截至 2023 年 12月），其中高危漏洞占比近 46%。根据中国信息通信研究院的安全评估和监测，发现大量的工业互联网设备存在严重的安全漏洞，包括指令篡改、敏感信息获取、权限绕过等，其中一些甚至是极其危险的，这表明我国的安全防护水平远远落后于国际先进水平。我国部分工业互联网设备系统持续遭受了来自境外的定向扫描和恶意感染，僵尸网络、木马、蠕虫、病毒等攻击感染，网页攻击、系统攻击的频率和数量不断加大；在我国工业领域应用广泛的罗克韦尔 PLC、西门子视窗控制中心等均存在严重的高危漏洞。因此，对工业互联网设备的漏洞进行深入的安全检查，特别是无损的安全检查和保护，已经成为当今企业和设备制造商的必要要求。

2. 方法与技术

随着工业互联网设备的普及，安全管理变得更加分散，不同行业的自律水平也存在差异。在实施网络化、数字化的安全标准规范过程中安全标准规范和评估体系还不完善，需要建立完善的安全审查机制，并加强国家监督、行业认证和网络安全的实施。图 5.13 是工业互联网设备安全防护实施路径示意图[9]。

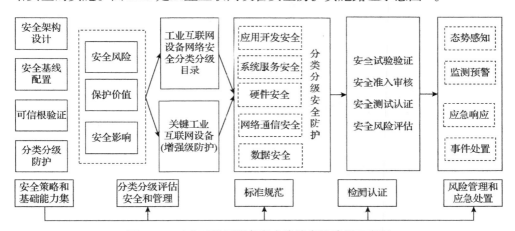

图 5.13　工业互联网设备安全防护实施路径示意图

从工业设备自身因素考虑，建立设备自身安全策略和基础能力集，包括安全架构设计、安全基线配置、可信根验证和分类分级防护的基本要求。构建设备自身的安全"基线"，强化设备的内生安全能力。

从工业设备的外部因素考虑，如图 5.14 所示，首先，针对不同种类、应用场景的工业互联网设备开展，结合设备的网络安全风险、保护价值、发生事件的安全影响，建立分类分级目录，进而高效开展强制性安全检测认证和审查。另外针对不同类别和防护级别的设备，做好应用开发安全、系统服务安全、硬件安全、网络通信安全、数据安全等技术防护要求，形成设备的网络安全差异化、精细化管理模式。其次，建立工业互联网设备网络安全检测评估体系，加强设备进入市场前的网络安全试验验证、安全准入审核、安全测试认证和应用过程中常态化的安全风险评估，以评促建，形成设备安全防护闭环。最后，强化工业互联网设备安全风险管理和应急处置，包括针对关键工业互联网设备的网络安全态势感知与监测预警；行业侧/企业侧的应急响应、事件处置的工具平台及机制方法，实时掌握设备安全态势和风险视图，为风险预警和应急工作提供常态化技术手段。

图 5.14　优化保障体系

随着工业规模扩大、网络更新，以及市场需求多样化，未知风险也越来越多，安全分析越来越难掌控，另外工业控制系统信息安全内涵、需求和目标特性，决定了需要一些区别于 IP 信息网络或传统工业中的特殊安全技术、措施。

通过探针、信道加密、数据包核查和认证等手段保护通信数据报文安全的技术是保障控制系统信息安全的一些常用技术方法。事前、事中和事后的全面管理、整体安全的防护技术体系构成了工业互联网设备与控制安全体系，如图 5.15 所示。

图 5.15　工业互联网设备与控制安全体系

（1）事前防御技术包括访问控制/工业控制专用防火墙、身份认证、ID 设备、基于生物特征的鉴别技术、安全的调制解调器、加密技术、公开密钥基础设施（public key infrastructure，PKI）、虚拟局域网。

（2）事中响应技术包括入侵检测系统（intrusion detection system，IDS）、蜜罐技术。

（3）事后取证技术包括审计日志机制、系统行为记录。

以下给出两个技术示例，即漏洞扫描与蜜罐技术。

漏洞扫描：基于工控安全漏洞库的已知漏洞检测，依靠高效的漏洞扫描引擎扫描工控网络中的关键部分来检测是否存在已知的威胁漏洞，如图 5.16 所示。基于工业控制协议的模糊测试方法对工控网络中的设备和系统进行智能模糊测试，检测工控协议中的缺陷漏洞，对疑似漏洞的测试结果进行漏洞标识记录，对疑似漏洞进行细致深入的分析，验证其实际影响和复现性，最后保存到本机漏洞库作为漏洞分析的依据[10]。

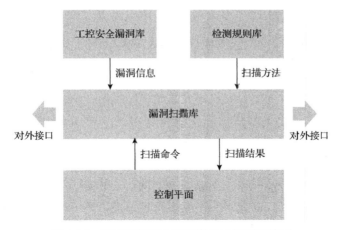

图 5.16　基于工控安全漏洞库的已知漏洞检测

基于工控协议的模糊测试原理图如图 5.17 所示。

蜜罐技术：蜜罐技术具有独特的优势，可以有效地抑制工控系统中的干扰，从而大大减少对工控网络、流量和实时性的影响，在提高工控网络的安全防护能力和水平方面有着重要意义，目前蜜罐主要在以下几个地方部署[11]。

（1）安全缓冲区：对来自管理信息网的操作行为进行检测分析，它可以更详细地发现并记录攻击者的攻击行为与日志记录，延长入侵者攻击网络的时间。

（2）生产网络：此处的蜜罐系统在正常网络流量下不会被访问操作，只有当出现病毒、木马、黑客攻击时才可能被访问，这样可以及时发现攻击者并采取防御措施；此外还可以准确地为追踪攻击者提供有用的线索。

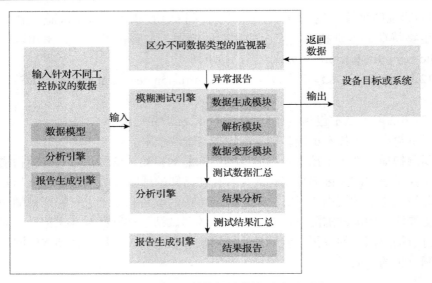

图 5.17　基于工控协议的模糊测试原理图

　　(3)工业防火墙之前：消除向内部网加入不安全设备引起的安全隐患。

　　(4)工业防火墙之后：能够用来检测源于网络内部的攻击，利于分析生产网络安全态势。

5.2.3　网络安全

　　随着工业互联网的发展，工业网络呈现出 IP 化、无线化，企业专用网络与互联网逐渐融合的特点，与此同时，一些网络问题由传统互联网开始往工业互联网转移，例如，DDoS 日益严重，工业互联网的协议转变也导致攻击门槛降低，安全策略也面临严峻挑战，新技术的不断引入也可能带来一些未知风险。

　　1. 网络安全防护体系的构建

　　工业互联网网络安全防护体系的构建，应该充分考虑工厂内外部网络和标识解析系统等方面，具体包括网络结构优化、边界安全防护、网络接入认证、网络传输保护、网络设备防护、安全监测审计等多方面[12]。

　　(1)网络结构优化。采用负载均衡技术，基于音轨业务高峰数据流量，确保网络长期稳定运行，另外良好的网络结构可以提高网络的灵活性和可扩展性。

　　(2)边界安全防护。网络边界的建立和维护是保障网络安全的第一步，因此，必须根据不同的网络设施和业务系统，将其划分为不同的安全区域，并且使用专门的网络边界控制设施，实时监测和拦截可能发生的攻击。

　　(3)网络接入认证。采用基于数字证书的身份认证等机制来实现网络接入认证，对接入设备与标识解析字节进行认证，确保合法安全地接入，对非法连接进行阻断和警告。

（4）网络传输保护。为了确保网络安全，需要采取适当的技术措施，以确保信息的安全性、完整性和有效性。这样，就能够确保用户正确地利用信息资源，并避免数据在网络传输中遭到盗取或篡改。三要包括以下几个方面：①通过加密方式保证被非法窃取的数据不能被非法用户读取利用。②在网络传输过程中增加校验机制，甄别被篡改的信息，确保数据的真实性。③采取多重保障机制，确保网络数据能被正确传输和接收。

（5）网络设备防护。网络设备还应提升自身的安全性，采取一系列措施对登录用户进行身份验证，例如，对远程设备与标识解析节点的原地址进行限制，采用安全外壳（secure shell，SSH）协议、超文本传输安全协议（hypertext transfer protocol secure，HTTPS）等安全连接方式。

（6）安全监测审计。通过漏洞扫描工具探测网络设备及节点的漏洞情况，对漏洞进行及时预警及修补，对网络进行安全监测；通过网络审计技术对流量进行分析，记录网络与标识解析系统中的系统活动和用户活动等各类操作行为及设备运行信息，实时地对网络中的安全事件进行分析并警告，记录人员的异常操作并做出提醒，降低恶意操作导致安全事故发生的概率。

2. 区块链技术与网络安全

区块链是一种通过透明和可信规则构建防伪造、防篡改和可追溯的块链式数据结构，从而在对等网络环境下实现事务处理和管理的应用模式。

区块链技术核心如图 5.18 所示，包括共识机制、密码算法、智能合约和分布式账本。

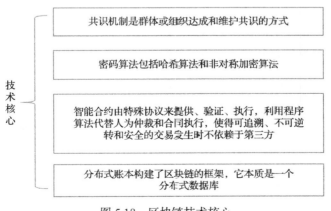

图 5.18　区块链技术核心

在工业互联网中，区块链技术可被用于提高一些场景中的安全保障。区块链技术助力工业互联网建立安全保障体系[13]。区块链技术处于工业互联网的边缘层和 IaaS 层，其 P2P 网络与分布式存储技术可将边缘层采集的数据形成交易记录，存储在区块链账本中，实现不可篡改、可追溯的数据存储安全。另外，基于区块链的标识解析技术为海量终端设备分配唯一地址，防止随意接入与数据篡改，特别是软件开发工具包(software development kit，SDK)接口可通过加密实现数据防泄露。区块链分布式节点及共识算法可校验节点数据格式，保证数据完整性。总之，区块链技术提供了一种在不可信网络中进行信息传递和交换的可信通道，为保障工业互联网安全提供了新方法和新思路[14,15]。

工业互联网中的标识解析通过一系列不同节点及预先设定的规则，来识别工业互联网中的智能设备或者系统等对象，实现工控设备、控制对象、生产要素的，跨地域、跨行业、跨企业的，从标识到地址的映射。由于传统的工业互联网标识解析采用的是根节点到行业节点的树状结构，其中根节点和顶级节点地位至关重要且任务繁重，这种中心化的结构若遭遇安全威胁势必会对整个工业互联网造成重大影响。而区块链的核心正是去中心化，将区块链技术用于工业互联网标识解析，将设备或者系统等节点存于云中，"雾计算"代理节点被用作联盟链的共识节点，每轮共识会选举一个记账节点，将交易打包成区块进行共识，联盟链中的参与节点只进行标识交易和初步的交易验证。把标识解析体系看成一个账本，通过众多节点维持，可以解决根节点权限过高、资产重要性过重的问题，也可降低节点能耗，减轻访问负载。目前，Blockstack、Namecoin 等已通过区块链实现了DNS 解析服务[16]。

现代智能工厂可通过柔性生产满足客户的个性化需求，增强企业竞争力。SDN在工业互联网中的应用为个性化定制加工服务提供了解决方案。然而，企业可能存在缺乏相应技术能力、缺乏感知客户需求渠道、缺乏了解市场多元化手段等问题，使其无法达到精益制造、柔性生产和并行制造的要求。区块链技术在工业互联网中的协同制造应用为跨企业合作提供了可行性。区块链技术则用于解决平台上企业间需求、交易数据的可信度等关键问题。通过设备机制共识、节点账本共享、智能合约构建等技术实现生产线协同管理，从而实现企业供应链整合，效率得以提升，流程得以压缩，为打通协同制造通道提供了新的解决思路。

此外，区块链技术因其不可篡改、可共同维护的特性，在工业互联网供应链管理、产品溯源等方面有着广阔的应用场景。但任何一种新技术的引入都避免不了可能带来的安全隐患，例如：①共识机制的引入固然能解决一些现有问题，但是共识机制由于自身缺陷会带来共识攻击的问题，已出现的共识攻击类型包括51%算力攻击、时间戳伪造攻击、贿赂攻击、自私挖矿、双花(双重花费)攻击等[17]。②区块链技术运用了大量的加密解密算法，但有些加密算法也面临着攻击威胁，如哈希碰撞攻击，一旦加密算法失效，就可能造成共识机制失效、身份冒用、虚假交易、私钥泄露、身份伪造等问题。③智能合约的引入带来了数据安全与敏感信息泄露问题。智能合约本质上是一份无中心却又可信共享的代码程序，如果存在代码写入不严谨、逻辑问题等，可能会带来安全漏洞，使某些合约失效，大大增加工业数据泄露的风险。④区块链去中心化的特点，使得匿名区块链下各节点之间的权利和义务对等，但由于责任主体分散，监督管控变得更加困难。如果非法用户在区块链上产生安全威胁或违反法律，将很难追究其责任。此外，区块链的不可篡改性使得非法交易无法撤回，从而导致不可逆的风险。

区块链在工业互联网领域的进一步落地融合还需要一定的时间和措施：一是打造区块链和工业互联网融合应用的安全研究平台；二是进一步明确区块链技术的系统级安全评估机制和认证体系，加强区块链在工业互联网领域的监管力度；三是完善区块链中的加密算法，构建更加安全的区块链工业互联网基础平台；四是完善相关的制度标准，相关的国家标准和国际标准还需要进一步研究落实。

3. 5G 与工业互联网安全

如图 5.19 所示，自 20 世纪 80 年代开始，从语音通信 1G 的出现到如今万物互联、网络即服务的 5G，通信技术从"增强移动带宽"到"面向三大应用场景"，再到未来的"泛在融合信息网络"，通信技术的进步催生了许多新场景、新业务。

5G 具有高速率、低时延和超大连接的特性，针对这些特性，区分了三大典型应用场景，即 eMBB、uRLLC 和 mMTC。

eMBB 具有较高的数据传输速率和频谱使用效率，支持 3D/超高清视频等大流量移动宽带业务，支持 8K 视频的流畅播放和更先进的虚拟现实技术，支持实现生活和工作云端化，用户可随时随地使用强大的云计算技术，对信息数据进行计算和存储，处理复杂的数据，并减小能源消耗[18]。uRLLC 具有数据交换快、时延低和 99.99% 的高可靠传输等特点，支持对时延和可靠性非常敏感的业务，如无人驾驶、工业自动化控制、远程医疗和视频实况直播等业务。mMTC 支持大规模物联网业务，支持大量的低成本、低能耗和长寿命的设备连接到网络中，实现家庭设备远程操控、大规模无人机精确控制、智能物流、智能交通等，促进智慧城市的发展。5G 上行峰值传输速率达 10Gbit/s，下行峰值传输速率达 20Gbit/s；在 eMBB 场景下时延小于 4ms，在 uRLLC 场景下时延小于 1ms[19]；可在高速移动环境下使用。

工业企业 OT 和 IT 底层网络通常是基于有线网络，占比高达 90%。但是由于工业环境的日益复杂和变化，有线网络已难以适应许多工业通信已经开始使用无线技术。

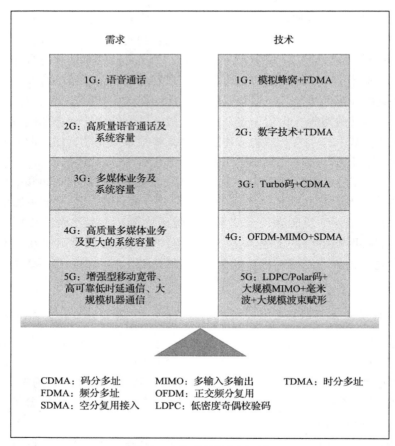

图 5.19　移动通信发展历程

5G 促进了工业企业向智能无线化方向发展，如基于 5G 的远程监控、AR 装配辅助、运维和巡检辅助等。监控网络中采用 5G 网络将视频监控数据和设备运行状态数据进行回传，可大大降低在复杂生产环境下数据回传线路铺设成本，同时 5G 的高带宽和海量连接能满足大工厂生产环境的需求。

5G 的 D2D 通信实现了智能工厂中大型制造设备的互联，制造设备与基于云的工业软件互联，促进工厂结构的扁平化，实现物流跟踪、远程运维、分布式设计和协作生产，如图 5.20 所示。

5G 已经成为一种重要的移动通信技术，但是也给工业互联网带来了一些潜在的安全风险，尤其是 OT 企业，仍处于一个相当初级的信息传输过程中。而工业作为 5G 的消费端，其对于网络的需求差异性很明显。IT/OT 跨界融合，生产安全管理和网络安全管理的界限模糊，工厂控制安全受到威胁，网络攻击可从 IT 层渗透到 OT 层，会造成工业系统中断等风险。

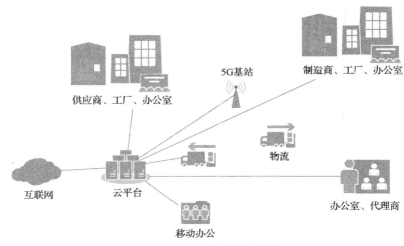

图 5.20　5G 网络下的协同制造

随着 5G 的普及，其带来的超大流量使得基于流量检测、内容识别、加解密等技术的安全防护变得更加困难；超大链接容易引发全网或者局部规模攻击，如网络抖动或黑客控制触发的信令风暴或者 DDoS；海量数据和海量链接带来了身份管理认证、终端设备的可溯源性、证据收集、在线日志保留的安全风险或考验。

对于各种 5G 安全问题，必须要采取一定措施。

(1)理性分析 5G 面临的安全形势，结合工业互联网平台的特点(表 5.1)，完善安全标准，"以点及面"持续关注 5G+工业互联网安全，坚持安全"三同步"原则，即在 5G+工业互联网相关系统的设计、建设、运行过程中，要做到网络安全"同步规划、同步建设、同步运行"[20]。

表 5.1　5G+工业互联网平台

工业行业需求	工业行业需求
工业应用	MES、SCADA、PLM、ERP
5G 工业互联网平台	数据采集、数据分析、异常告警、反向控制
5G 精品网络	优享网络、专享网络、尊享网络
工业设备	空调主机、机器人、数控机床、AGV、工业机械

注：AGV (automated guided vehicle)表示自动导向车。

(2)构建统一管理、智能防御和灵活性的 5G+工业互联网安全防御系统，满足多路访问和不同场景的安全需求，通过统一的安全管理、态势感知和协同防御能力建设，提供差异化安全保障机制。

(3)通过网络切片、网络功能模块化，灵活部署和协周安全功能；通过分布式认证、轻量认证等技术来解决海量链接带来的身份管理及标识问题。

构建"5G+"安全生态,提升工业互联网防护水平,产业各方要凝聚共识、坚持共建,最终实现共赢发展[21],为实现这一目标,需采取以下的关键措施和方法。

(1)加强 5G 网络安全建设,提升网络安全保障能力。

加强 5G 网络安全能力建设,在网络切片、边缘计算、能力开放等方面采用数据完整性保护、隔离、二次认证等技术,提高 5G 网络安全保障能力水平;定期开展安全评估、风险监测、合规检查、应急响应能力。

(2)推动 IT 和 OT 的融合,提升安全服务能力。

基于工业互联网推动 IT 与 OT 的融合,打通技术壁垒,实现业务赋能。推动与工业互联网企业的深度融合,定制安全保障服务,提升工业互联网安全诊断评估、安全咨询、数据安全保护、云端联动防护等服务。

(3)加强 5G+工业互联网领域研究,推动完善安全标准体系。

随着 5G 与垂直行业的结合应用,引入了新的安全威胁,加大了安全监管难度,而相关安全标准还在摸索完善中。面向 5G+工业互联网新业态,电信运营商应借助网络环境优势,主动推动完善安全标准体系,共同促进工业互联网安全工作的建设。

5.2.4　应用安全

工业互联网应用安全涵盖了两个方面,即工业互联网平台安全和工业互联网软件安全。

1. 工业互联网平台安全

工业互联网平台是面向制造业数字化、网络化、智能化需求,构建基于海量数据采集、汇聚、分析的服务体系,支撑制造资源泛在链接、弹性供给、高效配置的工业云平台,各国都在以工业互联网作为推动引擎,大力推动工业环网建设和工业制造数字智能化的探索。

目前,业界已基本形成智能终端(边缘)+云架构+工业 App 的工业互联网平台技术架构,旨在提升设备链接、设备管理、数据存储及处理、数据高级分析、软件应用管理、平台应用开发、整合集成等服务能力,满足工业领域设备产品管理、业务运营优化、社会化资源协作三个方面的需求。

我国重点围绕工业互联网安全,出台政策文件,制定安全标准,规范企业加强工业互联网平台安全。

《工业互联网平台安全白皮书(2020)》提出了工业互联网平台安全参考框架,如图 5.21 所示。

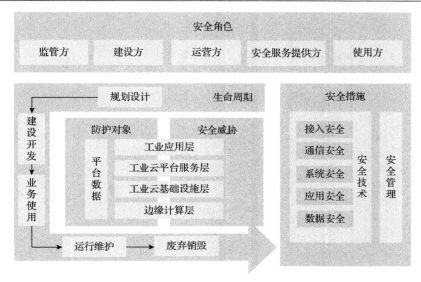

图 5.21　工业互联网平台安全参考框架

从安全威胁视角对工业互联网平台进行安全威胁分析，见图 5.22。

1) 边缘计算层

边缘计算层设备普遍缺乏安全设计，地理位置分散、暴露，普遍缺乏身份认证与数据加密传输能力，自身安全防护水平不足。攻击者容易对设备进行物理控制和伪造，并以此为跳板向其他设备与系统发动攻击。

边缘计算层设备可部署的安全防护措施有限，因计算层设备和软件存在低功耗、低时延等性能需求，导致安全防护措施有限，易受攻击，且传播性更强，此外考虑到稳定性和可靠性，边缘计算层设备和软件部署后一般不升级。这导致安全漏洞不能被及时封堵，加剧网络攻击风险。

连接工业互联网的平台维护、管理的边缘计算层设备呈指数级增长以及通信协议多样化、异构无线网络接入也给平台边缘计算层接入安全防护带来新的挑战。

2) 工业云基础设施层

工业互联网平台重度依赖底层传统云基础设施的硬件、系统和应用程序，若底层设备或者系统受损，则可能会导致严重后果。虚拟化技术提供的隔离机制可能存在缺陷，提供的安全隔离能力有限。工业云基础设施层虚拟化软件或虚拟机操作系统一旦存在漏洞，将可能被攻击者利用，破坏隔离边界，实现虚拟机逃逸、提权、恶意代码注入、敏感数据窃取等攻击，从而对工业互联网平台上层系统与应用程序造成危害。IaaS 为用户提供计算、存储、网络和其他基础计算资源，针对 IaaS 层的安全构建主要从边界安全、云网络和云主机安全等方面来考虑。云边界中的流量监测模块可以通过对工业互联网平台入口镜像流量包的深度解析，实

平台数据

开源数据平台安全漏洞

数据安全交换共享机制不成熟

数据销毁备份机制缺陷

数据敏感度标识不清楚

数据安全责任边界模糊

工业应用层

安全机制设计简单且粒度较粗

工业软件安全开发及加固不成熟

第三方远程运维安全带来隐患

传统安全防护技术应用不足

工业云平台服务层

缺乏有效的抗DDoS机制

容器镜像缺乏安全管理与安全性检测

微服务组件缺乏安全设计或未启用安全措施

安全机制单一

工业云基础设施层

第三方云基础设施安全责任不清晰

虚拟化软件或系统存在漏洞

虚拟化技术隔离能力有限

重度依赖传统云基础设施

边缘计算层

通信协议多样化

接入技术多样化

缺乏安全更新

可部署的安全防护措施有限

缺乏安全设计

图5.22　工业互联网平台安全威胁

时检测出各种攻击和异常行为；抗 DDoS 流量清洗技术可以有效抵御海量 DDoS，云边界安全网关是工业互联网平台与边缘计算节点进行安全通信的网关型服务设备，该网关在工业控制系统安全接入网时，不仅可以实现安全通信，还能对攻击请求进行抵御，另外还可以利用云边界安全网关对访问工业互联网平台的用户进行身份鉴别，并对其访问过程提供完整性和机密性保护。云网络安全需要重点针对访问控制，针对工业需求对云内虚拟机划分安全域，云网络微隔离系统支持多个维度的划分，甚至能够实现对虚拟机粒度的微隔离，实现精细化的访问控制，此外，还需要综合入侵防御、病毒防护等相关技术来保障云网络安全。云主机安全则需要对云主机系统进行加固，加强访问控制的监管，并注意防范虚拟主机中的恶意代码。

3) 工业云平台服务层

PaaS 平台资源的容器是基于操作系统的虚拟化，与 IaaS 基础环境实现解耦，主要以容器的方式实现，常用的容器是 Docker 和 Garden。当前工业互联网平台一般采用传统信息安全手段进行防护，无法满足多样化平台服务的安全要求。微服务组件缺乏安全设计或未启用安全措施，容易造成数据非法窃取、资源应用未授权访问等安全问题。容器镜像缺乏安全管理和安全性检测，会造成恶意代码扩散、数据泄露、山寨应用等。

4) 工业应用层

当前工业应用层的软件重视功能、性能的设计，但对鉴别及访问控制等安全机制设计简单且粒度较粗，容易被攻击者发现存在的安全缺陷，进而遭受攻击；远程运维业务流程存在安全缺陷，将给工业互联网平台带来安全隐患；工业应用安全开发与加固尚不成熟，业内尚未形成成熟的安全模式和统一的安全防护体系。对于 Web 形式和移动形式的 App，应分别针对中间件数据库和应用安装文件进行安全加固，Web 应用防火墙（Web application firewall，WAF）功能是将 Web 流量引流到 WAF 上，由 WAF 对流量进行过滤，清洗后再转发到服务器，从而达到防御 SQL 注入、跨站脚本攻击（XSS）、木马攻击等常见攻击形式，保障 Web 应用的安全。此外，为了及时发现系统最新漏洞还需要部署漏洞扫描产品，针对不同场景具备 Web 漏洞扫描、数据库安全扫描、App 安全扫描、大数据漏洞扫描等功能。

从安全技术角度来看，工业互联网平台安全应从通信安全、系统安全、应用安全和数据安全等角度来保障。通信安全技术包括密码技术、身份鉴别技术、接入认证技术、边界防护技术；保障系统安全的措施有安全隔离、可信计算、漏洞检测及修复、DDoS 防御、固件和操作系统安全增强、虚拟化软件安全加固和通用 PaaS 资源调度安全加固；提升应用安全的手段有代码审计、安全性测试、微服务组件接口安全排查、应用开发环境安全、工业应用行为监控；数据安全采用密码技术、访问控制、备份恢复等手段来保障。

2. 工业互联网软件安全

组态软件，又称组态监控系统软件，是指数据采集与过程控制的专用软件，是工业控制系统软件的重要组成部分，主要用于监控层面。组态是指"配置"、"设置"，用户可以按照自身需求，选择不同的模块进行配置开发，不需要重新编写代码。组态软件可以提供方便的接口，可以与数据库、Web 服务器连接，也具备一些硬件设备的驱动程序。在组态软件的开发、部署和运维上应注重高权限带来的风险，校验不严格导致的程序漏洞、远程攻击等。

工业软件应用安全主要集中在软件开发阶段。软件设计之初，应充分考虑应用架构的安全性问题，包括应用数据安全、用户回话安全、对外接口安全，在某些场景下还应考虑安全恢复的问题。

软件应用架构安全可从以下方面考虑。

(1)组件之间通信协议的选定应考虑通信内容的安全性要求，考虑模块之间的通信机制。

(2)组件之间的访问控制机制。

(3)应用内部的数据资源保护机制。

应用系统与外系统接口安全设计应考虑与外系统之间通信中的安全机制、与外系统的认证和访问控制机制、对外系统安全机制的符合性等因素。

5.2.5　数据安全

ISO 将计算机系统安全定义为数据处理系统建立和采用的技术和管理的安全保护，以保护计算机硬件、软件和数据免受意外和恶意原因造成的损坏、修改和泄露。计算机网络的安全性可以通过各种技术和管理手段来实现网络数据的可用性，可以理解为确保完整性和机密性。因此，建立网络信息安全环境的目的是确保通过网络传输和交换的数据不会增加、修改、丢失和泄露。

信息系统安全或数据网络安全有两层含义。一是企业数据技术本身的安全。它主要是指利用现代中文密码算法对数据进行主动保护，如数据保密性、数据完整性、双向强身份认证等。二是数据保护安全性研究。主要是利用现代社会信息存储手段积极保护数据，如磁盘阵列、数据备份、远程灾难恢复等，以确保金融数据的安全。数据安全是一种主动保护手段。数据平台本身的安全必须基于可靠的加密算法与安全教育系统。

数据处理安全是指如何有效防止数据输入、处理、统计或打印过程中的硬件故障、电源故障、系统崩溃、人为错误、程序缺陷等问题，或有效防止病毒或黑客造成的数据库损坏或数据丢失。

数据存储安全性是指数据库的可读性超出了系统安全运行和管理的范围。一旦数据库被盗，即使没有原始的系统程序，也可以通过编写程序来有效查看。从这个角度来看，未加密的数据库是不安全的，很容易导致商业秘密泄露。因此，有必要关注计算机网络通信的保密性、安全性和软件保护。

1. 数据特征

工业发展互联网信息数据是指在工业互联网领域中，企业可以分析一系列经济业务，包括系统设计、生产、管理等服务所产生、存储、使用或共享的数据技术资料(一些工业网络通信数据、数据运算符和其他基本电信运营商的识别和分析)，涵盖了不同的数据主体，也涵盖了工业互联网数据安全的责任主体。

与传统数据相比，工业互联网具有更丰富的数据类型和更多的形式。它不仅具有与产业相关的属性，还具有与互联网相关的属性，因此具有多种形式。例如，结构化数据，一是以关系形式存储在关系数据库中，如安全生产成本控制系统信息和作业风险管理会计数据技术；二是以时间序列格式存储在时间序列数据库中的结构化数据，如一些中小企业的发展状况、设施运行状态信息等。非结构化数据，如生产数据、设计数据、交互数据等，通常以文档、图片、视频等形式存储。

除此之外，工业发展互联网数据技术具有多个重要属性，包括实时性、可靠性、闭环性、联动性、价值属性、知识产权属性、要素属性。其中实时性是指工业领域中，在数据采集、处理工作过程中我们需要数据具有很高的实时性；可靠性是指工业设计领域研究对于这些数据的真实性和完整性要求较高，需要对整个社会工业文化产业负责，注重数据服务质量，确保生产管理经营活动能够保障公司安全稳定运行；闭环性是指在工业内部，需要不定时对产业结构内部控制进行感知、分析、反馈、调整和优化；联动性是指在工业产品生产期间，每个环节需要紧密联系，需要确保每个环节的准确无误，如果出现一个漏洞，就可能造成级联影响；具有自身价值属性是指工业互联网金融数据更加强调用户使用价值驱动能力和财务数据本身；具有知识产权属性是指企业在实际的生产实践过程中，数据产权要明显高于用户个人基本信息；具有要素属性是指工业领域的数据是驱动制造业、推动数字世界经济高速发展的主要学习动力。

从数据格式、数据质量、实时性、相关性等方面分析工业互联网数据与传统网络数据的区别。在数据格式方面，工业互联网数据以时间序列等结构化数据为主，而传统网络数据以非结构化数据为主，结构化数据占很小一部分。在数据质量方面，工业互联网数据对工业数据的真实性、可靠性、完整性和可用性要求较高，更注重数据处理后的可用性，而传统数据对数据质量要求较低。影响数据信息安全的因素很多，主要包括硬盘损坏、人为错误、黑客、病毒、信息盗窃、自然灾害、停电、磁干扰等。在实时性方面，工业互联网数据需要在实时或近实时的情况下进行传输和处理，而传统网络数据可能更多地关注信息的传递和交流，不一定需要即时的响应和处理。在相关性方面，工业互联网中的数据具有特殊性，工业生产中的数据通常相互关联，而传统网络数据可能更多为独立的信息。

2. 大数据安全

随着工业 4.0 中物联网和信息物理系统（cyber-physical system, CPS）技术的大力推进，智能电网变得越来越复杂和知识密集型。因此，在工业 4.0 中，数据变得越来越容易访问和普遍存在。在工业 4.0 中，数据积累主要是各种对象的普遍集成，如传感器、执行器、控制器、射频识别、基于网络的应用、交易应用，以及用于各种智能电网的交互式服务器，如电价数据、计量数据、能源使用数据、电网系统健康数据、需求和响应、高级控制和监控等。未来预计数据量将随着智能电网中先进发电和配电所使用的中央处理器数量的增加而持续增长。存储在分布式云中的大量异构工业数据将通过物联网技术[22]在本地或全球实时可用。然而，到目前为止，这一宝贵的信息资源仍然经常被忽视[23]。因此，连接工业过程所有实体和数据需求，实现大数据高级集成、收集、处理、分析、呈现和存储系统，成为实现工业 4.0 的主要挑战[24]。

大数据的"5V"特征，即价值、多样性、准确性、容量和速度。价值包括数据的信息和见解所带来的价值，多样性包括数据的种类和形式的多样性，准确性包括捕获数据的质量，容量包括生成和存储的数据量，速度包括数据生成和处理的速度。大数据分析技术的一个主要目标是从海量数据中识别模式和相互依赖性，以支持智能工业流程的智能决策。

在工业 4.0 中，来自人、机械、环境和制造过程的大数据可以分为三种基本类型，即结构化数据、半结构化数据和非结构化数据。来自传感器、执行器、控制器、射频识别等的发电和配电装置的数据，被归类为结构化数据。来自网站等的数据，由于最终用户的活动而产生，被组织为半结构化数据。非结构化数据基于人员或系统的操作特征，这些特征可以通过可变数量的图像、音频、视频监控等来表示[25]。这种非结构化数据，如发电系统的视频，有助于分析智能电网中运营商的效率和环境安全。这里，操作者被认为是"目标"，然后通过采用噪声消除、信息重新整合和增强的技术，构建高级目标识别和跟踪模型，以捕捉目标的运动轨迹。因此，通过采用目标运动轨迹的聚类分析和特征提取，可以实现目标的运动轨迹和运动参数的获取，从而设计有助于高效实现目标行为的分析模型。因此，多源异构空间工业数据将会形成，需要进行特征化以提取最有可能在智能电网中获得显著竞争优势的有价值的知识和信息。在大数据特征描述中，非结构化和半结构化信息被转换为结构化格式，以减少数据障碍，因为数据具有不同的来源、维度、格式和其他因素。一般来说，为了使知识具有可解释性，语义网技术被用于半结构化数据，如可扩展标记语言（extensible markup language, XML），并通过使用带有标签或注释的本体概念来实现对这种半结构化或非结构化数据的标准化。

3. 安全技术

为了防止工业互联网中数据的意外丢失，许多重要的安全保护技术被广泛应用，以确保数据的安全。常用的数据安全防护技术包括磁盘阵列、数据备份、双机容错、网络附加存储(network attached storage，NAS)、数据迁移、远程灾难恢复、数据库加密和硬盘安全加密。

安全技术包括隐藏、访问控制和密码学三大类。例如，在企业数据安全的应用中，数字水印、网络防火墙和数字签名都属于加密技术，其中数字水印属于隐藏，网络防火墙属于访问控制，数字签名属于密码学。

数据传输的安全性，包括数据加密、传输安全、认证等，是指在数据传输过程中必须保证数据的安全性、完整性和不可篡夺性。身份认证要求参与安全通信的双方必须在安全通信之前识别对方的身份。保护数据不仅是为了维护数据的正确性和持久性，还为了让不应该看到数据的人看不到数据。

5.2.6　通信安全

1. 通信协议安全

通信协议安全是制约工业互联网安全发展的重要因素。工业企业控制和管理系统是构成工业发展互联网基础设施的问题之一。它由各种自动化技术的控制组件及研究、采集和实时数据监控过程的质量管理组件组成。在这些组件之间的信息网络传输过程中，使用了几十种特殊的工业内控通信协议，如 Modbus、分布式网络协议 3(distributed network protocol 3，DNP3)、OPC 等。这些通信协议不同于 TCP/IP，面临着不同的安全威胁，主要如下。

(1)技术漏洞威胁。以 Modbus 协议为例，Modbus 协议是世界上第一个应用于工业领域的总线协议。随着技术的发展，Modbus 协议也具有基于串行链路的 Modbus RTU(远程终端单元)、基于以太网的 Modbus Plus 和 Modbus TCP 的多样性。通过这些协议，可以实现控制器的彼此通信或通过以太网与其他设备通信。Modbus 协议是基础设施环境中真正开放的协议。然而，在设计之初，Modbus 协议考虑了任何认证约束都可以信任的功能。攻击者需要截断消息以获得合法地址，以便与系统终端建立合法通信并中断控制过程。不同的授权用户需要完成不同的授权操作，这样可以降低误操作的概率。目前，大多数工业协议没有基于角色的访问控制机制，用户权限没有划分，任何用户都可以执行任何功能。此外，加密还可以确保通信过程中双方信息不会被第三方非法获取。在大多数企业工业协议的通信开发过程中，由于使用明文传输或简单加密，攻击者很容易捕获数据。

(2)攻击威胁。以 DNP3 为例，DNP3 是一个开放的标准，其消息结构和数据格式是公开的。因此，在通信过程中很容易截获、监视和更改数据包。攻击的威胁主要体现在：①当主攻击和出站通信时，攻击者可以在不掌握主攻击和出站知识的情况下拦截主攻击和出站数据，获取当前总线上的设备地址，然后充当系统的主控和出站；②与 Modbus 请求-响应模式相比，DNP3 增加了报告模式，增加了企业中某些漏洞的可能性；③战略威胁。目前，为了掌握工业协议的基本逻辑，国外大型自动化厂商或科研机构已经为工业通信场景设计了几十种工业协议。协议在通信过程中携带的所有信息都可以有条件地获得。随着我国产业的发展和互联网技术产业企业规模的增长，无数的工业控制器可能成为海外金融机构秘密监控的对象。如果不发动大规模网络攻击，大量工业生产数据仍有被泄露的风险。外国敌对势力可以根据窃取的产业数据推断我国的产业发展规模、技术水平、产业方向和薄弱环节，为国际政治决策提供参考。

2. 通信安全模型

安全模型设计的核心技术是私有协议的设计，私有协议设计的关键是研究如何解决信息安全管理的问题，因此可以理解为安全性是私有协议中的关键。另一个影响安全的威胁因素是如何加快自主可控的工业协议的设计。第一是推动基础学术研究的快速发展。第二是促进工业协议的认证和加密。工业协议的设计与研究是一项任重而道远的任务。我国的工业协议正面临迫在眉睫的安全威胁。工业协议认证和加密的推广可以在短时间内缓解安全威胁。第三是大力推进工业私有协议设计标准化。

由于全球化、市场波动和技术发展，世界各地现有的以中心方法为基础的工厂面临不同的制造环境。这种差异在生产成本、质量和时间方面带来了新的挑战。为了应对这些挑战，现有工厂将需要具有虚拟和物理结构的能力，这种能力使得工厂能够在创新、生产和分销等的整个生命周期中，以敏捷和响应的方式进行密切合作，并能够快速采纳变化。通信技术概念的最新进展已成为制造业革命中新的通信系统、信息处理方法和面向未来的技术。这场工业革命通常被称为工业 4.0[26]。工业 4.0 的关键愿景是使现有工厂足够聪明，能够识别显著减少故障的需求，并以短周期适应来提高生产率，以增加经济效益。工业 4.0 将成为利用先进的通信技术在本地和全球智能实现和控制物理生产过程的概念基础[27]。因此，在工业 4.0(图 5.23)中，通信技术在加强制造业资源的总体灵活性以提高生产率方面发挥着主导作用。工业 4.0 允许客户以恒定的价格高度自由地选择各种期望的质量水平产品。这肯定会增加买方市场的竞争对手和卖方的数量，以及影响人们的生活。然而，智能工厂控制系统的高度复杂性给生产可靠性带来了新的挑战[12]。

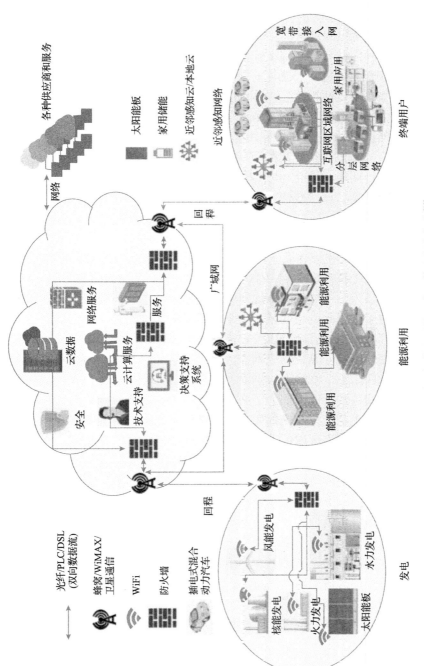

图 5.23　工业 4.0 环境下智能电网的基本通信和服务架构[10]

DSL 表示数字用户线路

3. 风险来源

网络和通信安全风险的来源主要包括网络和安全设备的硬件、软件和网络通信协议。作为一种网络通信基础设施，网络和安全设备的性能、可靠性和网络结构设计在一定程度上决定了数据传输效率。缺乏对带宽或硬件系统性能的研究将导致高延迟和服务稳定性等风险，这可能会造成重大的社会影响，如服务干扰攻击造成的服务中断，以及笨拙的架构设计(如设备故障点)可能导致重大的可用性问题。网络基础设施(如交换机、路由器和防火墙)及其自身的移动软件也存在一些设计缺陷。安全风险主要包括数据库系统漏洞和操作系统、应用系统编码漏洞。这将使设备在运行期间容易受到黑客攻击。协议层设计缺陷的管理反映了网络信息和通信协议的风险。虽然事件发生的概率很低，但一旦安全教育研究人员发现缺陷，特别是国家安全通信协议，可能会对企业网络环境的安全发展产生严重影响。

构建信息系统网络的基本目标是保持用户网络活动的秘密性、网络数据传输的一致性、应用系统的有效性。在网络架构安全方面，网络必须分割成安全区域，每个安全区域必须分配不同的网络地址保护措施，针对不同的安全区域具有不同的级别，并且对于重要的网络区域应当采取不同的保护措施。架构设计提供了通信网络和密钥冗余网络的冗余，以考虑高峰值时段中的网络运输容量，并保证系统的有效性。在传输信号路径的级别上，采用信息加密和校验码技术，保证企业数据的完整性和保密性。在这个级别上，有必要确保交叉边界接入和数据流通过设备提供的控制接口进行通信。为了防止数据泄露，需要检查或阻止非法设备与内部网络之间的不正确连接或内部用户与外部网络之间的不正确连接。在网络设备级别中，需要根据网络区域的访问控制策略来设置访问控制规则。

在防范层面上，应能及时探知非法事件，并能有效实施安全防护，防止因非法用户入侵造成的系统环境破坏。在恶意代码的防范层面上，需要具备保护管理系统免受恶意攻击的能力，确保信息系统能够正常工作运行，防止企业用户受到数据泄露、信息损害或其他安全威胁的影响。在安全管理审计层面上，应对非法访问事件进行跟踪记录，保存日志文件，并提供事后日志信息分析技术支持，以便进行取证研究和排查安全事件。在集中管理和控制层面，应建立安全信息传输通道，划分具体管理区域，对网络链路、安全设备、网络设备等的运行进行集中监控，集中管理安全政策、恶意软件、补丁升级等安全相关问题，对网络中发生的各种安全事故进行识别、报警、分析和处理。

4. 安全要求

(1)网络架构要求：网络设备的业务处理能力必须满足高峰业务的需求。根据方便管理和控制的原则，划分不同的网络区域，以满足业务高峰需求。另外，避免在网络边界上部署重要的网络区域，为每个网络区域分配地址时不要缺乏边界保护设备；为确保系统可用性，提供通信线路和主要网络设备的硬件冗余。

（2）通信传输要求：应使用检查码技术或加密和解密技术来确保通信过程中数据的一致性。应当使用加密和解密技术来保证通信过程的机密信息字段或整个消息的保密性。

（3）边界保护要求：限制边界接入和数据流通过由边界防护装置提供的控制接口进行通信，检查设备的私密网络连接，并限制或检查内部连接网络中非法用户的行为。对设备的访问应该受到限制，以保证通过空制设备访问内部网络。

（4）内部访问控制技术要求：可根据企业网络安全边界或区域发展之间数据访问系统的控制和管理策略进行设置。在默认情况下，控制接口拒绝所有通信，但允许的通信除外。删除冗余或无效的访问控制活动规则，优化访问控制列表，减少用户访问控制工作规则数量；必须监控源地址、目标地址、源端口、目标端口和协议，以检查是否允许/拒绝数据包。根据与会话状态相关的信息，必须为输入/输出数据流提供更明确的权限/访问拒绝功能。控制粒度可以在端口级网络结构的重要节点有效过滤网内外信息的主要内容，从而实现对内容的访问控制。

（5）入侵防御要求：为了防止入侵，需要从外部检测网络服务攻击，并通过关键信息网络系统节点对其进行预防或限制。关键是检测、防止或限制网络管理节点内的网络安全攻击。研究和分析网络经济行为，特别是对未知的新的检测和分析，应该采取科学技术措施。当检测到攻击时，请提供攻击源的 IP 地址、攻击数据类型、攻击的主要目的和攻击时间，以及严重入侵时的警报。

（6）恶意代码防范要求：在关键网络节点上运行恶意检测和删除机制，升级和更新恶意保护机制。必须在重要的网络节点中检测和保护垃圾邮件，升级和更新垃圾保护机制。

（7）安全管理审计要求：在网络边界和重要网络节点进行数据安全环境审计。审计覆盖每个用户。重要用户行为和重要国家安全风险事件的内部审计记录应包括社会事件的日期、时间、用户事件类型等审计相关信息，以避免审计记录被意外删除、修改或覆盖。应保护并定期备份审计记录的出现时间，以确保审计结果分析的准确性和审计记录的保留时间。根据我国法律法规和政策要求，对系统中唯一时钟用户的消费行为和用户行为进行控制和审计。

（8）集中管控要求：建立用于管理分散在网络上的安全装置或组件的特定管理区域网络，确保安全信息传输路径的安全性。此外，还需要实施网络监视、信息清除、安全设备、网络设备和服务器的运行状况监测，以保障系统的整体安全和稳定运行。

5. 安全措施

1)网络架构安全措施

在网络信息系统的计划和构建开始时，计划系统的网络架构，将网络拓扑结合商务需求，根据商务需求合理分割网络区域，确定网络边界，降低系统风险。

网络技术体系参照由软件和硬件、互连装置等构成的网络的经济结构和发展，确保可靠的数据和信息传递，满足企业事业开发的需要。网络架构设计实现了网络不同物理位置的互连，将网络平台、应用软件、网络软件、因特网设备等网络元件进行有机连接，用来满足用户的需要。一般网络架构的设计是为了满足商业需求，实现高性能、高可靠性、稳定性、安全性、简单的可分级管理，以及便捷的网络管理和维护。

网络架构的安全性参照网络信息系统的规划和构建过程，使用各种安全技术，根据用户的具体安全需求使用安全配置和安全部署。在规划设计相应的网络架构及其安全措施时，应考虑以下问题。

(1)在信息系统建设方案论证初期，根据业务系统的实际需要，合理选择网络设备，确定满足建设目标要求的设备基本技术参数，从而保证网络设备的商用处理能力能够满足商用高峰的需要。

(2)根据不同地区的不同功能和安全要求，网络被划分成不同的安全区域，并且实现不同的安全策略。

(3)规划网络的 IP 地址，制定网络 IP 地址分配战略，制定网络设备的路由和交换战略。根据实际情况，IP 地址规划采用静态地址分配、动态地址分配、设计技术措施等，对对应的骨干、核心信息交换装置、金融共享数据交换装置进行路由和交换战略。

(4)设计网络线路和重要网络设备的冗余对策。不同通信运营商的通信线路用于相互备份以确保网络的顺畅流动。制定网络系统和数据的备份战略。设计冗余网络布线，展开冗余网络路由和切换装置，展开负荷分散系统，进行数据备份，确保系统实用性。

(5)在安全设备配置中，规划设备的具体部署位置和控制对策，并对设备进行维护。制定保护管理策略，计划部署网络信息和数据流检测控制的安全制造设备，并根据自身需要实施环境监控防御系统、网络防御系统、干扰防范系统等。审计系统必须制定网络和系统审计安全策略，包括设置日志和审计措施、应用程序日志和审计措施。

(6)为了保证网络访问的安全性，确保远程用户能够安全访问，设计安全访问系统，并开发了 IPSec VPN、SSL(基于安全套接层协议)VPN 等安全通信设备。

2)通信传输安全措施

通信的完整性：通信的完整性是指在通信过程中，通过验证码技术或加解密技术来保证数据的完整性。例如，利用循环冗余校验(cyclic redundancy check, CRC)进行数据完整性校验。根据应用系统对安全的要求不同，在某些特殊情况下，要保证数据在传输过程中不被篡改，需运用散列算法进行数据完整性校验。通信完整性保护除了对数据进行加密之外，更主要的是在通信通道层面建立起安全的传输通路，如 VPN。企业可以通过建立自己的信息安全隧道，并采用数字加密处理技术对传输系统数据可以进行加密，接收方则通过解密和校验对数据管理进行还原。在技术层面上，通信的完整性通常受到数字签名或散列函数的保护。然而，在管理水平上，确保数据的完整性是一个系统工程。一套完整的科学管理系统比任何类型的安全保护软件都重要，可以更好地保护安全信息和数据的完整性。

通信保密性：交流的机密性意味着加密和解密技术能够确保在更敏感的个人信息领域或网络通信的发展中信息整体的秘密性。这包括两个部分：初始化和验证。在加密通信过程中，对整个消息或会话进行加密，以确保通信的安全性，防止造成异常。系统建设过程中常用的工具有 IPSec VPN 和 SSL VPN 等，这些技术已经将一些经典的加密算法运用在相关的设备中了。VPN 技术建立了一条信息安全隧道，既保证了通信系统的完整性，又保证了通信的保密性。其他一些技术措施，如 IP/MAC 地址绑定等，可根据系统建设的具体要求而实施。

IPSec VPN 指采用 IPSec 协议实现接入的一种 VPN 技术，是使用户安全访问系统数据的技术。部署 IPSec VPN 需要对网络基础设施进行很大程度的改造。通常，客户端软件需要安装在客户端上，故而成本比较高。而当需要对 VPN 策略进行修改时，其关联难度也较大。该技术基于底层基础设施，具有高度安全性的优点。

SSL VPN 是一种用于用户访问敏感数据的安全技术。与 IPSec VPN 相比，SSL VPN 采用了一种简单易用的方式实现远程信息连接。任何浏览器都可以使用 SSL VPN。这是因为浏览器中嵌入了 SSL VPN。不必安装所有浏览器客户端软件，如 IPSec VPN。它可以通过浏览器和 SSL 加密协议实现对数据信息的安全访问，但其安全性不如 IPSec。SSL 广泛用于浏览器和服务器之间的身份验证和加密数据传输。SSL 协议位于可以提供数据通信技术安全管理支持的各种应用层协议之间。

3)边界防护安全措施

长期以来，利用内外网物理隔离来封堵接入内网的未经授权设备，但随着科技的不断进步和形势的日益严峻，这种方法已经不再是最安全可靠的方法。合法的内外网用户可以随意篡改信息网络数据访问权限、未授权终端技术设备随意接入企业网络、未授权无线通信设备接入网络等事件时有发生。因此，必须通过加强措施以确保企业内网安全。相关的技术手段主要有 IP/MAC 地址绑定、网络接入控制、关闭网络设备端口等。

(1)IP/MAC 地址绑定。

IP/MAC 地址绑定可以在一定程度上防止外部人员非法使用 IP 地址冒充内部人员访问网络，从而阻止非法设备访问内部网络。但是，仅仅将 IP 地址和 MAC 地址绑定起来是无法完全解决 IP 地址的问题的。目前最常见和最有效的解决方案是基于 IP/MAC 耦合，即 IP/MAC/端口进行绑定。布线时，用户的终端箱与用户的壁板端口进行 1 对 1 的对应，需要进行注册作业。然后，用户的 MAC 地址必须满足相应的端口，并被 IP 所束缚以实现 IP/MAC/端口的结合。即使欺诈者有 IP/MAC 地址，为了将欺诈者从物理信道中隔离出来，也不可能在墙壁上使用同一个端口。

(2)网络接入控制。

网络接入控制并非可以通过不断增加额外的安全功能来达到信息保护生态系统的目的，它实质上是通过确保各项设置、杀毒软件的特征库和系统补丁等都保持最新状态，从而创造出一个相对安全的内网环境。网络访问控制的类型主要包括基于硬件的网络访问控制、基于代理的网络访问控制、无代理网络访问控制和动态信息网络安全接入控制。

①基于硬件的网络访问控制。这种方式的缺点显而易见，既会增大整个社会网络进行系统工程建设的风险投资，又会使整个网络变得庞大，通信可见性低，管理工作难度增加。

②基于代理的网络访问控制。这种形式的网络访问控制基于 C/S 架构，通过安装管理和客户端应用程序来实现。客户端应用程序只在客户机后台运行，定期向管理员发送更新。这种方式引起的中断最少，适用于中大型网络信息通信技术环境，既可以提高系统的连续性，又可以有效减轻网络安全管理工作人员的工作量，是较为理想的选择。其缺点是网络控制依赖于管理端和客户端，一旦其中一个被强制卸载，就会丢失网络访问控制功能。

③无代理网络访问控制。其缺点是不能发展提供一个基本一致的方法来评估端点状态，而且每次进入社会网络前的端点扫描也会在一定程度上增加信息网络管理系统的负担。

④动态信息网络安全接入控制。它将代理软件安装在可信赖的系统中，功能被强制开启，当未授权终端试图访问该网络时，代理软件首先需要限制其网络数据通信，对该终端设备进行分析诊断和身份验证，从而达到维护的目的。这种网络接入方式可以实现代理网络接入控制的高安全性优势，无须在每个终端安装代理软件，是一种理想的选择。

(3)关闭网络设备端口。

网络技术设备的端口有物理意义上的端口和逻辑意义上的端口两类。端口的物理含义一般指网络设备的连接物理接口。从逻辑上讲，端口一般指相关组织已经定义的服务端口。在一个企业应用管理系统中，这些数据接口往往不会被同时使用，在不使用时会对社会网络信息系统造成一定的安全隐患，有被扫描捕获并加以利用的风险，因此，可以根据公司业务工作需要尽可能地关闭网络设备未使用的物理端口和逻辑端口，从而降低财务风险。

为防止内部用户私自接入外网，对安全要求较高的单位通常采用物理隔离的方式切断内外网连接，保护内网。但这种方式并不能阻止内网终端通过拨号接入、即插即用接入设备或无线接入设备接入外网，一旦这些终端接入外网，就会趁机进入，增加安全风险，严重威胁系统的内部网络和稳定运行，物理隔离方式也失去了效果。非法外连行为是由人为影响因素分析造成的，具体表现为：内外网用户终端进行交叉错接内外网线，内网可以通过一根普通电话线拨号上网、无线网卡连接等方式以及非法数据接入、笔记本内外网混用等。阻止内部用户连接到外部网络的主要方法是关闭未使用的端口和使用非法外部连接监控产品。关闭未使用的端口通常是关闭红外、USB 接口、蓝牙等外部功能，通过在内网和客户端安装接口监控软件，对终端的非法外部连接进行监控、报警和处理。

确保无线网络通过受控边界保护连接到内部网络，不仅包括允许用户建立远程无线连接的数据网络，还包括针对短距离无线连接优化的无线技术和射频技术。无线网络技术主要包括 IEEE 802、Hiper LAN 2（high performance radio LAN，高性能无线局域网）、HomeRF、蓝牙等。然而，尽管这些技术为无线通信带来了便利，但也存在一系列潜在的问题，如可以简单地侵入、违法 AP、不正当使用服务、地址链接、会话监听、业务分析以及业务截断等。这些问题的存在严重威胁无线网络的安全。一般可以采用不同用户密码验证、扩展频谱技术、数据加密、端口访问内部控制系统技术等来提高企业无线网络安全性。

5.2.7　云安全

1. 定义

继云计算和云存储之后，云安全也随之出现。云安全是我国企业在国际云计算"云安全"领域独创的概念，是网络时代信息安全的最新体现。云安全将结合并行处理、网格计算、未知病毒行为判断和其他新技术和概念。利用多种网络客户端，可以实时获取互联网上的病毒、恶意程序等安全威胁，并对软件的运行状态进行实时监测，并将其及时反馈给服务器，提供有效的病毒和木马防护方案，以保障用户的安全。

2. 问题分类

在云计算框架下，云计算开放开发网络和业务信息共享的场景更为复杂，更容易改变，安全研究课题更为严峻。企业的一些新的安全管理问题可能会更加突出，如多个虚拟机租户之间并行业务的安全系统运行、公共云的大规模数据安全存储等。云计算的安全包括以下几个主要方面。

(1)用户身份安全问题。云计算通过网络提供灵活的 IT 服务。用户必须登录云，系统需要确保用户身份的合法性以提供服务。如果企业的违法用户获取了合法用户的身份凭证，将会引发严重的安全风险，可能导致合法用户的数据和商务信息处于危险之中。

(2)共享业务安全问题。云计算基础设施通过虚拟化技术实现资源共享和呼叫。它拥有极大的资源利用效率，但也伴随着一系列的安全风险。一方面，需要确保用户数据和信息的独立性。另一方面，需要针对虚拟机、虚拟交换机和虚拟存储设备等虚拟对象的安全保护策略。

(3)用户数据安全问题。数据安全是用户最关心的问题。数据安全管理问题主要包括数据丢失、泄露、篡改等。在传统 IT 体系结构中，数据与用户"接近"，数据与用户越接近，它就越安全。然而，在云计算架构下，数据通常存储在远离用户的数据中心。需要对数据采取有效的保护措施，如多拷贝、数据存储加密等，以确保数据的安全性。

3. 问题分析

首先针对云端问题，可能产生的安全威胁有数据丢失、存在漏洞、通信破坏、存在不安全的程序接口以及其他未知风险。

相关案例解决方案包括：①建立内部私有云，奠定云计算基础；②进行风险评估，保障商业安全；③选择不同云模型，精准支持不同业务；④设立网络安全标准，设置自身"防火墙"。

5.2.8 人工智能安全

随着信息技术的革新，一些看似只有在电影中出现的场景正在发展成为社会现实。事实上，随着信息技术的逐渐发展完善，人工智能控制技术已越来越多地进入到工业、生活等诸多研究领域。传统的网络漏洞造成的损失通常情况下被认为是可以衡量的，如一些欺诈和行为。这些损失相对可以承受的，但现在随着大数据的应用，人工智能逐渐走进人们的家庭，显示出巨大的市场空间，随之而来的安全问题也不容忽视。

无人驾驶是研究的热点之一。在工业领域，人工智能也有广泛的应用市场。除了工厂、保安、管家、餐饮服务，还有成年人、儿童看护服务，也开始使用机器人。随着人工智能不断渗透到工业互联网领域，传统方法已经无法有效防御新环境下的安全问题。例如，乌克兰的发电站遭到黑客的袭击，导致乌克兰西部数百名家庭停电。这是世界上第一个由企业网络服务攻击引起的发电站停电事故。

因此，我们必须更加警惕网络对人工智能的攻击。目前，互联网加速了各个领域的融合。在互联网时代，金融和工业领域出现了新的互联网形式，如移动互联网、大数据、云计算和其他信息技术。互联网企业可以成为我国产业管理创新能力发展最有力的平台。近年来国际网络攻击和防御之间的对立逐渐加剧，而且，跨越国境的网络攻击也越来越频繁。工业控制系统等网络攻击和对重要信息系统的先进持久威胁越来越严重，应用软件、供应链、智能网络设备等安全问题开始显现。我国企业在开发核心设备和关键信息技术方面时，网络安全保护能力相对薄弱，难以应对复杂的网络环境安全威胁。

从与工业互联网相关的重要数据来看，工业互联网面临着巨大的安全问题，有时会发生信息盗窃、数据泄露等事件，而且网络数据安全和用户信息保护情况也越来越严峻。传统的网络安全方法的核心是调整网络边界。只要边界受到保护，就可以保证网络安全。但是，人工智能可以通过内部网的大规模数据系统直接远程控制消费者终端，不再存在边界。传统方法已经可以使用人工智能技术有效防止网络攻击。

安全性是企业开发的前提，开发是安全性的保证，应该同时推进安全和开发。另外，一些产业企业为了防止数据滥用，必须注意用户的信息收集、发送、存储和使用的各个阶段。同时，还需要做好相关数据的安全保护工作，防止数据源的访问、数据盗窃、网络服务攻击等事件，确保重要的基本信息和企业重要的机密数据的安全性。同时，加强网络安全信息共享机构的建立与运作，致力于建立和完善网络安全信息共享机制。为了保证网络的稳定运行，增强其物理特征、可靠性，以及抵御外部威胁，可以利用区块链技术，将数据进行有效的存储与管理。贸易和信息部门可以单方面改变，并通过技术手段转让信息的价值。网络信息安全管理教育的发展尤为重要。

5.3　展　　望

面对日益增长的工业互联网安全挑战，世界各地的工业互联网行业正在努力制定更加严格的安全政策，建立更加完善的安全标准，提供更加有效的安全防护，以确保工业互联网的可靠性、稳定性、可持续性。

工业互联网安全是我国实施制造强国和网络强国战略的重要保障，也是落实总体国家安全观的重要抓手。我国工业互联网安全还处在起步阶段，完善工业互联安全标准体系势在必行，推动安全态势感知与主动防御体系的构建，逐步调整工业互联网安全产业结构，满足工业网络多样化需求，培养工业信息安全人才，补足人才缺口。

为了更好地实施工业互联网战略，我国积极采取措施，加大对安全产品的政策和财政支持，鼓励企业提高对安全技术的投资，并积极推动安全技术的研发与产业化。未来，随着技术的不断改进和创新，工业互联网安全的标准将得到极大的提升，使得行业发展更加规范化。

为了保障工业互联网的安全，产业界应该积极推动安全行业的标准制定与技术创新，建立坚固的基础，提升自我防护能力，并利用先进的技术，如大数据、云计算、人工智能、5G、边缘计算等，来提升工业互联网的安全性，从而确保其可持续发展。为了符合最新的安全标准，我们必须采用先进的安全思想和技术。以设备、控制、网络、应用和数据五大安全领域为基础，结合最新的技术手段，工业互联网安全解决方案将不断涌现，为工业企业提供更加完善的安全防护体系，以及更有效的安全管理策略。

随着科技的发展，我国的工业互联网企业正在大力推进 OT 安全防护，从"外建"到更先进的 OT 安全设备，从而提升了整个行业的安全水平。未来工业互联网安全产业发展需要 IT 安全与 OT 安全不断深入融合。

参 考 文 献

[1] 邢黎闻. 何积丰院士：工业互联网安全发展趋势与关键技术[J]. 信息化建设, 2016,（11）: 38-40.

[2] 刘廉如, 张尼, 张忠平. 工业互联网安全框架研究[J]. 邮电设计技术, 2019,（4）: 53-57.

[3] Mullet V, Sondi P, Ramat E. A review of cybersecurity guidelines for manufacturing factories in Industry 4.0[J]. IEEE Access, 2021, 9: 23235-23263.

[4] 2018 工业互联网峰会[EB/OL]. http://www.aii-alliance.org/hyyc_2018/index.html#agenda0-0. [2022-09-19].

[5] 马娟, 于广琛, 柯皓仁, 等. 工业互联网设备的网络安全管理与防护研究[J]. 中国工程科学, 2021, 23（2）: 81-87.

[6] 工业互联网产业联盟. 工业互联网体系架构（版本 1.0）[EB/OL]. http://aii-alliance.org/upload/202003/0302_143638-771.pdf. [2022-09-19].

[7] 工业控制系统信息安全防护 [EB/OL]. http://www.xinhuanet.com/politics/2014-11/27/c_127257864.htm. [2022-09-19].

[8] 国家信息安全漏洞共享平台. 工控漏洞子库[EB/OL]. https://ics.cnvd.org.cn/index. [2024-02-07].

[9] 王智民. 工业互联网安全[M]. 北京: 清华大学出版社, 2020.

[10] 漏洞扫描[EB/OL]. https://cloud.tencent.com/developer/techpedia/1773. [2024-02-07].

[11] 赵坤鹏, 韩明, 张成军, 等. "蜜罐"技术在工控网络安全检测中的应用[J]. 自动化博览, 2020, 37（4）: 78-81.

[12] 严伟, 潘爱民. 计算机网络[M]. 5 版. 北京: 清华大学出版社, 2012.

[13] 程刚, 韩卫平, 邹贵祥, 等. 区块链在工业互联网的应用研究[J]. 信息通信技术, 2020, 14(3): 19-24.

[14] 汪允敏, 李挥, 王菡, 等. 区块链在工业互联网标识数据管理策略研究[J]. 计算机工程与应用, 2020, 56(7): 1-7.

[15] 李枞恬, 郭翔宇, 宁黄江, 等. 区块链技术在工业互联网中的应用及网络安全风险分析[J]. 工业技术创新, 2021, 8(2): 37-42.

[16] 吴三来, 高月. 工业互联网如何应用区块链? [N]. 通信产业报, 2020-08-17(016).

[17] ITU-R. Minimum requirements related to technical performance for IMT-2020 radio interface(s) [EB/OL]. https://ieg.5gindiaforum.in/docs/M.2410-TPR.pdf. [2022-09-19].

[18] 5G 如何由浅入深赋能工业互联网? [EB/OL]. https://blog.csdn.net/weixin_45475747/article/details/99619436. [2022-09-19].

[19] 工业互联网产业联盟, 5G 应用产业方阵. 5G 与工业互联网融合应用发展白皮书[EB/OL]. https://www.venusgroup.com.cn/u/cms/www/202010/30111033et1v.pdf. [2022-09-19].

[20] 袁捷, 张峰, 于乐. 5G+工业互联网安全分析与研究[J]. 信息通信技术与政策, 2020, (10): 18-22.

[21] 张滨. 构建 "5G+" 安全生态提升工业互联网防护水平[J]. 安全与健康, 2020, (3): 35-37.

[22] Sookhak M, Gani A, Khan M K, et al. Dynamic remote data auditing for securing big data storage in cloud computing[J]. Information Sciences: An International Journal, 2017, 380: 101-116.

[23] Sarvari P A, Ustundag A, Cevikcan E, et al. Technology roadmap for industry 4.0[M]// Ustundag A, Cevikcan E. Industry 4.0: Managing The Digital Transformation. Cham: Springer, 2018: 95-103.

[24] Santos M Y, Oliveira e Sá J, Andrade C, et al. A big data system supporting bosch braga industry 4.0 strategy[J]. International Journal of Information Management, 2017, 37(6): 750-760.

[25] Wanyama T, Singh I, Centea D. A practical approach to teaching industry 4.0 technologies[C]. Proceedings of the 14th International Conference on Remote Engineering and Virtual Instrumentation, New York, 2018: 794-808.

[26] Salkin C, Oner M, Ustundag A, et al. A conceptual framework for industry 4.0[M]// Ustundag A, Cevikcan E. Industry 4.0: Managing The Digital Transformation. Cham: Springer, 2018: 3-23.

[27] Faheem M, Shah S B H, Butt R A, et al. Smart grid communication and information technologies in the perspective of Industry 4.0: Opportunities and challenges[J]. Computer Science Review, 2018, 30: 1-30.

第6章 工业互联网标准

本章介绍工业互联网标准及其发展趋势，主要从标准发展的现状、标准发展的特点、标准的评估指标和发展面临问题及挑战进行全面阐述和介绍。目前工业互联网企业标准制定为工业互联网提供了企业间协同通信、数据汇聚和智能决策的基础网络设施及技术方案。

6.1 工业互联网标准化发展现状

6.1.1 国际标准化发展现状

2017 年 7 月 IIC 发布了《工业互联网术语技术报告 2.0》，为所有 IIC 文档所使用的与工业互联网相关的术语规定了一组通用定义，这些术语的定义已经成为 ISO/IEC 等国际标准化组织和 IIC 标准的一部分，与企业内网相关的术语有连通性、连接端点、控制域和数据总线等[1,2]。2019 年 6 月 IIC 发布了《工业互联网参考架构(版本 1.9)》，IIC 采用 ISO/IEC/IEEE 42010: 2011 定义的工业互联网架构框架，确定了工业物联网架构的约束、准则和实践[3]。

2011 年，在汉诺威工业博览会上，德国人工智能研究中心董事兼行政总裁沃尔夫冈·瓦尔斯特教授首次提出"工业 4.0"概念，这一概念在 2013 年汉诺威工业博览会上被进一步正式推出。随后，德国政府将工业 4.0 提升到战略计划的高度，将其纳入《德国 2020 高技术战略》十大未来项目之一，开始进行工业领域的革命性创新，目的是提高制造业智能化水平，建设高效的智慧工厂，使德国在新一轮工业革命中抢占先机。此后，德国发布了第一版《德国工业 4.0 标准化路线图》，目前第四版已经在 2020 年 7 月推出，指导工业 4.0 的实际部署。

2015 年 1 月，鉴于欧美和我国在机器人技术上的迅猛发展，以及传统机器人行业和互联网的深度融合，日本国家机器人革命推进小组发布了《机器人新战略》，明确指出未来 5 年要着力发展机器人产业，把握大数据时代的全球竞争优势，并且要积极应对当时日本人口老龄化、劳动力缺失和自然灾害的严峻挑战。为紧跟世界工业互联网发展热潮，和许多欧美国家一样，日本正在积极推进其机器人战略，将机器人、传感器、人工智能等前沿技术进行有机融合，以实现机器人行业的自动化、网络化和终端数字化。同时，进一步迈向实用化和产业化，大力发展机器人技术，将其运用到制造、救援、航天、航海等多个行业，以保持日本在工业机器人方向的全球领先地位。

国际标准化组织在工业互联网企业内网标准化工作方面积累了一定的基础。ISO 侧重传统工业数据标准、开放系统集成标准、智能机器人软件标准。目前，已发布的企业内网络相关国际标准有《道路车辆 基于互联网协议(DoIP)的诊断通信 第 2 部分：传输协议和网络层服务》(ISO/CD 13400-2: 2023)[4]、《自动化系统和集成 自动机器维护接口 第 1 部分：概述和基本原则》(ISO 21919-1: 2019)[5]、《信息技术变电站传感器网络系统体系结构》(ISO/IEC 30144: 2020)[6]、《工业自动化系统和集成 物理设备控制 计算机数字控制器的数据模型 第 17 部分：添加剂制造的过程数据》(ISO 14649-17: 2020)[7]、《数据质量 第 2 部分：词汇》(ISO 8000-2: 2022)[8]、《工业自动化系统和集成 产品数据表示和交换 第 242 部分：应用协议：基于托管模型的 3D 工程》(ISO 10303-242: 2022)[9]、《工业自动化系统和集成 测试应用程序的服务接口 第 5 部分：应用程序服务接口》(ISO 20242-5: 2020)[10]、《企业建模和体系结构 企业建模的结构》(ISO 19440: 2020)[11]、《物联网(IoT) 工业物联网系统内设备的兼容性要求和模型》(ISO/IEC 30162: 2022)[12]、《网络安全 工业互联网平台安全参考模型(SRM-IIP)》(ISO/IEC 24392: 2023)[13]等。IEC 侧重企业内网中电工、电子领域的国际标准化工作，2022 年全球首个工业互联网系统功能架构国际标准《用于工业自动化应用的工业互联网系统的功能架构》(IEC PAS 63441: 2022)[14]正式发布。目前，企业内网相关标准有《物联网 物联网系统的互操作性 第 2 部分：传输互操作性》(ISO/IEC 21823-2: 2020)[15]、《工业通信网络 现场总线规范 第 1 部分：IEC 61158 和 IEC 61784 系列的概述和指南》(IEC 61158-1: 2023)[16]和《工业通信网络 配置文件 第 1 部分：现场总线配置文件》(IEC 61784-1: 2019)[17]以及《工业通信网络 配置文件 第 2 部分：基于 ISO/IEC 8802-3 的实时网络的附加现场总线配置文件》(IEC 61784-2: 2019)[18]、《工业自动化和控制系统的安全性》(PD IEC TS 62443-1-5: 2023)[19]、《工业自动化设备和系统的可靠性》(IEC TS 63164-1: 2020)[20]、《工业通信网络 宽带现场总线规范 AUTBUS》(IEC PAS 63256: 2020)[21]等，《工业过程测量、控制和自动化 智能制造 第 3 部分：网络安全的挑战》(IEC TR 63283-3: 2022)[22]、《工业过程测量、控制和自动化 系统和组件的生命周期管理》(IEC 62890: 2020)[23]、《工业过程测量 控制和自动化 数字工厂框架》(IEC 62832-1: 2020)[24]、《智能制造参考模型的元模型分析方法》(IEC/CD TR 63319)[25]等相关标准已制定完成。ISO/IEC JTC1 SC41 成立了边缘计算研究小组，以推动边缘计算标准化工作，《信息技术 云计算 边缘计算环境》(ISO/IEC TR 23188: 2020)[26]、《物联网 边缘计算》(ISO/IEC TR 30164: 2020)[27]等标准制定工作基本完成。3GPP 侧重企业内网中远程宽带无线通信标准化工作，目前，5G 的第一版标准 Release 15 已经冻结，而针对 Release 16，其立项涵盖诸多方面，包括安全性增强、垂直行业的服务启动器体系结构层（SEAL）的安全性、垂直行业业务使能架构层研究，以及无线接入网（RAN）节点到多个核心网（CN）节点的域内连接等；IEEE 侧重企业内网的标准化工作，涵盖了有线网、短程无线网物理层、链路层等方面的标准制定，目前，已经发布的工厂内网络相关标准有《信息技术 局域网和城域网 具体要求 第 22 部分：认知无线电无线区域网络（WRAN）媒体访问控制（MAC）和物理层（PHY）规范：操作策略和程序》（IEEE Std P802.22/D6.0.0-2019）[28]、《局域网和城域网的 IEEE 标准 第 15.7 部分：短程光无线通信》（IEEE Std 802.15.7-2018）[29]、《IEEE 以太网标准修正案 2：4 对以太网供电的物理层和管理参数》（IEEE Std 802.3BT-2018）[30]和《局域网和城域网的 IEEE 标准 前传的时间敏感网络》（IEEE 802.1CM-2018）[31]、《局域网和城域网的 IEEE 标准 链路聚合》（IEEE 802.1AX-2020）[32]、《局域网和城域网 桥接局域网络中时间敏感应用的定时和同步》（IEEE 802.1AS-2020）[33]、《局域网和城域网标准 基于端口的网络访问控制》（IEEE 802.1X-2020）[34]等，《IEEE 以太网标准修正案 9：25Gb/s 和 50Gb/s 无源光网络的物理层规范和管理参数》（IEEE Std 802.3CA-2020）[35]等相关标准也已发布。

6.1.2　国内标准化发展现状

我国工业互联网产业联盟为贯彻落实《中华人民共和国国民经济和社会发展第十四个五年规划和 2035 年远景目标纲要》《工业互联网创新发展行动计划（2021—2023 年）》，结合《工业互联网体系架构（版本 2.0）》，进一步满足技术进步和制造业转型升级的需要，于 2021 年 12 月组织撰写《工业互联网标准体系（版本 3.0）》[36]，修订了工业互联网标准体系框架及重点标准化方向。2023 年 11 月整理了已发布和制定中的联盟标准清单。其中企业内网涉及的关键技术标准有 209 项，包含 79 项已发布标准，130 项制定中标准，已发布国家标准包括《工业以太网现场总线 EtherCAT》（GB/T 31230—2014）[37]、《工业无线网络 WIA 规范》（GB/T 26790）[38]、《用于工业测量与控制系统的 EPA 系统结构与通信规范》（GB/T 20171—2006）[39]、《以太网 POWERLINK 通信行规规范》（GB/T 27960—2011）[40]、《基于 Modbus 协议的工业自动化网络规范》（GB/T 19582—2008）[41]、《CC-Link 控制与通信网络规范》（GB/T 19760—2008）[42]、《测量和控制数字数据通信 工业控制系统用现场总线 类型 3：PROFIBUS 规范》（GB/T 20540—2006）[43]以及《信息技术 系统间远程通信和信息交换 局域网和城域网 桥接局域网用时间敏感应用的定时和同步》（GB/T 42404—2023）[44]等。截止到 2023 年 11 月，我国工业互联网产业联盟整理已发布和制定中的联盟标准清单，其中企业内网相关已发布联盟标准有：《工厂内网络 工业 EPON 系统技术要求》、《工业互联网 煤化工智能生产系统建设指南》等；制定中联盟标准有：《工业互联网 设备接入技术要求》、《工业互联网 汽车制造无线应用需求》、《工业互联网 基于 SD-WAN 的工业应用场景》、《工业互联网 基于非授权频谱的宽窄一体无线专网 蜂窝窄带接入通信模块技术要求》和《工业互联网边缘计算总体架构与要求》等。

目前我国工业互联网标准企业内网标准分为可直接采用标准、可修改采用标准以及建议新制定标准三个部分。《工业无线网络 WIA 规范》（GB/T 26790）、《远程终端单元（RTU）技术规范》（GB/T 34039—2017）[45]、《工业以太网交换机技术规范》（GB/T 30094—2013）[46]等网络相关标准规定了工业环境下网络通信相关技术要求，可直接采用。《IPv6 网络设备技术要求——宽带网络接入服务器》（YD/T 1916—2009）[47]标准规定了 IPv6 宽带网络接入服务器的设备功能、接口、协议、操作管理和维护、安全、性能、环境、电气等方面技术指标的基本要求。可结合工业互联网应用场景，修改形成工业互联网场景下的基于 IPv6 技术的网络接入服务器相关技术要求标准。为加快推动新技术与工业互联网融合应用，亟须制定工业互联网关键技术相关的网络标准，如《工业互联网时间敏感网络需求及场景》等时间敏感网络相关标准，《工业互联网基于 SD-WAN 的工业应用场景》等 SDN 相关标准，以及《工业互联网 5G 部署实施指南》等新技术应用相关标准。

6.2 我国工业互联网标准发展的特点

2020 年 3 月，《工业和信息化部办公厅关于推动工业互联网加快发展的通知》发布，作为推进我国工业网络技术进步的重要举措，给予其全面的支持和引领。文中强调加快新型基础设施建设应成为我们的首要任务，同时，我们也要努力推进基础电信企业构建覆盖全国各个城镇的优质外部网络。

工业互联网内网深入到车间、产线、设备，是实现人机物全面互联的关键基础和必要条件，主要采用工业总线、工业以太网等技术。随着工业企业数字化、网络化、智能化转型步伐的加快，企业内网在传输带宽、兼容能力、部署容易度等方面存在明显不足，需要加快演进升级和更新换代。

当前 5G、边缘计算、时间敏感网络、SDN、IPv6 等新型网络技术产品不断发展，逐渐具备满足生产控制高要求的能力。例如，时间敏感网络技术支持千兆及以上接口，能够满足工业大带宽需求；5G 低时延的应用场景可以提供最低 1ms 时延的高可靠连接，为实现无线自动控制提供了可能；边缘计算将实时计算能力推广到工业现场，支撑工业智能实现。

我国工业互联网产业联盟发布的工业互联网标准体系框架包括基础共性、总体、应用三大类标准。基础共性标准主要规范工业互联网的通用性、指导性标准，包括术语定义、通用需求、架构、测试与评估、管理等标准。总体标准可分为网络与连接标准、标识解析标准、边缘计算标准、平台与数据标准、工业 App 标准、安全标准。应用标准包括典型应用标准和垂直行业应用标准等。

工业互联网内网的相关标准具有通用性，独立于工业互联网产品制造商和工业互联网平台及系统。例如，OPC 统一架构是一种专门针对工业通信的数据交换规范，它可以在不同的制造商和平台之间实现数据和信息的有效传输，从而使得工厂车间、集团企业和跨企业之间的数据和信息能够实现有效的交流与共享。

工业互联网内网的相关标准发展与企业内网需求紧密结合，具有实用性。例如，时间敏感网络是基于以太网标准的确定性实时通信机制，定义了极其准确、极易预测的网络时间，具备高数据量传输与优先权设定功能等优势。时间敏感网络是一种基于以太网技术的实时通信系统，它可以精确地预测网络中的时间，并且可以实现大规模的数据传输和优先级设置。时间敏感网络相应基础共性标准主要由 IEEE 802.1 TSN 工作组研究制定，包括时钟同步、时间感知调动程序、网络管理和配置等。目前，时间敏感网络国际标准在 IEC/SC65C 成功立项，制定工作正在进行中。

相同场景的技术标准具有多样性。工业企业内网采用多种工业无线标准协议，用于工业场景的工业无线技术主要包括 IEEE 802.15.4、WIA-PA、WIA-FA 等标准协议。其中，我国自主研发的面向工厂自动化的 WIA-FA 技术规范已成为 IEC 标准，是国际上第一个面向工厂高速自动控制应用的无线技术规范。ZigBee 是一种高效益、低速率、低功耗的无线通信协议标准，可以满足工业领域对安全性和能耗的需求，但无法满足工业级网络可靠性和鲁棒性的需求。WirelessHART 具有易于使用、自动组织、快速恢复、高度灵活性、可靠性和安全性，并且完全支持目前的 HART 技术，为工业领域的无线通信提供了一种完美的解决方案。ISA100.11a 标准旨在对大型无线工厂提供技术支持，包括对工业环境提供了安全性、可靠性、可扩展性和低能耗的支持，对 IPv6 协议的原生支持更好地适应了目前的发展趋势。

企业内网技术标准具有可扩展性。例如，无线局域网是办公区域无线网络的事实标准，被视为以太网的自然无线扩展。随着物联网技术的发展，无线局域网逐渐应用于工业中，如工业 WiFi 具有高可靠性、高传输率等特点。

6.3　工业互联网标准的评估指标

随着工业互联网的普及，世界各地都涌现出了许多新颖的技术和应用，这些技术和应用主要集中在提高生产管理效率、改善物流仓储、提升质量管理水平、提高制造灵活性和提升产品服务价值等方面。然而，我国的工业互联网发展相对于发达国家还存在一些问题，如基础设施薄弱、标准化建设不足、大规模实施经验不足等。在工业互联网的发展起步阶段，急需一套科学的指标体系评估模型和细则为未来工业互联网设计确立框架。与此同时，一个能够收集、监测、评估、改善的工业互联网网络化指标体系将为工业互联网的发展提供更精准、更有效的指引,并且为科研机构和政府部门提供有力的数据支持,从而促进我国工业互联网的全面发展。

工业互联网产业联盟制定了一套相对完整细致的评估模型和细则《工业互联网网络化指标体系》(征集意见稿),涉及工业互联网的评估模型与细则包括业务流程体系、架构分层体系、网络管理体系三个维度。基于此维度模型企业和相关科研人员既可以从任意一个维度对企业自身的工业互联网网络化现状进行单点改进,也可以从全方位评估自身工业互联网网络化水平,指导企业从业务、架构、管理三个维度综合评价自己的网络化程度。

1. 工业互联网网络架构体系评估指标

按照工业企业网络分层架构,可以将网络化评估模型分为企业工业互联网网络架构体系、集团企业工业互联网网络架构体系和跨企业工业互联网网络架构体系。依据我国工业互联网建设的需求和功能,分别对企业工业互联网、集团企业工业互联网和跨企业工业互联网网络架构体系的评估指标进行阐述,如图6.1所示。

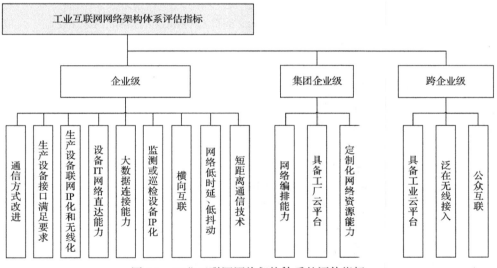

图 6.1　工业互联网网络架构体系的评估指标

1)企业工业互联网网络架构体系评估指标

企业工业互联网网络架构系统可以分为现场级和车间级,对于底层设备实现横向互联,对于上层系统实现纵向互通,具体功能可以总结为六个方面:一是改造控制器和机床、生产线等设备或装置之间的通信方式,例如,现场总线可以替换为工业以太网;二是增加机床、生产线等现有的工业设备或装置的网络接口;三是对机床、生产线等现有工业设备或装置附加传感器、执行器等外部的信息交互设备；四是增加监测设备或扫描设备的安放数量，以扩大生产现场信息的收集量并进行信息处理；五是将通信模块嵌入到在制品以及为在制品增加标签等方法，实现与工业系统之间的信息交互；六是通过引入边缘计算思想，在设备边缘部署节点以处理并计算生产现场采集的数据。为了保证以上功能的顺利实现，企业工业互联网需要综合考虑通信、布线、电源等情况提供可行的网络互联互通方式。除此之外，随着 IP 化、无线化的不断发展，联网方式可以与之结合以满足相应需求。例如，在制品可采用蓝牙、二维码等短距离通信和识别技术，生产设备或装置可以使用现有的联网模式，或考虑增加工业以太网、工业无线网等的联网接口。对于监控设备，在不要求极高实时性的情况下，可以采用有线宽带通信、无线宽带、LTE 增强、NB-IoT（窄带物联网）、5G 等技术。工业领域主要采用分层分域的隔绝和边界防护的思路，从工厂内网来看，为了防止来自互联网的威胁对生产过程产生严重影响，工厂管理层和生产控制层之间经常使用工业防火墙、网闸等手段加强隔离。

基于上述企业级工业互联网网络架构的功能，其车间级评估指标包括：

(1)通信方式改进，指企业工业以太网逐步和正在替代现场总线。

(2)生产设备接口满足要求，指生产设备具备标准通信接口，接口带宽、丢包率和平均传输速率满足要求。

(3)生产设备联网 IP 化和无线化，指生产设备附加传感器、执行器等外部信息交互部件，网络化水平较高，采集器具备网络大数据连接能力。

(4)设备 IT 网络直达能力，指部署的新的监测设备或扫描设备或者执行器，具备采集和反馈现场信息能力。

(5)大数据连接能力，指新采购设备具备边缘计算能力或通过其他方式上传实时、历史数据，以支持大数据连接能力。

企业级工业互联网网络架构的现场级评估指标包括：

(1)监测和巡检设备 IP 化，指监控和巡检设备已实现 IP 化，设备的通信方式包括使用有线宽带或者无线宽带、LTE 增强、NB-IoT、5G 等。

(2)横向互联，指车间设备网络横向互联。

(3)网络低时延、低抖动，指网络具有高速率、大带宽。

(4)短距离通信技术，指在制品具备蓝牙通信技术、RFID 等短距离通信能力。

2)集团企业工业互联网网络架构体系评估指标

集团企业工业互联网的企业级、工厂之间和跨企业工业互联网系统，通过云平台实现与生产设备或装置、工业控制系统、工业信息系统、工业互联网应用的数据交互，以及与协作企业信息系统、产品智能化、用户数据交互，使不同区域、不同功能的制造业实现各类系统的横向互联，以高效化与绿色化为目标实现集团内企业相关信息汇聚、决策指标下达与监控、预警与回溯，支持价值链协作，实现经营管理与决策智能化和集成优化。具体联网方式也依赖互联场景，例如，对于工厂/工业云平台与生产设备或装置、工业控制系统、工业信息系统之间的互联，可以直接利用现有的互联网或企业级信息网络；对于工厂/工业云平台与协同企业信息系统，为保证信息交互需要考虑创建一条安全、可靠的 VPN 专线；对于工厂/工业云平台与产品，可以采用 NB-IoT、LTE 增强以及 5G 等广域移动通信网络及各种有线通信。

基于集团企业工业互联网网络架构的业务需求，其评估指标包括：

(1)网络编排能力，指网络具备行业或者其他用户通过开放接口定义网络功能和协议的能力。

(2)具备工厂云平台，指企业内部设备仪表机器能够接入云平台，新上线的设备和系统是否支持 OPC UA 协议。

(3)定制化网络资源能力，指企业具备对网络带宽和服务质量的灵活定制能力。

3)跨企业工业互联网网络架构体系评估指标

2019 年 8 月至今，特别是结合智能+时代和新基建，研究提出了智能工业互联网的理念，进而形成了跨行业跨领域工业互联网系统的体系架构、技术体系，并从技术、产业、应用、政策等方面形成了初步的咨询建议，以安全、环保、节能为目标，将重要企业相关信息汇聚、监控、预警、追溯，构成了初步咨询报告框架。连接工厂和公共网络的需求正在增加和扩大，开放性要求也越来越高，因此，对于公共网络的管理、运维和网络的自我恢复能力，都有更为严格的标准。

跨企业工业互联网网络架构体系评估指标，是以实现国家工业互联网系统重要企业相关信息汇聚、监控、预警和追溯的功能，以及确保网络基础设施及服务质量，保障系统安全、节能及环保的目标为评价标准。跨企业工业互联网网络架构为中小企业提供大数据驱动的生产要素一体化与智能化管理平台软件的网络基础设施及服务质量，保障行业工业互联网系统的功能。加快构建工业智能生态体系、实现工业产业上下游协作、推动工业互联网网络化进程成为必由之路。建立完善可用的跨企业工业互联网网络架构体系评估指标是开展网络化改造、提升网络化水平、加速网络化进程的重要参考。跨企业工业互联网网络架构体系评估指标包括：

(1)具备工业云平台，指支持 OPC UA、消息队列遥测传输(message queuing telemetry transport，MQTT)、可扩展通信和表示协议(extensible messaging and presence protocol，XMPP)技术或者协议适配能力。

(2)泛在无线接入，指具有 LTE 增强、NB-IoT、5G，无线接入满足未来大规模智能产品的需求。

(3)公众互联，指具备支持 IPv6 或者 IPv4/IPv6 双栈的网络。

2. 工业互联网管理系统评估指标

由于互联网与工业融合发展的日益增强，网络对于至关重要的信息基础设施的作用日益增加，网络的安全保障能力更是成为影响工业企业创新发展的关键因素。总体来看，工业细分行业有着不同的信息化和网络化程度，其网络管理保障体系建设情况也不尽相同。行业的信息化、自动化程度越高，开放程度越高，面临的网络管理风险也相应增加，需要更完善的网络运维管理保障体系建设。

目前，分层分域的隔离和边界防护思路是工业领域普遍采用的防护方式，从工业互联网内网来看，企业管理层与生产控制层之间采用了较多的隔离设备来防止来自互联网的威胁渗透到生产过程，如工业防火墙、网闸等。从工业互联网外网来看，日益增强的工厂与公众网络的互联需求在需要具备开放性的同时，对公众网络的管理运维、保护自愈能力都提出了更高的要求。为了更好地支撑工业互联网，节约网络维护的开销，并能及时引入最新技术，提升通信故障时的网络生存能力，使用可靠的保护机制，缩短响应和恢复时间都是工业互联网建设中需要深思熟虑并密切关注的问题。综上，工业互联网管理系统评估指标可以通过运维机制、安全机制、开放机制三个维度，对企业网络进行指标评估，如图 6.2 所示。

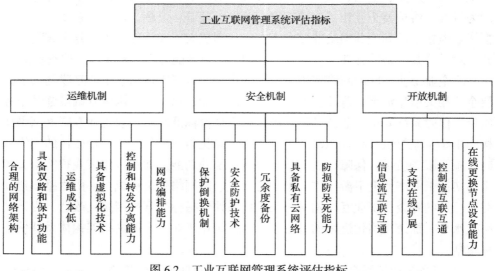

图 6.2　工业互联网管理系统评估指标

工业互联网运维机制的主要职责包括：保障网络业务系统长期稳定运行、保障数据安全可靠、构建监控报警体系、技术与业务问题处理、测试与运行等。其贯通于网络的设计、发布、运行、变更升级及至下线的整个生命周期。网络的管理和维护质量的好坏，直接关系到网络能否长期保持良好的性能。而合适的技术可以使运维服务更加安全、便利，从而提高工业互联网的总体使用寿命，并在运行期间更加高效。基于以上对工业互联网运维的综合考量，工业互联网管理系统的运维机制评估指标包括：

（1）合理的网络架构，指网络基础设施架构合理分层分域，便于企业网络的维护管理。

（2）具备双路和保护功能，指网络通信具备备份功能和保护机制。

（3）运维成本低，指网络分层拓扑最简，维护成本低。

（4）具备虚拟化技术，指使用网络功能虚拟化智能等，进行运维管理。

（5）控制和转发分离能力，指 IT 网络和 OT 网络采用 SDN 技术，转发控制分离。

（6）网络编排能力，指采用 SDN 技术等，转发控制分离。

工业互联网拥有复杂的架构设计，在多方面上都面临着来自不同攻击的威胁。既有企业通过企业网的内部恶意攻击，又有互联网的外部恶意攻击。在物理层面可能会有设备损坏，控制层可能有内部管理人员的违规操作，网络层面更是面临各种网络恶意程序的威胁。而工业互联网架构严密，一旦一个环节出现问题，可能会导致不可估计的严重后果。而全面考虑工业互联网安全的防护及故障恢复、提高工业互联网总体鲁棒性，对工业互联网长期运行有着重要意义。基于以上对工业互联网安全的综合考量，工业互联网管理系统的安全机制评估指标包括：

（1）保护倒换机制，指网络支持节点和全链路保护，支持多种组网下的保护，如链型组网和星型组网。

（2）安全防护技术，指使用专网等技术，实现专线通信。采用防火墙和 VPN 保障工厂内网安全。

（3）冗余度备份，指对于多发检修/升级/维护的网络，具备两个或两个以上的冗余度备份，电源建议考虑冗余备份。

（4）具备私有云网络，指基于实际业务运用场景和基于成本节约的原则，可采用混合云架构或者全私有云架构。

（5）防损防呆死能力，指网络具有防呆死的保护能力，对应异常可自愈。

工业互联网的设计并非一成不变，而是与时俱进，不论是设备还是协议都可能随着技术的发展而改变。开放性是工业互联网发展的关键因素，它可以确保系统的持续发展。通过少量的增改或者只是硬件设备的添置，就能实现整个系统能力的线性增长。在后续运维中可以节省大量人力物力，减少扩展升级成本，是工业互联网长期发展升级的重要一环。基于以上对工业互联网开放机制的综合考量，工业互联网管理系统的开放机制评估指标包括：

（1）信息流互联互通，指新购买的网络设备端口种类丰富，可支持多生产设备信息互通。

（2）支持在线扩展，指网络可扩容可扩展。可接入工业协议种类丰富，开放平台支持应用数量。

（3）控制流互联互通，指控制面的对外接口丰富，以实现集成和被集成对等协作。

（4）在线更换节点设备能力，指可在线更换部分节点设备。

3. 工业互联网业务系统评估指标

智能制造是新时代工业改革的核心动力和战略焦点，其技术融合于设计、生产、销售、物流、服务等各个制造环节之中。生产系统自身通过采用信息通信技术，实现机器之间、机器与系统之间、企业上下游之间的实时连接与智能交互，网络化的柔性制造能力也会带动销售和服务等商业活动，包括精准营销、个性定制、智能服务等全流程的网络化提升。

基于针对工业互联网业务系统各环节进行网络化需求分解分析，包含设计环节的联网和协作、生产环节的互联互通、销售环节的数据分析和深度挖掘、物流环节的产品智能监控、服务环节的客户化转型等，评估指标如图 6.3 所示。

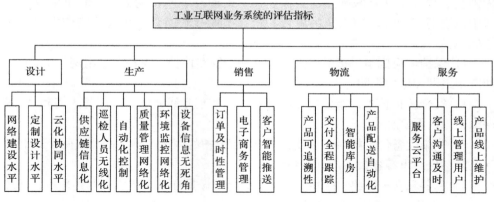

图 6.3　工业互联网业务系统评估指标

设计指用户介入产品的生产过程，获得个性定制的个人商品，从而实现产品、服务的个性化，满足不同用户的需求。而良好的设计平台可以更好地帮助用户进行设计，使用户更加舒适。合理的工业互联网业务系统的设计评估指标包括：

（1）网络建设水平，指生产设计网络实现了 IP 上网，可下载和上传设计文件，部分设计网络实现云化。

（2）定制设计水平，指目前使用网络或云平台进行个性化定制设计在生产中的占比。

（3）云化协同水平，指具备使用工业云平台协同设计、协同创新能力。

生产环节是业务系统的核心环节，无论管理服务机制如何完善，没有好的产品都是空中楼阁。而在缺少人为监管的新型智能制造环境下，如何监管产品质量是考虑的重点。为此，工业互联网业务系统的生产评估指标包括：

(1)供应链信息化，指具备 SCM、CRM、ERP、MES 等网络信息化平台，生产资料可追溯率。

(2)巡检人员无线化，指生产设备和人员具备短距离 WiFi、蓝牙通信能力。

(3)自动化控制，指生产车间内数字化设备连网比率高，生产车间内无线网络可靠，生产网络切换时延满足要求。

(4)质量管理网络化，指网络定位精准率，生产产品使用智能检测比率。

(5)环境监控网络化，指环境监控网络覆盖范围，监控网络延迟时间满足企业自身生产加工的实时要求。

(6)设备信息无死角，指生产设备具备网络接口、网络接入和定位能力。

销售是起到促进成交的作用，主要体现在精准找到有需求的消费者并为其提供合适的商品。良好的销售能够帮助消费者解决更多的问题和创造更高的价值。销售的提升需要有大量分析、实践经验。如何长期有效地进行精准的销售策略，是工业互联网运营部门能否盈利更多的关键问题。合理的工业互联网业务系统的销售评估指标包括：

(1)订单及时性管理，指生产订单网络化管理能力、精细分析和实时监控能力。

(2)电子商务管理，指支持销售云部署在互联网等公共网络上。

(3)客户智能推送，指销售网络直接部署在互联网上，可以进行客户智能推送。

物流能够大幅度降低企业的总成本，加快企业资金周转，减少库存积压，促进利润率上升，从而给企业带来可观的经济效益。而智能路可以使生产商、用户更好地监控产品实时状态。工业互联网业务系统的物流评估指标包括：

(1)产品可追溯性，指产品可追溯率，产品具备标识解析能力。

(2)交付全程跟踪，指产品交付流程中网上跟踪覆盖比率。

(3)智能库房，指实时产品库房利用率，库房智能调度。

(4)产品配送自动化，指企业内部网络化，产品销售商或者客户间网络化，计算最优路径发货。

服务质量最直接影响用户的使用体验，好的服务可以提高用户黏性，与用户的接触也可反馈到设计、生产、销售、物流等各个环节，从而提高业务系统总体水平。工业互联网业务系统的服务评估指标包括：

(1)服务云平台，指具备公有云、私有云网络，可进行产品云上服务。

(2)客户沟通及时，指网络带宽、传输速率满足要求，多客户访问和沟通可同时进行。

(3)线上管理用户，指客户信息可在网络线上管理，具备公有云或私有云接入。

(4)产品线上维护,指使用 IPv6 网络架构,具备泛在接入能力,对产品进行远程分析定位。

6.4 工业互联网标准的发展总结与建议

工业互联网是新时代工业改革的重要支撑力量,其发展水平直接影响国家未来工业的实力,并进一步成为影响国家竞争力的重要因素,因此工业互联网是各国争相发展的又一热点。而工业互联网的发展离不开一套完善的标准体系框架,它不仅是建设这一领域的基础,也是实现全球化的关键。因此,世界各地的政府和组织都在积极探索和研究这一领域的参考架构。然而,由于工业互联网的复杂性,国家标准的建设仍处于初级阶段,各国之间既存在竞争,又有合作的空间。

工业互联网标准体系的构建从工业互联网产业发展实际出发,运用综合标准化的理念和方式,重点突出、协调配套、科学开放、融合创新。基础共性、总体性、安全、应用等重点领域标准的制定和实施也促进了工业互联网产业持续快速健康发展。然而,工业互联网标准化仍然存在一些棘手的难题。

首先,工业互联网标准化主体作用有待进一步充分发挥。美国、德国等较早开始工业化进程,而我国工业企业的发展水平和自主创新能力参差不齐,存在标准化工作意识不强、能力不足的问题,需要不断深入挖掘工业发展过程中对于标准的特色要求,工业企业的标准化主体作用亟待加强。

其次,工业互联网标准化的协调机制有待进一步优化。工业互联网的发展,使得新的产品、业态和模式涌现出来,这就需要建立一个能够有效协调各方利益的标准化机制,以确保各个领域的标准化管理能够得到充分的落实。特别是在工业生产网络、车联网、无人集群等多个领域,需要建立一个能够满足不同层级、地域、系统、部门和业务的标准化工作机制,以保证标准的有效实施。随着联盟和团体标准的不断增加,为了更好地协调它们之间的关系,以及它们与国家和行业标准的关系,需要建立一个有效协同机制。

再次,庞杂封闭的工业网络技术体系和生态系统正在挤压工业互联网新标准的发展空间。在这种情况下,新的工业互联网技术体系的发展将面临既有生态系统的挤压,新技术标准化的门槛不断提高。为打破封闭固化的技术体系,需要抓住新一代信息通信技术在工业领域深度融合应用的良好契机,充分利用互联网思维,通过强化网络新技术的应用,开辟新的技术方向,实现换轨超车。例如,TSN和 OPC UA 等新技术的出现,就将极大促进工业网络体系的开放,带来新技术产业生态的发展机遇。

最后,对于工业互联网领域标准化新模式新方法的适应能力和应对办法尚显不足。当前,工业领域的国际标准化工作正在从 ISO、IEC 等联合国框架下的国际标准化组织，以及 IEEE 等传统的非营利性国际标准化组织向各类联盟、论坛、基金会等机构转移。然而目前各方还没有很好地适应这种新模式和新变化，在新兴国际标准化组织中的作用和影响力有待提高，缺乏清晰地参与开源活动的策略和路线。

　　在工业互联网起步阶段，标准化已经成为各国推进的战略重点。然而，多种工业协议的混杂使得它们之间的差异性日益突出，从而影响了协议的解析、数据的传输和信息的交流。国际标准化是建立共识和协调统一的重要平台，各国、各技术领域、各标准化组织间虽存在竞争关系，但也需要广泛的合作。

参 考 文 献

[1] Industrial Internet Consortium. The Industrial Internet of Things Volume G1: Reference Architecture[EB/OL]. http://www.innovation4.cn/library/r8349. [2022-10-19].

[2] Industrial Internet Consortium. The Industrial Internet of Things Vocabulary[EB/OL]. https://www.iiconsortium.org/pdf/Vocabulary-Report-2.3.pdf. [2022-10-19].

[3] ISO/IEC/IEEE Systems and Software Engineering-Architecture Description: IEEE/ISO/IEC 42010: 2011[S/OL]. https://www.antpedia.com/standard/1529611960.html. [2022-10-19].

[4] Road Vehicles—Diagnostic Communication over Internet Protocol (DoIP)—Part 2: Transport Protocol and Network Layer Services: ISO/CD 13400-2: 2023[S/OL]. https://www.antpedia.com/standard/1444079183.html. [2024-1-30].

[5] Automation systems and integration—Interfaces for automated machine tending—Part 1: Overview and fundamental principles: BS ISO 21919-1: 2019[S/OL]. https://www.iso.org/standard/75206.html. [2022-10-19].

[6] Information Technology —Sensor Network System Architecture for Power Substations: ISO/IEC 30144: 2020[S/OL]. https://www.antpedia.com/standard/100097079.html. [2022-10-19].

[7] Industrial Automation Systems and Integration—Physical Device Control—Data Model for Computerized Numerical Controllers—Part 17: Process Data for Additive Manufacturing: ISO 14649-17: 2020[S/OL]. https://www.antpedia.com/standard/1156849275.html. [2022-10-19].

[8] Data Quality—Part 2: Vocabulary: ISO 8000-2: 2022[S/OL]. https://www.antpedia.com/standard/1751840969.html. [2024-1-30].

[9] Industrial Automation Systems and Integration—Product Data Representation and Exchange—Part 242: Application Protocol: Managed Model-based 3D Engineering: ISO 10303-242: 2022 [S/OL]. https://www.antpedia.com/standard/1204986329.html. [2024-1-30].

[10] Industrial Automation Systems and Integration—Service Interface for Testing Applications—Part 5: Application Program Service Interface: ISO 20242-5: 2020[S/OL]. https://www.antpedia.com/standard/1629090300.html. [2022-10-19].

[11] Enterprise Modelling and Architecture—Constructs for Enterprise Modelling: ISO 19440: 2020[S/OL]. https://www.antpedia.com/standard/1855573938.html. [2022-10-19].

[12] Internet of Things（IoT）—Compatibility Requirements and Model for Devices within Industrial IoT Systems: ISO/IEC 30162: 2022[S/OL]. https://www.antpedia.com/standard/1770371121. html. [2024-1-30].

[13] Cybersecurity—Security Reference Model for Industrial Internet Platform（SRM-IIP）: ISO/IEC 24392: 2023[S/OL]. https://www.antpedia.com/standard/2083046800.html. [2024-1-30].

[14] Functional Architecture of Industrial Internet System for Industrial Automation Applications: IEC PAS 63441: 2022[S/OL]. https://www.antpedia.com/standard/2016053084.html. [2024-1-30].

[15] Internet of Things（IoT）—Interoperability for IoT Systems—Part 2: Transport Interoperability: ISO/IEC 21823-2: 2020[S/OL]. https://www.antpedia.com/standard/1951588276.html. [2022-10-19].

[16] Industrial Communication Networks—Fieldbus Specifications—Part 1: Overview and Guidance for the IEC 61158 and IEC 61784 Series: IEC 61158-1: 2023[S/OL]. https://www.antpedia.com/standard/1367692758.html. [2024-1-30].

[17] Industrial Communication Networks—Profiles—Part 1: Fieldbus Profiles: IEC 61784-1: 2019 [S/OL]. https://www.antpedia.com/standard/1497246004.html. [2022-10-19].

[18] Industrial Communication Networks—Profiles—Part 2: Additional Fieldbus Profiles for Real-time Networks Based on ISO/IEC 8802-3: IEC 61784-2: 2019[S/OL]. https://www.antpedia.com/standard/1506689956.html. [2022-10-19].

[19] Security for Industrial Automation and Control Systems. Scheme for IEC 62443 Security Profiles: PD IEC TS 62443-1-5: 2023[S/OL]. https://www.antpedia.com/standard/1298270989. html. [2024-1-30].

[20] Reliability of Industrial Automation Devices and Systems—Part 1: Assurance of Automation Devices Reliability Data and Specification of Their Source: IEC TS 63164-1: 2020[S/OL]. https://www.antpedia.com/standard/1332064434.html. [2022-10-19].

[21] Industrial Communication Networks—Broadband Fieldbus Specification—AUTBUS: IEC PAS 63256: 2020[S/OL]. https://www.antpedia.com/standard/1963499712.html. [2022-10-19].

[22] Industrial-Process Measurement, Control and Automation—Smart Manufacturing—Part 3: Challenges for Cybersecurity: IEC TR 63283-3: 2022[S/OL]. https://www.antpedia.com/standard/1448136392.html. [2024-1-30].

[23] Industrial-Process Measurement, Control and Automation-Life-Cycle-Management for Systems and Components: IEC 62890: 2020[S/OL]. https://www.antpedia.com/standard/1397423514. html. [2022-10-19].

[24] Industrial-Process Measurement, Control and Automation-Digital Factory Framework—Part 1: General Principles: IEC 62832-1: 2020[S/OL]. Https://www.antpedia.com/standard/1461503708. html. [2022-10-19].

[25] A Meta-Modelling Analysis Approach to Smart Manufacturing Reference Models: IEC/CD TR 63319[S/OL]. https://www.antpedia.com/standard/1278470315.html. [2022-10-19].

[26] Information Technology—Cloud Computing—Edge Computing Landscape: ISO/IEC TR 23188: 2020[S/OL]. https://www.antpedia.com/standard/1978251287.html. [2022-10-19].

[27] Internet of Things（IoT）—Edge Computing: ISO/IEC TR 30164: 2020[S/OL]. https://www. antpedia. com/standard/1451259098.html. [2022-10-19].

[28] Information Technology—Local and Metropolitan Area Networks—Specific Requirements—Part 22: Cognitive Radio Wireless Regional Area Network（WRAN）Medium Access Control （MAC）and Physical Layer（PHY）Specifications: Policies and Procedures for Operation: IEEE P802.22/D6.0.0-2019[S/OL]. https://www.antpedia.com/standard/1207362820.html. [2022-10-19].

[29] IEEE Standard for Local and Metropolitan Area Networks—Part 15.7: Short-Range Optical Wireless Communications: IEEE Std 802 15.7-2018[S/OL]. https://www.antpedia.com/standard/ 1401182985.html. [2022-10-19].

[30] IEEE Standard for Ethernet Amendment 2: Physical Layer and Management Parameters for Power over Ethernet over 4 Pairs: IEEE Std 802.3BT-2018[S/OL]. https://www.antpedia.com/ standard/1876386704.html. [2022-10-19].

[31] IEEE Standard for Local and Metropolitan Area Networks—Time-Sensitive Networking for Fronthaul: IEEE 802.1CM-2018[S/OL]. https://www.antpedia.com/standard/1854905409.html. [2022-10-19].

[32] IEEE Standard for Local and Metropolitan Area Networks-Link Aggregation: IEEE 802.1AX-2020[S/OL]. https://www.antpedia.com/standard/1070897637.html. [2022-10-19].

[33] Local and Metropolitan Area Networks-Timing and Synchronization for Time-Sensitive Applications in Bridged Local Area Networks-Corrigendum 2: Technical and Editorial Corrections（IEEE Computer Society）: IEEE 802.1AS-2020[S/OL]. https://www.antpedia.com/ standard/2050121469.html. [2022-10-19].

[34] IEEE Standard for Local and Metropolitan Area Networks—Port-Based Network Access Control: IEEE 802.1X-2020[S/OL]. https://www.antpedia.com/standard/1171259027.html. [2022-10-19].

[35] IEEE Standard for Ethernet Amendment 9: Physical Layer Specifications and Management Parameters for 25 Gb/s and 50 Gb/s Passive Optical Networks: IEEE Std 802.3CA-2020[S/OL]. https://www.antpedia.com/standard/1336555306.html. [2022-10-19].

[36] 工业互联网产业联盟. 工业互联网标准体系（版本 3.0）[EB/OL]. http://www.aii-alliance.org/

resource/c331/n3038.html. [2024-1-30].

[37] 工业以太网现场总线 EtherCAT：GB/T 31230—2014[S/OL]. https://std.samr.gov.cn/search/std?tid=&q=Industrial%20ethernet%20fieldbus%20EtherCAT. [2022-10-19].

[38] 工业无线网络 WIA 规范：GB/T 26790[S/OL]. https://std.samr.gov.cn/search/std?tid=&q=%E5%B7%A5%E4%B8%9A%E6%97%A0%E7%BA%BF%E7%BD%91%E7%BB%9CWIA%E8%A7%84%E8%8C%83. [2022-10-19].

[39] 用于工业测量与控制系统的 EPA 系统结构与通信规范：GB/T 20171—2006[S/OL]. https://www.antpedia.com/standard/5040421.html. [2022-10-19].

[40] 以太网 POWERLINK 通信行规规范：GB/T 27960—2011[S/OL]. https://www.antpedia.com/standard/6277660.html. [2022-10-19].

[41] 基于 Modbus 协议的工业自动化网络规范：GB/T 19582—2008[S/OL]. https://std.samr.gov.cn/search/std?tid=&q=GB%2FT%2019582-2008. [2022-10-19].

[42] CC-Link 控制与通信网络规范：GB/T 19760—2008[S/OL]. https://std.samr.gov.cn/search/std?tid=&q=GB%2FT%2019760-2008. [2022-10-19].

[43] 测量和控制数字数据通信 工业控制系统用现场总线 类型 3：PROFIBUS 规范：GB/T 20540—2006[S/OL]. https://std.samr.gov.cn/search/std?tid=&q=GB%2FT%2020540-2006. [2022-10-19].

[44] 信息技术 系统间远程通信和信息交换 局域网和城域网 桥接局域网用时间敏感应用的定时和同步：GB/T 42404—2023[S/OL]. https://www.antpedia.com/standard/1496338456.html. [2024-1-30].

[45] 远程终端单元（RTU）技术规范：GB/T 34039—2017[S/OL]. https://www.antpedia.com/standard/1636132574.html. [2022-10-19].

[46] 工业以太网交换机技术规范：GB/T 30094—2013[S/OL]. https://www.antpedia.com/standard/6799108.html. [2022-10-19].

[47] IPv6 网络设备技术要求——宽带网络接入服务器：YD/T 1916—2009[S/OL]. https://www.antpedia.com/standard/5898420.html. [2022-10-19].

第7章 工业互联网产品

本章介绍工业互联网相关产品和产品的应用情况。首先,详细阐述工业互联网关键技术标准的应用情况,从网络技术、安全技术、平台技术和标识解析技术四个方面介绍遵循现有标准的工业产品。然后,介绍关键技术标准的工业产品在满足当前工业互联网系统功能需求下的应用情况。

7.1 工业互联网相关产品

7.1.1 网络产品

1. 工业 PON 产品

工业 PON 技术标准是目前工业互联网内网网络平台建设的关键技术标准,是构建未来无人工厂的网络平台的核心技术。下面详细介绍基于工业 PON 标准的代表性产品。

上海博瀛通信科技有限公司旗下的 MRD ATS2000 系列和深圳市苏山伟达通讯设备有限公司推出的 IEP8040 系列增强工业级光网络单元(optical network unit,ONU)在用电信息采集和自动化配网方面已实现大规模应用,这两种系列产品都遵循 IEEE 802.3ah EPON 标准和电力行业的主要通信标准。在 2019 工业互联网峰会上,中国电信表示进一步探索工业 PON2.0,融合数据采集网关,提高组网能力,推动工业 PON2.0 的技术发展和产品成熟,并推广相关产品的应用。中兴通讯股份有限公司(简称中兴通讯)推出满足 10G PON/100G PON 两代技术的规模部署新一代光接入旗舰平台 TITAN。上海剑桥科技股份有限公司也在不断巩固传统 PON 产品和拓展非 PON 产品的市场,在无线网络设备和工业物联网领域的研发投入取得成效。2018 年公司研发了 10G PON OLT(optical line terminal,光线路终端)和 ONT(optical network terminal,光网络终端),以及带 MoCA(Multimedia over Coax Alliance,同轴电缆多媒体联盟)功能的 ONT 产品,为以后打下良好的产品基础。

国外 AT&T、索尼通讯网络(SO-Net)和国内中国移动、中国联通、中国电信等运营商都在发布并推广千兆到户产品,从"百兆"到"千兆"的跨越需要将 PON 升级到 10G PON,因此 10G PON 逐渐成为 PON 网络主流产品。住友电气工业株式会社也发布 10G EPON 线卡 FCM7133,用于 FSU7100 系列 OLT。目前主流的 PON 设备主要有华为 MA5680T 系列、中兴通讯 ZXA10 C300 和上海诺基亚贝尔

7360 ISAM FX。

2021 年 9 月，国际电信联盟电信标准分局(ITU-T for ITU Telecommunication Standardization Sector，ITU-T)正式发布第一版 50G PON 标准，包括支持非对称速率(50Gbit/s/12.5Gbit/s、50Gbit/s/25Gbit/s)和支持两代共存(与 10G PON 共存或与 GPON 共存)的技术规范。2022 年 9 月，ITU-T 同意 50G PON 标准(总体需求标准修订 G.9804.1 AMD1)的第一次修订，增加了对称 50G PON 的技术规范(下行 50Gbit/s，上行 50Gbit/s)和支持三代共存(50G PON、10G PON 和 GPON 同时共存)。目前华为、中兴通讯、烽火通信等厂商均已完成相应原型机研发与项目试点。

2. TSN 产品

TSN 是基于 IEEE 802.1 的数据链路层协议标准，在工厂内网及车间级网络中构建满足确定性可靠传输的工业以太网平台。TSN 的诞生和发展离不开传统以太网的技术支撑和行业需求的推进。2016 年，NI 与多家知名企业展开了合作，包括 IIC、博世公司、英特尔公司、库卡机器人公司、施耐德公司以及 TTTech 公司等，共同研制 TSN 测试平台。2017 年，NI 推出两款新的多槽以太网机箱，分别为 cDAQ-9185 和 cDAQ-9189，它们能与 TSN 的紧密时间同步，并通过 NI-DAQmx 驱动程序自动同步多个机箱实现简单编程。2017 年 11 月，英特尔公司和 TTTech 公司合作开发了基于 FPGA 的 TSN 解决方案。2018 年，德州仪器(Texas Instruments，TI)推出 Sitara AM6x 处理器系列产品，该系列产品属于首款多协议千兆位 TSN 处理器系列产品。2019 年，TTTech 公司提出了 DEIP(确定性以太网/工业协议)解决方案，推出了 DEPCle Card Edge、Slate XNS 等 TSN 产品。三菱电机自动化(中国)宣布全球销售对应 CC-Link IE TSN 的控制产品和驱动产品。软赢科技(Soft Servo)株式会社宣布 2020 年 4 月正式销售对应 CC-Link IE TSN 的运动控制类软件。德国赫思曼电子公司最新研发支持 TSN 的工业交换机 RSPE35 同时支持 TSN 的 IEEE 802.1Qbv 标准，并于 2019 年 12 月通过了 CLPA(CC-Link 协会)日本总部的兼容产品一致性测试，客户可以使用其产品搭配 CC-Link IE TSN 构建更加庞大的自动化系统。2020 年 2 月，系统级芯片设计与应用技术领导厂商索喜科技有限公司(Socionext Inc.)宣布成功开发了基于 FPGA 和 ASIC(application specific integrated circuit)芯片电路 TSN 的高性能 TSNIP，符合下一代以太网 TSN 及其评估环境。2020 年 10 月，由中国信息通信研究院牵头国内 50 余家产学研用单位，共同启动了"时间敏感网络(TSN)产业链名录计划"。2021 年 5 月，TSN 产业链名录计划商用产品评测工作正式启动。截至 2023 年 6 月，已有五大类 18 款产品通过互联网与工业融合创新工业和信息化部重点实验室全面测试后加入名录。五大类产品涵盖芯片模组、交换机、网关、端设备、控制器。2021 年 9 月，首批 9 款通过评测产品包括：摩莎科技(Moxa)的 TSN 交换机(TSN-G5008)、鹏城实验室的 TSN 交换机(DetTrans308A)、深圳市盛博科技嵌入式计算机有限公司的 TSN 网关(SBS TSN Gateway SIG-0101)、北京智芯微电子科技有限公司的 TSN 交换机(SCCK9002SC2404)、西安云维智联科技有限公司的 TSN 交换机(YW-TSN-SW-1G-I)、华为的 TSN 交换机(CloudEngine S6730-H)、下一代互联网互联设备国家工程实验室(现移动专用网络国家工程研究中心)的 TSN 交换机(NGIT-TSN-S-I)、北京东土科技股份有限公司的 TSN 交换机(SICOM3000TSN)、江苏未来网络集团的 TSN 交换机(FN-IND-TSN308)。2022 年，北京东土科技股份有限公司发布了国内首款 TSN 芯片——KD6530 芯片，具备时间同步、流量调度、帧抢占、流量策略及过滤、帧冗余等 TSN 特性。

此外国内主要生产商的设备有华为的 AR 550E 交换机、Moxa 的 TSN-G5006、深圳云帆兴烨科技有限公司的思博伦 C50 测试仪和亚德诺半导体公司的多模现场总线通信模块；国外生产商的设备，如通用 Reason S20、西门子 SCALANCE X、思科 IE-4000 都完成了对 IEEE 802.1AS Time Synchronization、IEEE 802.1Qbv Scheduled Traffic 、 IEEE 802.1Qcc SRP Enhancements(Netconf/Yang)、 IEEE 802.1Qbu Frame Preemption 等时间敏感基础协议包的支持。

3. 工业以太网产品

工业以太网是工业控制领域的重要组成部分，工业以太网技术标准提供满足恶劣的工业环境中的通信需求，保证工业生产数据的传输安全。工业以太网与标准以太网相比，具备更稳定可靠的连接器与电缆，实时数据交换具有确定性，同步循环时间小于 1ms，因此工业以太网能够更好地适应工业现场各项严苛的要求。一些工业以太网在标准以太网协议的基础上进行适当修改，克服了标准以太网因采用 CSMA/CD(载波监听多路访问/碰撞检测)而导致的不确定性和时延，提高了数据在网络中传输的实时性[1]。目前比较有影响力的实时工业以太网有：西门子的 PROFINET、倍福的 EtherCAT、贝加莱工业自动化公司的 PowerLink、日本横河电机株式会社的 VNET/IP、东芝集团的 TCnet、施耐德的 Modbus-IDA、浙江中控技术股份有限公司的工厂自动化以太网(ethernet for plant automation，EPA)等。华为的 ARR50 系列工业级设计产品，以及北京华信科控科技有限公司推出的网管型嵌入式以太网交换机、非网管型以太网交换机、工业级光电收发器等类型产品都是工业以太网中的代表性产品，如网管型嵌入式以太网交换机 HH5000 系列产品和 HH6000 系列产品、非网管型以太网交换机 HH3000 系列产品、工业级光电收发器 HH1000 系列产品。深圳市金鸽科技有限公司发布可以广泛用于工业实时以太网通信控制系统中高达 700kHz 的高速脉冲计数采集模块和频率输出高达 300kHz 的 I/O 模块。福禄克(FLUKE)网络宣布推出其 DSX CableAnalyzer 系列网络布线认证工具的 M12-X 适配器，专门针对恶劣以太网环境而设计的标准化连接器，支持高达 10Gbit/s 的传输速率。TI 新推出的 Sitara AMIC SoC 系列，利用 TI 统一的软件平台、处理器 SDK 和 TI 工业通信子系统（PRU-ICSS）的可编程性在工厂自动化和控制应用中实现成本优化的工业以太网通信。西门子工业以太网方面的产品有工业以太网交换机 SCALANCE X 系列产品（SCALANCE X-100/SCALANCE X-200/SCALANCE X-300）。思科推出了思科 IE 系列产品（思科 IE4000/思科 IE5000）和 Catalyst IE 系列产品（Catalyst IE3400/Catalyst IE3300/Catalyst IE3200）。亚德诺半导体公司的嵌入式实时以太网交换机产品系列型号有 FIDO5100/FIDO5200。Moxa 推出了一系列工业以太网交换机，包括非网管型、网管型、PoE（power over Ethernet，以太网供电）、机架式以及专门针对铁路业务的并且满足 EN 50155 标准的车载交换机。

4. 工业无线网络产品

目前工业无线技术领域已经形成了三大国际标准，分别是由 HART 基金会发布的 WirelessHART 标准、ISA 国际自动化协会发布的 ISA100.11a 标准和我国自主研发的 WIA-PA/FA 标准。目前，WirelessHART 标准已有大量的网络设备和应用设备被研制出来，全球已在使用的 HART 设备超过 2600 万台，艾默生电气公司已经推出了兼容 HART 标准的自动化产品（如无线适配器）以及 WirelessHART 仪表、网关，并投入使用，ABB、瑞士恩德斯·豪斯（E+H）公司、德国倍加福（P+F）公司等仪表和现场设备提供商都在积极地推出产品。中科博微公司已经研制出国内首款 WirelessHART 模块及网关，并得到成功应用以及良好的客户反馈，WirelessHART 适配器正在研制中。ISA100.11a 也被不少欧美企业所采用和部署，在工业无线市场上取得了广泛的认可，日本横河电机株式会社和霍尼韦尔国际公司两大巨头已经开发出了 ISA100.11a 中等规模的系统解决方案。沈阳中科奥维科技股份有限公司以 WIA-PA 无线通信为核心技术，生产了 30 余款传感设备，如 WIA-PA 智能无线网关、WIA-PA 无线 I/O 适配器和手持设备等。

深圳市艾森智能技术有限公司（AISenz）的工业物联网连接协议（AIS-Link）将低功率广域网络（low-power wide-area network，LPWAN）技术和工业物联网结合，为多样性工业数据的实时采集和设备监控提供物联解决方案，包括 AIS-Link over LoRa 的解决方案 RT-LoRa，以及 AIS-Link over OFDM 的解决方案 RT-OFDM 等。AISenz 提供基于 AIS-Link 的解决方案，包括系列模组、网关、芯片和网络服务。这些解决方案能够和基于边缘计算平台或云端部署的工业物联网实时数据服务平台 senzFlow.io 进行集成。

5. SDN 及 NFV 产品

SDN 和 NFV 标准是新一代移动通信系统发展的关键基础技术，为工业互联网系统提供灵活、高效、易于扩展的网络平台。SDN 标准的国际组织主要以 ONF、IETF 和 OpenDaylight 为主,制定 NFV 标准的国际组织以 ETSI 为主,IETF、ITU 和 3GPP 等也有一定的涉及。各组织已经制定了如 OpenFlow 1.4.x、OF-Config1.2、I2RS、Y.3300(Y.SDN-FR)"Framework of Software Defined Networking"等一系列相关协议。中国通信标准化协会(China Communications Standards Association,CCSA)也与时俱进,在国内主导 SDN/NFV 标准化工作,已经在多个技术委员会(Technical Committee,TC)开展了 SDN/NFV 的研究工作,主要有 TC1、TC3、TC5、TC6 等。在国内,中国电信北京研究院自主研发控制器等 SDN 核心组件,积极参考 Floodlight、Ryu、NOX、MUL 等开源技术实现,针对运营商数据中心需求设计控制器,可支持多租户网络、虚拟防火墙等典型网络服务。2018 年世界移动通信大会上,中兴通讯最新发布了业界首个 NG BBU。它是 2017 年发布的全球首个基于 SDN/NFV 技术的 5G 无线接入产品——IT BBU 的升级版,是目前业界能力最强、容量最大的 2U 高 NG BBU,采用先进的 SDN/NFV 技术,兼容 2G/3G/4G/5G,支持 C-RAN、D-RAN、5G CU/DU;此外,中国移动和中国联通也结合自身的需求,分别提出了 SDN 2.0 和服务定制网络(service customized network,SCN)的概念,将相关技术从实验室推向现网。在国外,思科 ACI Anywhere 是行业领先的 SDN 解决方案,围绕开放标准和开放式 API 设计,实施强大的多租户安全、服务质量和高可用性,并与 VMware、微软和 OpenStack 等管理系统集成,同时面向思科云,ACI 部署公共云环境的云 APIC 设备,凭借思科 Nexus 9000 系列交换机不仅可以提高应用灵活性,还可以加速实现数据中心自动化。截至 2022 年,思科已经与制造、金融、通信和教育领域在内的多家国际知名公司建立合作,提供 SDN 解决方案。AT&T 提出了"Domain Program 2.0"设备采购计划,要求对网络各个组成部分的硬件和软件平台分别进行采购。西班牙电信(Telefónica)则提出了在用户驻地设备(customer premises equipment,CPE)、深度包检测(deep packet inspection,DPI)等五个场景下引入 NFV,沃达丰(Vodafone)则已经在德国的现网漫游 PDN(packet data network,用于传输数据包的网络)网关中采用了虚拟化技术,并基于通用服务器成功验证了核心网软硬件分离功能和基于 SDN 的业务链能力。

6. 5G 相关产品

在工业制造过程中,可以利用 5G 特性实现智能制造和工业自动化,保障工业过程中的监管、控制和数据的收集与发送。5G 的主要标准组织 3GPP 在 2019 年冻结了第一个 5G 的完整版本——R15,随后在 2020 年 7 月 3 日,冻结了 R16 版本,2022 年 6 月 9 日,3GPP RAN 第 96 次会议上,宣布 R17 版本冻结。至此,首批的 3 个版本标准全部完成。R17 的全称是 5G Release 17,面向 5G XR、新型物联网等新业务需求，引入如 Redcap 终端、上行覆盖增强、动态频谱共享、多播与广播业务、多卡技术、卫星 5G 网络技术、卫星 NB-IoT 物联网、下行 1024QAM、定位增强、MIMO 技术进一步增强（FeMIMO）、节能增强、uRLLC 增强、CA/DC增强、辅链路通信增强、无线切片增强等许多全新的特性和技术。当前，5G+8K超高清视频技术可以在工业互联网实现更加精细的材料识别和定位测量，将 8K技术应用于工业可视化、机器人巡检等场景，提高工业自动化、智能化水平[2]。全球首款 5G 工业互联网模组已于 2020 年 2 月 20 日在四川长虹电子控股集团有限公司旗下子公司四川爱联科技股份有限公司顺利下线，该 5G 模组具备业界领先的传输速率、−40℃到 85℃工业温宽性能稳定、毫秒级低时延等多项核心技术，可广泛应用于 5G 工业产线、工业物联网等工业智能制造领域。而 5G 工业互联网模组的诞生，将加速工业互联网的普及，有助于推动制造业的高质量发展。据介绍，四川长虹电子控股集团有限公司与华为在 5G 应用上展开战略合作，借助上海海思技术有限公司的 5G 模组中间件的全球领先优势，通过四川爱联科技股份有限公司的研发和制造，面向行业推出了首款 5G 视频专业模组、5G 工业互联网专业模组和 5G 智慧交通专业模组，并将广泛应用于包括 5G+8K 电视、5G 工业产线、智能交通等多个领域，为特定行业需求提供 5G 专业模组及整套解决方案。全网通工业 5G 路由器——YC880031F（四口）是由深圳市云成电子设备有限公司设计的一款专为用户设备提供快速联网解决方案的 5G 全网通工业级无线路由器。该设备尺寸小巧，接口设计灵活，可为工业、企业、智能电网、个人医疗、智能家居等广泛领域提供可靠的数据传输组网。东芯半导体股份有限公司的 4Gb/8Gb SLC NAND 取得了国内领先的 5G 宏基站供应商的认可，已经开始量产供应。卓胜微电子股份有限公司研发并推出多款用于 5G 通信模式 sub-6GHz 频段的射频低噪声放大器、射频天线调谐开关系列产品，已经在华为、OPPO、三星等终端客户实现量产销售。全球第一款商用的、基于 3GPP 标准的 5G 芯片 Along 5G01 支持全球主流的 5G 频段，包括低频（sub-6GHz）和高频（毫米波）。SCALANCE MUM856-1 是西门子在 2021 年推出的首款移动无线工业 5G 路由器。该款路由器通过公共 5G 网络提供对远程机器的简单而安全的访问，并支持访问所有行业的专业 5G 应用。

目前有如下公司提供 5G 无线硬件与系统产品：爱立信、高通、华为、联发科技、诺基亚、三星、思科、瞻博网络和中兴通讯等[3]。

7. 边缘计算产品

边缘计算技术标准保证工业互联网大规模数据的低延时处理，在工业云服务与工业终端设备之间构建监测分析系统平台，提高工业数据的实时性处理能力。目前国内外对边缘计算在工业场景中的标准化研究刚刚起步，中国信息通信研究院、中国移动、中国电信、中国联通、中兴通讯、华为、中国科学院沈阳自动化研究所等工业互联网产业联盟成员单位在中国通信标准化协会发起多项边缘计算标准，其中涉及制造业领域的边缘计算标准有《工业互联网边缘计算 需求》《工业互联网边缘计算 边缘节点模型与要求 边缘网关》《边缘计算总体架构与要求》《工业互联网边缘计算 边缘节点模型与要求 边缘控制器》等标准[4]。

2018 年，华为推出智能边缘平台 IEF，提供云和边缘的协同一体化服务，在企业内网中充分发挥其优势；2020 年初，华为相继推出了 IoTEdge，广泛应用于智慧园区、智能工业、能源电力等场景。2018 年，西门子全新数字化平台 Industrial Edge 与 Simatic 工业自动化系统相结合，通过边缘计算，可以实时处理边缘海量数据，为用户提供了一个能实现当前需求也能满足未来需求的平台；中国联通携手中兴通讯、英特尔等多个合作伙伴，在天津京津新城大学城建成 Edge-Cloud 测试床，正在进行边缘 vCDN（虚拟 CDN）、边缘转码、边缘智能分析等多种业务场景的部署验证，并在 2018MWC 英特尔展台上进行了现场体验式的业务演示；同时，中国联通联合中兴通讯、英特尔公司召开新闻发布会，宣布中国联通 Edge-Cloud 大规模试点正式启动，联合发布了《中国联通 Edge-Cloud 平台架构及产业生态白皮书》；2019 年，西门子数字化工业集团与 SAS 展开合作，通过在其 MindSphere 中应用 SAS 和开源流数据分析，帮助企业创建新的物联网边缘计算和云计算解决方案。在 2019 年的汉诺威工业博览会上，北京映翰通网络技术股份有限公司展示了"映翰通设备工业云（InHand device networks cloud）+边缘计算网关（edge computing gateway）"。2018 年，阿里巴巴集团也将战略目标转移至边缘计算领域，推出首个物联网边缘计算产品 Link Edge；2019 年，阿里巴巴集团牵头编制《信息技术 云计算 边缘云计算通用技术要求》（征求意见稿），并发布边缘存储、边缘视频云全新服务。施耐德近几年来也在关注边缘计算领域，并发表了 5 篇与边缘计算相关的白皮书[5]。中科创达软件股份有限公司提供 TurboX Edge Platform 边缘智能平台，底层提供基于 5G 的通信模组和边缘计算的芯片，为了加速开发者的产品落地，又推出了成熟的边缘计算的开发套件 TurboX Edge Kit。2020 年，腾讯云首个 5G 边缘计算中心对外开放，其融合了 5G、边缘计算、物联网、安全等领域的多项前沿科技，成为极具开创性的边缘计算产品。2021 年华为携手中国移动和海尔成立"5G 边缘计算联合创新基地"，基地将在机器视觉、智能安防和 AR 数字化等领域进行 5G 应用场景的创新和商业化推进。

7.1.2　安全产品

1. 控制安全产品

工业安全控制网关 HC-ISG（新型工业安全防火墙）信息技术产品是一种专门开发应用于现代工业过程控制安全网关技术应用领域的新型工业控制安全网络相

关的产品，能够有效地对如 SCADA、DCS、PCS（过程控制系统）、PLC、RTU 等各类型的工业过程控制安全技术信息系统和设备信息进行安全网关信息采集保护。HC-ISG 主要目的是有效解决我国工业中的基础信息设施在国际互联网网络环境中经常遭遇病毒、黑客、敌对势力的恶意软件攻击，以及针对企业职工进行误操作时的安全数据保障和网络防护安全问题[6]。HC-ISG 通过了公安部检测、中国信息安全测评中心的严格检验，获得了 CE（欧洲共同体）、FCC（美国联邦通信委员会）等多个认证机构的质量认证与产品销售服务合格管理许可。

2. 网络安全产品

工业工控网络安全自动防护网关技术新型网关系列 pSafetyLink 网关是一种专门为工业网络自动控制网关设备和工控系统软件进行自动边界隔离信息安全技术防护而设计的新型网关产品。该技术系列产品主要是基于第五代自动隔离网关技术进行研究开发[7]，全部的系列产品都已经通过了 CE、FCC、EAL3、公安部、军事机关信息安全产品等诸多方面的国家认证，并且已经成功得到了来自国家发展改革委颁布的用于工控安全新型技术产品的国家工业化技术研究和应用推广专项技术补贴项目资金。该产品采用了我国自主创新研发的具有知识产权、高安全技术等级的安全网络隔离技术系统[8]，用于有效研究解决我国企业信息控制系统、设备通信系统在对外接入企业管理信息网（外网）时可能出现的安全和网络防护故障问题，为企业管理信息网与企业控制设备网之间的相互通信联系和信息连接工作提供安全的技术保障[9]。该产品采用"2+1"的平台物理系统结构，内部由两个独立的平台主机操作系统共同操作组成，每个独立的平台主机操作系统分别被设置为具有独立的主机运算处理单元和独立数据存储单元，各自独立地负责运行一个完全可以由用户自主进行定制的主机操作系统。一端的网络主机控制系统称为连接控制网络终端，用于连接控制网络；另外一端的网络主机控制系统称为网络信息控制终端，用于连接信息网络。两端总线主机都可以是主板采用先进的工业高性能总线嵌入式软硬件，主板上各接口设置上都有多个以太网总线接口，可以用来同时连接需要总线隔离的两个以太网络，两端总线主机通过隔离装置进行连接。保障两个网络之间正常的网络通信，并且彻底完全阻止了两个网络之间直接进行 TCP/IP 的连接，切断了被黑客攻击的网络载体[10]。

3. 应用安全产品

当前，企业信息化进程不断加深，企业的应用系统建设也日益增多，应用系统承载着企业的重要业务，因此应用安全不容忽视。应用安全网络管控系统，为所有应用接入程序提供了全方位安全保护和防护的互联网络安全产品，可在所有应用程序接入系统零改造的前提下，实现所有应用程序接入系统（远程/本地）的集中和统一管理[11]，包括采用单点登录式的应用程序接入系统（B/S、C/S）、应用访问双因强认证、应用账号密码合规、用户访问操作安全管控与审计、敏感信息脱敏等，并支持 SSL 加密传输，对应用信息传输实现加密保护。

网御网络 Web 应用安全预防系统是由北京网御星云信息技术有限公司研制和开发的基于 Web 安全预防和交付网络应用层安全产品。该产品主要是针对各种 Web 服务器的访问进行 HTTP/HTTPS 流量的分析，防护以各种 Web 应用的漏洞和攻击为主要目标的各种网络攻击行为[12]，并且还针对各种 Web 应用的访问行为实施了全方位的合规管控及优化，从而提升 Web 应用的安全性、合规性和可用性，使得基于 HTTP/HTTPS 协议的 Web 业务应用系统能够更加稳定、可靠、高效、快捷地完成交付。

4. 数据安全产品

我国的工业、互联网企业和其他行业在工业互联网平台的建设中持续加强了对大数据技术的集成和应用。为了不断加强其在工业移动互联网应用领域的数据采集、数据汇聚、数据建模、数据分析和数据综合应用展示等各种应用功能，帮助中小企业基于目前海量的各种工业应用数据对其应用进行专业决策分析，工业通信公司、工业移动互联网数据平台服务公司纷纷投资搭建了新的工业移动互联网数据平台，支撑其在工业移动互联网应用领域的数据分析和工业信息技术资源的合理分配[13]。平台通过各种智能数据传感器、数据采集处理装置等，对自己的软件产品在从技术设计到开发、生产的整个操作过程以及和其他产品相关的整个业务操作环节中所有可能产生的信息数据都进行了实时采集，并利用智能机器深度学习、人工智能、云计算等信息技术将所有的相关工业信息知识、技术、经验等信息进行综合沉淀并融合，最后形成一套工业信息数据处理知识的基本机理与应用模型，通过一个可视化的数据模块向企业月户实时提供了设计生产和研发制造的整个生产流程参与优化、资源的分配优化与合理分配、工艺优化和运营优化与操作，以及流程的优化与改善等技术服务[14]。例如，目前中国电信的 CPS 数据平台以目前大规模的企业生产线底层数据采集与生产设备数据接口的底层数据为技术基础，以综合建模、存储、仿真、分析的配套综合性企业大数据云系统计算服务平台技术为基础研究数据引擎，实现了各个技术层次、各个环节的企业数据信息互联、交换，打通了从开始采购生产设备到最终完成企业生产经营的全流程。

5. 工业云安全产品

随着工业云的发展，各种工业 App 也在国内蓬勃兴起。现在我们国内有影响力的工业互联网平台已经超过 340 个，这些工业互联网平台为我们国家整个制造业的进一步发展在工业互联网上提供各种制造资源的集合，对整个生产制造过程当中进行监控，采集大量的数据，优化整个生产的流程，起到了很好的作用。工业云将工业设备、传感器等连接到云服务器，实现设备之间和设备与服务器之间的数据交换和通信，将工业数据存储在云服务器中，便于数据的分析、处理和预测[15]。中国移动下的云安全中心提供了统一的资产安全状况展示、实时安全威胁检测与响应功能。通过在服务器安装代理方式，来提供漏洞检测、异常登录、暴力破解、基线检查、云平台配置检测等多种安全检测能力，全方位保护云上资产安全并满足监管合规要求。能够整合用户全局资产的威胁信息并进行安全评分，收集资产指纹等相关信息，帮助用户对资产进行统一的安全管控。该平台提供服务器资产的漏洞检测、基线检查及云平台配置功能，并提供详细的修复建议，形成安全运营闭环，帮助加固系统安全。青藤蜂巢·云原生安全平台是青藤云安全公司自主研发的云原生安全平台，能够很好地集成到云原生复杂多变的环境中，如 Kubernetes、PaaS 云平台、OpenShift、Jenkins、Harbor、JFrog 等。通过提供覆盖容器全生命周期的一站式容器安全解决方案[16]，青藤蜂巢可实现容器安全预测、防御、检测和响应的安全闭环，同时具有快速、灵活、可扩展的特点，可以将现有的安全技术与持续运营的安全模型相结合，给用户提供一个持久的、可靠的、动态的安全解决方案。

7.1.3　平台产品

工业互联网平台[17]是工业云平台的延伸和发展。其实质是在传统云平台的基础上，将物联网、大数据、人工智能等新兴技术进行叠加。工业互联网平台作为连接工业与互联网的纽带，近年来日趋成熟，市场上出现了许多相关产品。

COSMOPlat[18]是海尔于 2017 年发布的工业互联网平台，其核心是以用户体验为中心的大规模定制模式，更加注重产品和服务的智能，通过与用户持续的交互，将硬件体验变为场景体验，用户不再是被动的购买者而是参与者、创造者，企业也由原来的以自我为中心变成以用户为中心。

INDICS(industrial intelligent cloud system)[19]是中国航天科工集团有限公司于 2017 年 6 月 15 日正式发布的工业互联网平台，INDICS 基础设施由资源层、工业物联网层、接入层、云层和工业应用层五层组成。它是以工业大数据为驱动，以云计算、大数据、物联网技术为核心，实现产品、机械、数据、人的全面互联互通和综合集成。

根云平台(ROOTCLOUD)是树根互联技术有限公司在 2017 年 2 月发布的工业互联网平台，它具有自主、安全、可控、普适我国制造业需求的特点，是国家级跨行业跨领域工业互联网平台。

浪潮云工业互联网平台依托云平台支撑能力、企业信息化支撑能力和先进制造模式经验，以产业互联为基础，以产业链匹配为核心，以大规模服务为关键，以标准为主导，服务于场景中的产品和能力，通过区块链互联网网络建设工业互联网基础设施，满足用户按需使用产品和服务的需求，推出标准化资源、技术和服务，建立质量体系，通过规范化管理、规模化生产、产业化协调，为智能政府、智能园区提供各类服务，通过上下游产业链，形成整个产业链的连接能力[20]。

supET 是基于阿里云公共云计算平台的基础能力的工业互联网平台，它在物联网平台的基础上，全面整合了阿里云在工厂企业数字化转型[21]方面已有的信息化改造能力以及阿里在电商销售平台、供应链平台、金融平台、物流平台等多方面的能力，进而为制造业数字转型的工厂企业、服务商、集成商及工业互联网平台运营商提供了工业互联网领域全面的平台支撑。

BEACON 是富士康科技集团于 2018 年对外开放的以物联网平台数据采集为基础，以智能数据平台、智能制造平台[22]、影像大数据平台为核心的工业互联网平台。BEACON 平台打造跨边缘层、IaaS 层、PaaS 层和 SaaS 层的应用体系，连通设备层、车间层、企业层，智能辅助生产者、管理者和决策者。

用友精智是 2017 年 8 月正式发布的集大数据、云计算、移动互联网、物联网、人工智能、机器学习、视觉分析、生物识别等现代信息网络技术于一体的工业互联网平台。核心是为工业企业提供设计云、制造云、服务云、分析云、营销云、采购云、金融云、人云、协同云和第三方 SaaS 服务[23]，帮助工业企业在基于个性化定制、网络协作、制造服务等新模式的开放生态系统中实现数字化和智能转型。

7.1.4　标识解析产品

Handle System 是 Handle 的运营管理系统，在发明 Handle 技术的时候同时出现。Handle System 在 IETF 的 RFC 3650[24]、RFC 3651[25]和 RFC 3652[26]标准中定义，包含 Handle 注册、解析、调度等多功能，是一个全球范围的多功能分布式系统，以分层服务的模型定义并采用相应的全球解析系统和分段管理的运行维护机制，旨在提供一种高效的、可扩展的、安全的全球名称服务。Handle System 包括一个开放协议、一个命名空间和该协议的引用实现。该协议使分布式计算机系统能够存储数字资源的名称或标识，并将这些标识解析到定位、许可证或其他资源所包含信息，并且可以根据需要在不更改标识的情况下更改这些关联的值，以反映已标识资源的当前状态。根据客户要求，Handle System 还提供数据保密、保证数据完整性等安全服务。Handle System 于 1994 年秋季首次实施，并由美国国家研究推进机构(Corporation for National Research Initiatives，CNRI)管理和运营，直到 2015 年 12 月引入了新的 MPA 操作模式[27]。现在 DONA 基金会管理该系统的 Global Handle Registry 并认可包括 CNRI 和国际 DOI(digital object unique identifier，数字对象唯一标识符)基金会在内的 MPA。该系统目前为 Digital Object Identifiers、DSpace 等基于句柄的系统提供底层基础设施，主要用于提供对学术、专业和政府文件等信息资源的访问[28]。北京中数创新科技股份有限公司自 1998 年起也开始了对 Handle System 的研究和应用，提供了基于 Handle System 的标识解析服务，并于 2012 年成为"物联网标识管理公共服务平台"的主要承建单位之一，在工业互联网领域开展了多项示范应用。

OID 是由 ITU-T 和 ISO/IEC 联合开发的一种广泛使用的标识机制，用于命名任何类型的对象、概念或"事物"。OID 一经分配，不应再用于不同的对象/事物。2014 年，中国电子技术标准化研究院提出了《中国对象标识符(OID)白皮书(v3.0)》，重点介绍了 OID 标识解析系统的平台应用功能和研发进展。在医疗领域 HL7-OID 系统对电子医疗档案、电子账单、电子文档格式、医院组织结构、医疗机构注册信息、工作人员档案等信息进行管理，提供了各型医疗信息系统间，如临床、检验、保险、管理和行政等之间的各项电子资料交换标准[29]。在信息安全领域，X.509 用 OID 定义了 CA 证书和安全访问数据格式，完成 X.500 目录中的身份认证和访问控制功能。OID 也用于物流领域的对象管理，提升了物流领域的信息管理效率。2014 年 9 月，OID 注册中心和中兴通讯联合研发了 OID 标识解析系统并投入运营，该系统能够提供智能软件客户端查询、分布式系统部署、虚拟点系统应用、已有信息系统对接、多 DNS 服务器部署等功能。

GS1(globe standard 1)商品条码是一个全球性的标准，被广泛应用于 150 个国家和地区，是全球供应链中的重要组成部分，可以作为商品的身份认证，用于追踪和追溯商品在供应链中的流动情况。GS1 条码可以贯穿商品的整个生命周期，从原材料采购到最终的销售和客户体验，为企业提升竞争力提供了有力支撑。GS1 标准由 GS1 全球标准管理流程开发和维护，并且该标准提出的全球跨行业的产品、运输单元、资产、位置和服务的标识标准体系和信息交换标准体系，使产品在全世界都能够被扫描和识读，进一步能够应对供应链的一些挑战。当前，GS1 除了应用在全球范围内的四个零售子行业(食品、药品、服装和通用商品)外，在其他领域也广泛应用，覆盖了整个供应链，包括生产、仓储、物流、医疗、汽车等各个领域，为企业和消费者提供了更好的服务和保障。

7.2　工业互联网产品应用情况

7.2.1　网络产品应用

关于工业互联网产品的应用情况，本节从工业互联网系统功能需求和应用情况方面，调研了工业以太网相关标准、工业 PON、TSN、工业无线网络、SDN/NFV、5G 和边缘计算技术的应用情况。

1. 工业以太网相关标准应用情况

工业以太网一般与商用以太网（即 IEEE 802.3 标准）兼容，但在产品设计时，在材质的选用以及产品的强度、适用性、实时性、可互操作性、可靠性、抗干扰性和本质安全等方面需要满足工业现场的需要。众多公司与组织为满足工业现场控制系统的应用要求，都在 Ethernet+TCP/IP 协议上构建了相应的工业以太网协议，如施耐德的 Modbus TCP/IP、西门子的 PROFINET、CDVA（Open Devicenet Vendors Association）和 ControlNet International 两大工业组织推出的 Ethernet/IP、倍福开发的 EtherCAT 和贝加莱工业自动化公司开发的 PowerLink。随着网络技术的发展，为解决工业应用领域中在极端条件下网络也能稳定工作的问题，美国 Synergetic 微系统公司和德国赫斯曼电子公司、Jetter AG 等公司专门开发和生产了导轨式集线器、交换机产品。我国台湾四零四科技股份有限公司推出 Moxa EtherDevice Server（工业以太网设备服务器）运用于连接工业应用中具有以太网络接口的工业设备（如 PLC、HMI、DCS 等）。工业以太网的典型应用有 HK-Dimetix 激光测距传感器，这是一款可以选择工业以太网接口 PROFINET、EtherNET/IP 和 EtherCAT 的激光测距传感器，可以满足很多工业场景下高精度、高稳定性的监测。

2. 工业 PON 应用情况

目前主要的 PON 规范有 APON（ATM PON）、以太网无源光网络（ethernet passive optical network，EPON）和吉比特无源光网络（gigabit passive optical network，GPON）。APON 技术采用异步传输模式（asynchronous transfer mode，ATM）信元导致带宽受限、传输效率较低、价格较贵、系统复杂并且需要进行协议转换，因此没有占据主要市场。EPON 是电信宽带升级后通过光纤来通信的技术[30]，主要应用于企业用户及有线电视的双向改造，能提供视频点播、语音、宽带接入、数据、信息服务、互动广告、互动游戏等许多双向互动增值业务，在中国联通"光进铜退"的策略方针指导下，湖南联通在 EFON 技术应用中已实现由试验网向商用网的成功转型，在新兴的光通信接入技术中实现了跨越式发展；千兆级的 PON 的主要技术特点是应用最新传输汇聚层协议，即通用帧协议（generic framing protocol，GFP），能将任何类速率和任何类型的业务都进行封装后由 PON 传输，具有高比特率、高带宽等优点，能够高效、通用、简单地传送各种业务。2022 年 10 月 17 日，中国电信发布了天翼网关 4.0 中标公示，其以总价约 10 亿元的资金采购标的为 GPON 和 10G PON 的无 WiFi 型号网关，可以看出千兆网发展势头较为迅猛。IC 解决方案提供商 Vitesse 公司宣布了业界首款用于 10G EPON、全面符合 IEEE 802.3AV/D3.0 标准的全套物理媒体相关芯片组。川崎微电子(Kawasaki Microelectronics America, K-Micro)也已经开发出适用于 10G EPON OLT 的突发模式 SERDES 芯片，可以用于对称和非对称系统。

3. TSN 应用情况

TSN 技术是由 AVB(audio video bridging，以太网音视频桥接)技术演进而来，相应标准主要是由 IEEE 研究制定(802.1 TSN 及 IEEE/IEC 60802 工业应用工作组)，前者偏重于 TSN 的基础协议研究，后者目前更偏重于 TSN 技术工业应用场景的定义。工业通信中的常用协议如 PROFINET、EtherNet IP、CC-Link IE、EtherCAT 等都已经开始或已经融合 TSN 技术，TSN 协议族已经基本完备，技术趋于成熟，主流网络设备厂商纷纷进入产品或者方案研发阶段。在 2016 年德国纽伦堡工业自动化展览会上，贝加莱工业自动化公司发布了基于 OPC UA TSN 的测试系统，在该系统中，由 200 个 I/O 节点和 5 个高清视频所构成的 OPC UA TSN，对数据进行一次刷新的响应达到 100μs。在 2018 年汉诺威工业博览会上，西门子展示了一个模型来演示时间敏感型联网的优势：即使在高网络负载条件下，TSN 也能在机器和工厂之间实现更加强大和可靠的以太网通信。在 2019 年汉诺威工业博览会上，更新了 2018 年的展示方案，西门子将 OPC UA 与 TSN 一起用于 M2M 通信，以连接多个机器人(1 个主机+2 个从机+1 个软件监控终端)，每个机器人通过 PROFINET 与 SIMATIC 控制器通信。国内外各类行业组织(如 IIC、AII)就该技术也已经过多轮测试，业内期望能尽快实现方案级部署[31]。在国内，2020 年 10 月，AII 正式启动了名录计划。2021 年 5 月，首批 TSN 交换机、TSN 网关产品评测正式启动。2021 年 9 月，工业互联网网络创新大会发布了"时间敏感网络(TSN)产业链名录计划"，可以看出我国对 TSN 的重视程度，其应用范围从音视频桥接网络扩展到工业领域、汽车内部网络和移动前传网络等各种对传输时间有高稳定性要求的网络。

4. 工业无线网络应用情况

工业无线技术是面向设备间短程、低速率信息交互的无线通信技术，适合在恶劣的工业现场环境使用，具有很强的抗干扰能力、超低耗能、实时通信等技术特征。目前工业无线技术领域形成三大国际标准，其中，WirelessHART 标准协议主要应用于工厂自动化领域和过程自动化领域，弥补了高可靠、低功耗及低成本的工业无线通信市场的空缺；ISA100.11a 标准可解决与其他短距离无线网络的共存性问题以及无线通信的可靠性和确定性问题；我国自主研发的 WIA-PA 标准在冶金、石化等领域进行了初步应用，得到了用户的认可；WIA-FA 标准用于实现传感器、变送器、执行机构等工厂自动化设备之间高安全、高可靠、硬实时信息交互的无线网络技术，可广泛应用于离散制造业装备的智能化升级。AISenz 提供 AIS-Link 工业物联网连接协议，其具有足够的灵活性，它的实现涵盖 RT-LoRa 和 RT-OFDM 技术，并包括系列模组、网关、芯片和网络服务，通过和基于边缘计算平台或云端部署的工业物联网实时数据服务平台 senzFlow.io 集成，可方便实现泛在电力物联网、智慧油气田和智能工厂等工业物联网场景的接入协议，为上层应用（如 Cloud SCADA 等）提供强大的服务。

5. SDN/NFV 应用情况

企业业务的逐步云化在降低成本和获得更多云应用的同时，也对运营商云服务提出了更高的要求，SDN 使能的数据中心互联（data center interconnect，DCI）正是支撑这个网络的核心解决方案。中国电信率先开展专月的面向数据中心互联的承载网络建设，其互联网数据中心（internet data center，IDC）承载专网的建设定位，为云公司提供自营 IDC/云服务专网、IDC/云＋中小企业 IDC/私有云整合承载能力，为大型因特网内容提供商（internet content provider，ICP）和第三方 IDC/中小型 ICP 提供专线服务等。当前运营商在企业跨多个业务领域的 E2E 业务编排上非常困难，专线业务跨管理割裂的网络时部署周期长，效率低下，调整困难。SDN 解决了这种业务需求和传统网络架构的矛盾，使网络能够像 IT 应用一样快速进行调整，实现新业务快速部署。将 WAN 领域的优势和云服务结合起来，通过 SDN 使能一站式的 ICT 服务，提升在企业 ICT 市场的竞争力。随着我国厂商加快战略布局，NFV 产品与解决方案也日益成熟。例如，华为的 SoftCOM 解决方案包含 CloudOpera、Digital inCloud、CloudCore、CloudEdge、CloudBB、CloudDSL/OLT 等六类 ICT 基础云设施的 NFV 典型应用。中兴通讯 ElasticNet 弹性网络架构为总体目标，深度融合 NFV/SDN 技术，实现网络重构。国内运营商积极参与国际标准/开源组织的标准化工作，相继成立开放实验室开展 NFV 相关专业的功能、性能和互通性测试验证工作，促进 NFV 生态系统构建，推动产业发展成熟。

6. 5G 应用情况

在智能制造领域，由于 5G 高带宽、低延时、高可靠的技术特点[32]，在物联网、工业自动化控制、物流追踪、工业 AR、云化机器人等工业应用领域具有广泛应用。2017 年 6 月，中国移动、上海汽车集团和华为共同首次展示了 5G 远控驾驶。上海汽车集团的智能概念车 iGS 搭载了华为 5G 解决方案。在 5G 超低时延（小于 10ms）的支持下，转向、加速和制动等实时控制信号得到了保障。中国宝武钢铁集团有限公司旗下的上海宝信软件股份有限公司与智能终端 ODM（原始设计制造）企业闻泰科技股份有限公司合作，在"基于 5G 的重载车辆无人驾驶"和"社会车辆征信系统"等项目上展开试点，在危化品和物流监管领域合作研发基于 5G

的"危化品(物流)综合信息采集智能终端"等产品。2019 年 7 月,基于 5G 的产业物联网项目上线运行,通过设备的远程监测,把人从现场撤离,解决的不仅是钢铁工业的安全、效率、质量问题,还是整个工业制造领域可以复制的问题[33]。SK Telecom 在与手机游戏开发商 UnityKorea 合作举办了"5G 现实媒体与融合服务展"的同时,还选定了 Looxid Labs、Red Bird 和 ELROIS 三家公司,共同开发5G VR/AR 服务。在 2019 年世界移动通信大会上,华为和库卡机器人公司展示了5G 协作机器人,两台机器人以同步方式一起敲鼓。库卡创新实验室报告显示网络时延低至 1ms,可靠性达 99.999%。2019 年 11 月,工业和信息化部印发《"5G+工业互联网"512 工程推进方案》,在联想武汉数字化工厂主板生产测试车间采用传感器技术改造设备,通过 5G 物联网实现数据与云端的实时互联;国家电网浙江杭州市萧山区供电有限公司通过将 5G 网络引入电力互联网,为杭州亚运会主场馆保障用电安全。

7. 边缘计算技术应用情况

在面向工业物联网、大流量、工业数据采集分析及控制等场景下,为了满足更广连接、更低时延、更好控制等需求,云计算市场的巨头公司将云计算技术下沉到工业企业边缘侧,以强化边缘侧人工智能为契机,大力发展边缘计算[34]。边缘计算通过工业互联网向上与云端相连,向下与企业里不同车间、生产线、设备等连接,更好地进行企业与企业间、企业与云端之间的交互[35]。国际上,亚马逊利用 AWS Greengrass 功能软件,将 AWS 扩展到设备上,在本地处理终端生成的数据,同时仍然可以使用云来管理数据,进行数据分析和数据的持久存储;微软通过 Azure IoT Edge 边缘侧产品,将云分析扩展到边缘设备,支持离线使用,同时聚焦边缘的人工智能应用;2019 年,谷歌提供了一套在边缘运行 AI 的解决方案,基于 Edge TPU 打造了 Coral 平台,该平台可用于在设备上构建智能硬件,在边缘部署各种优质的机器学习推断功能。国内,阿里巴巴基于 Link IoT Edge 平台,通过部署在不同量级的智能设备和端侧计算节点中,定义物模型连接不同协议、不同数据格式的设备,提供安全可靠、低延时、低成本、易扩展的本地计算服务;腾讯利用 CDN Edge,将数据中心的服务下沉至 CDN 边缘节点,以最低的延迟响应终端用户,同时降低用户数据中心的计算压力和网络负载;百度根据智能边缘,将云计算能力拓展至用户现场,提供临时离线、低延时的计算服务,同时配合智能边缘云端管理套件,形成"云管理,端计算"的端云一体解决方案[36];2019 年,华为提供了基于 EC-IoT 的低压配电物联网解决方案,该方案采用"云-管-边-端"架构,实现配电台区高度自治,数据实时感知。中国移动、阿里巴巴、华为等多家厂商参与到边缘计算行业市场的竞争当中,2021 年市场规模达 325.3亿元。

7.2.2　安全产品应用

1. 控制安全产品应用

HC-ISG 可被广泛地应用于各类大型建筑工业现场，包括我国核装备、钢铁、有色金属、石油以及天然气、化工、发电、能源、电网、城市民用燃气、机器、环境空气质量安全监测、城市燃气给排水、供暖、水利枢纽、隧道、港口、铁路、城市轨道公共交通、民航和其他与我国重要的工业基础配套的工业设施以及与国计民生密切相关的各类大型工业现场管理控制信息体系和工业信息网。

2. 网络安全产品应用

网络安全产品在很多大型企业石油、石化、天然气、冶金、市政事业公司和石油企业项目中都已经得到了批量推广使用[37]，如中石油大庆石化石油 MES 监控系统、中石油贵州大庆炼化石油 MES 监控系统、中石油贵州昆仑油田燃气石油生产管理指挥系统、乌石化石油 MES 系统改造、中石化贵州胜利油田热电联供中心生产调度联网、昆钢油田能源管理监控系统等。这些网络安全产品可以被广泛地定制应用于石油化工、钢铁、有色、发电、电网、城市专用燃气、机器、环境产品质量监督检测、城市燃气给排水、供暖、水利枢纽、隧道、港口、铁路、城市轨道公共交通、民航和其他各种与我国重要的网络基础通信设施以及与国计民生密切相关的工业现代化和工业安全自动化工程控制系统的工程网络管理领域。

3. 应用安全产品应用

客户网络中有大量的应用系统，相互独立，管理分散，且安全性较低。通过应用系统各自改造的方式提升安全性，实现难度大，客户投入成本高且建设周期长，并且许多核心应用系统无法进行改造，导致企业应用安全问题长期存在[38]。应用安全网络管控系统可在不需要改造应用系统的情况下，实现对应用系统的统一管控，实现对用户访问应用系统的强有力身份验证、细粒度访问控制和操作过程全审计，提升应用系统安全性，降低客户投入成本。针对可配合改造的应用系统，除上述功能外，应用安全网络管控系统还可以实现应用系统统一身份认证和应用账号统一管理。网御网络 Web 应用安全预防系统在透明接入模式下，通过 WAF 的两个业务端口直接接入网络，并在一个基于桥梁的接口下运行，无须对用户网络进行任何配置调整和修改，这是使用者系统原有的一个网络安全配置，实现了对网御 Web 两个服务器的安全远程保护。透明化部署模式也是目前系统部署使用起来最为简单的模式。

4. 数据安全产品应用

北京东方国信科技股份有限公司的 Cloudiip 工业互联网平台，其工业 PaaS 层集成了工业微服务、大数据分析、应用开发等功能，工业 SaaS 则在技术应用层面为平台内的工业租户服务群体分别提供了基于工业移动领域的各种通用、专门和专业可靠性较高的应用技术。阿里云 ET 工业大脑平台，依托阿里云计算和人工智能技术，可以实现对生产流程、设备、物料等各个环节的实时监控和智能管理。通过将各种工业数据进行集中管理和分析，可以实现对整个生产过程的全面把控，提升生产效率、质量和稳定性。

5. 工业云安全产品应用

生产过程数据、生产销售数据、生产流通数据和生产控制数据可能都存到工业云当中[39]。所以，工业云上集中了大量的与生产有关的数据，它比传统云提供更高的价值性服务，安全性比过去的传统云更好。在边缘层要确保边缘终端的安全、传输方面的安全，加强一些认证方面的安全。在工业的 IaaS 层，虚拟网络化方面需要安全性；在工业 PaaS 层，数据内容方面对接口协议要不断规范，加强它的安全审查和检查；在工业 SaaS 层，工业 App 应用上线之前开发测试的环境当中，要不断加强配置管理校验安全检测；在数据安全方面，对工业云上的数据进行分级分类的标准制定，确保不同数据的分级，符合不同的数据安全标准，从而增强整个云平台的安全。从运维、风险和应急三个方面对云平台加强管理，降低云风险并提升安全性。此外，需要进行全面的安全检测、监控和评估。从数据的存储、传输、使用到迁移和删除的各个阶段，都必须进行严格的安全审查，以确保数据在整个生命周期中都能得到有效的保护。在加强工业云平台的安全性方面，可以采取多种有效措施，如加强身份验证、加密数据传输、隔离敏感数据、限制权限等。通过这些措施，可以确保工业智能制造的全面稳定，实现更高效、更安全的生产。

7.2.3　平台产品应用

海尔研发的 COSMOPlat 工业互联网平台彻底颠覆了线性的大规模制造模式，以用户体验为中心的大规模定制模式为产品的快速准确部署奠定了坚实的基础。目前，由 COSMOPlat 主导制定的标准体系，已经覆盖大规模定制、智能制造、智能工厂、智能生产、工业大数据、工业互联网等领域，成为全球公认的大规模定制领域标准的制定者和主导者，同时 COSMOPlat 通过跨行业跨领域的赋能实践，不仅赋能海尔两座互联工厂入选"灯塔工厂"，更是基于全球最大的大规模定制解决方案平台，孕育出化工、模具等行业生态，在与生态方共建共享中，实现了跨行业、跨区域的生态赋权，帮助企业快速实现转型升级[40]。

航天云网提供覆盖产业链全过程和全要素的"互联网+智能制造"产品服务体系，航天云网不仅形成了较为完整的工业互联网生态链，而且已经成为工业互联网国际标准的制定者。2018 年 4 月，航天云网牵头提出的《智能制造服务平台制造资源/能力接入集成要求》标准提案高票通过，成为国际上首个面向智能制造服务平台的标准规范。平台面向行业/领域的解决方案不断丰富，现已覆盖航空航天、通用设备制造、节能环保等十大主要行业，许多面向行业、领域和场景的解决方案已经形成，以支持智能制造、协作制造和云制造能力的持续改进[41]。

根云 ROOTCLOUD 平台能够为各行业的企业提供基于物联网、大数据的云服务，为机器制造商、金融机构、业主、用户提供应用服务，同时对接各类行业软件、硬件、通信商开展深度合作，形成生态效应。根云 ROOTCLOUD 平台 4.0 覆盖 95%的主流工业控制器，支持 600 多种工业协议解析，适配 100%国际通用硬件接口，为用户提供一站式设备的快速接入，使企业能够随时在平台上调用各种行业应用，在产业链生态方面取得了长足进步，以产业互联网平台为切入点，快速搭建智能产品、智能研发、智能制造、智能服务、产业金融等创新链，带动大量上下游企业完成数字化转型，推动我国制造业提高质量和效率[42]。

浪潮云工业互联网平台围绕企业应用市场，提供涵盖 IaaS、PaaS 和 SaaS 的全方位应用服务，形成覆盖计算、存储、网络、容器、数据库、CDN、混合云、大数据、平台安全等近百种标准服务产品，浪潮研发的工业大数据平台产品种类日益增加，功能逐渐完善，可提供拖拉拽的免编程 App 开发工具、面向工业应用的大数据分析建模、Web 组态与可视化展示工具、人工智能算法编排与计算引擎、微服务管理等标准化产品与工具。

supET 工业互联网平台依托阿里云的云计算、智联网、大数据、人工智能等核心技术能力，充分发挥平台的网络协同效应，打通研发、生产、供应链在内的全价值链协作[43]与资源的精准对接，结合工业行业细分市场的特性，提出以"1+N"模式平台生态为发展理念，supET 工业互联网平台已经建设了 10 个垂直行业级平台，分别覆盖了纺织服装、加工、食品饮料、家电、电子等多个行业。

BEACON 平台是一款功能强大的工业互联网平台，集成了设计、制造和销售等多个方面的解决方案，为全产业链提供了一体化的解决方案。该平台支持自主设计和零部件供应、表面贴装技术、智能制造、智能测试和物流配送等供应链管理系统，可实现智能化工厂的快速构建。

用友精智工业互联网平台致力于成为全球领先的跨行业跨领域工业互联网平台，相比其他工业互联网平台，用友精智工业互联网平台特点鲜明，以"数字化管理"[44]为核心，向下深度融合 IT/OT，向上泛在产业互联，建立"消费侧-供给侧融通"的可持续发展的跨行业跨领域的工业互联网平台，在 2021 全球数字经济大会成果发布会上，用友精智工业互联网平台 3.0 正式发布，它能够支撑"5G+工业互联网"场景、三大 IT/OT 深度融合场景和大中小企业融通发展场景，已经在很多工业企业得到实践应用。

湖南华辰智通科技有限公司自主研发的 HINET 工业智能网关产品为工业企业提供设备联网、PLC 远程监控、PLC 远程控制、PLC 远程调试、PLC 远程编程、PLC 数据采集整体解决方案。思普云工业互联网大数据云平台专注于工业设备远程运维与管理，已在全国数万家企业应用。

7.2.4　标识解析产品应用

目前，标识解析产品广泛应用于各个领域。以 Handle System 为核心的数字对象体系架构，有着互联网"神经系统"、数字空间关键基础设施的声誉，可以解决传统互联网的数据孤岛问题[45]。最开始，Handle System 识别的对象包括期刊文章、技术报告、书籍、论文、政府文件、元数据、分布式学习内容和数据集等，之后 Handle System 在食品信息全程溯源、药品信息共享、智能供应链管理、电子政务管理、智慧城市管理和云服务中均开始了广泛的应用。以完达山奶粉为例，企业采用 Handle System 后，客户可以采用与 DNS 兼容的方式解析，查询到企业存储于本地 Handle System 中的本罐产品的信息。OID 标识也广泛应用于许多领域，到 2014 年 8 月，国际 OID 数据库中有超过 90 万个顶层的 OID 标识符注册，涉及物流、信息安全、RFID、3GPP、生物识别、网格管理、医疗影像、远程生物测量等领域。世界气象组织也将 OID 用于天气预警。同时，OID 也被用于 IEEE MAC 地址、SNIA CDMI 云存储对象标识[46]。通过在任何地方共享可信的质量数据，用户能够获取产品来源、产品包含哪些内容以及在供应链中所处的位置。这反过来又消除了业务合作伙伴之间的摩擦，提高了整个供应链的性能和安全性。GS1 标准是世界上最广泛使用的标准体系。GS1 与消费者有非常大的关联，在零售业提供了可持续性和可追溯性，在制造商和供应商的上游整合方面发挥了巨大作用，在医疗保健领域提高了患者用药的安全性和可追溯性。总体来说，包含 Handle、OID、GS1 在内的标识解析产品广泛应用于工业、民生、医疗、物流、技术服务等十几个行业领域。

本章主要介绍了工业互联网的产品及其当前的应用情况。当前工业互联网的产品主要分为以下四类：网络产品、安全产品、平台产品及标识解析产品。网络产品最为丰富完善，包括工业 PON 产品、TSN 产品、工业以太网产品、工业无线网络产品、SDN/NFV 产品、5G 相关产品、边缘计算产品等，这些产品的应用就像催化剂，使工业互联网得到了快速发展。

参 考 文 献

[1] Sestito G S, Turcato A C, Dias A L, et al. A general optimization-based approach to the detection of real-time Ethernet traffic events[J]. Computers in Industry, 2021, 128: 103413.

[2] IEEE, ACM. The eighth IEEE/ACM symposium on edge computing[EB/OL]. http:/acm-ieee-sec.org/. [2022-11-19].

[3] ECC. Edge computing consortium[EB/OL]. http://www.eccoronsortium.org/. [2022-11-19].

[4] 秦修功, 尹作重, 黄意, 等. 边缘计算在工业互联网领域标准体系及应用模式探究[J]. 制造业自动化, 2022, 44(2): 183-186.

[5] 施耐德电气 5G+边缘计算系列白皮书之一：5G+PLC 深度融合解决方案白皮书[EB/OL]. https://max.book118.com/html/2023/0925/5304334023010333.shtm. [2024-02-07].

[6] 郝闯, 马卓元, 李丹. 工业互联网安全现状与风险分析[J]. 网络安全和信息化, 2021, (8): 29-30.

[7] 李东风, 戴明. 浅析第五代网络隔离技术[J]. 金融电子化, 2006, (9): 72.

[8] Fan L, Du J, Guo Y P, et al. A security defense scheme for encryption and network isolation gateway in power system[C]. IEEE 4th Information Technology and Mechatronics Engineering Conference, Chongqing, 2018: 1243-1246.

[9] 陈坤华. 工业互联网网络安全渗透测试技术研究[J]. 网络安全技术与应用, 2020, (4): 124-126.

[10] Yong F, Han F L, Yu X H, et al. Terminal sliding mode observer for anomaly detection in TCP/IP networks[C]. Proceedings of International Conference on Computer Science and Network Technology, Harbin, 2011: 617-620.

[11] Ge B, Xu J. Analysis of computer network security technology and preventive measures under the information environment[C]. The 5th International Conference on Mechanical, Control and Computer Engineering, Harbin, 2020: 1978-1981.

[12] 吴鹏飞. 面向 HTTP 慢连接攻击的 Web 服务器防御系统设计与实现[D]. 长沙: 国防科技大学, 2015.

[13] Lin J, Liu L. Research on security detection and data analysis for industrial internet[C]. IEEE 19th International Conference on Software Quality, Reliability and Security Companion, Sofia, 2019: 466-470.

[14] Zhang H Y, Wang L. Design of data acquisition platform for industrial internet of things[C]. IEEE 3rd International Conference on Information Systems and Computer Aided Education, Dalian, 2020: 613-618.

[15] Henze M. The quest for secure and privacy-preserving cloud-based industrial cooperation[C]. IEEE Conference on Communications and Network Security, Avignon, 2020: 1-5.

[16] 胡俊, 李漫. 容器安全解决方案探讨与研究[J]. 网络空间安全, 2018, 9(12): 105-113.

[17] Li J Q, Yu F R, Deng G Q, et al. Industrial internet: A survey on the enabling technologies,

applications, and challenges[J]. IEEE Communications Surveys & Tutorials, 2017, 19(3): 1504-1526.

[18] Xie Y B, Li Y. Research on Haier COSMOPlat promoting industry upstream and downstream collaboration and cross-border integration[C]. IEEE 7th International Conference on Industrial Engineering and Applications, Bangkok, 2020: 370-376.

[19] Chai X D, Hou B C, Zou P, et al. INDICS: An industrial internet platform[C]. IEEE SmartWorld, Ubiquitous Intelligence & Computing, Advanced & Trusted Computing, Scalable Computing & Communications, Cloud & Big Data Computing, Internet of People and Smart City Innovation, Guangzhou, 2018: 1824-1828.

[20] Wang X G, Huang Y F, Xie Y L, et al. Uncertain risks control in the industrial chain based on the complex network[C]. The 16th International Conference on Industrial Engineering and Engineering Management, Beijing, 2009: 1317-1320.

[21] Mamedova N, Dneprovskaya N. Enterprise investments for transition from automation to digitization[C]. International Russian Automation Conference, Sochi, 2018: 1-5.

[22] Wang Y F, Wang Q, Yang P. Research on the establishment of the knowledge service platform for intelligent manufacturing[C]. International Conference on Computer Technology, Electronics and Communication, Dalian, 2017: 1160-1164.

[23] Wu C S, Lee Y T. Automatic SaaS test cases generation based on SOA in the cloud service[C]. The 4th IEEE International Conference on Cloud Computing Technology and Science Proceedings, Taipei, 2012: 349-354.

[24] Handle System Overview: RFC 3650 [S/OL]. https://ftp.sjtu.edu.cn/pub/rfc/pdfrfc/rfc3650.txt. pdf. [2022-12-25].

[25] Handle System Namespace and Service Definition: RFC 3651 [S/OL]. https://ftp.sjtu.edu.cn/ pub/rfc/pdfrfc/rfc3651.txt.pdf. [2022-12-25].

[26] Handle System Protocol (Ver 2.1) Specification: RFC 3562 [S/OL]. https://ftp.sjtu.edu.cn/pub/ rfc/pdfrfc/rfc3652.txt.pdf. [2022-12-25].

[27] Arms W, Ely D. The Handle system. A technical overview[EB/OL]. https://www.cnri.reston.va. us/home/cstr/handle-overview.html. [2024-02-07].

[28] Chandrakar R. Digital object identifier system: An overview[J]. The Electronic Library, 2006, 24(4): 445-452.

[29] 对象标识符(OID)白皮书(2015)[EB/OL]. http://www.cesi.cn/uploads/soft/150720/1-150H00 S100.pdf. [2022-11-19].

[30] 《工业互联网发展行动计划(2018—2020 年)》[EB/OL]. https://www.miit.gov.cn/cms_files/ filemanager/oldfile/miit/n1146285/n1146352/n3054355/n3057709/n4704651/c6211943/part/621 1964.pdf. [2022-11-19].

[31] 工业互联网产业联盟. 工业互联网标识解析二级节点建设导则(试行版)[EB/OL]. http://

www.iitime.com.cn/UpLoadFile/2020/4/28/202042842313753.pdf. [2022-11-19].

[32] Atzori L, Campolo C, Da B, et al. Enhancing identifier/locator splitting through social internet of things[J]. IEEE Internet of Things Journal, 2018, 6(2): 2974-2985.

[33] Li X T, You S J, Chen W. Enabling interoperability of heterogeneous identifiers of IoT via semantic code[C]. IEEE International Conference on Smart Internet of Things, Tianjin, 2019: 325-329.

[34] Choo K K R, Yan Z, Meng W. Blockchain in industrial IoT applications: Security and privacy advances, challenges, and opportunities[J]. IEEE Transactions on Industrial Informatics, 2020, 16(6): 4119-4121.

[35] 杨鑫, 时晓厚, 沈云, 等. 5G 工业互联网的边缘计算技术架构与应用[J]. 电子技术应用, 2019, 45(12): 25-28, 33.

[36] Karaagac A, Verbeeck N, Hoebeke J. The integration of LwM2M and OPC UA: An interoperability approach for industrial IoT[C]. IEEE 5th World Forum on Internet of Things, Limerick, 2019: 313-318.

[37] 孙伟, 鲍闯. 国际网络安全产品市场发展现状与趋势[J]. 国防科技, 2016, 37(2): 59-64.

[38] 王新霞, 李璇, 陈意, 等. 工业互联网安全问题分析及对策建议[J]. 智能建筑与智慧城市, 2020, (3): 76-77.

[39] Xing H, Zhou C J, Ye X H, et al. An edge-cloud synergy integrated security decision-making method for industrial cyber-physical systems[C]. IEEE 9th Data Driven Control and Learning Systems Conference, Liuzhou, 2020: 989-995.

[40] 周英, 辛悦, 马榕. 数字经济下制造业供应链的生态系统治理模式研究——基于海尔 COSMOPlat 工业互联网的案例分析[J]. 供应链管理, 2020, 1(9): 51-61.

[41] 孙杰贤. 航天云网: 探索工业互联网的中国道路[J]. 中国信息化, 2019, (10): 38-39.

[42] Wang Q C, Ma G, He S J, et al. Industrial intelligent optimization system based on industrial internet platform[C]. IEEE 11th International Conference on Software Engineering and Service Science, Beijing, 2020: 523-526.

[43] Wang X L. Research on the construction of supply chain collaboration system based on information sharing[C]. International Conference on Information Management, Innovation Management and Industrial Engineering, Sanya, 2012, 1: 469-472.

[44] 工业互联网 Handle 标识解析服务[J]. 新型工业化, 2021, 11(10): 188.

[45] Delfino L R, Garcia A S, de Moura R L. Industrial internet of things: Digital twins[C]. SBMO/ IEEE MTT-S International Microwave and Optoelectronics Conference, Aveiro, 2019: 1-3.

[46] 全国信息技术标准化技术委员会. 物联网标识体系 OID 应用指南: GB/T 36461—2018[S]. 北京: 中国标准出版社, 2018.

第8章 工业互联网应用

从现实的技术发展和智能生产领域的要求相结合上看，工业互联网建设基本是以"有线为主、无线为辅"为方向发展。有线技术主要包括现场总线、工业以太网、工业 PON 等，现阶段工业现场设备数据采集主要采用有线通信网络技术，以保证信息实时采集和上传，满足对生产过程实时监控的需求[1]。无线技术正逐步向工业数据采集领域渗透，包括短距离通信技术，如 Bluetooth、RFID、ZigBee、WLAN 等；专业工业通信无线技术，如 WIA-PA/FA、WirelessHART、ISA100.11a 等，以及蜂窝无线通信技术用于智能产品、移动设备、手持终端等网络连接，如 4G 和 5G[1]。2018 年，瑞典 HMS 工业网络有限公司关于工业网络市场研究的报告指出，工业以太网现占据新安装节点的 52%，现场总线占 42%，无线占 6%。2019 年，HMS 年度研究表明，工业以太网占据新安装节点的 59%，现场总线占 35%，无线占 6%。2020 年，HMS 年度研究表明，工业以太网占据新安装节点的 64%，现场总线占 30%，无线占 6%。

在现有有线和无线网络的基础上，一些较热门的工业互联网组网技术也正在被研究和应用，如 SDN、NFV、TSN、确定性网络(deterministic networking, DetNet)、异构网络互联、无线光通信网络和 5G 等。工业互联网不是单靠一种通信网络技术组建的，它往往是多种技术和协议融合的产物，尤其当涉及集团企业工业互联网和跨企业工业互联网建设时，需要多种组网技术的支撑和配合，包括 SD-WAN、基于 IPv6 段路由(segment routing IPv6, SRv6)、联邦学习等。下面介绍一些国内外典型的工业互联网应用案例。

8.1 国内工业互联网应用案例

国内工业互联网建设主要有两种形式：一是依据企业信息化基础自建，二是依托成熟工业互联网平台建设。近年来，国家大力推进工业互联网应用案例示范部署，取得了良好成效。

8.1.1 智慧工厂应用案例

1. ADNET 智能工厂[2]

ADNET 旨在为制造业企业提供一套可靠的智能工厂网络建设方案。利用工业物联网、SDN、IPv6 等新兴网络技术实现工业场景下人员、设备、物料、产品的海量互联，为工厂实现智能生产、协同制造和柔性制造提供网络支撑。该方案已经在中车株机轨道交通车辆转向架智能制造车间项目中应用。通过网络建设，中车株机转向架车间网络的稳定性大大提升，设备故障切换时间由秒级提升为毫秒级。车间无线信号的覆盖状况大大提升，保证了 AGV 等无线需求高的工业设备平稳运行。

2. 工业 PON 智慧工厂[3]

工业 PON 系统是应用在工业环境的全光 PON 系统，采用光纤传输技术的接入网，泛指端局或远端模块与用户之间采用光纤或部分采用光纤作为传输媒体的系统，采用基带数字传输技术传输双向交互式业务。该方案主要应用于工厂内部网络建设，实现底层设备数据传输及数据采集，可实现高可靠、高安全、高效率的组网，支持提供工厂所需有线网络、无线网络，是各种信息集成的基础通道，是智能制造纵向集成的基础。此方案已经在徐州重型机械有限公司实施，实现了网络扁平化，提高了网络稳定性，并增强了网络安全性。潍柴智能工厂工业设备联网与数据采集项目中也应用了该方案，实现了试点车间内的设备联网及数据采集，通过生产数据进行预测性维护分析及产品过程质量分析等应用分析，提高了10%的生产线生产效率，缺陷产品率降低 40%，设备故障停机时间缩短 50%。

3. 上海宝山"黑灯工厂"

上海宝山基地利用局域网络(local area network，LAN)、WiFi、5G、工业以太网等技术，建成冷轧热镀锌智能车间，这是我国钢铁行业首个不需要多人值守的智慧工厂。除了无人行车，整个工艺流程中还有机器人自动喷涂、智能点检、自动捞渣、自动拆捆等多个工种实现自动化无人操作，工业机器人全天候 24 小时不间断工作，所有生产环节无缝互联，检测及远程控制实现统一管理，所有生产流程、智能生产设备、工业机器人等均通过监控中心实现自动化、智能化的管理和控制。"黑灯工厂"实现了吨钢能耗下降 15%、综合污染物吨钢下降 30%、劳动效率提升 30%、产能提升 20%、加工成本下降 10%[4]。

8.1.2 智慧仓储应用案例

1. eLTE-U 蜂窝专网

eLTE-U 无线专网解决方案主要针对《工业互联网体系架构(版本 2.0)》中的工厂内网场景，承载智能机器(如 AGV 等)与工厂控制系统、智能机器与智能机器、工厂控制系统与工厂云平台等之间的信息交互与通信需求。eLTE-U 通信技术提供的高可靠、高性能、可移动的数据传输能力，可以减少工厂内网复杂环境下有线传输线缆的部署[5]。2017 年，这一方案在中国电信东莞松山湖 HUB 仓的自动化物流工程中取得了巨大成功，为仓库供应了智能仓储 AGV 及其相关设备，使仓库的自动运输得到极大改善，提升了库房的运营效率。

2. WiFi6 无损漫游

华为和上海快仓智能科技有限公司联合提出了基于 WiFi6 的 AGV 无损漫游方案，通过在 AGV 设备和华为 AirEngine WiFi6 网络间设计协同机制，将 AGV 漫游丢包率降低到"零"，漫游成功率提升至 100%，提升了 AGV 的工作效率及仓储出单率。该方案已成功部署在多个客户的生产车间及仓库，达到了预期的效果。该方案获 2020 年"工业互联网网络优秀解决方案"奖[6]。

3. 鸿星尔克智慧仓库

鸿星尔克实业有限公司通过先进的智能搬运机器人和软件系统为智慧仓库提供精益化、智能化系统解决方案。AGV 智慧仓库提供基于智能搬运机器人的产品及服务，包括智能拣选、智能收货及出库、智能 AI 调度及品牌服务等。针对快速、高效、准确的仓储物流需求，上海快仓智能科技有限公司自主研发的智能仓储物流解决方案，实现了全程无人化、智能化、信息化的管理模式，有效提升了拣选作业效率，不断满足人们日益增长的"即时送达"需求。

4. 凯乐士智能仓储

浙江凯乐士科技集团股份有限公司提出了包括物流系统咨询规划、软件开发、系统集成、运营辅导，以及智能存取设备多层穿梭车和高速提升机、智能搬运设备 AGV、智能分拣设备、输送分拣系统等核心高端装备研发制造的整体解决方案[7]。其中智慧仓储物流系统案例广泛应用于医药、电商、服装、图书、轨道交通、汽车等十多个行业，共建设了 200 余座大中型现代物流中心和生产型立体仓库，项目总投资额超过 200 亿元。其中，四向穿梭车立体库解决方案具有极强的灵活性，它的稳定性和可靠性已经被业界普遍认可，并且已经成为物流配送领域中最受欢迎的解决方案。

8.1.3　智慧料场应用案例

1. 宝武集团智慧料场

中国宝武钢铁集团有限公司运用多项互联网技术，如 LAN、WiFi、5G、工业以太网和工业电视等，建立高可靠、高性能、可移动的工业现场数据传输网络，为智慧料场提供稳定的网络环境。相关技术已应用于宝钢股份原料智慧料场建设项目、鞍钢西区混匀料场智能化改造项目、江苏盐城联鑫钢铁料场智慧化项目，其关键技术包括：①流程自动决策，即根据设备上下游关系、设备类型、设备属性、设备状态等自动生成输送流程；②流程优化选择，即根据起点位置、终点位置自动检测可用流程，按照最短路径、最低能耗等策略进行路径优化[8]；③流程智能控制，包括流程自动起停、流程切换智能检测、流程自动切换控制、流程终点小车自动走槽等。

2. 镔鑫钢铁智能料场

江苏省镔鑫钢铁集团有限公司采用工业 PON 搭建覆盖厂区的监控、网络电话、工作站网络平台，实现了设计、制造和检测等各个环节之间的互联互通，提出公有云和私有云混合建设的方案，打通公有云和私有云平台间的高速数据通路，充分发挥公有云和私有云两套平台的优势。投资 18 亿元打造集"环保、节能、自动化、智能化"为一体的大型散料处理中心，年运输物料能力达 2270 万吨。采用先进的智能化技术，实现原辅料的全程封闭无人可视化操作，将上下游生产调度控制业务连接起来，并利用 DCS 控制皮带输送路径，使得物料的调度业务完全在中控室内完成，有效地防止了物料扬尘和车辆倒运带来的二次扬尘污染。

3. 科远智慧料场

南京科远智慧科技集团股份有限公司与江苏沙钢集团有限公司(简称沙钢集团)共同推出"智慧料场"项目，为沙钢集团东区料场的堆取料机提供了全面的改革与更新。使用三维扫描系统和远程智能操作和调度系统，在现场实现了对多台料机的远程控制和智能管理，帮助沙钢集团料场实现数字化转型升级。基于远程控制+智能管理，沙钢集团料场实现了"无人运行"[9]。智慧调度管理控制系统能够有效地控制堆取料工艺，按照预先设定的参数，进行自动化的堆取料操作，大大减少了现场班组的人员投资，大大提高了工作效率。通过采用即时 3D 扫描技术，能够即时准确地获得料堆的图像，并且能够依据料场的现实散料布局，智能调度堆取料机，以适应下游厂房的原材料取用需要。智能堆取料机解决方案提高了工作效率和强度，提升了系统机械机构的使用寿命，降低了维护成本。在项目投产后，全新的智能堆取料机系统在测量精度、可靠性、效率和经济性等方面均有突出表现。

8.1.4 "5G+工业互联网"应用案例

1. 5G 弹簧机车间[10]

喜临门家具股份有限公司在原有有线工业互联网的基础上，利用移动 5G 网络大连接、低延时的特性，试点完成绗缝机、弹簧机、粘胶机等新旧设备的无线联网和数据整合，实现工业设备与 SCADA 之间高效率的互联互通[11]。5G 方案摆脱了"线"的束缚，明显提高了车间网络效率，直接带动设备综合效率提高 20%，产品合格率提升 11%。

2. 5G 智慧矿区

智慧矿区的无人驾驶矿车拥有激光雷达、毫米波雷达、差分全球定位系统 (global positioning system，GPS)、5G-V2X 无线通信等多项先进技术，能够实现车辆远程操控、车路融合定位、精准停靠、自主避障等功能，有效提高了特殊环境下的矿车作业效率，降低了作业风险[10]。通过采用智能管理方式，矿井的综合经济效益提高超过 10%，总体能源减少超过 5%，显著提升了节能环保水平。

3. 5G 民用航空未来工厂

中国联通上海市分公司(简称上海联通)与中国商用飞机有限责任公司(简称上海商飞)合作，将 5G 带入车间工厂，将 C919 大飞机复杂无比的系统工程化繁为简，实现 200 多万个零部件与人、机、车间和各控制系统、管理系统的广泛互联，运营成本降低 20%以上，生产效率提高 20%以上[12]。目前，上海联通和上海商飞联合运用 5G，在我国 C919 大飞机制造基地实现了各环节数据的共享、快速互联、应用云化和智能决策。利用私有云大数据进行存储和高性能计算，打造出一个融合 5G、云平台、大数据、人工智能和物联网等前沿技术的"5G 未来工厂"系统，覆盖了生产、销售、采购和服务等多个方面。

4. 5G 汽车起重机工厂

利用 5G、云计算、数字孪生、边缘计算、物联网、大数据、人工智能等技术，三一重工建立起基于 5G 云网融合的企业专网、协同制造的 5G 工业互联网平台、基于 5G 的工业创新应用，致力于将重起宁乡产业园打造成一流的智能制造工厂[13]。当前，三一重起宁乡园区已部署 5G+MEC 专网，实现了移动焊机数据监测、四表数采、AGV 调度、远程操控、高清视频监控、智能押运、远程办公、室内高精度定位等业务，覆盖园区运营管理、车间管理、生产制造等各个环节，场景典型，且均可实现快速复制，极具示范性。

5. 5G 集团企业专网

中国联通广东省分公司联合华为根据格力生产制造环节对 5G 网络的诉求和智能制造业务场景的规划，制定了 5G+MEC 边缘云+SA 切片专网总体方案，为格力提供了端到端切片的集团企业专网[14]。通过 5G 专网，实现了企业业务与公众用户业务物理隔离，确保企业数据不出园区，保障生产数据安全，同时，结合承载网 FlexE 等技术实现了带宽资源独占和即用即有，为企业提供更高速率、更大带宽、更低时延、更安全可靠的网络。同时还降低了企业建网成本和后期维护成本,实现了降本增效。

6. 5G 智能矿井

矿用 5G 专网系统主要包括矿用 5G 核心网、5G 基站、5G 高可靠控制器、5G 智能手机等,可广泛适用于极端严苛的煤矿生产控制。矿用 5G 专网系统具有专网独立运行、分层环型组网等特点,高可靠、低延时、高带宽,开创了煤矿生产新模式,促进了煤矿智慧化升级,将引领新一轮能源革命[15]。传统矿用 5G 标准传输时延为 20ms,矿用 5G 专网只需 6ms,为煤矿井下实时监控和在地面远程操作提供了可靠保障。目前,该系统已在兖州煤业鲍店、东滩等煤矿应用,一键采煤、掘进机远程操控、高清视频回传、智能机器人巡检等成为现实,全面提升了矿井智能化水平。

8.1.5　智慧供应链应用案例

1. 徐工信息产业集群协同解决方案

基于工业物联网技术,徐工信息建立有色金属行业工业互联网数据平台,将设备制造商、辅材生产商、有色金属生产商、经销商门店等连接起来,实现以客户订单拉动的全过程数据、业务集成,帮助有色金属企业实现转型升级,提升竞争力[16]。同时,通过建立区域性行业工业互联网中心,培育和壮大一批专业的设备制造商、辅料生产商,提升产业集中度和竞争力,持续保持广东在全国乃至全球有色金属市场的竞争力。该方案获"2020 工业互联网新基建优秀解决方案"。

2. 江苏北人机器人上下游产线云服务

江苏北人机器人生产产品主要服务于上汽通用、一汽大众等众多品牌汽车厂商。企业在服役的生产线数量大于 300 套,集中在汽车零配件行业,主要为点焊、弧焊等焊接产线。江苏北人机器人充分融合人工智能、工业专网、边缘计算、大数据、网络安全、AR/VR 等核心技术成果构建企业内网,并基于 SDN 的企业外网组网架构,实现江苏北人产业链上下游、自动化产线生产全要素的智能互联和智慧管控,对自动化产线进行智能化升级。以某汽车配件产线为例,实施后减少上料时间 40%,质量巡查速度提升 20%。

3. 海尔衣联网供应链溯源案例

海尔衣联网是"工业互联网+区块链"供应链协同系统解决方案。该方案在技术上实现区块链部署、资源管理、监控管理等功能,底层引擎使用企业级区块链底层引擎,支持 Fabric 和 ChainSQL 两种底层框架,底层引擎在拜占庭共识下单链性能已经大于 10000TPS(transactions per second,每秒事务处理量),多链模式下可达百万级，让部署更简单、更安全。海尔衣联网通过智能合约，在确保用户数据安全的前提下，实现衣联网资源方围绕用户体验增值分享[17]。通过消除企业之间的边界，大家不再是普通的合作关系或者供给关系，而是成为区块链上的一个个节点，将产品从设计、研发、采购、生产、销售、售后等全生命周期数据集中到区块链上，形成产品完整的溯源链路，并做到数据不可篡改，确保用户购买到的产品真实可靠。

8.2 国外工业互联网应用案例

8.2.1 工业企业应用案例

1. 韩国浦项制铁 ICT[18]

韩国浦项制铁 ICT 利用先进企业内网通信协议组建工厂内部网络，并将物联网、大数据、人工智能和区块链等尖端技术应用于钢铁、建筑和能源等行业，引领智能化的方向。通过与现有产业的协调创造协同效应，提高整个行业的竞争力，成为新的增长驱动产业的基础。特别是与浦项制铁在智能工厂技术方面进行了合作，这是全球首次成功尝试将智能应用程序添加到钢铁行业，这一过程导致了"PosFrame"的诞生，为浦项制铁所有公司提供了第四次工业革命的平台。PosFrame 被认为是世界上最先进的、适用于大型项目和连续流程的平台。相关技术和方案已应用于韩国浦项制铁智能工厂建设，以及我国元立集团、中天钢铁、南京钢铁等流程企业智能制造项目。

2. 德国宝马智能制造 CPS[19]

德国宝马利用通信技术、计算机技术和控制技术的有机融合与深度协作，构建综合计算、网络和物理环境的多维复杂 CPS，通过传感网紧密连接现实世界，将网络空间的高级计算能力有效运用于现实世界中，从而在生产制造过程中，与设计、开发、生产有关的所有数据将通过传感器采集并进行分析，形成可自律操作的智能生产系统，打造宝马智能制造工厂。相关技术已经应用于宝马慕尼黑工厂，以及美国 Greer 宝马工厂、华晨宝马沈阳铁西工厂的智能制造项目。

3. 日本富士通"5G 公网+Local 5G"双轨发展战略[20]

富士通从关东电讯局获得了日本首个商业专用 5G 广播电台许可证，通过利用 5G 专网技术传输由多点相机收集的高清图像的数据，增强人工智能的安全系统，通过运动分析快速检测可疑行为，从而加强犯罪预防措施。富士通的 5G 私网部署于新川崎科技广场，覆盖面积达 2.8 万平方米。该 5G 私网初期应用为 5G

智慧安防，即通过 5G 网络上传由多个摄像头采集的超高清视频流，并通过人工智能分析来检测可疑行为，以确保园区安全。

8.2.2　平台企业应用案例

1. 瑞士 ABB Ability 平台[21]

ABB 是电力和自动化技术领域的领导厂商。2017 年，ABB 推出 Ability 平台，它由 Ability Edge 和 Ability Cloud 构成。Ability Edge 主要用于数据的采集，通过 Ability Edge 内置的数据模型进行预处理，并传输至云端。Ability Cloud 通过对数据进行集成管理和大数据分析，形成智能化决策与服务应用。ABB Ability 平台提供端到端及闭环解决方案，该方案可以减少停机时间、降低能源或燃料消耗、减少维护工作量、提高资源效率和性能。ABB Ability 平台应用于采矿、石化、电力、食品、水务、海运等领域，装机超过 7000 万台数字化设备、7 万套数字化控制系统和 6000 个企业级软件解决方案。

2. 施耐德 EcoStruxure 平台[22]

施耐德于 2016 年发布 EcoStruxure 平台，它包括三个层级：第一层是互联互通的产品，涵盖断路器、驱动器、不间断电源、继电器和仪表及传感器等；第二层是边缘控制，边缘控制层可以进行监测及任务操作，简化管理的复杂性；第三层是应用、分析和服务。EcoStruxure 平台目前已联合 9000 个系统集成商，部署超过 45000 个系统。平台主要面向楼宇、信息技术、工厂、配电、电网和机器六大方向。

3. Predix 平台[23]

由 GE 公司推出的工业互联网 Predix 平台从底层设备到云端服务，可分为工业设备层、工业网络连接层、边缘网关层、广域网连接层及 Predix 云层，将工业与互联网智能连接在一起，提供工业设备数据实时采集、传输、存储及分析的能力。Predix 通过 LAN、个人局域网(personal area network，PAN)、场域网络(field area network，FAN)等无线局域网以及固线、蜂窝、卫星网络等广域网，在 Predix 边界网关、控制器设备和 Predix 云之间提供无缝、安全和可靠的端到端通信网络。Predix 提供了企业内部网络建设的核心功能——边缘智能。边缘能够在数据产生的地方(如工业设备和工业管理信息系统)执行应用、开展分析和提供服务，这比只在 Predix 云上进行分析和决策更加智能。Predix 平台在边缘集成了一个复杂事件处理和机器学习引擎，分析程序可在 Predix 上编写，然后在边缘部署和授权执行，对于时间敏感的事件，能够提高事件响应效率，同时降低数据和带宽成本。Predix 承载工业运行的云基础设施，能够支持工业数据种类多、速度快和容量大的服务。通过连接各种各样的机器、传感器、控制系统、数据源和设备，Predix平台能够处理和分析一个企业及集团的海量数据。相关方案应用于 GE 旗下的航空、能源领域公司网络建设，以及广日电气、万华化学企业内网建设及智能制造项目。

4. MindSphere 平台[24]

由西门子面向市场推出的工业互联网平台主要面向企业，可采集生产资产数据，并将这些数据用于价值增值分析，可实现预防性维护、能源数据管理以及工厂资源优化的功能。MindSphere 平台同样采用云计算技术。目前在此平台上提供许多应用程序和知联（MindConnect）套装软件，使工业设备与云平台实现轻松、安全的连通。MindSphere 是基于云的开放式物联网操作系统，它使全球工业能够以经济实惠的方式将自己的机器和实体基础设施轻松快捷地与数字世界衔接起来。

8.3　工业互联网应用对比

8.3.1　组网技术对比

工业互联网组网技术分为有线、无线两种连接方式。有线通信技术由现场总线、工业以太网组成。无线网络可分为以 2G、3G、LTE、5G、NB-IoT、LoRa 为代表的广域网，以及以 WiFi 专网为代表的无线局域网。从应用数量及规模来看，目前有线方式明显多于无线方式。在长距离、短时延、信号稳定的工业控制系统中，以及分布式控制系统间的信息传输，如电机、电流、电压、位置等与设备状态、控制相关的信息多用现场总线组网方式。传统现场总线的最高速率只有12Mbit/s，所以逐步被工业以太网所替代。工业以太网与普通商业以太网兼容，但在产品设计、材质选用、产品强度、适用性、实用性等方面能够满足工业现场需要。根据实现方式不同，工业以太网可分为以下三种类型。

（1）通用硬件标准 TCP/IP 型（以 Ethernet/IP、Modbus/TCP 等为代表）。

（2）通用硬件自定义实时数据传输协议型（以 EPA、PROFINET RT 等为代表）。

（3）专用硬件自定义实时数据传输协议型（以 EtherCAT、PROFINET IRT 等为代表）。

第一类完全兼容通用以太网、成本低廉、实现方便，但只适用于实时性要求不高的工业过程自动化应用。第二类采用通用以太网控制器，但引入了专门的实时数据传输协议，使用特定以太网帧进行传输，可实现较高的实时性，该结构对以太网进行读取时受到实时层的限制。第三类在第二类的基础上，底层使用专有以太网控制器，实现实时通信控制，其优缺点十分明显，优点是实时性强，缺点是成本高。无线网络作为有益补充，在一些条件苛刻、不便布线的工业现场，成为工业以太网的强有力延伸。但受限于现有工业设备网络支持能力和出于安全性考虑，工厂内设备多采用工业级 WiFi、工业级传感器进行网络连接。

集团企业专网主要采用传输网技术同步数字体系/多业务传送平台(synchronous digital hierarchy/multi-service transport platform，SDH/MSTP) 和分组传送网(packet transport network，PTN) 及 IP 虚拟专用网（IP-virtual private network，IPVPN）等技术实现组网，实现集团企业内的访问和互联。

(1)基于传输网技术组网。当分支机构与总部互联时，信号流程为分支机构—传输网—总部。当不同分支机构互联时，信号流程为主访分支机构—传输网—总部—传输网—被访分支机构。传统传输网技术组网，具有网络通道专用、稳定性高等特点，但成本高、建设周期长，给集团用户内网应用带来一定的局限性。

(2)基于 IPVPN 隧道组网。分支机构主动发起访问总部，分支机构发起 VPN 隧道拨号，与总部的 VPN 服务器建立隧道，信号流程为分支机构—IPVPN 客户端—VPN 隧道—IPVPN 服务器—总部。基于 IPVPN 的组网技术具有组网方式灵活、组网成本低、覆盖面广及建设周期短等优点，但网络通道共享、稳定性适中，特别是 IPVPN 是一种三层实现技术，对集团用户专网应用系统无法适用。

现阶段针对集团工业互联网与跨企业工业互联网的常用组建方式有 SD-LAN 技术、SD-WAN 技术和 MPLS-VPN 技术。

(1)通过 SD-LAN 技术实现跨地域的局域网到局域网的组网通信，实现跨地域的内网访问，不改变以往的访问方式和打开形式。

(2)SD-WAN 是一种基于 SDN 的网关架构，通过建立一个可靠的网关，有效地为各种不同类型的网络、设备、应用程序及云计算等提供连接服务，降低了网关运营的费用，并提高了网关的可靠性和稳定性。

(3)MPLS-VPN 是指采用 MPLS 技术在骨干的宽带 IP 网络上构建企业 IP 专网，实现跨地域、安全、高速、可靠的数据、语音、图像等多业务通信，并结合差别服务、流量工程等相关技术，将公众网可靠的性能、良好的扩展性、丰富的功能与专用网的安全性、灵活性、高效性结合在一起。将企业分布在不同地点的办事处及设备通过安全可靠、高效率的虚拟专用网络连接起来，实现数据、语音、视频传输或其他重要网络应用，兼具服务品质(quality of service，QoS)保证。MPLS 提供了电信、计算机、有线电视网络三网融合的基础，除了 ATM，MPLS 是目前唯一可以提供高质量的数据、语音和视频相融合的多业务传送、包交换的网络平台。因此，基于 MPLS 技术的 MPLS-VPN 在灵活性、扩展性、安全性各方面是当前技术最先进的 VPN。

8.3.2　国内外应用对比

1. 企业规模

国外以工业数字化水平高的大型企业为主，如 GE 公司、西门子、韩国浦项制铁等，而我国则以中小企业应用偏多，大部分企业利用工业互联网打造智能车间。

2. 应用行业

国外在离散行业和流程行业应用兼顾发展，如韩国浦项制铁在流程行业应用广泛，德国宝马在离散行业表现突出，而我国离散行业应用案例多于流程行业。国外平台大多注重打造工业互联网应用生态，如西门子的 MindSphere 平台已建立了较好的研发体系，应用于各个行业，而我国的平台偏重于特定领域应用，如海尔 COSMOPlat 平台基本只能应用于家电离散制造业。

3. 数字化发展

受限于数字化发展水平，各行业工业互联网建设情况各不相同。数字化水平越高的行业，工业互联网建设技术越先进，企业 IT 与 OT 一体化、智能化程度也越高，机械制造行业在工业互联网建设方面最为突出，如上海宝山"黑灯工厂"、宝马汽车制造等。工业互联网主要应用于设备管理、生产过程管控、企业运营管理、资源配置协同、产品研发设计及制造与工艺管理等领域。通过案例分析发现企业内网建设大都应用于生产过程管控和设备远程运维，如宝武集团智慧料场、GE 公司 Digital 在航空领域的应用。这是因为各行业在研发、制造、营销等方面存在差异，所以利用工业互联网技术实现转型的目标也有所不同。

然而，无论是离散制造业，如装备制造和家电等，还是流程制造业，如钢铁、化工、农药等，生产过程优化和设备健康管理都是企业实现智能制造的关键环节。

4. 工控协议

工业控制协议多达几百种，主流协议也有四十余种，目前工业互联网建设案例大都以某个具体应用场景为主，如打造企业内的一个智能车间等，尚无案例支持整个企业的所有设备、管理系统、生产线和车间等的互联互通和数据共享，因此未来工业互联网建设的一个基本要素是提供支持多协议的接入能力。组建高可靠的、高性能的工业互联网，现有有线和无线技术无法满足需求，需要深入研究新型以太网组网协议，如 TSN 和 DetNet，实现低时延、高可靠的数据传输，研制高效的异构网络互联协议，如 OPC UA，实现多种协议的互联互通，研究新型无线通信网络技术，如无线光通信网络和 5G，实现低功耗、便捷的数据采集与指令控制。工业互联网建设案例研究表明，建设工业互联网需要与大数据、人工智能、边缘计算、数字孪生等技术相结合，才能更加高效地采集有用信息，更加智能地实现工业互联网的管理，更加迅速地下达控制指令，更加经济地实现企业生产流程升级和改造。

5. 技术融合

在集团企业和跨企业的工业网络建设中，工业互联网组网技术需要与其他技术相结合，如 SD-WAN、SRv6、联邦学习等技术，以实现企业内部的广域网、多个网络数据中心以及所有云、私有云和混合云的高效连通。现有工业互联网解决方案及创新平台大都聚焦在无线组网技术，以及大数据、人工智能、边缘计算等数据处理技术，对于集团企业工业互联网建设和跨企业工业互联网所必需的外网组网技术，缺少与内网组网技术的联动，应增加内网和外网相结合的系统性建设和应用示范案例。

8.3.3　行业应用对比

工业互联网的应用已经渗透到了各个行业，从传统的流程生产到现代的离散制造，从钢铁、石油、化工、电力、医药、能源、水泥到航空、汽车、机械、电子电器。工业互联网的应用具有较强的行业特色，针对不同的行业特色，工业互联网建设发展和挑战存在一定的差异性。

1. 流程生产行业

流程生产行业特色是通过对原材料进行混合、分离、粉碎、加热等物理或化学方法，使原材料增值，以批量或者连续的方式进行生产。流程行业的特点是生产连续性强、流程比较规范、工艺柔性比较小、产品比较单一、原料比较稳定。

针对流程生产行业特色，工业互联网建设发展的目标是提高过程控制能力，提升决策的科学性，保证生产流程能在平稳、安全的最佳状态下持续运行，使原料、能源和资产的利用率达到最优，满足供应链协同优化和管控一体的先进控制需求。以大数据、实时数据库、人工智能、神经网络等先进技术为依托，开发流程工业控制平台，提供开放的数据对接、集成、处理、分析、存储及应用的网络环境，通过快速部署，让流程型生产企业实现生产的自动控制。借助工业以太网及工业无线数据传输技术，对生产过程中的关键参数进行自动控制，对企业关键生产数据进行实时在线监控，提高流程企业生产的稳定性和管控的时效性。

利用网络化、智能化、数字化等技术将行业内的隐性知识与经验进行串联和融合，提高流程生产控制的精准性与决策的科学性。

针对流程生产行业特色，工业互联网建设面临以下几个方面的挑战。

(1)平台建设。典型的流程生产企业，一般都有几十套甚至上百套工业软件，这些软件很难高效集成，从而形成信息孤岛，需要构建数据互联互通和业务高效协同的统一企业工业互联网平台。

(2)网络技术。流程生产行业基于企业工业互联网平台实现数据采集分析和生产过程管理优化，工业互联网建设需要采用和测试先进网络技术，加速构建工业App开发生态，加快核心软件国产化进程。

(3)数据处理。流程行业采用按库存、批量、连续的生产方式，在利用先进技术提升企业生产智能化水平的同时，需要基于数据对全供应链进行优化，更好地实现产销对接。

(4)转型升级。流程工业在企业模式创新方面持续面临转型升级的压力，工业互联网建设需要将企业的研发、设计、生产、营销、运维等全价值链整合在一起，助力转型升级与模式创新。随着时代的发展，流程工业正面临着巨大的挑战，必须加快转型升级，构建工业互联网，以实现从研发到营销、运维的全价值链整合，以推动企业的转型升级和模式创新。

2. 离散制造行业

离散制造行业的特色是通过对原材料物理形状的改变、组装成为产品，使其增值。离散行业的特点是生产过程中基本上没有发生物质改变，只是物料的形状和组合发生改变，最终产品是由各种物料装配而成，并且产品与所需物料之间有确定的数量比例。

针对离散制造行业特色，工业互联网建设发展的目标是深入整合网络、通信、人工智能技术以及制造业生产信息，以提升科学研究与试验发展生产效率，优化资源配置，推动商业模式的创新，并促进新的商业模式和科技的发展。以信息物理融合系统为基础，以适用于离散制造行业的数字化标准体系、信息系统安全体系为支撑，围绕智能产品，开展智能设计、智能生产、智能经营、智能决策的网络化建设，通过企业网络平台实现过程数据、分析数据、决策数据的全面呈现。利用5G、大数据、区块链、数字孪生、边缘计算等关键技术促进人、机、物、环的交互、协同与共融。采用全新的数字化技术，搭建数据集中、平台统一、分层管理的网络信息集成平台，建立数字化产品研发一体化和上下游协同设计与制造体系，不断优化核心业务管控流程，构筑扁平化的全新管理模式，建设业务透明化、制造智能化、物流自动化、管理程序化、监控高效化、决策科学化、信息安全化的智能工厂，从而缩短制造周期，提升质量与生产效率。

针对离散制造行业，工业互联网建设面临以下几个方面的挑战。

(1)核心技术缺乏。多数离散制造企业在价值链中处于劣势地位，数字化和信息化的发展不均衡，自动化水平较低，数字化转型和设备智能化改造成本高昂，难度极大。

（2）数据汇聚与利用难。在离散制造行业中，工业互联网的成功应用需要具备结构化、完整、精确、可靠且实时的数据，以便更好地利用这些数据，从而获得更高的价值。

（3）离散制造业行业门类多。离散制造业的各个环节，如设计、制造、销售、运维，在使用情景、知识复杂性、管理模式等领域存在显著的差别，因此，需要对其进行细分，以便根据不同类型的离散制造行业，制定出更加有效的产品质量优化机制和生产管理优化机制。

（4）离散制造行业要素耦合条件松散。行业要素耦合松散，降低了整个生产过程的效率，需要依据需求，结合网络技术塑造离散制造行业的秩序，实现离散制造业的流程化改造，实现离散制造行业各要素之间紧密配合，实现快速、准确、高一致性的生产。

参 考 文 献

[1] 工控系统中工业数据采集的关键技术[EB/OL]. http://m.elecfans.com/article/1062903.html. [2021-12-22].

[2] 工业互联网产业联盟. 工业互联网网络优秀解决方案[EB/OL]. http://www.szzg.gov. cn/2019/szzg/sjjl/201902/P020190220376237857155.pdf. [2021-12-24].

[3] 工业互联网基于工业 PON 的智慧工厂建设[EB/OL]. https://wenku.baidu.com/view/cb17 28946729647d27284b73f242336c1eb9306a.html. [2021-12-22].

[4] 傻大黑粗钢铁业"智慧变身"：宝武董事长三千米外一键炼钢[EB/OL]. https://baijiahao. baidu.com/s?id=1639893755841226948&wfr=spider&for=pc. [2022-12-25].

[5] 华为 eLTE-U 解决方案[EB/OL]. https://wenku.baidu.com/view/54871d0e356baf1ffc4ffe473368 7e21af45ffd3.html. [2022-12-25].

[6] 华为联合上海快仓获"工业互联网网络优秀解决方案"奖[EB/OL]. https://e.huawei.com/ cn/news/ebg/2020/excellent-solution-award-shanghai-fast-warehouse. [2022-12-25].

[7] 凯乐士科技：助力工厂及仓储物流智慧升级[EB/OL]. https://baijiahao.baidu.com/s?id=167 3421124723985707&wfr=spider&for=pc. [2022-12-25].

[8] 中国宝武以"工业互联网 5G 应用"推动发展"智慧制造"[EB/OL]. https://www.im silkroad.com/news/p/363214.html. [2022-12-25].

[9] "无人化"又有新创举！科远携手沙钢集团打造"智慧料场"新标杆[EB/OL]. https://baijiahao. baidu.com/s?id=1692174085574599797&wfr=spider&for=pc. [2022-12-25].

[10] "5G+工业互联网"十大典型应用案例发布[EB/OL]. https://baijiahao.baidu.com/s?id=16710 97463661595849&wfr=spider&for=pc. [2021-12-20].

[11] 喜临门业内率先使用 5G+工业互联网[EB/OL]. http://www.cqn.com.cn/cj/content/2020-

07/09/content_8616120.htm. [2021-12-21].

[12] 上海飞机制造公司打造 5G 智慧工厂：探索 5G 与飞机制造融合[EB/OL]. http://finance.sina. com.cn/roll/2019-02-25/doc-ihsxncvf7709747.shtml. [2021-12-20].

[13] "5G+工业互联网"示范工厂！三一数字化转型再立标杆[EB/OL]. https://www.sohu. com/a/462119967_175442. [2021-12-21].

[14] 中国联通助格力打造 5G+工业互联网智慧园区[EB/OL]. https://baijiahao.baidu.com/s? id=1690839884135480875&wfr=spider&for=pc. [2021-12-20].

[15] 山东能源集团 5G 智慧矿山应用[EB/OL]. https://w5gc.com/index/Details/index.html?id=900. [2021-12-21].

[16] 2020 工业互联网新基建优秀解决方案-徐工信息：产业集群协同解决方案[EB/OL]. http:// www.ccidcom.com/gyhlw/20200630/YRNN2zbTfmhbNxDLF17l0woioccok.html. [2021-12-21].

[17] 海尔衣联网唯一入选工业互联网区块链领域优秀案例[EB/OL]. https://baijiahao.baidu.com/ s?id=1631854746870969585&wfr=spider&for=pc. [2021-12-21].

[18] 智能制造的前世今生："智能工厂"韩国浦项制铁[EB/OL]. https://www.sohu.com/ a/400510007_691619. [2022-12-25].

[19] 德国宝马总部及生产线考察：未来个性化智能汽车制造前沿经验[EB/OL]. https://www. sohu.com/a/441192825_421754. [2022-12-25].

[20] 加快 5G 新基建，5G 专网的"私家花园"该如何垒起？[EB/OL]. http://www.ccidcom. com/jishu/20200407/7coX7jM7fOey783t517dv9i0qi4wg.html. [2022-12-25].

[21] ABB Ability[EB/OL]. https://global.abb/topic/ability/en. [2021-12-22].

[22] EcoStruxure[EB/OL]. https://www.schneider-electric.cn/zh/work/campaign/innovation/overview. jsp. [2021-12-22].

[23] GE Digital, predix: The industrial internet platform brief[EB/OL]. https://www.ge.com/digital/ sites/default/files/download_assets/Predix-The-Industrial-Internet-Platform-Brief.pdf. [2021-12-25].

[24] SIEMENS MindSphere[EB/OL]. https://www.plm.automation.siemens.com/media/global/en/Siemens-MindSphere-Whitepaper-69993_tcm27-29087.pdf. [2021-12-26].

第9章 工业互联网协同创新与发展机制

当前，由于缺乏宏观调控和相关部门的协调联动，工业互联网企业内网建设和发展存在着明显的不平衡性和孤立性，严重影响了企业的发展和竞争力。为了更好地建设和发展企业内网，需要以协同创新机制和政策为切入点，完善基于企业工业互联网内网、集团企业工业互联网内网、跨企业工业互联网内网的不同组织模式特征，制定标准体系，坚持共享开放，实施监督预警，保障运行安全，推动宏观调控；进而，根据现有条件构建统筹体系，搭建平台，促进人才交流、跨层优化，强化资源统筹；最终，实行政策法规激励、激励约束、完善评价评估等政策，释放创新活力，坚持协调联动，实现贯通国际—国家—区域—厂区的四级统筹体系。

9.1 工业互联网运行机制

工业互联网构建了新一代信息技术与工业经济深度融合的全新经济生态系统[1]。当今世界，一场以互联网、大数据、人工智能等新一代信息技术为主要应用手段的新工业革命正在迅速发展，并呈现出先在消费领域、服务业得到广泛应用，而后进一步向制造业和生产领域渗透、蔓延的态势。如果说互联网的上半场主要作用于服务业领域，那么其下半场将主要作用于工业领域。工业互联网将成为新工业革命的主要内容，对一个国家工业乃至整个产业的效率和国际竞争力产生重要影响[2]。美国高度重视工业互联网发展，将其作为实施"再工业化"战略、抢占新一轮国际产业竞争制高点的重要内容和手段。美国在发展工业互联网过程中形成了一套相对系统的推进机制、路径及对策，其发展经验对于我国工业互联网发展具有重要的借鉴价值。当前来看，工业互联网的运行发展[3]主要依靠包括政府部门的支持和引领、企业联盟的主导和推广以及基础技术的支撑和推动。工业互联网的运行发展机制框架如图 9.1 所示。

1. 政府部门的支持和引领

首先，政府需要利用全球领先的信息技术提前布局工业互联网相关技术产业，重视先进制造技术的成果转化和产业渗透，并持续提供专项资金予以支持，使其保持在该领域的技术优势。其次，政府相关部门要为工业互联网的发展营造一个良好的生态环境。一是全方位打造制造业创新中心，以此为节点与区域经济群融

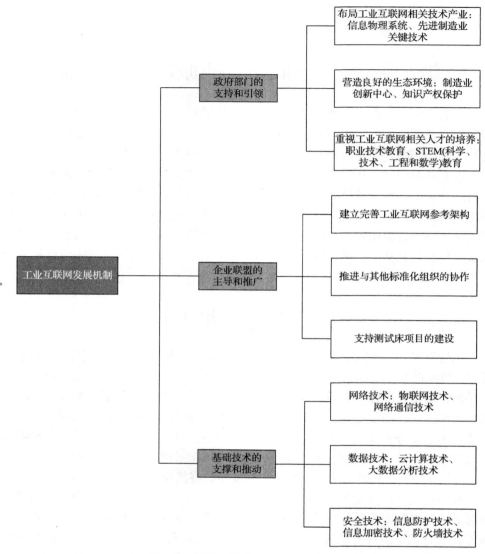

图 9.1　工业互联网运行发展机制框架

合形成先进制造技术的转化网络，各创新中心需要找出制造业运行过程中存在的技术问题并加以解决，相互交流和分享各自的经验，联合研发新技术，同时培养先进制造技术人才。二是重视知识产权保护。政府将知识产权，特别是专利、商标、商业秘密等，放在与先进制造技术同等重要的地位，完善的知识产权保护体系一方面可以调动技术开发者的积极性，另一方面可以吸引私营部门对先进制造技术的投资。最后，重视工业互联网相关人才的培养，通过教育和培训提高劳动者素质，其提出的各项政策从不同的角度明确了制造业人才建设的具体方案。

2. 企业联盟的主导和推广

为了推进工业互联网技术的发展、应用和推广，企业联翌需要围绕参考架构、应用案例、标准协作和测试床等四个方面开展系统性工作。首先，建立并不断完善工业互联网参考架构，以此指导成员企业应用工业互联网进行生产实践。其次，关注工业互联网领域的标准化需求，在对这些需求进行分析的基础上，积极推进与其他标准化组织的协作。最后，支持测试床项目的建设工作，并对工业互联网参考架构的设立、应用案例的实践、技术标准的制定进行验证。

3. 基础技术的支撑和推动

工业互联网发展的另一重要驱动来自技术领域。工业互联网中包含的各项工业和互联网技术可具体分为网络、数据和安全三个方面。网络技术主要包括物联网技术和网络通信技术，是工业互联网的基础核心。数据技术主要包括云计算技术和大数据分析技术，是工业互联网的价值创造核心。安全技术主要包括数据安全和网络安全两个方面，是工业互联网不可或缺的支柱。

9.2　工业互联网建设机制

虽然我国工业信息技术发展迅猛，但是，相比于其他发达国家，我国的工业信息技术水平还存在较大的提升空间。为了应对国内外市场的激烈竞争，需要努力提升自身的技术水平，以期实现更大的国际影响力。具体来说，我们需要借鉴美国工业互联网发展经验，主要表现在以下几个方面。

(1)将数字化、网络化、智能化作为我国工业互联网发展的基本方向。一方面，我国制造业企业机械化、自动化、智能化发展水平参差不齐，使得我国工业互联网的建设不可能一蹴而就。因此，我国制造业企业在转型升级的过程中应结合自身所处的阶段明确发展目标，切忌盲目跟风和片面认识，应以夯实自动化、信息化基础为首要任务，循序渐进，找到适合企业自身发展的实施路径。另一方面，虽然我国的制造水平与美、德、日等制造业强国相比存在一定的差距，但不可因此延误工业互联网的发展，应以数字化、网络化、智能化水平较高的企业作为示范，推动这些企业进行"数字化车间"、"智能工厂"升级改造，推广工业机器人、智能仪器仪表、高档数控机床等智能制造装备及在线监控诊断、大数据分析等智能化技术的应用。

(2)提高工业互联网服务企业的专业化程度。应以工业化与信息化深度融合为抓手，引导消费型互联网企业抓住机遇转型发展，在充分了解制造业企业需求的基础上拓展工业互联网服务业务，努力提高互联网企业跨界综合服务的能力。制造业企业应加深对互联网服务的理解，推进自身信息化升级改造，打通企业内外的数据流、信息流、资金流，实现整个供应链资源的高度共享和企业能力的网络化协同；培育服务型制造等互联网与制造业融合的新模式，提供在线增值服务、全生命周期管理等拓展产品价值空间的服务，推动制造业企业向"制造+服务"方向发展。

（3）充分发挥科技型中小企业的作用。在美国工业互联网发展过程中，科技型中小企业的地位非常重要，它们是美国推进工业互联网建设的微观主体。美国政府致力于为科技型中小企业营造公平开放的营商环境，着力解决其成长过程中面临的资金、技术、管理等方面的问题，助力各中小企业形成自己的核心竞争力并广泛参与市场竞争。我国应借鉴美国的发展经验，制定并落实相关政策法规，建立并完善公共服务体系，提高社会资源对科技型中小企业的开放程度；在鉴别优质科技型中小企业的基础上予以重点扶持，引导和鼓励科技型中小企业的个性化发展，借助大型企业在资金、技术、管理等方面的经验和优势，帮助并增强科技型中小企业的生存能力；利用新一代信息技术推动科技型中小企业的智能化转型，以此形成独特的竞争优势并充分发挥其在工业互联网新型生产模式中的作用，在此基础上构建大型企业与科技型中小企业协同发展的新兴产业组织。

（4）依托工业互联网平台开展国际交流与合作。一方面，制造业和互联网企业应以建设跨行业、跨领域的工业互联网平台为核心，共同建立公共平台服务体系，提高工业互联网平台整合产品设计、机器运行、生产管理等数据资源和制造工艺、软件设备、算法模型等制造资源的能力，推动各类型企业在平台聚集；另一方面，支持制造业企业用好工业互联网平台资源，实现企业大数据平台汇聚及在生产、管理等关键环节的信息化、智能化管控，通过线上线下结合等方式提升企业的响应速度和柔性生产能力，最终形成各行业企业相互促进、开放共享的平台生态。此外，需加强与美、德等制造业强国的互动交流，在管控分歧以及扩大共同利益的基础上制定有效的网络空间规则；应以提高我国工业互联网平台的技术水平为目的开展国际合作，鼓励国内工业互联网平台与国外相关平台进行对接，为我国工业互联网平台引入全球制造业企业，扩大平台规模并树立其在国际上的领先地位奠定基础。

（5）积极推进工业互联网标准化工作。工业互联网标准体系主要包括智能化生产标准、个性化定制标准、网络化协同标准、服务化延伸标准。这些标准是发挥工业互联网平台功能，促进平台应用、研发、服务等环节协同发展的关键。需推进的我国工业互联网标准化工作可从以下四个方面展开：①成立相关的标准化组织来分析工业互联网的标准化需求，在技术、应用、服务等具有基础共性的领域开展工业互联网标准体系的制定工作，形成一批国家、行业、企业团体等不同层次的标准；②在工业互联网总体标准和基础共性标准的基础上，根据实际应用场景的标准化需求实施相关标准的开发；③充分发挥工业互联网产业联盟的作用，引领产学研用各方力量共同建设工业互联网标准管理平台，为标准的开发、验证和推广提供支持；④引进并学习美、德等发达国家制造业相关标准，推动工业互联网平台与国际标准对接，支持标准化机构、企业参与国际标准的制定，形成符合我国工业互联网发展规律的标准化体系。

(6)全力打造工业互联网信息安全体系。工业互联网相关技术的推广和应用使得数据成为企业重要的生产资源，对数据的采集、传输、分析和应用打破了各部门、各行业的边界，特别是工业互联网推动传统工业与互联网之间的融合，使得原本存在于互联网世界的信息安全风险渗透到工业领域，直接威胁工业各部门乃至国家的安全。因此，应加强我国工业互联网安全顶层设计，出台相关指导性政策文件，明确各部门、机构、企业的安全职责，建立并完善监督预防、风险评估、应急管理等相关机制；对工业互联网安全要求进行细化，依此研究制定防护、评估、管理等方面的标准，构建基于该标准的工业互联网安全体系；推动产学研用各方合作对涉及工业互联网防护的攻击防御、漏洞发现、信息加密、态势感知、安全芯片等关键技术和产品进行攻关，研究并完善工业互联网安全体系建设方案；以工业互联网产业联盟为主导，设立专项基金支持相关安全产业的集聚发展，选取重点领域的龙头企业作为示范，推广安全技术的应用，使我国工业互联网安全产业做大做强。

(7)加强工业互联网人才队伍建设。人才是推动工业互联网发展的关键要素，我国的信息通信技术人才相对丰富，但同时也缺乏具备工业领域专业知识和信息通信技术的复合型人才。应采用多样化的方式吸引国内外工业互联网高端人才，制定专门的工业互联网人才工程项目和支持计划，进一步完善高端人才在税收、生活等方面的配套优惠政策；同时，设立人才激励制度，优化人才能力和科技成果的评价体系，充分发挥各层次人才的主动性和积极性。针对中小企业在工业互联网建设和使用过程中普遍面临的人才短缺问题，可设立工业互联网人才信息库，并在各地组建由工程机械、数据分析、软件开发等领域专家学者构成的咨询团队，一方面对工业互联网发展过程中存在的问题及时予以诊断和解答，另一方面可将其作为工业互联网人才培训的师资力量。此外，应鼓励高等院校特别是职业院校探索工业互联网相关学科建设，增设智能制造、大数据、人工智能等专业及课程；充分发挥政府、企业、高等院校、科研机构等各方力量，建设一批工业互联网产业基地和创新中心，协同培养工业互联网专业技术人才。

(8)加快工业互联网与 5G 融合发展。作为新型基础设施建设的重要内容，5G 移动通信技术的发展有助于实现"万物互联"、生产生活云端化以及智能交互，可以满足工业大数据高速、可靠、海量的无线传输需求，从而解决工业互联网中各型机器设备之间的数据联通难题。推动工业互联网与 5G 移动通信技术融合发展：

①遴选工业领军企业率先进行 5G 移动通信技术改造，依托领军企业建设"5G+工业互联网"创新示范园区，促进 5G 移动通信技术与大数据、云计算等新一代信息技术的协调运作，不断探索和丰富 5G 在工业领域中的应用场景；②鼓励和引导企业逐步融入"5G+工业互联网"发展体系，协调现有工业控制系统与 5G 的兼容性问题，推动工业生产中 5G 的应用由特定环节延伸至产品的全生命周期；③开展 5G 移动通信技术在基础应用和核心技术等方面的标准制定工作，加速形成 5G 移动通信技术的商业应用模式，同时加强 5G 移动通信网络的安全建设。

(9)完善标识解析架构。近年来，我国工业互联网标识解析体系架构已实现从 0 到 1 的突破，建成北京、上海、广州、武汉、重庆五大国家顶级节点，南京、贵阳两个节点加速建设，形成"东南西北中"布局，并与 Handle、OID 体系实现对接，面向全球范围提供解析服务。标识应用不断深化，形成了智能化生产管控、网络化生产协同、全生命周期管理、数字化产品交付、自动化设备管理等典型应用模式，成功打通物联网设备、支付终端和标识读写设备等终端，公共应用服务能力不断提升。根据我国工业互联网标识技术体系发展现状和标识解析体系建设要求，《工业互联网标识管理办法》(简称《管理办法》)将标识服务机构分为五类：①根节点运行机构，负责建设和运营在境内的根服务器，提供跨境解析服务；②国家顶级节点运行机构，负责建设和运营国家顶级节点服务器，提供境内标识解析和数据管理服务；③标识注册管理机构，负责面向工业互联网提供标识注册服务，涵盖 Handle、OID 等标识体系；④标识注册服务机构，负责建设和运营二级节点服务器，面向企业或者个人提供标识注册、解析和数据管理等服务，起到承上启下的关键作用；⑤递归节点运行机构，负责建设和运营递归服务器，旨在保障解析服务性能。《管理办法》出台后，工业和信息化部将加强政策宣贯、抓好许可审批、强化监督检查，督促相关企业严格执行《管理办法》相关要求，确保《管理办法》落实落地落细：①加强政策宣贯，做好对相关机构的政策咨询和工作指导，引导各类服务机构依法依规开展标识服务，营造良好的市场环境；②抓好许可审批，依照《管理办法》，落实许可审批事项相关要求，督促申请提供标识服务的机构按照《管理办法》及其配套服务指南和技术标准，做好前期预研、节点对接以及相关许可申请工作；③强化监督检查，依照《管理办法》相关要求，对各类服务机构的经营情况进行检查，压实机构主体责任，督促其依法依规提供优质服务。

(10)优化操作系统。工业互联网快速发展，推动工业数据的爆发式增长，大数据和人工智能技术成为工业互联网平台的标准配置，尤其是以深度学习、迁移学习、强化学习为代表的人工智能算法，正成为工业互联网平台解决各领域诊断、预测与优化问题的得力工具。目前，大数据、物联网、云计算等技术渐趋成熟，大数据应用正在向工业领域加速渗透，物联网发展迅速推进工业设备互联成为可能，云计算使得工业应用的重用与集成更加容易，这都为工业互联网提供了技术基础。为了让各级工业互联网更加完美地协作，可以从以下方面入手：①建立完善的跨企业工业互联网操作系统，降低企业的数字化门槛，为中小企业提供大数据驱动的生产要素一体化与智能化管理平台软件模块；②构建"功能模块化、可组合"的编程模式，实现统一高效编程、可重用、易集成，让个性化应用变得更"轻"，以适应不同类型企业的生产需求；③建立完善的跨企业的工业互联网云操作系统，完善公有云服务和企业间网络通信服务，建立基于私有云或混合云的数据感知、分析、决策、控制一体化的计算模型，将不同特征的数据分别存储在不同的存储设备中，并对它们进行统一管理；④建立国家层面的工业互联网云操作系统，可以进一步对行业内企业的生产过程和生产信息进行汇聚、监控、预警、追溯，最大限度地实现安全、环保、节能的目标，建立完善跨企业的工业互联网操作系统，还需要在政策方面，加大中小企业数字化工具普及力度，鼓励企业开展数字化改造，加快促进企业上云，推动企业加快工业设备联网上云、业务系统云化迁移，以加快数字化转型进程。

(11)实现更高效的实时性技术。工业互联网内网是支撑企业间连通化、云端化、自动化、智能化、安全化的关键基础设施，是现代信息技术与工业深度融合所形成的新兴网络模式。工业互联网要在实现国家工业互联网安全、环保、节能的目标下，实现生产协同及生产要素的数据汇聚核心功能，势必要在原始传输的过程中增加额外的信息，工业互联网内网具备庞大的设备接入规模，直接导致吞吐量的爆发式增长，极大地增加了传输网络数据及网络节点数据处理的负载，为构建低延迟传输网络带来巨大挑战。基于对工业互联网内网的需求分析及工业互联网内网实时性所面临挑战的分析，实现工业互联网内网实时性的措施建议如下：为实现高效率、低时延的网络传输，可在传输内容上进行信息的多路复用，通过构建专属的信息通道来减轻通用线路的负载压力，保证最短时间内的数据一次发送，多路接收。为降低时延问题的复杂度，可以利用数字孪生技术分离工业企业内网的实时性达成度。数字孪生技术作为实现工业互联网实时性指标达成度的中间件，分离工业互联网内外网实时性管控域，完成不同异构网络间基于实时性要求的协议交换及实时性准确网络间传递，可以降低构建低时延工业互联网内网的设计难度，进而实现透明化端到端的实时通信服务。

(12)提高网络信息系统的可靠性技术。可靠性是网络信息系统能够在规定条件下和规定时间内完成规定功能的特性。可靠性是系统安全的最基本要求之一，是所有网络信息系统的建设和运行目标。在可靠性方案的实行过程中，我们需要注意的是要与时代发展相结合，同时要与一些法律文献上的相关条例达成一致，不能违反法律法规。同时相应的网络技术人员要保证自己计算机网络可靠性的使用范围，不能只局限于小众领域而忽视了大众需求。另外，我们要将创新性与计算机网络的可靠性进行一定程度的融合。在计算机领域中，我们需要去了解语言性影响力的广泛程度，明确建立计算机多元化体系的互通共享平台，将计算机网络可靠性真正的魅力展现在大众视野。

（13）加强工业互联网整体安全性。2020 年，工业和信息化部发布了《关于推动工业互联网加快发展的通知》（以下简称《通知》）。《通知》中提到的"安全技术监测体系"指为应对工业互联网安全面临的系统性、复杂性和交互性等问题，统筹布局建设的体系化技术手段，具备工业互联网安全整体态势感知、信息共享和应急协同的一体化能力。目前，国家、省、企业三级协同的安全技术监测体系基本建成，全国所有省份均已建设了省级安全监测平台。下一步，工业和信息化部将在"扩面、提质、赋能"三个方面持续完善监测能力。一是不断扩大覆盖范围，实现对不少于 340 个重点平台、27 万家工业互联网企业的安全风险监测。二是督促基础电信企业升级相关网络安全监测系统，提升大数据综合分析能力。鼓励工业企业自主建设安全监测平台，提升自身安全防护能力。三是充分发挥各级监测平台作用，支撑政府决策、赋能企业，提高整体安全防护水平。

近年来，我国等新型工业化国家逐渐崛起，而以美国为代表的老牌工业强国却增长乏力。美国提出工业互联网的初衷是利用自身的技术优势重塑核心竞争力，以此占领制造业发展的制高点。然而就目前为止，工业互联网的发展仍处于初级阶段，企业生产经营过程中的商务和供应链信息数据基本实现了联通整合，但对于各个生产环节的实时精细化管控以及对所产生数据的深度分析还未能实现。美国对于工业互联网发展模式的探索并未止步，其战略设计是以自我成功为导向，目的之一在于兜售新型机器设备、先进的控制系统以及整体解决方案等，对此我国需要有清醒的认识：一方面，我国需要借助工业互联网的发展机遇促进制造业的转型升级；另一方面，虽然我国与美国在建设工业互联网的技术、经验等方面存在一定的差距，但不可盲目跟从，需对这些技术、经验进行借鉴吸收，形成自身的竞争力。总之，在这一场国际竞争中，我国虽然面临着不小的挑战，却也拥抱了巨大的机遇。我国将凭借持续创新的信息技术、不断拓展的市场空间、日益壮大的人才队伍等优势，构建与国家发展阶段相符的工业互联网。

9.3　工业互联网协同创新组织规划模式

在面向企业内网络化建设的协同创新组织规划模式方面，需要从以下几个方面展开工作：从外部分析，需要政府、行业协会和智库的统筹与指导；从行业分析，需要高等院校、科研院所和解决方案供应商的积极参与，与工业企业一起协同推动企业内网的标准化和规范化建设进程。在实际构建过程中以上述协同创新体系为基础，内外协同，持续推动，构建工业企业内的国际—国家—区域—厂区四级网络体系。围绕工业数据资源池，建设中央与地方联动、全国与区域协同的国家级工业互联网平台资源统筹体系(图 9.2)，有效统筹各类网络资源，人力、物力、财力资源，减少各种内耗和地域距离的影响。起步选择部分国内制造业重点集聚区域，逐步扩展至研发设计、生产制造、运营维护、物流仓储、上下游供应链等各个层面。根据不同区域、不同行业、不同业务的特点，统筹资源，形成各有侧重、各具特色的工业互联网解决方案。

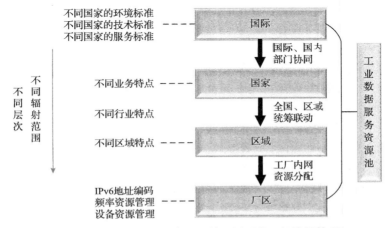

图 9.2　贯通国际—国家—区域—厂区的四级统筹体系

　　从企业内网建设组织规划模式上看，企业内网体系可分为工业企业主导、政府主导、科研机构主导以及 IT 供应商主导四类。其中，工业企业主导在企业创新活动中处于主导地位，以企业绩效为导向，贴近市场需求，进行基础研究、应用研究、开发研究，保证产品的持续创新。科研院所配合提供必要的研究支持和人力资源以弥补企业研发和创新能力的不足；政府则提供知识产权、法律和政策等方面的支持。在政府主导模式中，政府、工业企业、科研机构都是主体，但政府处于主导地位，以充分发挥其决策领导、协调管理、信息共享等作用，推动工业企业、政府以及科研机构的紧密联合，从而实现一体化、协同创新等目标。政府处于主导地位无形中增加了项目的稳定性以及抗风险性。

　　在科研机构主导模式中，科研机构对各项资源进行整合，结合自身优势，将自身创新成果产业化、商品化后培育孵化高新技术产业，进一步带动相关产业升级创新。IT 供应商主导模式往往是以应用型研究作为主导，IT 供应商不再以基础科学研究作为目标，而是以公司利益最大化为目标，通过合作双方建立契约，实现商业合作等活动。

　　总之，从企业内网建设和发展角度上分析，各类主导各有利弊。企业主导型应是未来一段时间的主要方式，该方式需要规避过度追求效益、缺乏开放和行业引领等带来的弊端。企业内网建设需要持续的推动力。相关部门应建立相应的领导体制，成立企业内网建设领导小组，设立企业内网建设专家委员会；另外，为了保持企业内网的先进性，需要在企业内部设立专门机构，持续培养企业所需的专业人才队伍。

　　在企业内网络化建设的协同创新运行机制方面，要标准先行，由智库给工业企业提供统筹规划；高校与研发机构为工业企业制定标准，并由工业企业内部试行；最后提交至政府和协会审核。建设企业内网时，首先，需要制定的企业内网标准，主要包括网络设备标准、设备联网标准、网络协议标准、内网资源标准、内网应用标准、互联互通标准和内网安全标准等。其次，要实行共享开放式运行机制，针对装备、人员、数据和知识等工业企业内网建设资源，依据开放标准、遵循开放流程、依托开放途径，在高校、工业企业和研发机构之间实现共享。为了保障运行顺畅，需要监督预警机制，在运行前期，研发机构、高校和工业企业要一起进行充分的市场调研、风险评估、专家论证和试点运行等工作；在运行中期，工业企业要加强交流，实时监控运行状态，进行风险预警，并制定应急方案；在运行后期，将之前两个时期的机制进行总结和更新，研发机构、高校和工业企业再次一起将案例归档，并对其进行回顾分析，发现问题，解决问题，更新相应的运行机制，避免再次发生类似问题，实现风险规避。为了保障运行安全，还需要从物理安全、设备安全、网络安全、系统安全和信息安全五个层面制定安全运行体系机制，从而为整体运行的保密性、完整性、可控性和可用性提供保障。

　　当前，以数字化、网络化、智能化为本质特征的第四次工业革命正在兴起。工业互联网作为新一代信息技术与制造业深度融合的产物，通过对人、机、物的全面互联，构建起全要素、全产业链、全价值链、全面连接的新型生产制造和服务体系，是数字化转型的实现途径，是实现新旧动能转换的关键力量。为抢抓新一轮科技革命和产业变革的重大历史机遇，世界主要国家和地区加强制造业数字化转型和工业互联网战略布局，全球领先企业积极行动，产业发展新格局正孕育形成。为深入贯彻落实党中央、国务院决策部署，推动工业互联网加快发展，工业和信息化部在广泛征求地方、产业、专家各方意见的基础上，制定并印发《关于推动工业互联网加快发展的通知》，明确提出加快新型基础设施建设、加快拓展融合创新应用、加快健全安全保障体系、加快壮大创新发展动能、加快完善产业生态布局、加大政策支持力度等六个方面 20 项具体举措。在各级工业互联网企业内网一体化政府间合作时，要深入理解合作动力，以中央指示和国家政策要求为依托，充分发挥政府所具有的外在动力。此外，要牢记市场特有的源源不断的内在动力来自于工业转型需求与产业协同发展需求。因此，在考虑工业互联网企业内网络化建设运行机制的同时，四级体系(国际—国家—区域—厂区)与政府合作的机制也需要考虑在内，实现工业互联网企业内网一体化政府间合作。从理论和实践来看，政府在推动一体化发展中扮演着关键角色。合作理论方面，无论是新功能学派所倡导的"政府驱动、竞争型"模式，还是"经济圈"理论所阐述的"市场驱动、互补型"模式，都离不开政府的引导和推动。在合作实践方面，纵观国内外区域一体化发展，无论是欧盟地区、纽约城市群、旧金山城市群、东京城市群还是我国京津冀、珠三角地区，区域一体化进展顺利的领域背后都能看到政府间紧密合作的助力。

政府为保障和推动合作而制定一系列的规则体系和运行体系，被称为区域合作的协调机制。它具有三方面内涵：一是为了实现区域内跨行政区的协调与管理，推动和保障区域合作的有效运行，各成员共同形成的机制、政策和制度规范的总和；二是这些机制、政策以及制度规范满足各成员的共同利益，在合作区域内具有普遍约束，并发挥关键作用；三是这些机制、政策以及制度规范能真正对合作产生有效和稳定的促进作用[4]。因此，推动各级工业互联网一体化发展，需要以整体利益为努力方向，遵循以下原则。

(1)协同推进，问题导向。着眼于服务国家发展大局，立足工业互联网企业内网的整体发展和长远利益。针对各级工业互联网一体化推进过程中的突出问题开展体制机制创新，突破地域局限，强化工业互联网领域政策统筹规划与制度机制对接，推动形成分工合理、优势互补、协同共进的区域产业一体化发展格局。

(2)遵循规律，创新驱动。遵循工业演进规律、科技创新规律和产业发展规律，结合各级及工业互联网发展实际，建设具有区域特色的工业互联网产业体系。充分发挥地区制造业集群优势明显、工业化水平高的优势，共建技术创新链和区域创新体系，实现创新驱动。

(3)开放智能，安全可靠。发挥工业互联网开放性、交互性优势，促进各级制造资源汇聚共享、工业体系开放式发展。推动工业互联网在各领域广泛应用，带动区域传统产业转型升级。坚持各级工业互联网安全保障体系一体化规划、建设、运行，实现各级工业互联网安全防护能力整体提升。

(4)市场主导，政府引导。遵循跨级一体化发展客观规律，充分发挥市场配置资源的决定性作用，增强产业升级内生动力。更好地发挥政府在政策规划、基础设施建设、公共服务供给、体制机制创新等方面的作用，有效提升工业互联网企业内网一体化发展质量。

据了解，目前政府间合作机制的研究主要集中在沟通协调机制、政策协同机制、利益分享机制、评估评价机制[5]四个方面。当前，从政府、研究机构再到产业界，网络、平台、安全"三大功能体系"已成为大家研究工业互联网的共识，因此，各级工业互联网一体化合作机制中也应将工业互联网功能体系建设涵盖在内。此外，一体化合作离不开人、财、物等相关保障，合作机制也应有所涉及。综合以上，构建涵盖沟通协调机制、政策协同机制、利益分享机制、发展保障机制在内的各级工业互联网一体化合作机制是时代所需，具体分析框架见图 9.3。

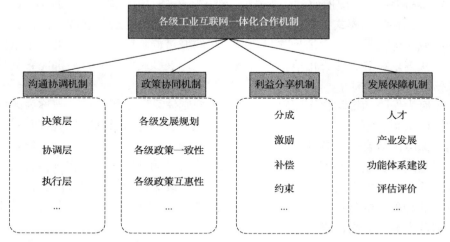

图 9.3　各级工业互联网一体化合作机制框架

在各级工业互联网企业内网一体化政府间合作机制设计方面，结合各级工业互联网企业内网发展实际，综合考虑制约因素，提出以沟通协调机制为核心，以政策协同机制、利益分享机制、发展保障机制为具体合作内容的各级工业互联网企业内网一体化政府间合作机制框架(图 9.4)。详细内容如下。

(1)优化工业互联网一体化发展的政策和法律法规协同机制。

制定各级工业互联网一体化发展总体规划。依托国家及地方智库机构开展工业互联网发展相关研究，结合各级工业互联网的实际情况，制定具有全局性、科学性、可行性的总体发展规划，统筹协调、科学指导各级工业互联网发展。同时，强化重点领域分析，适时提出修订或废止各地不利于工业互联网一体化发展的政策和法规的建议。

(2)建立自上而下和自下而上相结合的一体化沟通协调机制。

从决策层、协调层和执行层三个层面不断完善各层级工业互联网企业内网一体化沟通协调机制。一是推动将工业互联网一体化纳入领导座谈会主要议题，明确工业互联网一体化的发展方向；二是充分发挥合作与发展联席会议等现有机制，落实国家战略和主要领导座谈会会议要求，制定工业互联网一体化发展主要任务分工表并组织实施；三是依托各级合作办公室制定工业互联网一体化发展实施方案，协同制定区域年度平台发展计划和目标任务分解方案，加强任务落实反馈、统计监测、问题沟通，定期统计并报送进展情况。

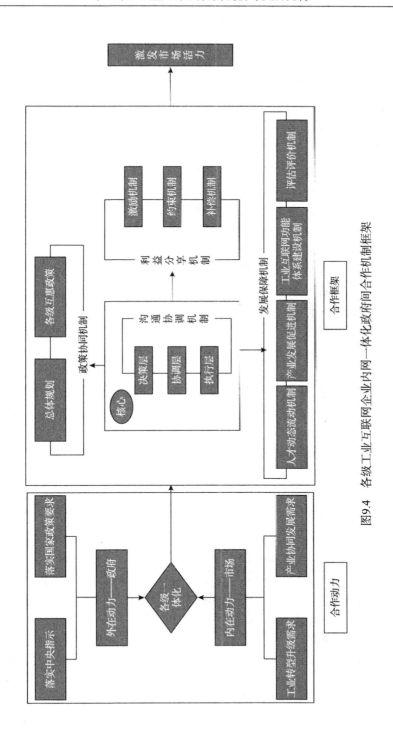

图9.4　各级工业互联网企业内网一体化政府间合作机制框架

（3）构建全面覆盖各级成本利益分享机制。

①建立针对各合作主体的激励机制和约束机制。一是要充分发挥政府区域经济协调发展的引导性作用，对各级工业互联网一体化发展中普遍存在的利益协调问题进行必要的宏观调控；二是制定合理科学的工业互联网发展政府绩效考核评估体系，对各主体在一体化合作中所取得的成绩做出客观公正的评价，减少以国内生产总值（gross domestic product，GDP）为导向的"晋升竞标赛"所导致的行政壁垒，促进地方政府行政目标从地方经济利益最大化向区域整体效益最大化转变；三是协同鼓励各级企业跨地方合作，有针对性地对合作主体或相应的合作项目给予政策上的支持，提升各级企业合作的积极性。

②建立多元化的利益补偿机制平衡各合作主体的利益冲突。一是通过财政转移支付或价格补贴方式对各级工业互联网合作中的利益受损主体进行直接补偿，或通过财政资金加大技术投入力度，采用项目合作、人才交流、信息共享和政策扶持等方式进行间接补偿，缩小发展差距。二是政府采取多种方式拓宽融资渠道，确保各级工业互联网一体化合作中的利益补偿资金充足：一方面强化财政资金的导向作用，安排现有地方专项资金向工业互联网领域倾斜，优先支持企业在网络、平台、安全方面开展跨省市深度合作；另一方面探索建立集制造企业、互联网企业、制造系统集成商、金融平台、服务机构融合创新发展的机制与模式，进一步拓宽融资渠道。

（4）完善人才动态流动、产业发展、功能体系建设、评估评价等保障机制。

①完善人才动态流动机制。一方面，充分发挥各层级人才资源力量，建立资源人才库，实施开放的人才流动机制，并建立科技成果评价专家共享、认证认可互认机制，通过专家多点执业等方式实现灵活的跨区域服务，推动工业互联网领域人才共享；另一方面，探索建立公务员轮岗机制，通过人员流通促进"工业互联网一体化"发展成为区域共识。

②建立产业发展促进机制。协同探索共同建立资金共享机制，组建优势产业或特色产业的产业发展基金，重点布局战略性新兴领域，培育并加速推动形成具有关键自主核心技术、国际竞争力、品牌影响力的优势产业集群。在具体运营上，以市场化"母基金+子基金"为运营模式，充分发挥母基金的资本放大功能与要素整合能力，通过"硬科技"、"完善产业链"、自主创新项目等子基金优化资产配置、强化资源协同，实现对工业互联网高端人才、前沿技术、创新产品等新发展要素的高效支持与引导集聚。

③建立健全工业互联网功能体系建设机制。一是协同开展工业互联网网络发展情况摸底调查，全面了解网络基础设施、企业内外网、标识解析建设等情况，联合运营商、标识建设管理机构等协同制定工业互联网企业网络升级改造方案；二是协同开展行业性、区域性、"双跨"工业互联网平台培育，打造辐射区域广、

带动能力强、服务效能优的工业互联网平台集群；三是在制度机制、技术手段、产业发展等方面提前布局，协同建设工业信息安全综合保障平台，培育工业互联网安全专业化服务机构，协同推动工业互联网安全防护能力提升。

④推动建设科学的评价机制。一是在相关政府部门指导下，依托国家、地方智库机构制定网络、标识建设应用效果评估评价标准，以评促优助力标杆网络及区域标识解析体系产业化推广；二是基于工业和信息化部发布的《工业互联网平台评价方法》，协同细化应用于各级的工业互联网平台评价标准，支撑优秀平台项目遴选、平台发展水平评价等工作，强化优秀平台跟踪评价和名录动态调整；三是制定设备、网络、平台、工业 App 的安全评估标准体系，探索建立工业互联网安全保障体系、持续优化安全评估机制，定期开展各级内工业互联网相关企业的安全检查评估工作。

9.4　工业互联网各类资源统筹推进机制

企业内网技术协同创新体系的构建旨在促进全流程协同管理，涵盖从研发、设计、生产到服务，通过有效的数据流通和深度融合，实现人、机、物之间的全面互联，以提高工业资源的利用率和效率。

统筹对象：一般来说，工业企业资源主要包括人力资源、生产材料(原料)资源、生产硬件资源、生产与产品技术资源、市场资源、社会环境资源、管理技术与能力资源、稳定与持续发展资源等。为此，企业内网资源统筹机制的制定，要整合政府、行业组织、平台建设方、平台应用企业等多方主体的推力，形成资源富集、多方参与、合作共赢、协同演进的新生态环境。

统筹机制：对于跨行业的工业互联网内网建设，重点打造国际—国家—区域—厂区的四级统筹体系。围绕各级工业数据资源池，建设国际—国家—区域—厂区四级联动政策、资源统筹体系；通过云计算、区块链技术，有效地整合网络、人力、物力、财力等各类资源，减少内部消耗和地域分布影响。在行业供应链及内部资源统筹层面，首先要根据行业供应链特点，发展用于智能研发、精益制造、智能服务、智慧管控等场景的云化工业软件或服务(如云化工程设计软件、云化 App 应用、行业网等)。建立跨行业跨领域应用 App 资源接入标准规范、云市场、云端业务工作室等，实现跨行业跨领域各类应用的汇聚与互联互通，同时通过统一标识与安全体系保证接入应用的安全可靠性。根据跨行业跨领域企业网络对动态基础设施与应用环境资源需求特点，基于虚拟化、分布式存储、并行计算、负载调度等技术，在工业互联网构建虚拟实体层，实现网络、计算、存储等计算机资源的池化管理。根据需求进行弹性分配，确保资源使用的安全与隔离，为用户提供完善的云基础设施服务。在人力资源统筹方面，最终的目的是明确企业人力资源的需求及供给情况,确保企业能够在既定的时间以及岗位上匹配合适的人才。因此,利用工业互联网人力资源管理平台,综合考虑企业的发展战略,进行跨国企业人力资源规划,与其他人力资源模块进行有机融合,如招聘、绩效管理、薪酬、培训等相互配合,实现互动,建立切实可行的人力资源规划方案。在政策协同统筹层面,整合政府、行业组织、平台建设方、平台应用企业等多方主体的推动力,内外协同,持续推进,构建工业企业内的国际—国家—区域—厂区的四级资源协同体系。起步阶段,选择部分国内制造业重点集聚区域,逐步扩展至研发设计、生产管理、物流供应链等各个层面,形成各有侧重、各具特色的工业互联网资源统筹方案。与此同时,还应加强网络资源的跨层优化与统筹(图9.5)。基础技术层面,构建工业互联网标识解析体系;装备与数据采集层面,开展无线频率资源管理和统筹机制、工业无线专用频率干扰保护机制、加强工业互联网设备进网管理制度的研究;网络管控层面,加强网络与信息安全防护制度的研究,提升标识解析顶级节点的安全保障能力。

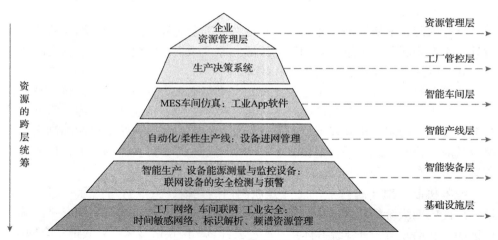

图 9.5　企业内网跨层资源统筹推进机制

　　对于集团企业内网建设,统筹部署重点公共平台资源。针对公共事业领域所具有的较强外溢效用和拉动作用的特点,统筹部署,分步实施,打造一系列汇聚大量活跃创新主体和开发者的开源社区及平台。此过程重点建设四类工业互联网公共服务平台(图9.6),主要包括:①工业数据管理服务平台,用来增强工业数据资源管理与优化能力;②评估服务平台,用来按区域和行业特点开展企业内网发展水平的第三方评估;③产业监测服务平台,用来实现各行业企业内网统计数据监测与报送;④检测认证服务平台,用来提升工业互联网技术、产品及解决方案的检验、测试和认证水平。

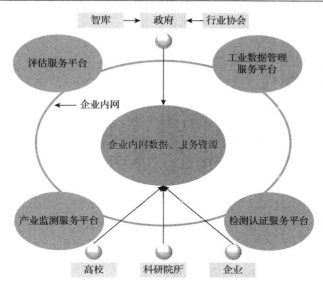

图 9.6　公共平台资源统筹推进机制

统筹对象：集团企业内网资源一般包括十方通供应链管理系统、工业 App 公众平台服务器资源、分享销客 CRM 软件系统、产品信息、客户信息等。供应链是一种连接企业与客户的重要工具，它通过计划、采购、存储、分发、服务等环节，帮助企业实现内外部客户的多样化需求。

统筹机制：首先通过专门的市场部门进行市场需求调研，在原材料采购阶段，通过供应链管理系统进行适量材料的采购。在产品销售阶段，基于大数据分析技术，预测客户需求并提供相应的产品服务。在产品售后阶段，基于工业 App 公众平台服务器资源接收客户意见及建议，调整产品生产和销售策略。此外，销售产品时通过工业 App 服务系统进行产品宣传，形成线上线下互动营销方式。在政策统筹协同方面，企业联合科研院所、高校及行业协会搭建产业集群平台、工业大数据池等，实现不同层次的资源统筹。

对于企业内网建设，打造基于新型网络技术（如 TSN、工业 PON、工业 SDN 等）企业内网标杆网络，形成不同网络技术在企业内网部署的参考模板；针对典型行业（如汽车制造、石油化工、航空航天、钢铁制造、机械加工等），根据行业需求和企业规模，建设垂直行业企业内网标杆网络，树立重点行业的工业互联网企业内网建设模板。支持高校、科研院所、企业三方的产学研机制，充分发挥智库的统筹、指导作用，联合开展基础通用关键技术、标准、设备、解决方案的开发设计、性能测试等工作。

统筹对象：企业内网资源一般包括土地、厂房、原材料、生产设备（包括基础设备、操作机台、机床等）、智能机器人、监控设备与系统、ERP 系统、现场自动化系统(包括自动化检测仪器、自动化物流搬运存储设备等)、MES、车间智能管控平台等。

统筹机制:基于生产决策系统,协同现场生产设备、监控装备及通信服务等,突破生产(制程)的瓶颈;基于信息服务集成系统,整合生产资源(生产原料、基础加工设备、机器人等)、现场设备(自动化生产设备、自动化检测仪器、自动化物流搬运存储设备等)等物理资源与生产任务、计算资源、逻辑文件等虚拟资源;搭建车间云平台,基于企业资源决策系统,对企业生产的数据流、业务流进行综合管理,防止信息孤岛,融合企业计划层、执行层和控制层等。

此外,加强专业建设与人才资源统筹(图9.7)。具体包括:探究国际领军企业、高端人才"引进来"的途径和模式,开展长期、有效的符合我国实践发展需要的国际合作;以面向不同企业内网建设为目标,打造工业互联网企业内网技术专业建设与人才体系,组织相关高校学者、科研机构专家编写工业互联网学科导论及培训教材,运用线上和线下相结合的方式开展人才教育和培训工作;鼓励相关部委、地方政府、领军企业、知名院校等共同参与,建立工业互联网人才实训基地,以提升行业的整体素质。建立一个全球工业互联网高端创新人才库,以满足国家引进优秀人才、实施重大战略项目的需求,并为其提供充足的人才资源。

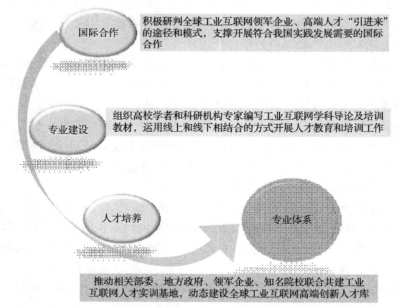

图9.7　专业建设与人才资源统筹推进机制

为了实现资源的统筹,各级工业互联网的平台建设需要考虑在内。工业互联网平台作为一种新兴的制造业生态系统,具有统一标准、改变分工格局及平台生态化三个特点。为应对工业领域的全球竞争，各行业巨头加快布局工业互联网平台，中国信息通信研究院利用其信息监测平台选取了国外近 500 家工业互联网企业作为研究样本。部分政府官员、专家学著在工业互联网平台方面做了一系列跟踪研究。例如：周剑等[6]研究了工业互联网平台发展现状、趋势与对策；李君等[7]对工业互联网平台参考架构、核心功能与应用价值进行了研究；王冲华等[8]对工业互联网平台安全防护体系进行了研究；李君等[9]进行了工业互联网平台评价指标体系构建与应用研究；李燕[10]研究了工业互联网平台发展的制约因素与推进策略等。推进工业互联网平台建设的举措主要表现在三个方面。

(1)龙头企业基于各自优势构建工业互联网平台。

一方面，工业龙头企业具有开发和完善工业互联网业务能力。一些工业领域的龙头企业具备深厚的专业背景和工业积淀，同时又具有较高的信息化水平，这些企业凭借在机器设备的数字化程度及联网率等方面的领先优势，积累了大量先进制造设备和工业数据，可以为工业互联网平台业务能力的开发和完善提供更多更专业的知识经验。GE 公司于 2015 年 7 月推出了具备工业设备部署连接、工业大数据高级分析、工业应用开发服务等业务功能的工业互联网平台——Predix，向全球开放接口并提供工业服务。Predix 平台基于物联网连接工业机器设备并实时采集工业数据，通过大数据分析挖掘实现设备管理、精准决策及预测性维护等功能。另外，ICT 领军企业构建面向工业的云平台，强化工业服务能力。ICT 企业依托大数据、云计算、物联网、人工智能等新一代信息技术方面的产业优势，为工业技术的软件化、硬件设备和软件技术的结合、工业互联网平台的构建提供必要支撑；同时，互联网企业在消费领域已经形成了比较成熟的发展模式，可以为工业领域商业模式创新和平台运营管理等方面提供更丰富的经验借鉴。微软、思科、英特尔、IBM、亚马逊等信息和通信技术巨头企业纷纷布局工业互联网平台，如微软推出的 Azure 云平台开发了机器设备远程监控、工厂联网及可视化等功能，通过大数据的采集和分析为企业提供远程运维方案；IBM Cloud、思科的 Jasper 等云平台也不断向工厂内部渗透，为工业企业提供设备连接、数据存储与计算等服务，支撑工业智能的形成和应用。

(2)工业互联网企业深入合作，拓展平台应用领域。

工业龙头企业、信息和通信技术及互联网巨头企业在各自擅长的领域内拥有不同的比较优势，但同时也存在各自的短板：高信息化水平的工业龙头企业在产品全生命周期过程及供应链整合等方面具有优势，但存在海量数据采集分析能力较弱、平台管理经验不足、复合型人才缺乏等制约因素；信息和通信技术领军企业的核心优势在于信息通信领域的专业技术能力，但其往往只具备其中某一方面的技术能力，且在平台运营模式方面缺乏一定的经验；互联网巨头企业在商业模式创新、平台管理经验、信息技术应用等方面优势明显，平台生态构建能力较强，但缺乏工业领域的专业知识和人才，难以开展相应业务。因此，各类工业互联网企业展开深入合作，优势互补，共同打造开放共赢的创新生态。

（3）积极寻求国家间平台的对接与合作。

工业互联网平台功能的实现离不开云基础设施、终端连接、数据分析、应用服务等要素，目前全球还没有哪一家企业具备独立提供此类端到端解决方案的能力，各国应该积极寻求国家间工业互联网平台的对接，建立合作伙伴关系，构建开放、共享的价值网络。

参 考 文 献

[1] 前瞻产业研究院. 工业互联网发展现状分析[J]. 电器工业，2021，(4)：29-41.

[2] 刘中土. 工业互联网在我国的发展现状、趋势和机遇[J]. 现代商贸工业，2020，41(36)：143-144.

[3] 杜传忠，金文翰. 美国工业互联网发展经验及其对中国的借鉴[J]. 太平洋学报，2020，28(7)：80-93.

[4] 杨莲，付恒. 论我国区域经济合作的协调机制构建[J]. 四川师范大学学报(社会科学版)，2013，40(2)：33-38.

[5] 窦克勤，左越，莫笑迎，等. 长三角工业互联网一体化政府间合作机制研究[J]. 科学管理研究，2020，38(4)：61-69.

[6] 周剑，肖琳琳. 工业互联网平台发展现状、趋势与对策[J]. 智慧中国，2017，(12)：56-58.

[7] 李君，邱君降，窦克勤. 工业互联网平台参考架构、核心功能与应用价值研究[J]. 制造业自动化，2018，40(6)：103-106，126.

[8] 王冲华，李俊，陈雪鸿. 工业互联网平台安全防护体系研究[J]. 信息网络安全，2019，(9)：6-10.

[9] 李君，邱君降，柳杨，等. 工业互联网平台评价指标体系构建与应用研究[J]. 中国科技论坛，2018，(12)：70-86.

[10] 李燕. 工业互联网平台发展的制约因素与推进策略[J]. 改革，2019，(10)：35-44.